아이패드 200% 활용하기

| 쌤쌤티비, 케이트 지음 |

지은이 **쌤쌤티비**

전자기기와 귀여운 문구류를 좋아해 언박싱 영상과 아기자기한 꾸미기 영상 콘텐츠를 만들어내는 크리에이터. 2020년부터 유튜브를 시작해 아이패드, 아이폰, 맥북 등의 애플 기기 사용법과 활용 팁을 공유하고 있다. 다양한 라인업의 아이패드를 종류별, 사이즈별로 모두 소장하고 있을 정도로 아이패드에 대한 애정이 남다르다. 소소한 언박싱 영상으로 시작했지만 구독자와 소통하며 카메라, 북리더기 리뷰 등 다양한 활동을 하고 있다.

지은이 **케이트**

맥북 사용을 시작으로 아이패드, 아이폰과 함께 빠져나갈 수 없는 애플 생태계에 푹 빠져버린 자기 계발에 진심인 갓생러. 여러 시행착오를 거쳐 애플에 완벽 적응한, 아이패드와 함께라면 열흘 집콕도 심심하지 않을 자칭 타칭 '취미 부자'로 이번 책에 아이패드 활용법을 꾹꾹 눌러 담았다.

공저 《된다! 맥북&아이맥 – 맥OS 세쿼이아 판》 (이지스퍼블리싱, 2025)
《된다! 맥북&아이맥 – 맥OS 소노마 판》 (이지스퍼블리싱, 2024)

대학교 입학부터 취뽀까지 알차게 쓰자!

아이패드 200% 활용하기

초판 1쇄 발행 2025년 3월 17일

지은이 쌤쌤티비, 케이트 / **펴낸이** 전태호
펴낸곳 한빛미디어(주) / **주소** 서울특별시 서대문구 연희로2길 62 한빛미디어(주) IT출판1부
전화 02-325-5544 / **팩스** 02-336-7124
등록 1999년 6월 24일 제25100-2017-000058호 / **ISBN** 979-11-6921-357-8 13000

총괄 배윤미 / **책임편집** 장용희 / **기획·편집** 오희라 / **교정** 박서연
디자인 StudioPP / **전산편집** 김보경
영업마케팅 송경석, 김형진, 장경환, 조유미, 한종진, 이행은, 김선아, 고광일, 성화정, 김한솔 / **제작** 박성우, 김정우

이 책에 대한 의견이나 오탈자 및 잘못된 내용은 출판사 홈페이지나 아래 이메일로 알려주십시오.
파본은 구매처에서 교환하실 수 있습니다. 책값은 뒤표지에 표시되어 있습니다.

한빛미디어 홈페이지 www.hanbit.co.kr / 이메일 ask@hanbit.co.kr

지금 하지 않으면 할 수 없는 일이 있습니다.
책으로 펴내고 싶은 아이디어나 원고를 메일(writer@hanbit.co.kr)로 보내주세요.
한빛미디어(주)는 여러분의 소중한 경험과 지식을 기다리고 있습니다.

아이패드 200% 활용하기

IPAD OK

쌤쌤티비, 케이트 지음

한빛미디어
Hanbit Media, Inc.

오늘도 열심히 달리고 있을 취준생 여러분에게

안녕하세요~ 쌤쌤입니다.

이 책을 펼치셨다면 아이패드에 관심이 많은 분일 텐데요. 모두들 아이패드는 잘 활용하고 있나요?

아이패드가 처음 출시되었을 때부터 아이패드 미니가 세상에 나올 때까지 아이패드의 모든 라인업 제품을 사용하며 느낀 점은 대학생 때부터 아이패드를 활용하면 정말 좋겠다는 것이었어요. 다시 대학생으로 돌아가고 싶을 정도로 아이패드는 단순한 태블릿이 아닌, 매력적인 나만의 스마트한 도구였어요.

대학 생활은 단순히 취업 준비를 위한 스펙 쌓는 과정이 아니에요. 많은 도전과 기회로 가득 차 있는 대학 생활은 특히 취업과 연결되어 미래를 결정짓는 중요한 시점이기에 더욱 중요해요. 수많은 정보 속에서 나에게 맞는 기회를 찾고, 경쟁력 있는 포트폴리오를 만들며, 자기 계발을 하려면 효율적인 시간 활용이 무엇보다 중요합니다.

🎵 이 모든 과정을 아이패드로 효과적으로 할 수 있어요

이 책은 대학생, 취준생, 자기 계발에 관심 있는 직장인, 아이패드를 활용하고 싶은 모든 분들을 위해 만들어졌어요. 아이패드 하나로 학업, 취업, 자기계발 등 다양한 활동을 더욱 효율적이고 체계적으로 관리하고, 목표를 이루는 과정에서 아이패드를 어떻게 사용할 수 있는지 자세히 다뤘답니다.

🎵 아이패드에 대한 기초 지식이 없어도 차근차근 배울 수 있어요

아이패드를 처음 사용하는 분들부터, 아이패드를 사용하고 있지만 놓치고 있는 기능이 있을까 궁금해하는 사용자 모두에게 유용한 팁을 담았어요. 아이패드를 통해 일상을 더욱 풍부하게 만들 수 있는 방법을 제시합니다.

아이패드를 처음 구입했을 때를 떠올려보세요. 대부분 공부하려고, 영상 편집하려고 혹은 생산성을 높이고 싶어서 구입했을 텐데요. 지금은 어떤 용도로 사용하고 있나요? 이 책을 보면 '아이패드를 이렇게 다양하게 사용할 수 있구나!' 하고 놀랄 거예요.

🎵 아이패드로 완벽한 대학 생활을 만들어보세요!
아이패드는 무한한 가능성을 제공해요

각 파트와 챕터에서는 아이패드를 통해 어떻게 창의적이고 생산적으로 대학 생활을 꽉 채워 보낼 수 있는지를 구체적으로 다룹니다.

스마트한 학습법 전공서 스캔하여 PDF로 만들기, 효율적이고 구조화된 노트 필기, 효과적인 암기법

생산성 극대화 캘린더, 미리 알림을 활용한 일정과 마감일을 한눈에 파악, 나만의 다이어리 제작

효율적인 취업 준비 채용 공고 확인, 일정 관리, 입사지원서 작성까지 한 번에!

디지털 포트폴리오 만들기 취업을 위한 이력서, 자기소개서, 프레젠테이션 만들기

시간을 지배하는 법 집중 타이머, 포모도로 타이머, 간트 차트 활용

나만의 힐링타임 프로크리에이트 드로잉, 영상 편집, 나만의 콘텐츠 만들기

이 책의 각 챕터를 따라가면 다양한 팁과 활용법을 단계별로 배울 수 있어요. 당장 필요한 부분부터 읽기 시작해 자신에게 맞는 팁을 찾아 활용해도 됩니다. 아이패드의 다양한 숨은 기능들을 쏙쏙 뽑아 익혀보고, 하나씩 따라 해보세요. 배운 내용은 즉시 실습하면 더욱 효과적으로 활용할 수 있어요.

🎵 아이패드를 적극 활용해 루틴을 최적화하고
나만의 완벽한 하루를 만들어보세요

큰맘 먹고 구입한 아이패드, 아깝지 않게 잘 활용해보세요!

여러분의 대학 생활과 취업 준비가 더욱 스마트하고 효율적이길 바라며, 이 책이 그 여정에 작은 길잡이가 되었으면 좋겠습니다. 또한 아이패드를 통해 새로운 가능성을 발견하고 여러분의 꿈에 한 걸음 더 다가가기를 응원합니다!

쌤쌤 😊 , 케이트 😊

쌤쌤티비[ssamssamTV] 유튜브

다양한 IT 제품과 관련 액세서리의 언박싱, 활용법 영상을 담은 귀엽고 아기자기한 쌤쌤TV 유튜브 채널입니다. 아이패드와 아이폰, 애플워치, 맥북 꾸미기 영상과 다양한 IT 기기의 활용법이 궁금하다면 QR 코드를 스캔하여 쌤쌤티비 유튜브 채널에 놀러오세요! 😊

링크 youtube.com/@ssam

📖 이 책의 구성

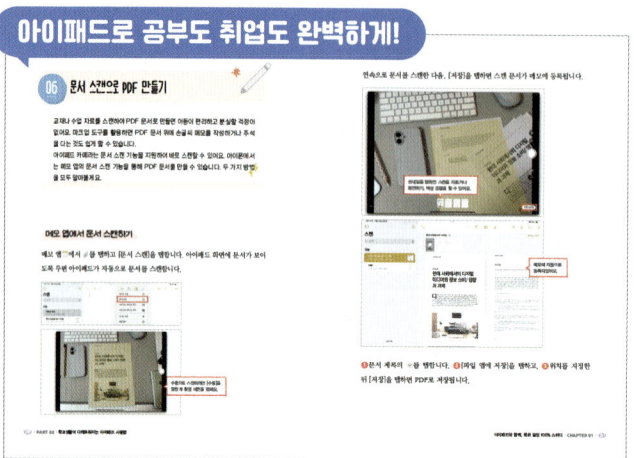
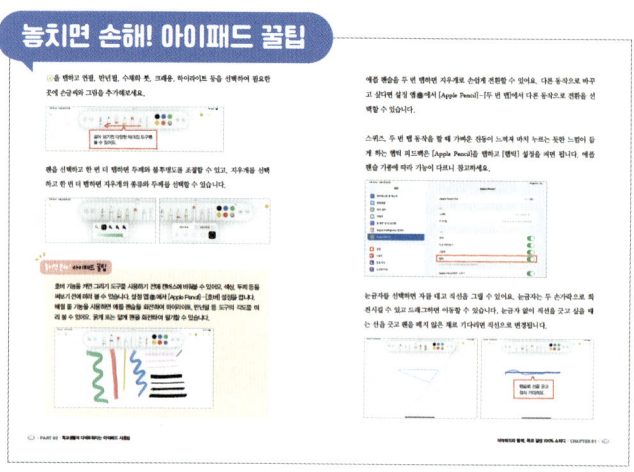

읽으면서 직접 따라 하는 실습 파트

💧 책을 읽고 이해하는 데만 그치지 않고 곧바로 따라 할 수 있도록 실습 파트를 구성했습니다.

🖐 아이패드 활용 과정을 하나하나 익히다 보면 빠르게 익숙해질 수 있습니다.

쌤쌤티비의 스마트한 아이패드 활용 팁

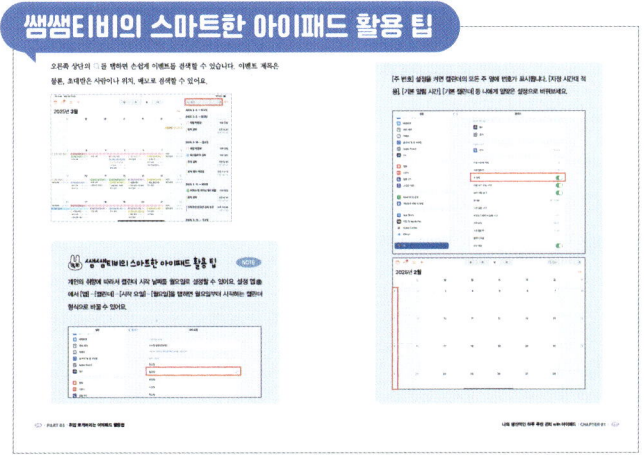

💧 앱 활용하기, 다이어리 꾸미기, 영상 편집까지!

　실생활에서 바로 써먹을 수 있는 실전 아이패드 활용법을 담았습니다.

🖐 다양한 활용 사례를 통해 아이패드를 더욱 똑똑하게 사용할 수 있어요.

📄 목차

PART 01 아이패드 초보자를 위한 기초 따라잡기

PART 02 학교생활이 다채로워지는 아이패드 사용법

PART 03   취업 뽀개버리는 아이패드 활용법

PART 01

아이패드 초보자를 위한 기초 따라잡기

반가워요!

혹시 여러분은 '아이패드 병(病)'이라는 말을 들어본 적이 있나요? 아이패드를 갖고 싶어 하는 사람이 많아 생겨난 신조어예요. 그렇게 원하던 아이패드를 막상 구입한 후에는 아이패드의 다양한 기능을 잘 몰라서 제대로 활용하지 못하고 유튜브나 넷플릭스 시청용으로만 사용하는 안타까운 현실이 펼쳐지기도 해요. 이를 방지하기 위해 우리의 아이패드가 아깝지 않게, 처음부터 탄탄하게 아이패드의 기본기부터 확인해보고 갈게요.

파트 1에서는 다양한 아이패드 종류와 액세서리에 대해 알아보고, 꼭 필요한 초기 설정부터 초보자도 쉽게 이해하는 기본 사용법을 알아볼 거예요. '애플 생태계'라 불리는 애플의 연속성 기능들까지 모두 소개합니다. 아이패드를 사용하고 있는 분들은 내가 놓쳤던 부분이 무엇인지 꼼꼼히 확인해가는 파트가 될 거예요.

아이패드는 정말 멋진 도구예요!

여러분의 삶을 더욱 편리하게 만들어줄 아이패드와 함께

하루하루를 생산적으로 꽉 채울 수 있도록 잘 활용해보세요.

CHAPTER 01

새로운 세상,
아이패드와의 첫 만남

아이패드를 처음 구입하려 했을 때 종류가 다양해서 무엇을 사야 할지 고민하지 않았나요? 이번 챕터에서는 아이패드 종류에 대해 간단히 알아보고 나에게 꼭 맞는 아이패드를 찾아봅니다. 애플 펜슬은 물론 키보드와 케이스, 각종 필름에 이르기까지, 아이패드에 기능과 편리함을 더해줄 여러 액세서리도 소개합니다.

01 아이패드가 처음이라면, 모델부터 알아보자

아이패드는 현재까지 크게 네 가지 모델이 출시되고 있어요. 처음에는 아이패드 (iPad) 한 종류였지만, 각기 다른 사용자층의 욕구를 충족하기 위해 점차 여러 라인으로 확장되었어요. 아이패드의 종류는 크게 '성능'과 '사이즈'에 따라 나뉘는데요, 여러분은 자신이 선택한 아이패드의 특징을 알고 있나요? 잘 모르겠다면 지금부터 각 아이패드의 특징을 함께 알아볼까요?

취향대로 골라보는 애플의 꽃, 아이패드 F4

| iPad Pro | iPad Air | iPad | New iPad mini |

▲ 출처 : https://www.apple.com

기본 중에 기본, 아이패드(iPad) - 10세대

아이패드(iPad) 10세대는 가장 기본적인 디자인으로 사용성도 뛰어난 모델이에요. A14 바이오닉 칩이 탑재되어 있어 성능이 뛰어나며, 10.9인치 화면은 선명하고 생생한 색상을 구현합니다. 애플 펜슬 1세대부터 C타입 애플 펜슬, 매직 키보드 폴리오까지 다양한 액세서리를 사용할 수 있어요. 스터디를 하거나 인강을 볼 때, OTT 감상이나 취미 생활에 딱 맞는 아이패드입니다.

가벼운 게 좋아, 아이패드 에어(iPad Air) - M2

아이패드 에어(iPad Air)는 얇고 가벼운 디자인에 뛰어난 성능과 우수한 디스플레이가 특징이에요. M2 칩이 탑재되어 있어 성능이 빠르고, 11인치와 13인치 두 가지 크기로 나옵니다. 선명한 색상을 표현하는 화면 덕분에 영화 감상이나 사진 편집이 즐거워요. 애플 펜슬 프로, 매직 키보드와 호환이 가능해 활용도가 높습니다. 아이패드 에어는 성능과 휴대성 모두 중요하게 생각하는 분들에게 적합하며, 가격도 합리적인 편이에요.

최고 성능을 원해, 아이패드 프로(iPad Pro) - M4

아이패드 프로(iPad Pro)는 가장 고급스러운 디자인과 최고 성능을 자랑하는 모델이에요. 데스크톱 수준의 강력한 성능을 제공하는 M4 칩이 탑재되어 있으며, 11인치와 13인치 두 가지 사이즈로 출시됩니다. 화면은 울트라 레티나 XDR 디스플레이를 사용해 아주 선명하고 생동감 넘치는 색상을 보여줍니다. 특히 프로모션, 트루톤, P3 와이드 컬러를 지원해 전문가용 작업에 매우 적합해요. 강력한 성능을 원하고, 디자인 작업이나 고사양 프로그램을 사용하는 분들에게 알맞아요. 단, 가격이 다소 높습니다.

들고 다니기 참 좋은, 아이패드 미니(iPad Mini) - 7세대

8.3인치 Liquid Retina 디스플레이를 갖춘 가장 콤팩트한 사이즈와 가벼운 디자인의 아이패드예요. 작지만 A17 프로 칩을 탑재하여 빠른 성능과 효율성을 제공합니

다. 트루톤, P3 와이드 컬러를 지원하여 고해상도의 선명한 화면도 장점이에요. 애플 펜슬 프로와 호환해 정밀한 필기와 드로잉이 가능하여 휴대성을 중요시하는 사용자, 독서, 노트 필기, 이동 중 작업이 많은 사용자에게 적합합니다. 아이패드 에어보다 저렴하지만, 충분히 뛰어난 성능을 갖추고 있어 휴대성을 중시하는 사용자에게 인기 있는 모델입니다.

놓치면 손해! 아이패드 꿀팁

아이패드 에어와 아이패드 프로는 각각 11인치, 13인치 두 가지 모델이 있어요. 화면 사이즈만 다를 뿐, 성능은 동일합니다. 아이패드 에어는 6세대부터 13인치가 추가되어 사용자의 선택의 폭이 넓어졌어요.

와이파이(Wi-Fi) vs. 와이파이+셀룰러(Cellular)

아이패드는 데이터 사용 여부에 따라 와이파이(Wi-Fi) 모델과 와이파이+셀룰러(Cellular) 모델로 나뉩니다. 둘 중 어느 것을 선택할지는 사용자의 필요와 생활 패턴에 따라 달라져요. 각각의 특징을 먼저 알아보고, 어떻게 활용하면 좋을지 살펴보아요.

장소는 가려도 오래 지속되는, 와이파이 모델

와이파이 모델은 와이파이 연결이 가능한 곳에서만 인터넷을 사용할 수 있는 모델이에요. 와이파이가 없는 카페나 도서관, 실외나 이동 중에는 스마트폰의 개인용 핫스팟 기능을 이용해 인터넷을 사용할 수 있어요. 와이파이 모델은 셀룰러 모듈이 없어서 배터리 소모가 적고, 가격이 상대적으로 저렴합니다.

비용보다 편의성을 따진다면, 와이파이+셀룰러 모델

와이파이+셀룰러 모델은 와이파이를 사용할 수도 있고, 통신사 셀룰러 요금제에 가입하면 언제 어디서든 데이터를 사용할 수 있는 모델이에요. 와이파이가 제공되지 않는 곳에서도 모바일 데이터를 연결해 인터넷을 이용할 수 있는 것이 큰 장점이에요. 야외에서도, 이동 중에도, 해외여행을 가서도 인터넷을 자유롭게 사용해 보세요. 긴급한 이메일 확인이나 정보 검색도 가능합니다. 단점은 와이파이+셀룰러 모델의 가격이 더 비싸고 데이터 요금제를 추가로 가입해야 하는 비용적인 부담이 있어요. 또, 모바일 데이터 사용 시 배터리 소모가 빠릅니다.

02 나와 케미가 좋은 아이패드 찾아보기

앞서 소개한 아이패드 중 어떤 모델이 나에게 적합할지 확인했나요? 아직도 고민이라면 아이패드 프로부터 아이패드 미니까지 모두 사용해본 저는 이렇게 추천해볼게요.

가성비 높은 모델을 원한다면, 아이패드(iPad 10세대)

가장 기본적인 성능과 기능을 제공하는 아이패드예요. 적당한 화면 크기로 공부하기에 딱 좋아, 주로 인터넷 강의를 시청하면서 공부하는 학생에게 추천합니다. 필기와 문서 작업에 유용하고, 다른 모델에 비해 가격이 합리적이에요. 필요한 모든 기능을 제공하면서도 경제적인 아이패드가 필요한 분들에게 추천합니다.

예산이 허용된다면, 아이패드 에어(iPad Air M2)

더 높은 성능과 휴대성을 제공하는 아이패드로, 기본 아이패드보다 좋은 성능을 원하는 사용자에게 적합한 모델이에요. 필기를 주로 한다면 애플 펜슬 USB-C, 애플 펜슬 프로와 함께 사용해보세요. 아이패드 에어는 매직 키보드, 스마트 키보드 폴리오와도 호환되기 때문에 효율적으로 타이핑 작업을 할 수 있어요. 화면이 크고 선명해 문서 작업이나 강의 시청 등 다양한 학습 활동에 유용합니다.

최고 성능이 필요하다면, 아이패드 프로(iPad Pro M4)

최고의 성능과 기능을 필요로 하고 고사양 작업을 해야 한다면 아이패드 프로를 추천합니다. 영상이나 그래픽, 음악 작업처럼 고성능을 필요로 하는 작업을 하고자 한다면 프로가 정답이에요. 또한 아이패드 에어에 비해 두께가 얇고 가벼워서 들고 다니기에도 편리합니다. 그 외에도 다른 아이패드에는 없는 페이스 아이디, 쿼드 스피커, 프로모션 기능들이 추가되어 있어요. 성능은 압도적으로 좋지만 그만큼 가격이 비싸다는 것이 유일한 단점입니다.

자주 들고 다녀야 한다면, 아이패드 미니(iPad Mini 7세대)

가장 작고 가벼운 아이패드예요. 강의실이나 도서관 등 이동이 많은 학생에게 유용한 모델이에요. 애플 펜슬 프로를 지원하여 필기에도 용이하고, A17 프로 칩 탑재로 성능도 우수합니다. 뛰어난 휴대성으로 언제 어디서나 편리하게 사용할 수 있는 아이패드를 찾는다면 아이패드 미니를 추천합니다.

매일 가지고 다녀야 한다면 11인치
인강과 필기, 드로잉만 한다면 13인치

아이패드와 아이패드 미니는 한 가지 사이즈만 있지만, 아이패드 에어와 아이패드 프로는 각각 11인치, 13인치 두 가지 모델로 출시되고 있어요. 화면을 나누어 인터넷 강의를 보면서 필기를 할 때도 좋고, 드로잉 작업에도 큰 화면이 편리하기 때문에 13인치를 추천해요. 그러나 매일 가지고 다녀야 해서 사이즈와 무게가 중요하다면 휴대하기 좋은 11인치를 추천합니다.

학교, 집, 카페 등 실내에서 사용하면 와이파이 모델
어디서든 인터넷을 사용하고 싶다면 와이파이 + 셀룰러 모델

자주 이동해야 하고 언제 어디서나 인터넷 연결이 필요한 경우에는 와이파이 + 셀룰러 모델을, 그렇지 않다면 와이파이 모델을 추천해요. 학교, 집, 카페처럼 주로 와이파이가 제공되는 환경에서 아이패드를 사용한다면 와이파이 모델이 적합해요. 자신의 예산과 사용 패턴을 고려해서 결정하면 됩니다. 스마트폰의 데이터 용량이 충분하다면 개인용 핫스팟 기능을 이용해 아이패드 와이파이 모델을 셀룰러 모델처럼 사용할 수 있습니다.

쌤쌤티비 추천! 아이패드 필수 액세서리

아이패드를 구입했다고 해서 '아이패드 병'이 완치되었다고 생각하면 크나큰 오산이에요. 이제부터는 다양한 아이패드 액세서리가 여러분을 기다리고 있습니다. 즐거운 고민의 시간이 되기를 바라며 아이패드의 대표적인 액세서리인 애플 펜슬부터 키보드, 케이스와 파우치, 필름에 대해 간단히 알아볼게요.

자꾸만 적고 싶고 그리고 싶은, 애플 펜슬

아이패드를 구매할 때 애플 펜슬을 함께 사야 하나 고민되었을 거예요. 애플 펜슬과 키보드는 아이패드 활용성을 극대화하는 필수 도구입니다. 특히 애플 펜슬은 아이패드의 스타일러스 펜으로 드로잉, 디자인 작업, 메모 작성 등의 작업을 보다 정밀하게 수행할 수 있게 합니다.

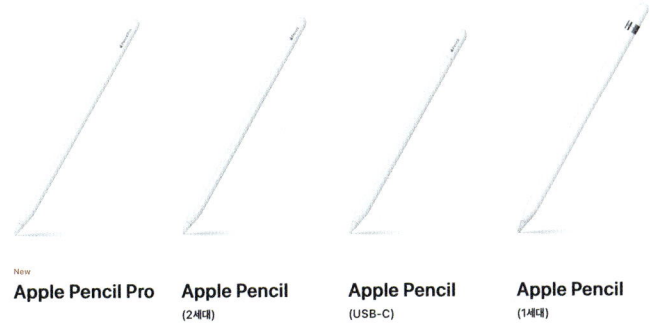

New
Apple Pencil Pro **Apple Pencil**   **Apple Pencil**   **Apple Pencil**
                      (2세대)   (USB-C)   (1세대)

▲ 출처 : https://www.apple.com

애플 펜슬은 1세대, 2세대, USB-C, 프로 등 총 네 가지 모델이 있어요. 아이패드 종류에 따라 호환 가능한 모델이 다르니 보유한 아이패드에 호환되는 펜슬을 선택하는 것이 중요합니다.

애플 펜슬 2세대부터 감압과 기울기 인식 기능, 제스처 컨트롤 기능이 있어 더욱 유용하게 사용할 수 있어요. 2024년에 출시된 애플 펜슬 프로는 펜대를 두 손가락으로 꾹 누르면 원하는 기능을 선택할 수 있는 스퀴즈 기능이 추가되어 마크업 도구를 편리하게 사용할 수 있답니다.

손에 착 감기는 애플 펜슬, 이렇게 써봐요

* **필기 및 메모 작성** : 굿노트, 노타빌리티 등 다양한 노트 앱에서 필기할 수 있습니다.
* **드로잉 및 디자인** : 프로크리에이트, 어도비 프레스코 등 드로잉 앱에서 정밀하게 작업할 수 있습니다.
* **마크업** : PDF나 이미지에 직접 주석을 달거나 문서 편집 등을 할 수 있습니다.

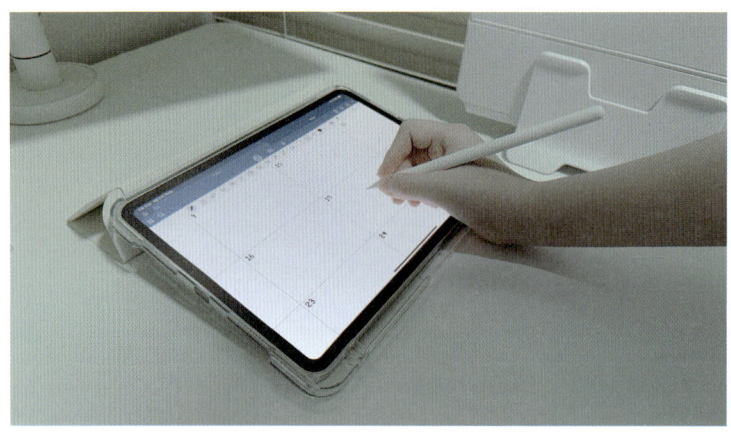

나의 아이패드에 호환되는 애플 펜슬 고르기

아이패드는 계속 진화하고 있기에 종류가 정말 다양해요. 네 가지 라인별로 각각 출시된 모델이 여러 가지이기 때문에 내 아이패드에 맞는 애플 펜슬을 구입하려면 애플 펜슬 1세대, 2세대, USB-C, 프로 모델의 상세 페이지에서 호환 가능한 아이패드 모델 목록을 꼭 확인해야 합니다.

※ 애플 닷컴 : www.apple.com/kr/shop/select-apple-pencil

노트북처럼 활용해볼까, 키보드 케이스

타이핑을 많이 한다면, 애플 매직 키보드(Magic Keyborard)

애플 매직 키보드(Magic Keyboard)는 가격이 비싸고 무거운 단점이 있어요. 하지만 안정적인 타이핑이 가능하고 트랙패드로 노트북과 유사하게 아이패드를 사용할 수 있어요. 아이패드로 타이핑 작업을 많이 한다면 키보드가 내장된 케이스를 사용하는 것을 추천합니다.

그러나 애플 정품 매직 키보드는 가격이 상당히 부담스러워요. 이를 대체할 서드파티 제품들도 시중에 다양하게 판매되고 있어요. 가성비 좋은 제품으로 서드파티 매직 키보드를 구입해서 사용하는 것도 좋은 방법이에요. 매직 키보드도 아이패드 종류에 따라 호환이 다르니 보유한 아이패드에 호환되는 걸 선택하는 것이 중요합니다.

무게도 가볍고 지갑도 가볍게, 스마트 키보드 폴리오(Smart Keyboard Folio)

무겁고 부피가 큰 매직 키보드의 단점을 보완한 모델이 애플 스마트 키보드 폴리오 (Smart Keyboard Folio)입니다. 이 제품은 매직 키보드보다 가격이 저렴하면서도 얇고 가볍다는 장점이 있어요. 그러나 타이핑감이 다소 부족할 수 있으므로 애플 스토어에서 직접 타이핑감을 체크한 후 구입을 결정하기를 추천합니다.

독수리도 빠르고 즐겁게 타이핑, 블루투스 키보드

아이패드로 더욱 생산성 있는 작업을 하기 위해서는 블루투스 키보드를 따로 구입해서 사용하는 것을 추천해요. 아이패드를 노트북처럼 쓸 수 있으니 키보드는 꼭 함께 써보세요.

로지텍 K380은 국민 아이패드 키보드라 불릴 만큼 아이패드 유저들이 많이 선택하는 키보드예요. 가격이 비교적 저렴하고 키감도 우수하여 아이패드 가성비 키보드로 잘 알려져 있어요. 또 무게가 가벼워 휴대하기에 편리하고, 컬러가 다양해 나의 취향에 맞게 선택할 수 있다는 장점도 있습니다.

엑토 키보드는 아이패드를 거치할 수 있는 타자기 모양의 레트로한 디자인이 꽤나 매력적인 키보드예요. 타자기 키감이 편하지 않아 장시간 타이핑 작업에는 적합하지 않아요. 부피가 커서 휴대성이 떨어지지만, 가끔씩 기분 전환 용도로 사용하기에는 이만한 키보드가 없답니다. 다양한 컬러에 대체 불가한 예쁜 모양으로 데스크테리어용으로도 매우 좋은 키보드예요.

엑토 B307

로지텍 K380

소중하니까 안전장치 필수, 케이스 & 파우치

아이패드 케이스는 충격과 스크래치로부터 아이패드를 보호해주는 것은 물론, 스탠드로 사용할 수 있어 동영상 시청이나 타이핑, 드로잉을 편하게 할 수 있어요. 소재와 활용도에 따라 정말 다양한 케이스들이 있어요.

아이패드 옆면과 뒷면을 감싸서 보호해주는 일반적인 실리콘/TPU 소재로 만들어진 소프트 케이스가 있고, 자성으로 붙는 형태로 테두리는 보호하지 못하지만 가벼운 게 장점인 폴리오 케이스가 있습니다. 소프트 케이스와 폴리오 케이스의 장점을 합친 케이스들도 시중에 판매되고 있어요. 다양한 디자인과 컬러, 여러 가지 기능이 추가된 케이스가 많으니 나만의 취향과 스타일에 맞는 케이스를 선택해보세요.

폴리오 케이스

일반 케이스

외출 시에는 파우치에 담아 가방에 쏙 넣으면 예쁘기도 하고, 안전성이 높아져 든 든합니다.

작은 스크래치도 허락하지 않는, 보호 필름

아이패드의 화면을 외부 스크래치로부터 보호하기 위해 필름을 붙이기도 하고, 펜슬의 필기감을 좋게 하기 위해 붙이기도 해요. 자신의 사용 목적과 선호도에 따라 적합한 제품을 선택하면 됩니다.

아이패드에 필름을 부착해 스크래치를 막아봐요.

화면 철통 보안, 강화 유리 필름

기본적인 화면 보호 필름으로 외부 충격과 스크래치로부터 화면을 보호해주는 필름이에요. 애플 펜슬 사용 시 미끈거리는 단점이 있지만, 아이패드의 선명한 디스플레이는 유지됩니다.

사각사각 느낌 좋은, 종이 질감 필름

강화 유리 필름의 미끈거리는 단점을 보완한 필름이에요. 종이 질감 필름을 붙여서 애플 펜슬로 필기하면 미끈거리지 않고 사각거리는 필기감을 얻을 수 있어요. 애플 펜슬을 자주 사용한다면 종이 질감 필름을 추천해요. 하지만 그만큼 마찰력이 상대적으로 높아 펜슬 팁이 마모되는 속도가 빨라요. 또, 아이패드의 선명한 화질은 기대할 수 없다는 단점이 있어요. 사용 용도에 맞게 잘 판단하여 붙이는 것을 권합니다.

아이패드의 사각거리는 필기감과 선명한 화질, 둘 다 놓치고 싶지 않다면 탈부착이 되는 종이 질감 필름을 사용해보세요. 애플 펜슬로 필기할 때는 종이 질감 필름을 붙이고, 영상을 시청할 때는 필름을 떼는 거예요. 아이패드로 필기를 자주 한다면 탈부착되는 종이 질감 필름을 추천합니다.

04 아이패드 기본 설정, 무엇부터 해야 할까?

아이패드를 구매하고 처음 전원을 켜면 초기 설정 화면이 나와요. 사용자의 언어와 지역을 설정하고 와이파이 연결, Apple ID 등록 및 로그인, Face ID 또는 Touch ID 설정, 암호, 아이클라우드(iCloud), 시리(Siri), 개인화 설정 등을 하게 되지요. 개인 정보 보호와 앱 다운로드, 인터넷 연결 등 아이패드를 활용할 때 기본이 되는 설정이므로 미리 완료해두면 좋습니다.

소프트웨어 최신 버전으로 업데이트하기

설정 앱 을 열고 [일반]-[소프트웨어 업데이트]를 탭합니다. 'iPadOS가 최신 버전입니다.'라는 메시지가 나오면 더 이상 업데이트할 내용이 없다는 것이에요. 소프트웨어 업데이트에 숫자가 표시되어 있다면 탭하여 업데이트를 완료합니다.

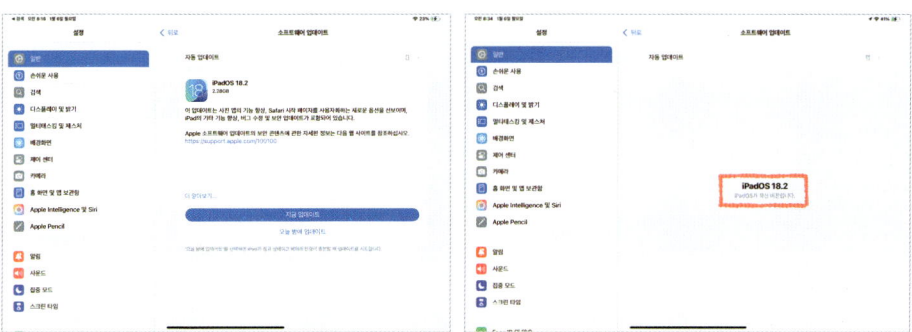

내 애플 계정으로 로그인하기

아이패드는 Apple ID로 로그인하여 사용합니다. 로그인이 되어 있어야 앱 스토어와 아이클라우드를 이용할 수 있어요.

❶ 설정 앱 에서 [Apple 계정]을 탭합니다. ❷ [다른 Apple 기기 사용]을 탭하여 사용 중인 다른 애플 기기를 가까이 가져와서 로그인합니다. 또는, [직접 로그인]을 탭하여 이메일 주소나 전화번호를 암호와 함께 입력하여 로그인할 수도 있습니다. Apple ID가 없다면 새롭게 계정을 생성합니다.

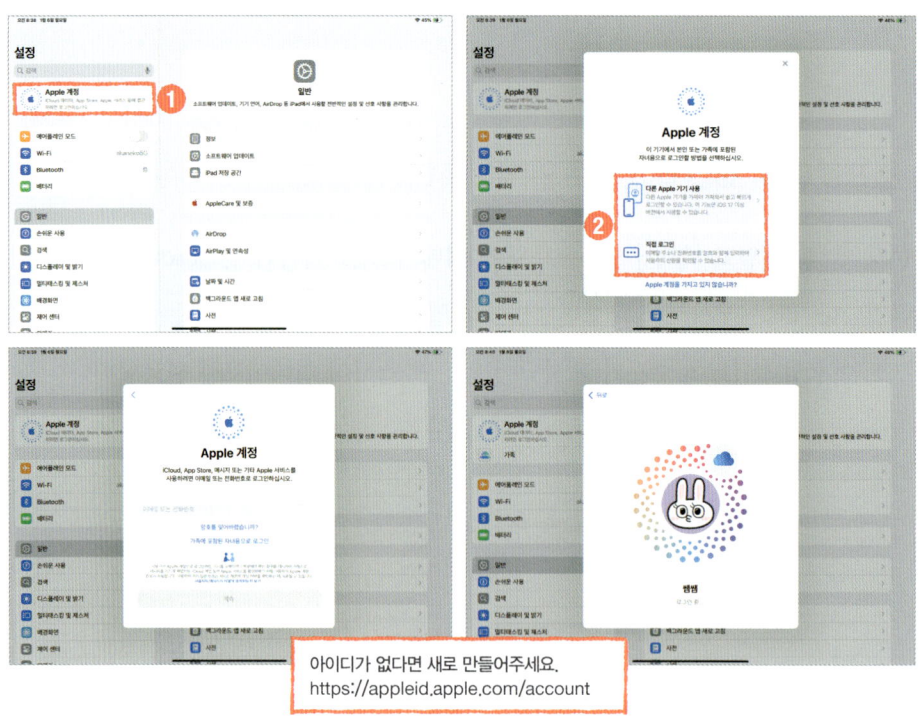

아이디가 없다면 새로 만들어주세요.
https://appleid.apple.com/account

인터넷 연결을 위한 와이파이(Wi-Fi) 설정하기

아이패드를 처음 켜고 기본 설정을 세팅할 때 와이파이 연결을 해두었을 거예요.
와이파이가 연결되어 있어야 인터넷을 이용할 수 있습니다. 가장 기본적인 설정이
니 꼭 확인해주세요. 새로운 장소에서 와이파이를 연결해야 할 경우에도 설정 앱
⚙️에서 [Wi-Fi]를 탭하고 연결하려는 네트워크를 찾아 탭합니다.

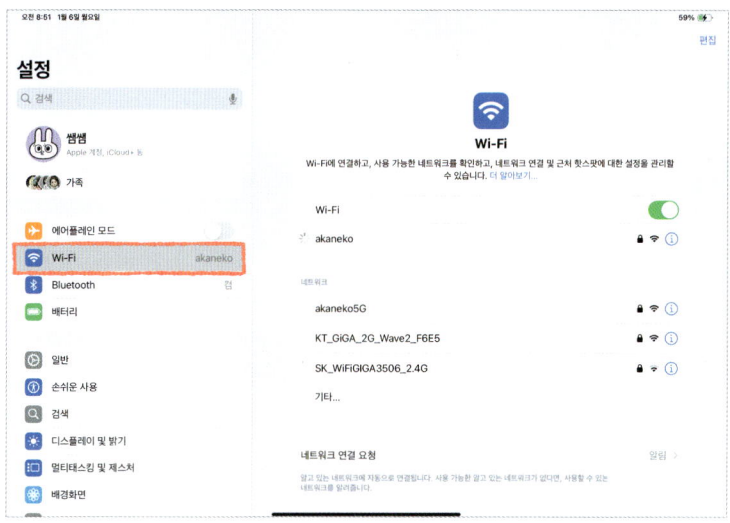

파일을 동기화하는 아이클라우드(iCloud) 설정하기

아이클라우드는 사진, 각종 문서, 비디오 파일 등을 안전하게 저장하는 보관함이에
요. 아이클라우드 기능으로 사용자의 모든 애플 기기에서 앱과 파일들이 자동으로
동기화되어 항상 최신 상태로 보입니다. 또한 아이클라우드 공유 기능을 통해 사진
이나 파일을 손쉽게 공유할 수 있어요.

아이클라우드는 기본적으로 이메일 계정과 5GB의 데이터 저장 공간을 무료로 제공해요.
저장 용량을 늘리고 싶다면 아이클라우드 플러스를 유료로 구독하면 됩니다. 설정 앱🅾️
에서 [사용자 이름]-[iCloud]를 탭합니다. iCloud+를 유료 구독합니다.

아이클라우드의 저장 공간 상태를 확인해봅니다. 아이클라우드를 사용하는 앱을 켜거나 끌 수 있어 사용자가 원하는 항목만 설정해둘 수 있어요. 아이클라우드 백업 설정을 커두면 아이패드를 자동으로 백업해 기기를 잃어버리거나 새로운 기기가 생겼을 때 사용자의 데이터를 복원할 수 있답니다.

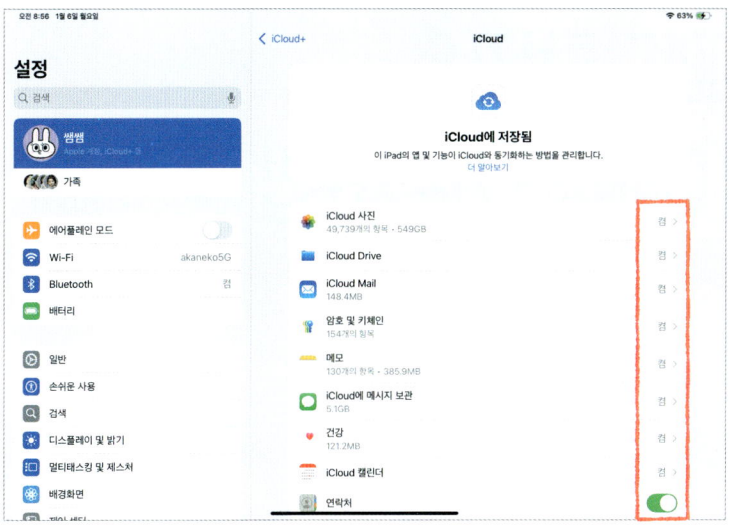

이러한 기본 설정을 통해 아이패드를 사용할 준비가 되었어요. 설정 과정 중에 추가적인 선택 사항이 있을 수 있는데, 사용자 환경 및 선호에 따라 설정을 조정하면 됩니다.

CHAPTER 02

아이패드 초보자도
쉽게 이해하는 기본 사용법

이번 챕터에서는 아이패드 인터페이스와 친해지는 시간을 가지려고 해요. 아이패드의 화면에는 정말 많은 기능이 숨겨져 있어요. 여러 가지 아이패드만의 특징들을 하나하나 내 것으로 익혀가며 즐거운 시간을 보내다 보면 아이패드가 생활의 일부가 된답니다. 아이패드 홈 화면과 배경화면을 나만의 스타일로 꾸미고, 필요한 위젯들을 설치하여 나만의 알림 센터를 완성하고, 아이패드 제스처를 익혀보도록 할게요. 멀티태스킹과 스크린샷, 빠른 메모, 사파리에 대한 내용도 이번 챕터에서 마스터해봅니다.

 **01** 아이패드 인터페이스와 다양한 제스처 익히기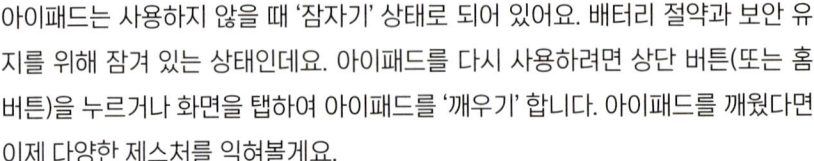

아이패드는 사용하지 않을 때 '잠자기' 상태로 되어 있어요. 배터리 절약과 보안 유지를 위해 잠겨 있는 상태인데요. 아이패드를 다시 사용하려면 상단 버튼(또는 홈 버튼)을 누르거나 화면을 탭하여 아이패드를 '깨우기' 합니다. 아이패드를 깨웠다면 이제 다양한 제스처를 익혀볼게요.

아이패드 인터페이스 구석구석 파헤치기

잠금 화면

아이패드를 깨우기하면 처음 나타나는 화면이 잠금 화면이에요.

Face ID를 등록해두었다면 잠금이 자동으로 해제됩니다. 아이패드 에어와 아이패드 미니는 상단 버튼을 누르고, 홈 버튼이 있는 아이패드라면 Touch ID로 등록한 손가락으로 홈 버튼을 누릅니다.

Face ID

상단 버튼에 내장된 Touch ID

쌤쌤티비의 스마트한 아이패드 활용 팁 NOTE

- **아이패드 프로 :** Face ID
- **그 외 :** Touch ID

아이패드 프로의 Face ID는 설정 앱 에서 [Face ID 및 암호]-[Face ID 설정]에서 등록할 수 있어요. 안내에 따라 얼굴을 화면 카메라 프레임에 맞추고, 원을 그리듯 머리를 움직여서 Face ID를 등록합니다.

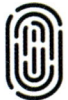

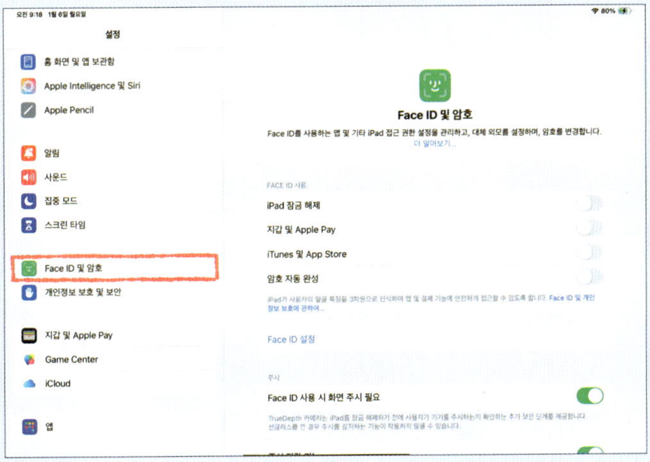

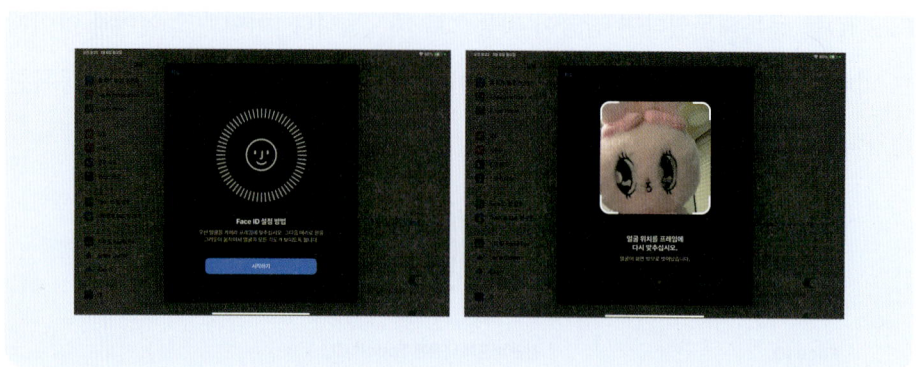

홈 화면

잠금이 해제되면 나오는 화면이 홈 화면이에요. 홈 화면에는 설치된 앱 아이콘을 배치하고 위젯을 띄울 수 있어요. 비슷한 속성의 앱을 모아 폴더를 만들어 정리할 수 있습니다.

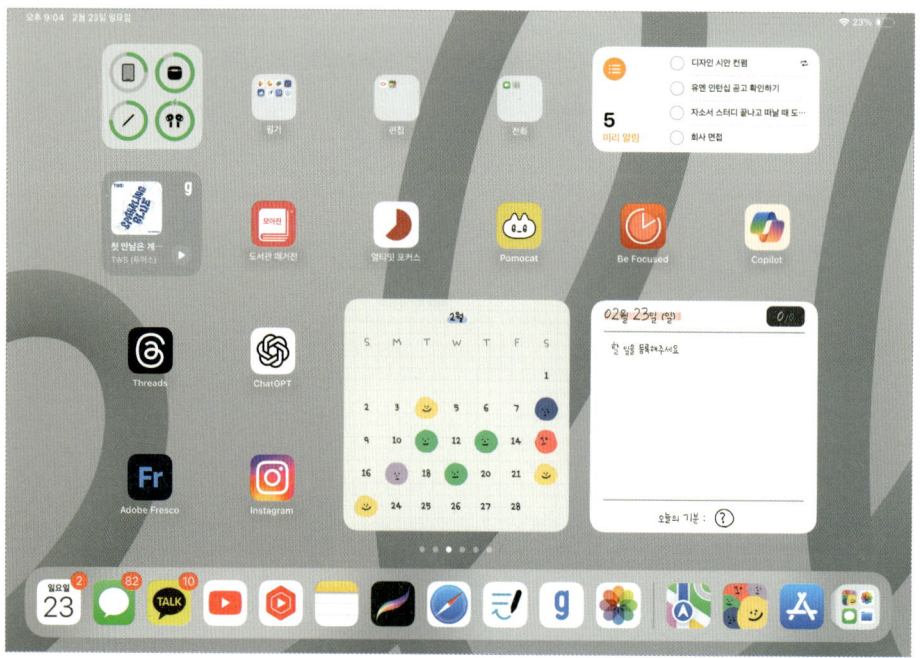

홈 화면 하단에는 독(Dock)이 있어요. 독은 자주 사용하는 앱을 모아두는 공간이에요. 최근 사용한 앱도 표시되기 때문에 원하는 앱으로 접근하기가 쉬워요.

아이패드 홈 화면에는 여러 가지 기능들이 숨어 있어요. 이 기능들은 간단한 제스처를 통해 불러올 수 있답니다. 이번에는 아이패드를 사용하려면 꼭 알아야 할 제스처와 홈 화면의 기능, 버튼 동작을 알아보며 아이패드의 전반적인 인터페이스를 둘러볼게요.

아이패드 기본 제스처 따라 하기

아이패드의 기본 동작은 아이폰을 다루는 것과 같아요. 탭하고, 쓸어 넘기고, 스크롤하고, 확대하고 축소하는 법을 간단히 살펴볼게요.

탭

화면을 한 손가락으로 가볍게 터치하는 것을 말해요. 홈 화면에 있는 앱을 열 때나 특정 항목을 선택할 때, 텍스트 입력 지점을 선택할 때 탭합니다.

길게 탭(2초 꾹 누르기)

동작이 발생할 때까지 길게 누르기예요. 홈 화면의 빈 곳에 한 손가락을 올려놓고 꾹 누르고 있으면 앱 아이콘이 흔들립니다. 잠금 화면에서 길게 탭하면 잠금 화면을 편집할 수 있어요.

쓸어 넘기기

한 손가락으로 화면을 왼쪽 또는 오른쪽으로 넘기는 제스처예요. 종이 책을 넘기듯 왼쪽으로 쓸어 넘기면 다음 화면을 볼 수 있고, 오른쪽으로 넘기면 뒤로 가기(취소)가 됩니다.

스크롤

웹페이지를 읽거나 문서를 확인할 때 아래위로 화면을 올리거나 내리는 것을 말해요. 빠르게 스크롤하려면 쓸어 넘기고, 멈추려면 화면을 탭하면 됩니다.

손가락 펼치기/모으기

화면에서 두 손가락을 모았다가 펼치면 화면이 확대되고, 다시 모으면 축소됩니다. 사진이나 웹페이지에서는 화면을 가볍게 더블 탭하여 확대 또는 축소할 수 있어요. 지도 앱에서는 길게 더블 탭하고 위로 드래그하면 확대, 아래로 드래그하면 축소됩니다.

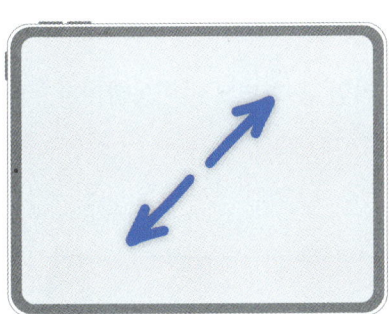

고급 제스처로 아이패드 기능 확인하기

아이패드 기본 동작을 모두 확인했다면, 이번에는 아이패드만의 제스처를 소개할 게요. 각각의 제스처와 함께 열리는 항목들도 간단히 알아봅니다.

홈으로 이동

앱 실행 중 화면 하단 가장자리를 가볍게 쓸어 올리면 홈 화면으로 이동합니다.

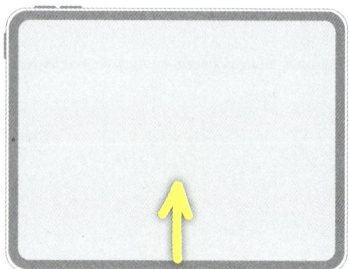

제어 센터 열기

화면 오른쪽 상단 가장자리를 쓸어 내리면 제어 센터가 열립니다.

알림 센터 열기

화면 왼쪽 상단 가장자리를 쓸어 내리면 알림 센터가 열립니다. 새로운 알림이나 이전 알림을 확인할 수 있어요. 알림을 탭하면 해당 앱으로 바로 이동합니다.

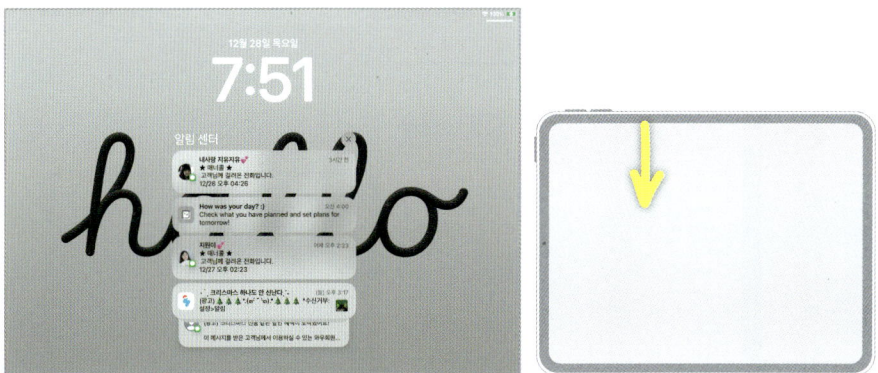

앱 전환기 열기

화면 하단 가장자리에서 쓸어 올리고 손가락을 떼지 않은 상태에서 멈춘 다음, 화면에서 손을 떼면 앱 전환기가 열립니다(또는 홈 버튼 더블 탭). 최근 실행했던 앱이 오른쪽에 표시되는데 오른쪽으로 쓸어 넘기면 여러 가지 실행 중인 앱을 한눈에 볼 수 있고, 원하는 앱을 탭하면 바로 이동할 수 있어요. 앱을 쓸어 올리면 해당 앱은 실행 종료됩니다.

열려 있는 앱 화면 전환하기

앱 실행 중에 화면 하단의 가장자리를 좌우로 쓸어 넘기면 열려 있는 다른 앱의 화면을 볼 수 있어요. 네 손가락 또는 다섯 손가락으로 화면을 쓸어 넘겨도 됩니다.

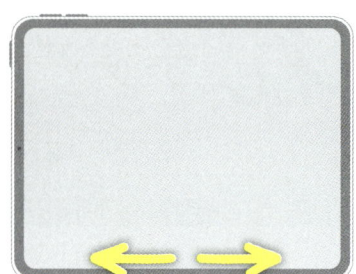

오늘 보기

홈 화면 왼쪽 가장자리에서 오른쪽으로 쓸어 넘기면 위젯을 볼 수 있어요. 원하는 위젯만 모아놓으면 필요한 정보를 빠르게 확인할 수 있어 편리합니다.

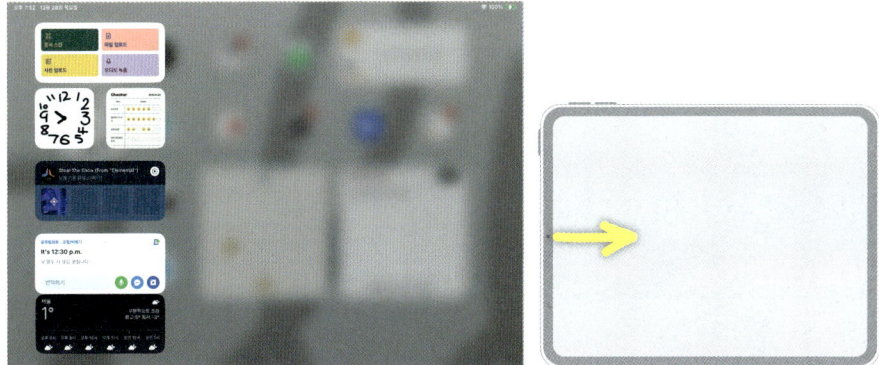

독 열기

앱 사용 중에 화면 하단 가장자리를 살짝 쓸어 올리고 멈추면, 독이 열립니다. 독에 있는 앱 아이콘을 탭하면 다른 앱을 바로 열 수 있어요.

스팟 라이트 열기

홈 화면의 어느 위치든 상관없이 화면을 살짝 쓸어 내리면 스팟 라이트 검색 창이 나타납니다. 앱을 검색하여 빠르게 실행할 수도 있고, 간단한 수식 계산이나 환율 정보 등을 빠르게 알 수 있어요.

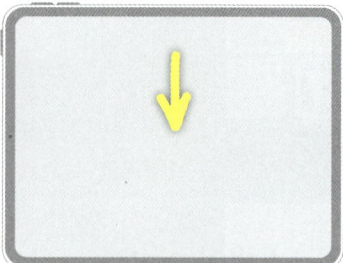

상단/음량 버튼으로 다양한 기능 실행하기

아이패드에는 상단 버튼과 두 개의 음량 버튼이 있어요. 세 개의 버튼을 사용하는
동작법을 알아볼게요. 홈 버튼이 있는 아이패드는 홈 버튼도 사용합니다.

시리(Siri)

시리는 사용자의 목소리로 손쉽게 전화를 걸고, 문자를 보내고, 앱을 사용하고, 여
러 가지 일을 처리할 수 있게 해주는 기능입니다. 상단 버튼(홈 버튼)을 길게 누르
면서 요청 사항을 말하고 버튼에서 손을 떼면 시리가 응답합니다. 또는 시리 기능
이 활성화된 상태라면 음성으로 "시리야."라고 말하고 요청 사항을 말하면 돼요.

스크린샷

상단 버튼과 음량 버튼을 동시에 빠르게 눌렀다가 떼면 화면을 캡처할 수 있어요. 음량 버튼은 두 가지 중 아무거나 하나를 누르면 됩니다. 또는 상단 버튼과 홈 버튼을 동시에 눌러도 캡처할 수 있어요.

전원 끄기

상단 버튼과 음량 버튼을 동시에 길게 누르고, 슬라이더가 나타나면 드래그하여 전원을 끌 수 있습니다. 홈 버튼이 있는 아이패드라면 상단 버튼을 길게 누르면 돼요. 또는 제어 센터 오른쪽 상단의 전원 버튼을 길게 탭하여 아이패드 전원을 끌 수 있어요.

강제로 재시동하기

음량 버튼을 상단 버튼과 가까운 쪽에
서부터 누른 뒤, 상단 버튼을 애플 로고
가 나타날 때까지 꾹 누르고 있으면 아
이패드를 재시동할 수 있어요. 또는 홈
버튼과 상단 버튼을 애플 로고가 나타
날 때까지 계속 누르고 있으면 됩니다.

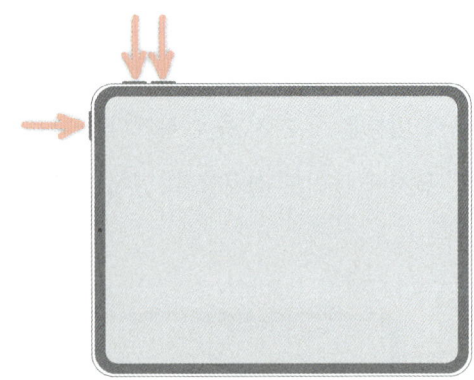

작업 속도를 높여주는 애플 펜슬 제스처

스크린샷

애플 펜슬로 화면 왼쪽 하단 모서리에서 대각
선으로 쓸어 올리면 현재 보고 있는 화면을
캡처할 수 있어요.

빠른 메모

애플 펜슬로 화면 오른쪽 하단 모서리를 쓸어
올리면 빠른 메모를 실행해 필요한 내용을
바로 메모할 수 있어요.

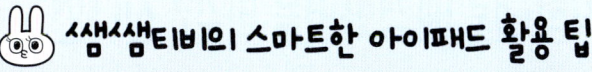 

샘샘티비의 스마트한 아이패드 활용 팁

손가락 제스처를 추가하면 손가락으로도 애플 펜슬 제스처를 할 수 있어요. 설정 앱
⚙에서 ❶[멀티태스킹 및 제스처]를 탭하고 ❷[모서리에서 손가락으로 쓸어넘기
기] 설정을 켭니다.

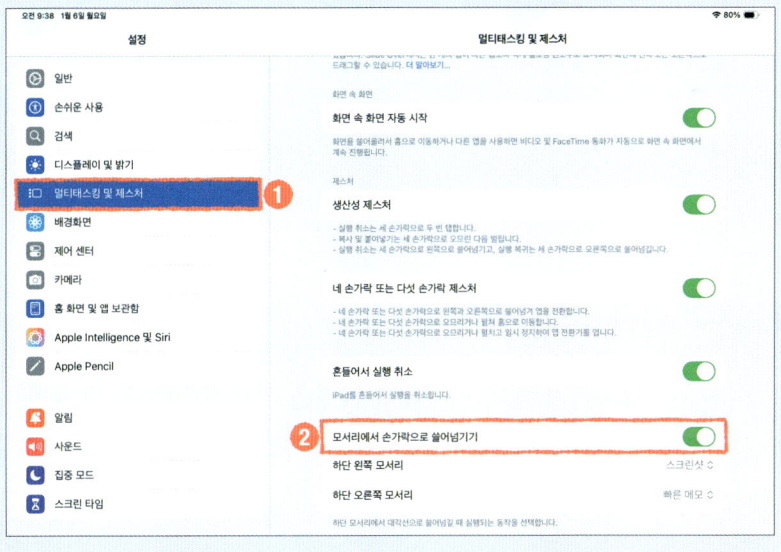

여기까지 아이패드의 간단한 화면 구성과 제스처, 버튼을 사용한 작동법을 알아보
았어요. 아이패드를 편리하게 사용하기 위한 기본 내용들이니 꼭 눈과 손으로 따라
하며 익혀두세요.

 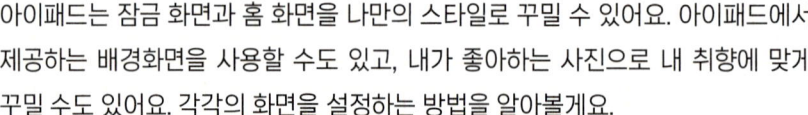 나만의 취향대로 배경화면을 바꾸고 싶다면?

아이패드는 잠금 화면과 홈 화면을 나만의 스타일로 꾸밀 수 있어요. 아이패드에서
제공하는 배경화면을 사용할 수도 있고, 내가 좋아하는 사진으로 내 취향에 맞게
꾸밀 수도 있어요. 각각의 화면을 설정하는 방법을 알아볼게요.

개성 넘치게 잠금 화면 꾸미기

화면이 꺼져 있는 잠자기 상태의 아이패드 화면을 가볍게 탭했을 때 처음 나오는
화면이 잠금 화면이에요. 배경화면의 사진만 바꿔 사용하고 있다면 이번에 다른 여
러 가지 설정을 나만의 느낌으로 바꿔봅니다. 사진 변경은 물론이고 위젯을 추가하
거나 시간의 서체를 바꿀 수도 있어요. 여러 개의 잠금 화면을 만들고, 집중 모드
를 연결할 수도 있답니다. 나만의 잠금 화면 만들기를 해볼게요.

잠금 화면을 길게 탭하면 화면 하단에 [사용자화] 버튼과 [+] 버튼이 표시됩니다.

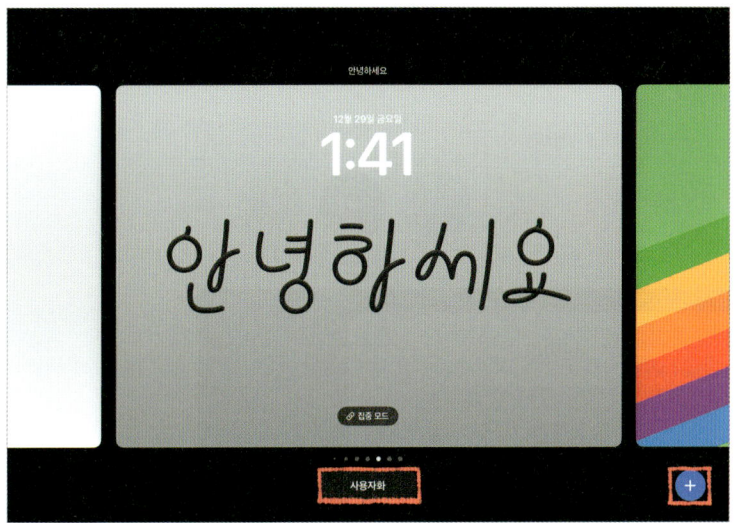

[+] 버튼을 탭하고, 원하는 배경을 선택하면 잠금 화면을 변경할 수 있어요.

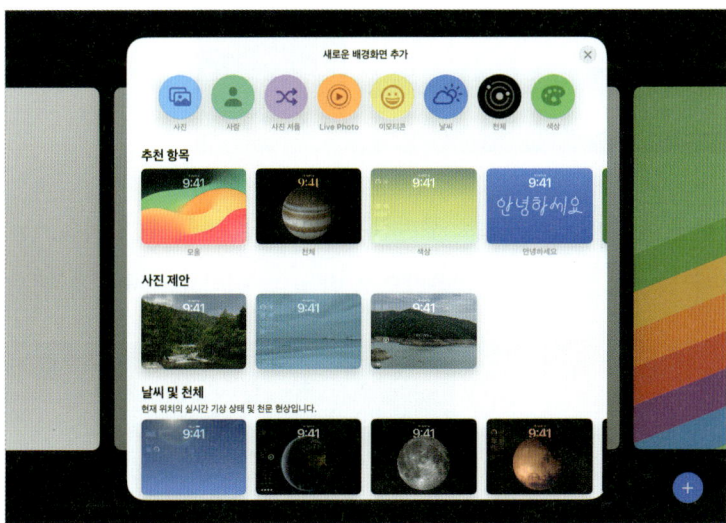

내가 가지고 있는 사진으로 잠금 화면을 설정할 수 있어요. [사진]을 탭하고, 여러 장의 사진을 넣고 싶다면 [사진 셔플]을 탭하여 설정합니다. [Live Photo]를 탭하면 움직이는 배경화면을 만들 수 있어요.

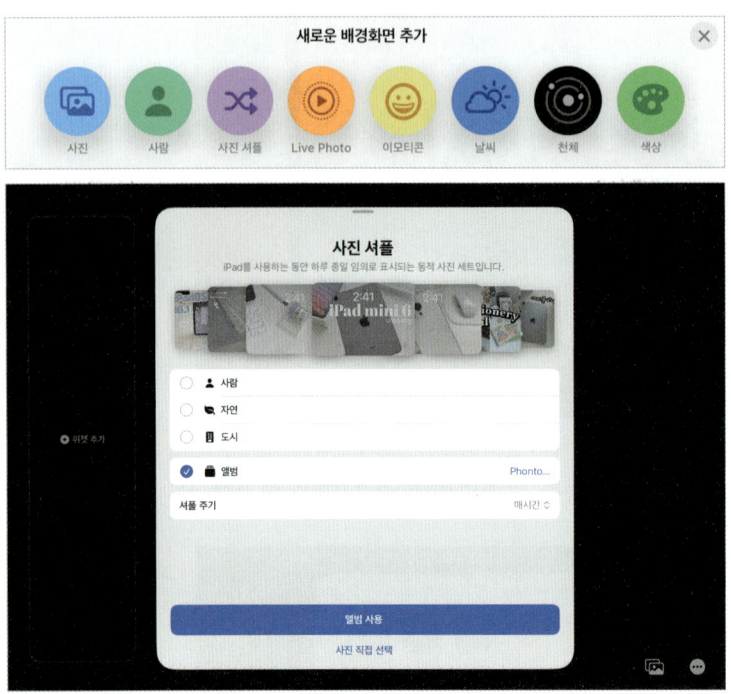

[이모티콘]을 탭하면 원하는 이모티콘으로 꾸며진 잠금 화면을 만들 수 있어요. [날 씨]를 탭하면 사용자 위치의 날씨를 잠금 화면으로 만들 수 있어요. [천체]를 탭하

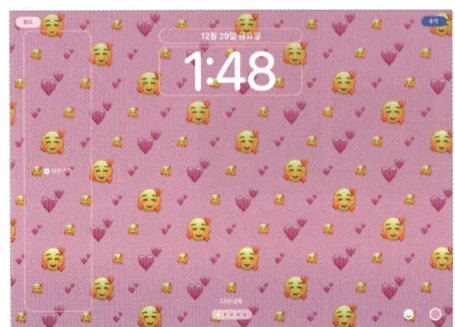

면 달과 태양계 행성들로, [색상]을 탭하면 원하는 색상으로 잠금 화면을 만들 수 있습니다. 원하는 배경화면을 설정하고 [추가]를 탭하면 현재 만든 배경화면을 잠금 화면과 홈 화면에 모두 적용할지 여부를 선택할 수 있어요. [한 쌍의 배경화면으로 설정]을 선택하면 배경화면을 잠금 화면과 홈 화면 양쪽에서 사용할 수 있어요. [홈 화면 사용자화]를 선택하면 홈 화면은 따로 설정할 수 있습니다.

 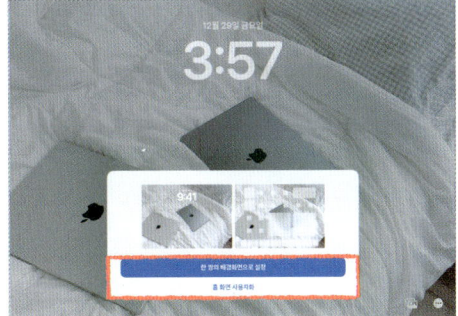

잠금 화면 편집하기

잠금 화면에는 시간만 표시되는 게 아니에요. 표시되는 시간의 서체를 바꾸고, 원하는 위젯을 잠금 화면에 띄워 나만의 잠금 화면으로 꾸며볼 수 있어요.

잠금 화면을 길게 탭하고, 편집을 원하는 잠금 화면으로 쓸어 넘긴 다음 [사용자화] 버튼을 탭합니다.

[배경화면 사용자화] 화면에서 잠금 화면을 탭한 후 [시간]을 탭하고 [서체 및 색상]을 변경할 수 있어요. 슬라이더를 드래그하면 굵기를 조절할 수 있습니다.

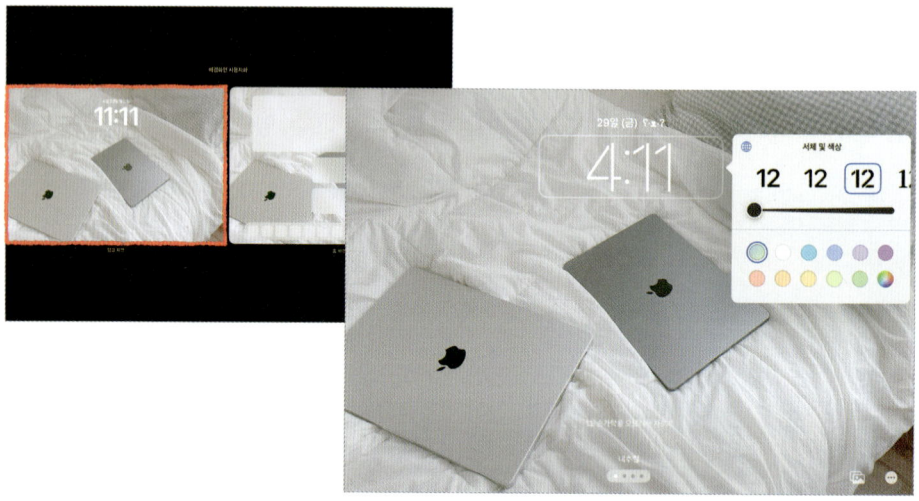

[날짜] 또는 [위젯 추가]를 탭하여 잠금 화면에 위젯을 추가할 수 있어요. 시계와 날씨, 캘린더와 미리 알림, 위젯을 제공하는 앱의 위젯을 선택하여 나만의 잠금 화면 위젯을 꾸며보세요.

설정 앱◉에서 [Face ID 및 암호]를 탭하고 [잠겨 있는 동안 접근 허용] 목록을 살펴봅니다. 필요에 따라 항목을 끄거나 켜서 잠금 화면에서 보이는 항목을 설정할 수 있어요.

잠금 화면 전환 및 삭제하기

여러 개의 잠금 화면을 만들었다면 좌우로 쓸어 넘겨 원하는 잠금 화면으로 쉽게 전환할 수 있어요. 잠금 화면을 길게 탭하고 [사용자화] 버튼이 표시되면, 화면을 좌우로 쓸어 넘겨 원하는 잠금 화면을 탭합니다. 잠금 화면 전환 시 삭제하고 싶은 잠금 화면이 있다면, 화면을 위로 쓸어 올려 휴지통 아이콘을 탭하면 됩니다.

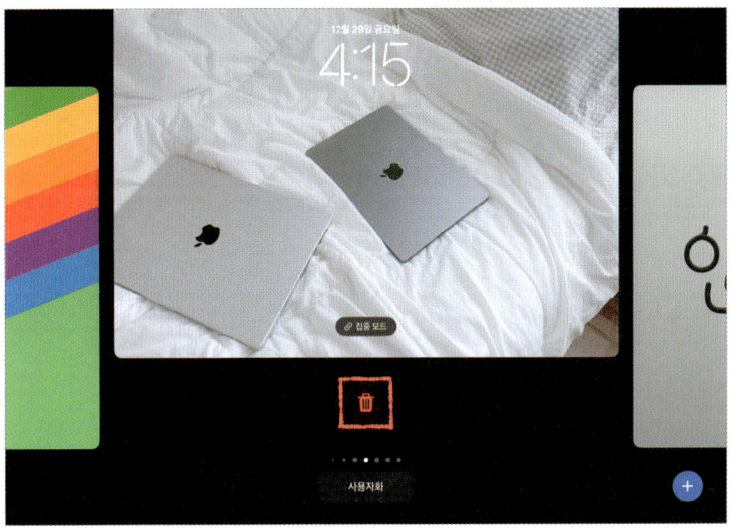

잠금 화면에 집중 모드 연결하기

집중이 필요한 순간, 불필요한 알림으로 방해받고 싶지 않을 때는 잠금 화면에 집중 모드를 연결해두고 사용하면 좋아요. 일시적으로 모든 알림을 차단하거나 특정 알림만 수신하도록 허용하는 집중 모드를 잠금 화면과 연결해 사용해보세요. 집중 모드에 대해서는 370쪽에서 자세히 알아봅니다.

잠금 화면에서도 가능한, 제스처 모아보기

잠금 화면에서도 여러 가지 필요한 기능이나 정보에 빠르게 접근할 수 있어요. 앞서 알아본 아이패드 제스처를 잠금 화면 상태에서도 사용할 수 있답니다.

사진 촬영과 이전 알림 보기, 메모 작성하기, 미디어 재생 제어하기 등의 기능을 빠르게 수행해보세요.

카메라 열기

잠금 화면에서 화면을 왼쪽으로 쓸어 넘기면 카메라가 켜집니다. 빠르게 사진을 찍어야 할 때 사용하면 편리합니다.

제어 센터 열기

오른쪽 상단 모서리를 쓸어 내리면 제어 센터가 열립니다.

이전 알림 보기

화면 중앙을 쓸어 올리면 알림 센터가 열립니다. 알림 센터에서 이전 알림들을 볼
수 있어요.

오늘 보기

화면의 왼쪽 부분을 오른쪽으로
쓸어 넘기면 위젯이 나타납니다.

메모 작성

애플 펜슬로 잠금 화면을 탭하면, 바로 메모 앱이 실행되어 그림을 그리거나 손
글씨 메모를 남길 수 있어요. 반짝이는 아이디어가 떠올랐을 때 놓치지 않고 빠르
게 메모를 작성할 수 있어 유용한 기능이에요.

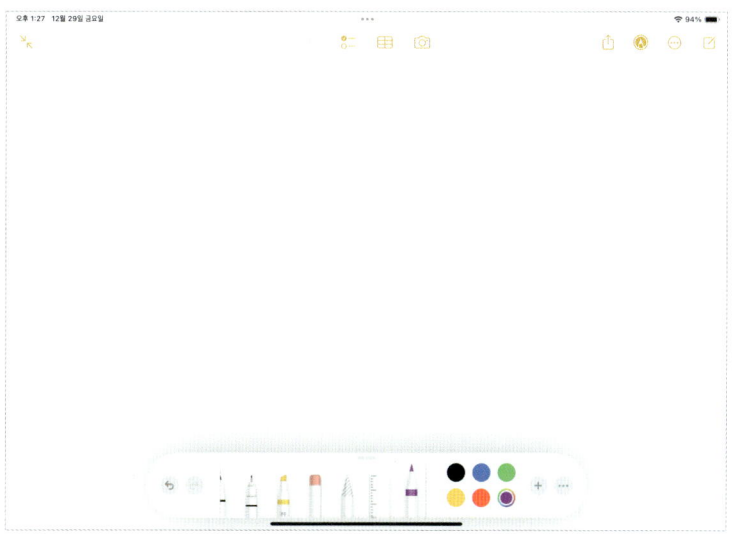

미디어 재생 제어하기

미디어 재생 중에 화면이 잠겼다면 잠금 화면에서 재생 제어기를 통해 미디어를 일시 정지하거나 재생, 되감기, 빨리 감기를 할 수 있어요.

나만의 감성을 한 스푼 담아 홈 화면 꾸미기

아이패드를 구입하고 기본 설정을 확인한 후에 가장 먼저 하는 일은 홈 화면 꾸미기일 거예요. 홈 화면까지 설정을 완료해놓으면 나만의 아이패드 느낌이 나지요. 아이패드를 시작할 때면 언제나 만나는 화면이기에 보기만 해도 기분이 좋아지는 나만의 스타일로 꾸며두고 시작하면 좋아요.

직접 촬영한 사진이나 다운로드한 사진을 홈 화면의 배경으로 설정할 수도 있지만, 귀여운 이미지나 감성적인 색다른 사진을 찾을 땐 핀터레스트 앱을 추천합니다. 이번에는 핀터레스트에서 원하는 이미지를 찾아 나의 아이패드 배경화면으로 설정하는 방법을 알아볼게요. 앱을 설치하는 방법은 74쪽을 참고합니다.

01 핀터레스트 앱에서 마음에 드는 이미지를 골라 다운로드합니다.

02 원하는 이미지가 준비되었다면, 설정 앱🔘에서 ❶[배경화면]을 탭하고 ❷홈 화면을 탭합니다.

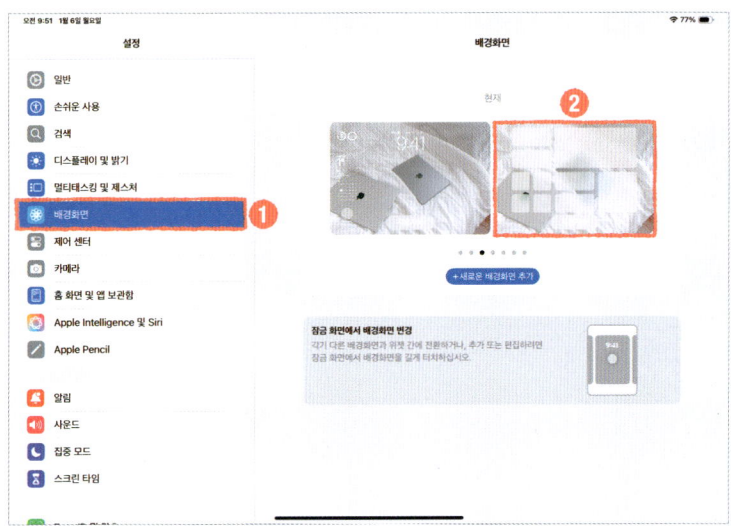

03 ❶ [사진]을 탭한 후 핀터레스트에서 다운로드한 이미지를 찾아 선택합니다.
❷ 설정이 완료되면 [완료]를 탭합니다.

놓치면 손해! 아이패드 꿀팁

홈 화면의 배경화면은 잠금 화면과 동일하게 한 쌍으로 만들어서 사용할 수 있어요. 물론 잠금 화면과 홈 화면을 각각 다르게 꾸밀 수도 있어요. [한 쌍의 배경화면으로 설정]을 선택하면 배경화면을 잠금 화면과 홈 화면 양쪽에서 사용할 수 있고, [홈 화면 사용자화]를 선택하면 홈 화면은 따로 설정할 수 있습니다.

03 예쁘고 깔끔하게 홈 화면 구성하기

아이패드를 잠금 해제했을 때 처음 나오는 화면이 홈 화면이에요. 홈 화면이 여러 페이지일 경우 하단에 점으로 표시되며, 왼쪽으로 쓸어 넘기면 다음 홈 화면을 볼 수 있어요. 계속 넘기다 보면 마지막 홈 화면 다음에는 앱 보관함 이 표시돼요. 앱 보관함은 하단 독에서 탭하여 열 수도 있답니다. 이제, 나만의 홈 화면을 꾸며볼까요?

사용자 저마다의 개성이 묻어나는 홈 화면을 다음 과정을 참고하여 꾸며보세요.

모든 앱을 한눈에 볼 수 있는 곳 – 앱 보관함

앱 보관함 에는 나의 아이패드에 설치되어 있는 모든 앱들이 나타납니다. 같은 카테고리별로 정리된 앱을 볼 수 있어요. 제안, 최근 추가된 항목, 창의력, 소셜미 디어 등의 폴더가 기본적으로 제시되어 있어요. 가장 많이 사용하는 앱은 상단 위 쪽에 배치되어 앱을 빠르게 찾거나 열 수 있어요.

앱 보관함의 앱은 다른 카테고리로 이동할 수 없어요.

필요한 것만 남겨 효율적으로 홈 화면 구성하기

앱 보관함 에 모든 앱이 폴더별로 정리되어 있고, 검색 기능으로 원하는 앱을 빠 르게 찾을 수 있으니 홈 화면에 많은 앱을 배치할 필요는 없어요. 빠르게 열고 싶은 앱 위주로만 배치하고, 나머지는 앱 보관함에서 꺼내 쓰는 것이 효율적입니다. 이 번에는 홈 화면을 깔끔하게 정리해 쓸 수 있는 기능을 알아볼게요.

홈 화면 가리기

홈 화면을 길게 탭하여 앱이 흔들거리면 화면 하단에 점을 탭합니다. 홈 화면 페이지의 축소판 아래 체크 표시를 탭해보세요. 체크가 해제되면 해당 홈 화면은 가려져요. 다시 체크 표시를 탭하면 홈 화면이 나타납니다. 보고 싶은 홈 화면만 체크해두고 [완료]를 탭하여 편집 모드에서 나옵니다.

이처럼 필요하지 않은 홈 화면을 가려두면 홈 화면을 쓸어 넘길 때 앱 보관함으로 빠르게 이동할 수 있어 편리해요.

놓치면 손해! 아이패드 꿀팁

홈 화면의 편집 화면에서 홈 화면 페이지 축소판을 길게 탭한 다음 드래그하여 이동해봅니다. 홈 화면의 순서를 변경할 수 있어요.

앱 잠그기 및 가리기

개인 정보가 포함된 메신저나 일기, 캘린더 등의 앱은 잠가서 가려짐 폴더에 숨길 수 있어요. 앱을 열기 위해서는 암호를 입력해야 하고, 잠긴 앱의 정보는 어디에도 표시되지 않아요. 알림, 시리, 스팟 라이트 검색에도 보이지 않습니다.

홈 화면에서 앱 아이콘을 길게 탭한 후 [Face ID 요구]−[Face ID 요구]를 탭하면, 해당 앱 실행 Face ID를 요구합니다.

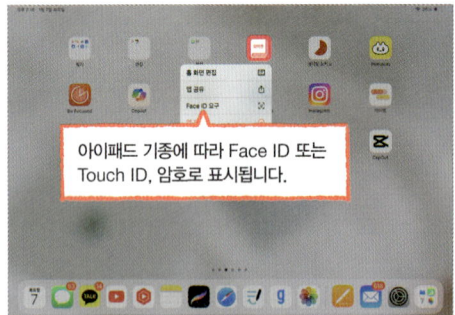

아이패드 기종에 따라 Face ID 또는 Touch ID, 암호로 표시됩니다.

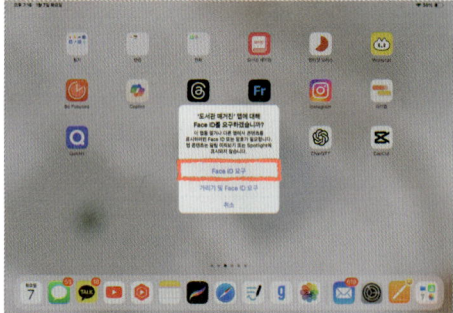

[가리기 및 Face ID 요구]를 탭하면 해당 앱이 홈 화면에서 사라지고 앱 보관함의 [가려짐] 폴더에 보관돼요. 해당 앱을 열려면 Face ID를 요구합니다.

잠그기/가리기 기능은 아이클라우드 동기화가 되지 않아요. 해당 기기에서만 적용돼요.

앱 폴더 만들기

홈 화면에 앱을 많이 배치해두면 필요한 앱을 찾는 데 어려울 수 있어요. 이럴 때는 폴더를 만들어 앱을 모아놓으면 보다 깔끔해 빠르게 찾을 수 있습니다. 나만의 카테고리를 정해서 비슷한 테마에 속하는 앱을 한곳에 모아 관리하면 더욱 편리합니다. 앱 폴더로 깔끔하게 정리된 홈 화면을 만들어볼게요.

홈 화면에서 앱 아이콘을 길게 탭한 다음 [홈 화면 편집]을 탭합니다. 앱 아이콘이 흔들리면서 편집 모드가 됩니다.

홈 화면 빈 곳을 길게 탭해도 편집 모드로 바뀌어요.

폴더에 포함할 앱을 다른 앱 아이콘 위로 겹치게 드래그하면 자동으로 폴더가 생성됩니다. 폴더를 길게 탭하고 [이름 변경]을 선택하면 폴더명을 변경할 수 있어요.

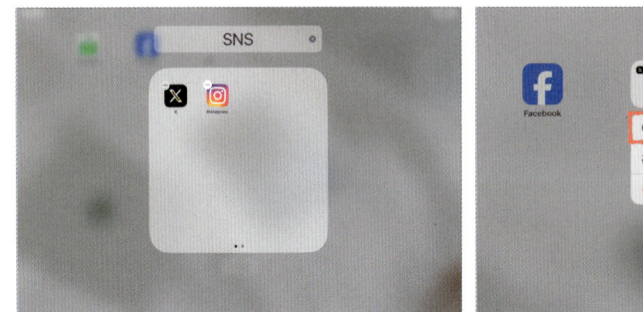

앱 폴더 관리하기

폴더를 탭하여 열면 폴더 안에 있는 모든 앱을 볼 수 있어요. 폴더에 새로운 앱을 추가하려면 홈 화면에서 해당 앱을 길게 탭한 다음, 폴더 안으로 드래그하면 됩니다. 마찬가지로 폴더에서 제거하고 싶다면 폴더 밖으로 드래그하면 돼요. 폴더를 삭제하고 싶다면 해당 폴더 안의 모든 앱을 밖으로 드래그합니다. 아무것도 없는 빈 폴더는 자동으로 삭제됩니다.

홈 화면에서 폴더 아이콘을 길게 탭한 후 원하는 위치로 드래그하면 폴더 위치가 변경됩니다. 다른 홈 화면 페이지로 폴더를 옮기고 싶다면 마찬가지로 폴더를 길게 탭한 후 원하는 홈 화면 페이지로 이동하면 됩니다.

앱 폴더 안의 앱 위치 바꾸기

앱 폴더 안의 앱 위치는 사용자의 편의대로 바꿀 수 있어요. 앱 아이콘을 길게 탭한 후 원하는 위치로 드래그하면 됩니다. 폴더 안에 앱이 많아지면 여러 페이지로 나뉘어 정렬되는데, 폴더 안에서 왼쪽이나 오른쪽으로 쓸어 넘겨 페이지를 넘길 수 있어요.

04 다양한 앱의 천국, 앱 스토어 이용하기

아이패드에서 앱을 설치하는 방법은 아이폰과 동일해요. 앱 스토어 에서 원하는 앱을 검색하고 바로 다운로드하여 설치할 수 있어요. 이번에는 앱을 설치하고 삭제하는 방법을 알아볼게요.

앱 스토어 를 탭하면 다양한 유료/무료 앱들이 있어요. 여기서는 똑똑한 ChatGPT 앱을 설치해볼게요.

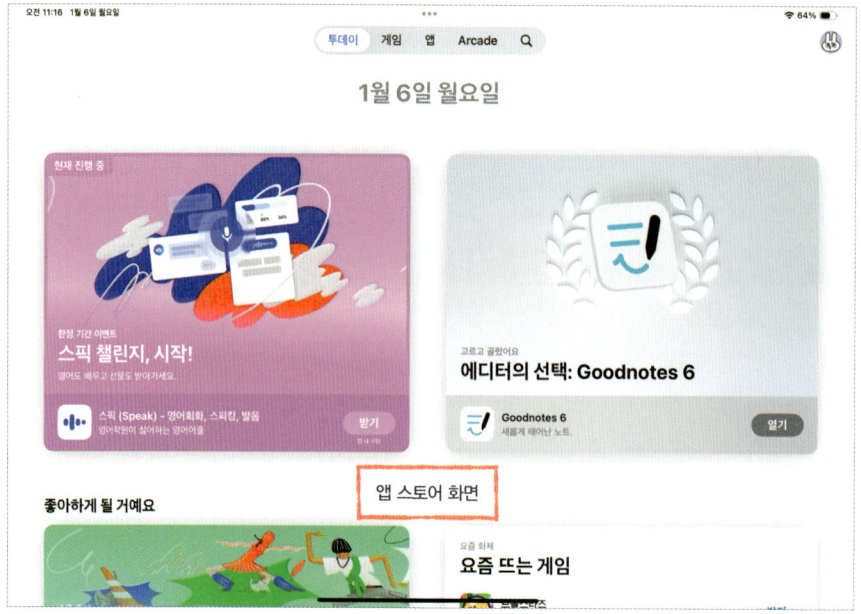

앱 스토어 화면

쉽고 간단한 앱 다운로드 방법

앱 보관함에서 앱 스토어를 탭합니다. ❶ 🔍 를 탭하고 **chatGPT**를 검색합니다. ❷[받기] 또는 다운로드 버튼인 ☁️를 탭하면 앱이 설치됩니다.

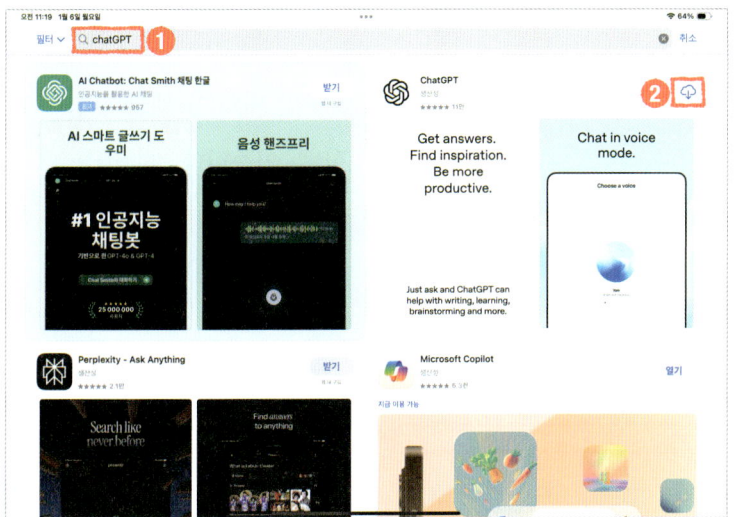

설치가 완료되면 홈 화면과 앱 보관함에 ChatGPT 앱 아이콘이 나타납니다.

새로운 앱을 탐색해보고 싶다면 [투데이], [게임], [앱스], [Arcade] 탭에서 여러 가지 앱을 둘러보세요. 나의 아이패드 생활을 활기차게 해줄 다양한 종류의 유용한 앱을 알아볼 수 있습니다.

자동 업데이트

설정 앱 ⚙️에서 [앱]-[App Store]를 탭하고 [앱 업데이트]의 설정을 켭니다. 이후 자동으로 업데이트가 실행되어 앱을 항상 최신 버전으로 유지할 수 있습니다.

구입 내역 관리

앱 스토어 오른쪽 상단에서 ❶내 계정을 탭하고 ❷[구입 내역]을 탭합니다. 여기에서 이전에 구매하거나 다운로드한 앱을 다시 설치할 수 있습니다.

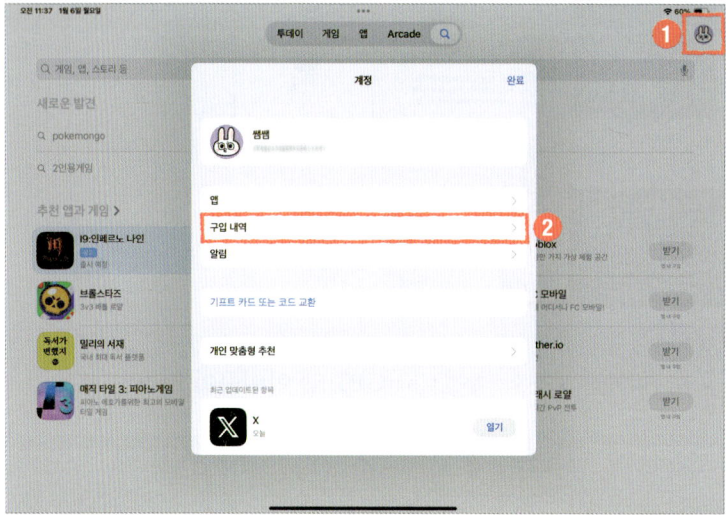

앱 다운로드 설정 변경하기

설정 앱 ⚙️에서 ❶[홈 화면 및 앱 보관함]을 탭합니다. ❷[새로 다운로드된 앱]에서 다운로드한 앱을 홈 화면과 앱 보관함에 모두 추가할지, 아니면 앱 보관함에만 추가할지 선택합니다. [홈 화면에 추가]를 선택하면 홈 화면과 앱 보관함 모두에 추가돼요.

❸ [Dock에서 앱 보관함 보기], [Dock에서 제안된 앱 및 최근 앱 보기], [앱 보관함에서 보기] 등 옵션을 함께 선택할 수 있습니다.

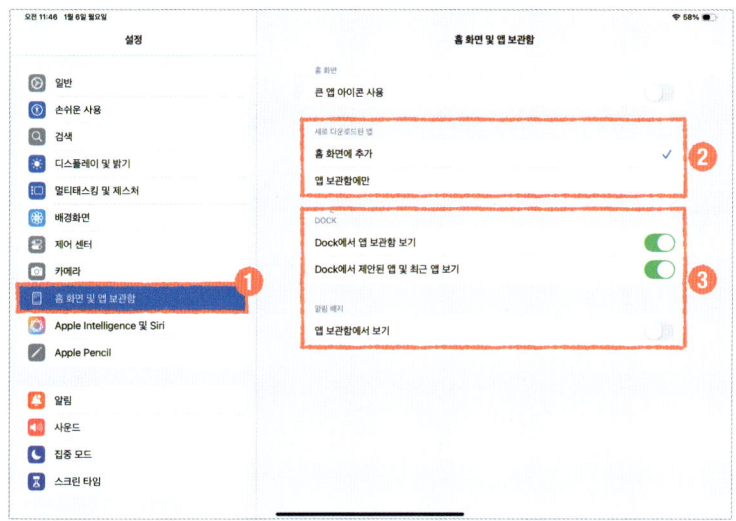

불필요한 앱 제거 또는 삭제하기

설치해보았는데 마음에 들지 않는 앱이나 삭제하고 싶은 앱이 있을 때는 홈 화면에서 해당 앱을 길게 탭합니다. [앱 제거]-[앱 삭제]를 탭하세요. [홈 화면에서 제거]를 선택하면 해당 앱이 홈 화면에서는 사라지지만, 앱 보관함에는 유지돼요.

놓치면 손해! 아이패드 꿀팁

앱 스토어에서 별도로 다운로드하여 설치한 앱뿐만 아니라 아이패드에 내장된 애플 기본 앱도 삭제할 수 있어요. 단, 내장 앱을 삭제하면 다른 시스템 기능에도 영향을 줄 수 있으니 주의해야 합니다.

05 생산성을 두 배로 높여주는 아이패드 위젯

위젯은 날씨, 캘린더, 미리 알림, 환율 등의 정보를 한눈에 볼 수 있게 표시해주는 기능입니다. 위젯을 홈 화면이나 잠금 화면에 추가해 띄워두면, 자주 사용하는 정보를 빠르게 확인할 수 있어 편리해요. 앱을 열지 않아도 위젯을 통해 음악이나 시리, 팟캐스트, 유튜브 등의 작업을 바로 시작할 수 있습니다. 설치하고 사용하는 방법도 아주 간단해요. 홈 화면에 마음에 드는 위젯을 추가해볼게요.

위젯을 사용해보면 그 편리함에 매우 만족할 거예요. 웬만한 위젯은 다 있으니 필요한 위젯을 홈 화면에 띄워놓고 사용해보세요.

위젯이 설치된 홈 화면

01 ❶홈 화면에서 빈 공간을 길게 탭하면 앱 아이콘이 흔들리며 편집 모드로 전환됩니다. ❷화면 왼쪽 상단의 [편집]을 탭하고 ❸[위젯 추가]를 탭하면 위젯 선택 화면이 나타납니다.

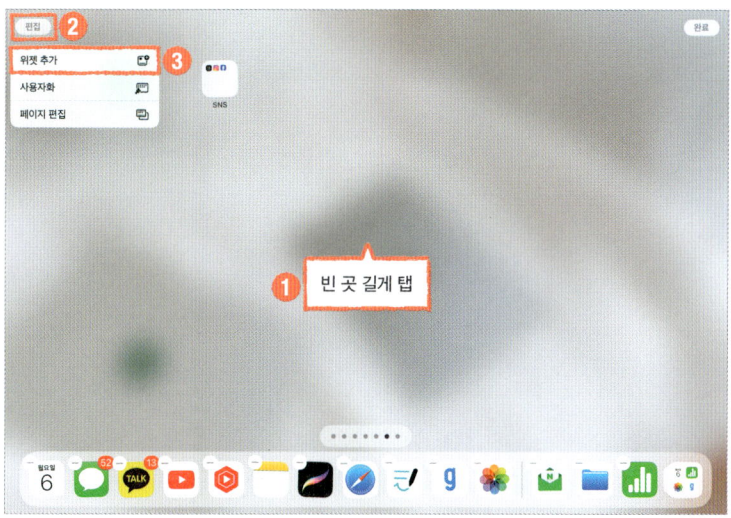

02 원하는 위젯을 찾아봅니다. 위아래로 스크롤하면 다양한 위젯을 볼 수 있습니다.

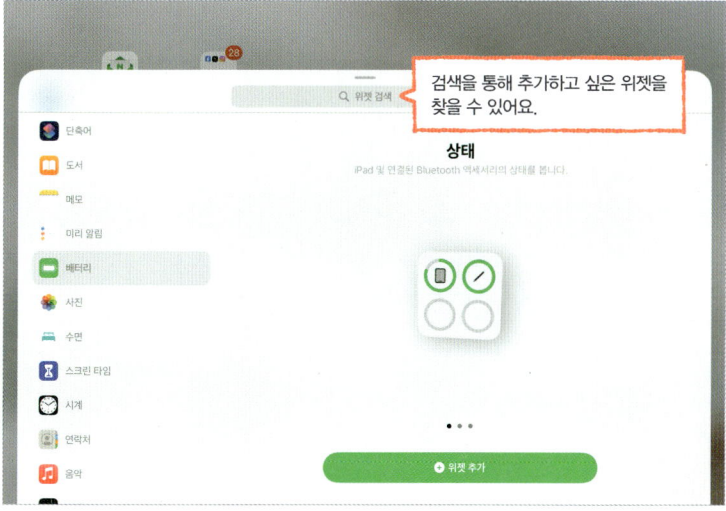

03 ❶ 추가하고 싶은 위젯을 탭하고 ❷ 좌우로 쓸어 넘겨 위젯의 크기와 모양을 선택합니다. ❸ [위젯 추가]를 탭합니다. 홈 화면에 위젯이 추가되었으면 원하는 위치로 드래그합니다.

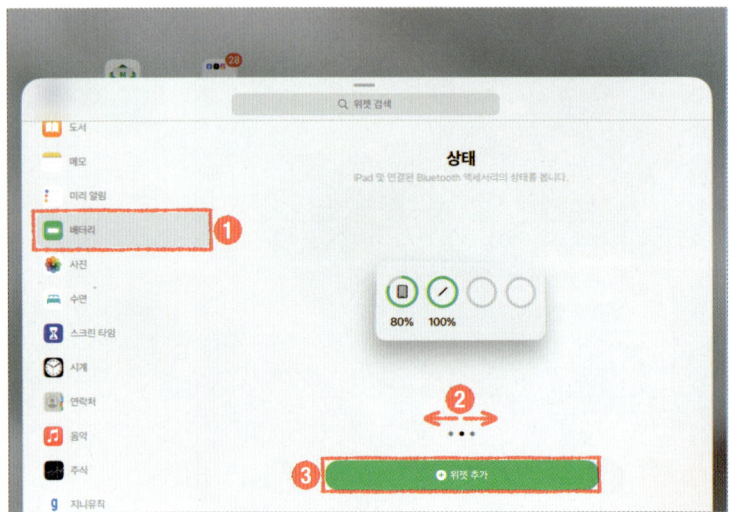

04 위젯의 배치가 끝났다면 오른쪽 상단의 [완료]를 탭하여 편집 모드를 종료합니다.

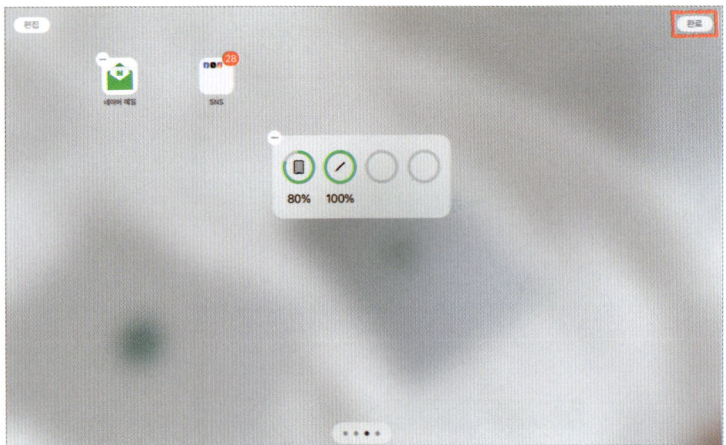

위젯을 어디에서나 볼 수 있다면?

아이패드에서 위젯을 활용할 수 있는 곳은 세 군데예요. 홈 화면에 띄워놓고 항상 볼 수 있고, 오늘 보기에서, 잠금 화면에서 볼 수 있습니다. 각각의 위젯을 보는 방법을 알아볼게요.

홈 화면에서 위젯 보기

아이패드 잠금을 해제하면 나타나는 홈 화면에서 배치한 위젯들을 볼 수 있습니다.

오늘 보기에서 위젯 보기

첫 번째 홈 화면의 왼쪽 가장자리를 오른쪽으로 쓸어 넘기면 위젯을 볼 수 있어요. 위아래로 스크롤하여 원하는 위젯을 찾아볼 수 있습니다.

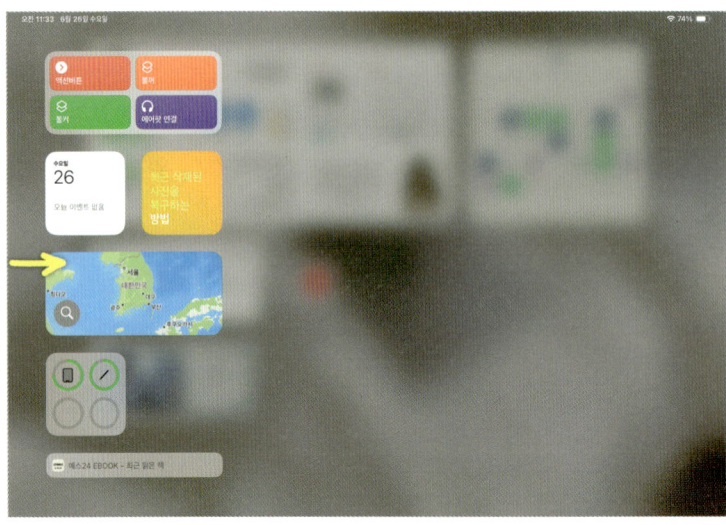

잠금 화면에서 위젯 보기

잠금 화면에서도 화면의 왼쪽 가장자리를 오른쪽으로 쓸어 넘기면 위젯을 볼 수 있어요. 위젯이 나타나지 않는다면 설정 앱에서 [Touch ID 및 암호] 또는 [Face ID 및 암호]를 탭하고 [오늘 보기 및 검색] 설정을 켭니다.

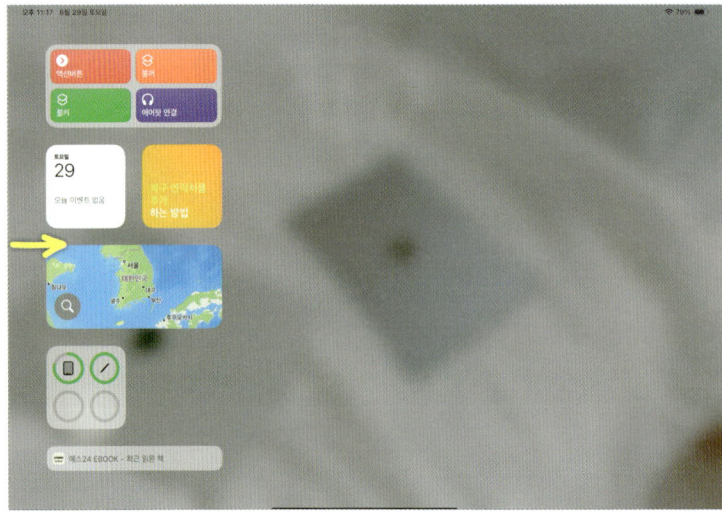

사용하지 않는 위젯 편집 또는 삭제하기

홈 화면에서 위젯을 길게 탭하면 빠른 동작 메뉴가 나타납니다. [위젯 편집]을 탭하면 해당 위젯을 편집할 수 있고, [위젯 제거]를 탭하고 [제거]를 탭하면 위젯이 삭제됩니다. 이렇게 사용하지 않는 위젯은 깔끔하게 삭제하면 됩니다.

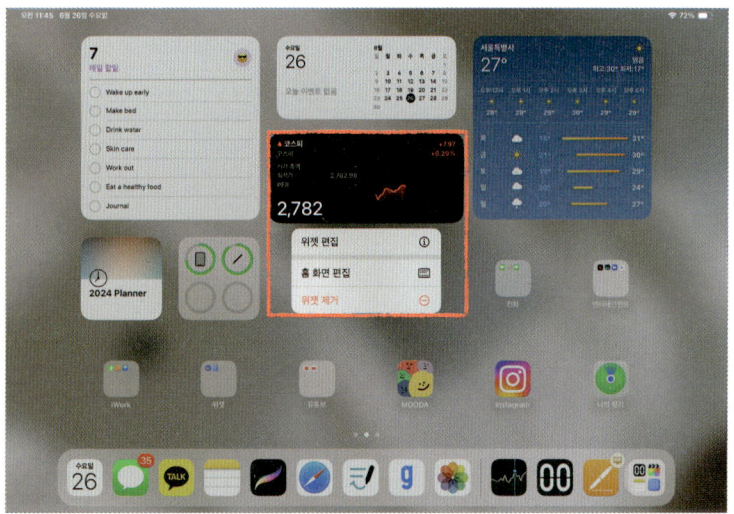

이제 아이패드에서 위젯을 쉽게 추가, 편집, 삭제할 수 있게 되었어요. 다양한 위젯을 나의 필요와 용도에 맞게 갖춰놓으면 아이패드와 함께하는 일상이 더욱 즐거워집니다.

앱 아이콘, 위젯 커스텀하기

홈 화면을 사용자화하면 앱 아이콘과 위젯의 색상을 다르게 설정하고, 크기 조절과 앱 이름을 제거하는 등 정렬 방식을 바꿀 수 있어요. 좋아하는 방식으로 앱 아이콘과 위젯을 꾸며보세요.

홈 화면의 빈 곳을 길게 탭한 후 [편집]-[사용자화]를 탭합니다.

화면 아래에서 [작게/크게]를 탭해보세요. [크게]를 탭하면 아이콘 아래 이름이 표
시되지 않습니다. 깔끔하게 아이콘으로만 보고 싶다면 [크게]를 탭합니다.

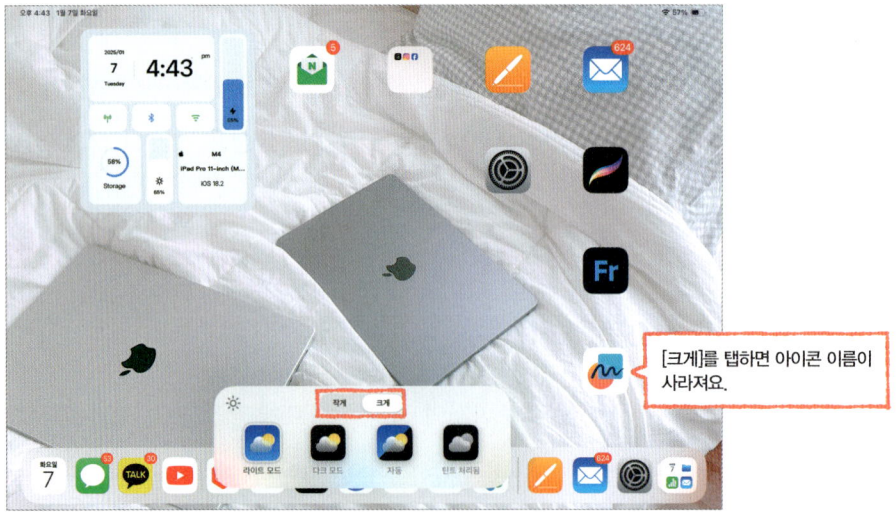

[다크 모드]를 탭하면 위젯의 배경은 물론 앱 아이콘의 배경도 어둡게 변경됩니다.

[자동]으로 설정하면 현재 위치의 일출/일몰 시간에 따라 자동으로 [라이트 모드]/
[다크 모드]가 전환됩니다.

[틴트 처리됨]을 탭하면 아이콘 색상을 바꿀 수 있어요. 색상과 채도 슬라이더를 드
래그하여 원하는 색상으로 변경해보세요. [스포이드]를 탭하면 배경화면에서 원하
는 색상을 선택해 적용할 수 있습니다.

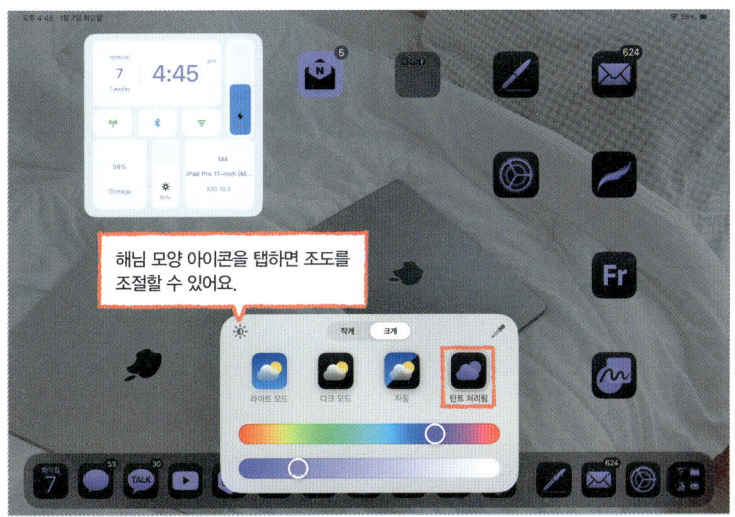

쌤쌤티비의 추천 위젯 앱 다섯 가지!

앱 스토어에 위젯을 검색하면 수많은 위젯들이 나와요. 여러 가지 앱을 설치하고 사용하듯 위젯도 마찬가지입니다. 일상생활, 업무, 학습 등 생활에 도움이 되는 다양한 위젯을 앱 스토어에서 다운로드해보세요. 대부분 무료로 여러 가지 위젯을 사용할 수 있지만, 유료 구독 결제를 하면 더 많은 위젯을 사용할 수 있어요. 아이패드와 함께 유용하게 사용할 수 있는 위젯 몇 가지를 추천해볼게요.

위젯스미스(Widgetsmith)

다양한 크기와 스타일의 위젯 생성이 가능하여 나만의 스타일로 홈 화면을 구성할 수 있습니다. 시간, 날짜, 사진, 건강 데이터 등 다양한 정보를 표시하는 위젯을 내 취향에 맞는 디자인으로 꾸밀 수 있어요. 여러 테마와 기능을 통해 홈 화면을 더 유용하고 아름답게 만들어보세요.

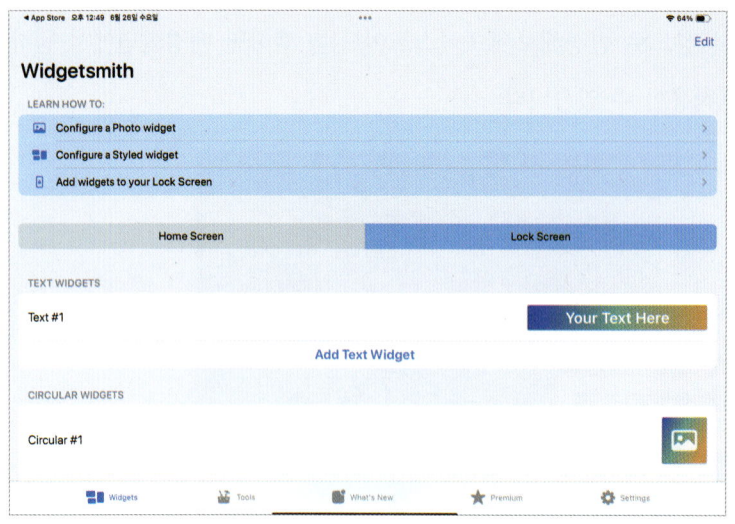

아이스크린(iScreen)

귀엽고 아기자기한 스타일의 위젯을 볼 수 있는 앱이에요. 시간, 캘린더, 사진, 메모, 할 일 목록 등 다양한 위젯을 제공합니다. 직관적인 인터페이스로 손쉽게 위젯을 설정하고 편집할 수 있고, 다채로운 테마와 디자인 옵션으로 구경하는 재미도 있어요. 아이패드를 귀여운 스타일로 꾸미고 싶다면 사용해보세요.

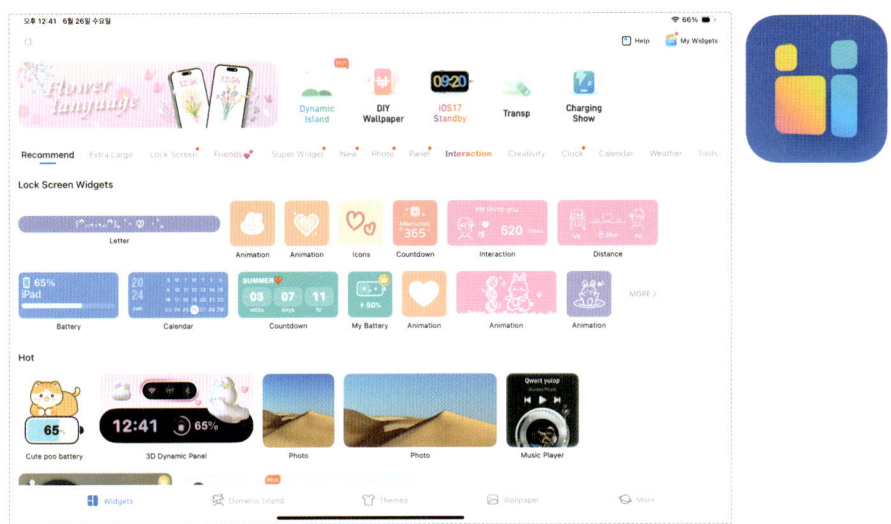

컬러 위젯(Color Widgets)

감각적인 캘린더 위젯과 잠금 화면 위젯이 인상적인 위젯 앱이에요. 시각적 다양성과 커스터마이징 기능이 특징이고, 주기적으로 새로운 테마와 기능이 업데이트되는데 특히 계절별, 특별 이벤트(크리스마스, 할로윈 등) 테마를 제공하여 시기에 맞는 홈 화면 꾸미기가 가능합니다.

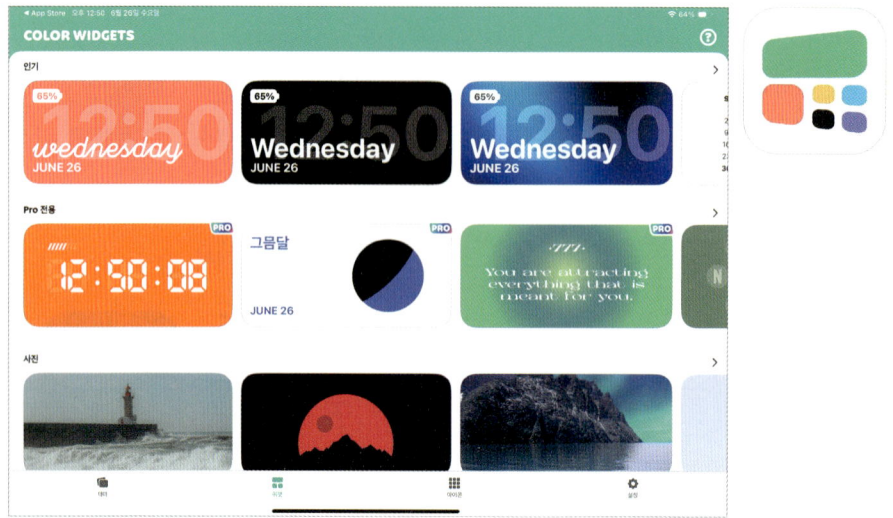

미코(Mico)

큰 사이즈의 갤러리 위젯과 뮤직플레이어 위젯이 인상적인 위젯 앱이에요. 다양한 귀여운 테마와 아이콘을 제공하여 홈 화면을 더욱 귀엽고 기능적으로 꾸밀 수 있습니다.

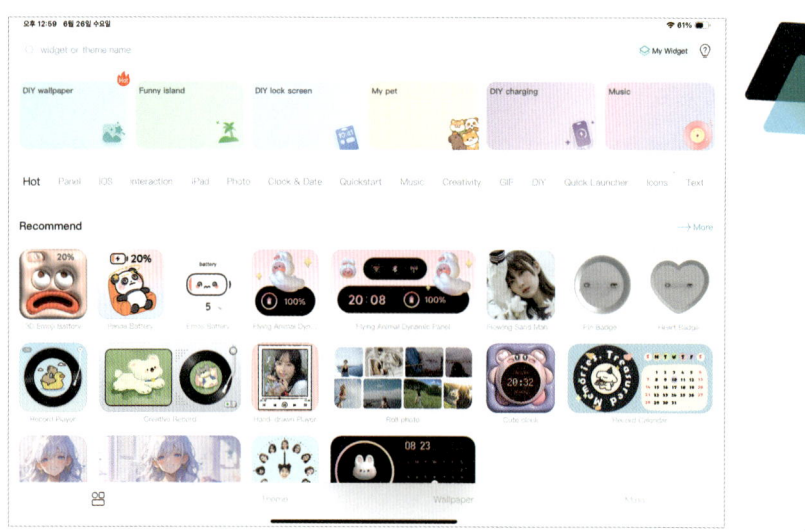

위젯의 크기, 색상, 테마 등을 자유롭게 변경할 수 있어 나만의 스타일로 위젯을 꾸밀 수 있어요.

앞서 추천한 각각의 앱이 제공하는 다양한 스타일과 기능을 통해 나만의 독특한 홈 화면을 꾸며보세요. 이 외에도 많은 위젯 앱이 있으니 앱 스토어에서 다른 유용한 위젯들도 검색해보세요.

탑 위젯 플러스(Top widgets+)

다양한 배경화면과 위젯을 제공하는 앱이에요. 풍부한 맞춤 아이콘 팩을 선택하면 앱 아이콘도 쉽게 꾸밀 수 있어요. 날씨, 캘린더, 할 일 목록 등 필요한 정보를 배경화면 위젯으로 만들면 즉시 확인할 수 있고, 제어 센터도 커스텀하여 꾸미기할 수 있습니다. 앱 내에서 제공하는 다양한 테마와 스타일로 나만의 위젯을 꾸며 배치해보세요.

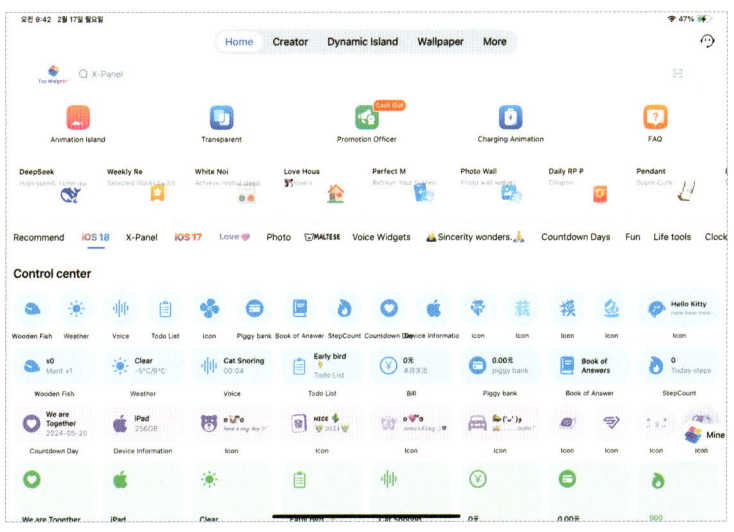

 **전문가처럼 자유자재로 제스처 사용하기**

앞서 아이패드의 기본 제스처를 익혔습니다. 이번에는 아이패드 작업을 좀 더 업그레이드할 수 있는 추가 제스처를 알아볼게요. 이 제스처들을 활용하면 생산성을 크게 높일 수 있으니 익숙해질 때까지 의식적으로 사용해보세요.

문서 작업이 편리해지는 텍스트 편집 제스처

텍스트 선택하기

❋ **단어 선택** : 단어를 더블 탭하면 단어를 빠르게 선택할 수 있습니다.

❋ **단락 선택** : 세 번 연속으로 탭(트리플 탭)하면 단락을 선택할 수 있습니다.

❋ **텍스트 블록 선택** : 첫 번째 단어를 더블 탭한 후 선택 포인터를 드래그하면 블록을 지정할 수 있습니다.

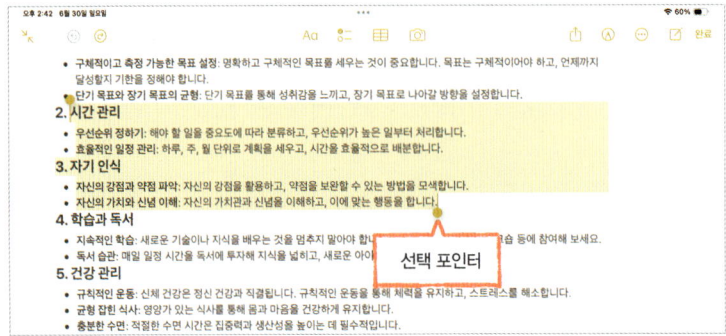

복사/붙여넣기

✳ **복사하기** : 세 손가락을 오므리기(핀치 인)하면, 선택한 텍스트가 복사됩니다.

✳ **오려두기** : 세 손가락을 두 번 오므리기하면, 선택한 텍스트를 오려둘 수 있습니다.

✳ **붙여넣기** : 세 손가락을 펼치기(핀치 아웃)하면, 텍스트가 붙여넣기가 됩니다.

✳ **실행 취소** : 세 손가락을 왼쪽으로 쓸어 넘기거나 세 손가락으로 더블 탭하면 실행이 취소됩니다.

✳ **실행 복귀** : 세 손가락을 오른쪽으로 쓸어 넘기면 다시 실행됩니다.

텍스트/포인터 이동하기

✳ **텍스트 이동** : 선택한 텍스트를 길게 탭하여 들어 올려지면, 드래그하여 이동합니다.

✳ **포인터 이동** : 한 손가락으로 화면을 길게 탭하면 그 부분이 확대되어 포인터를 원하는 위치로 이동하기 쉬워요. 문서 작업 중 삽입 지점을 수월하게 찾을 수 있습니다.

✳ **스크롤러 이동** : 문서에서 화면 오른쪽 가장자리의 스크롤러를 길게 탭한 다음 위아래로 드래그하면 긴 문서를 빠르게 탐색할 수 있습니다.

 쌤쌤티비의 스마트한 아이패드 활용 팁

작업 속도를 높여주는 멀티태스킹 제스처

• **홈 화면으로 이동** : 네 손가락(또는 다섯 손가락)으로 화면을 오므리기하면, 현재 사용 중인 앱에서 홈 화면으로 빠르게 이동할 수 있어요. 다시 손가락을 펼치면 마지막으로 사용했던 앱이 열립니다.

• **앱 간 빠른 전환** : 네 손가락(또는 다섯 손가락)으로 화면을 좌우로 쓸어 넘기면, 현재 열려 있는 앱들을 빠르게 전환할 수 있어요.

 **나에게 꼭 맞는 아이패드 세부 설정하기**

앞서 아이패드 기본 설정에서 로그인, 와이파이, 아이클라우드 설정에 대해서 알아보았어요. 이번에는 좀 더 세부적인 설정 항목을 둘러보고, 디스플레이 설정과 홈화면의 제어 센터를 나에게 필요한 항목들로 구성하는 방법을 알아볼게요.

아이패드 설정 간단하게 둘러보기

설정 앱의 [일반]에서는 소프트웨어 업데이트와 아이패드 저장 공간을 확인할

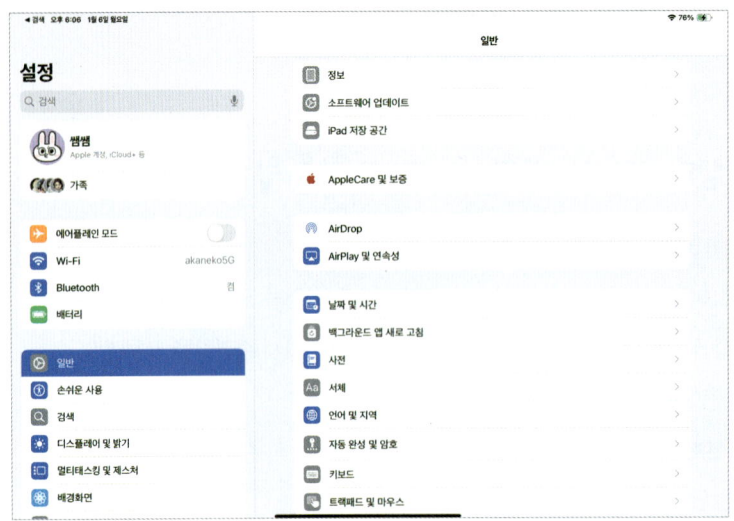

수 있어요. 또, 애플 연속성 기능의 필수 설정인 [AirDrop]과 [AirPlay 및 연속성]이 있습니다. 키보드와 트랙패드 및 마우스, 서체 등도 이곳에서 설정할 수 있어요.

설정 앱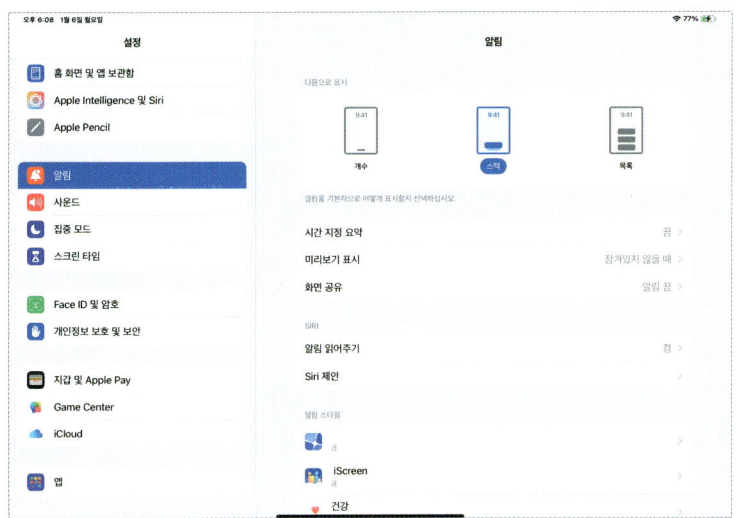의 [알림]에서는 알림의 표시 방식을 선택할 수 있고, [미리보기 표시]와 [알림 읽어주기] 기능 등을 설정할 수 있어요. 알림 스타일을 앱마다 다르게 설정할 수 있습니다.

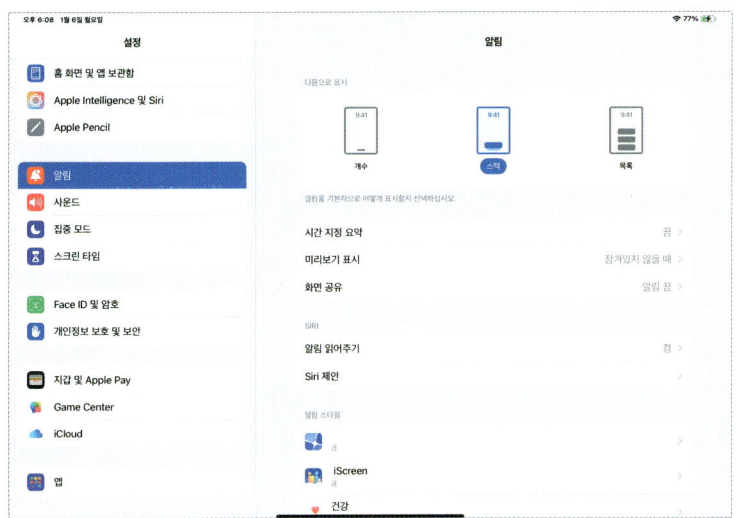

화면 밝기를 조정하는 디스플레이 및 밝기 설정

설정 앱의 [디스플레이 및 밝기]에서는 화면 모드를 [라이트 모드]와 [다크 모드] 중에서 선택할 수 있어요. 화면 모드를 [자동]으로 하면 낮 동안에는 라이트 모드로, 밤에는 다크 모드로 자동 전환됩니다.

또한, 화면 밝기와 텍스트 크기 등을 설정할 수 있고, [True Tone] 설정을 켜면 색감이 좀 더 부드럽게 표현된 화면을 볼 수 있어요.

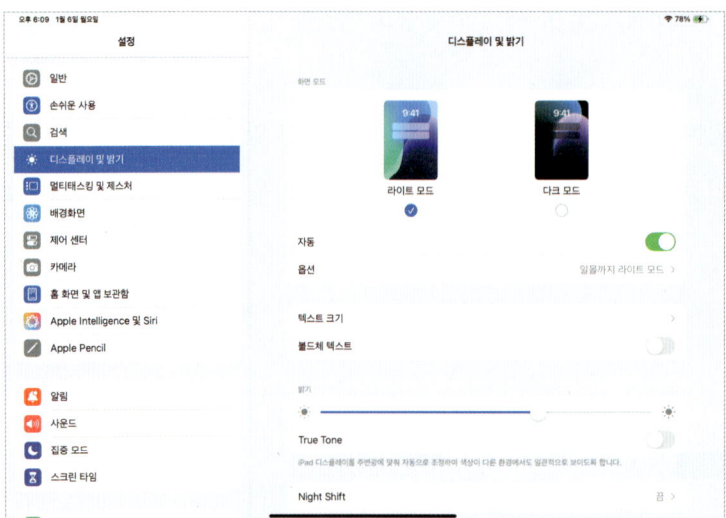

나이트 시프트(Night Shift)

일몰 이후에는 자동으로 화면의 색상을 따뜻한 색으로 변경하여 숙면에 도움을 주는 기능이 있어요. 원하는 시간을 설정할 수 있는데, 일몰부터 일출까지로 지정하

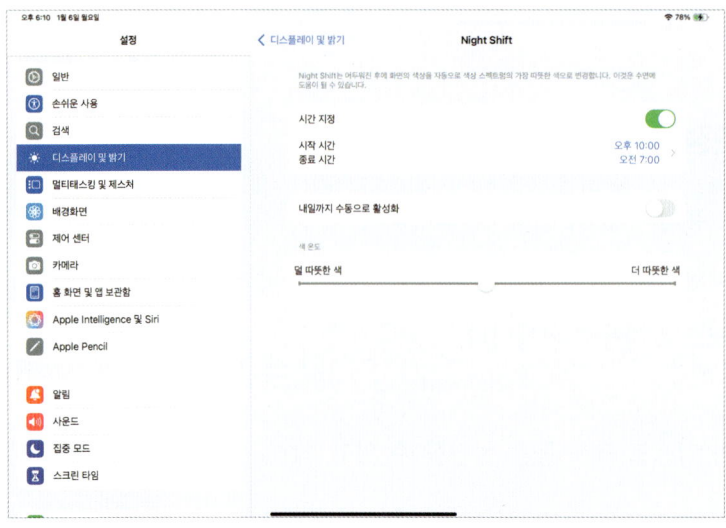

면 사용자의 현재 위치의 일몰, 일출 시간을 기준으로 나이트 스프트가 적용됩니다. 색 온도도 사용자가 지정할 수 있어요.

자동 잠금 시간 설정

움직임이 없을 때 화면이 잠금 모드로 전환되는 시간을 설정할 수 있어요. 자동 잠금을 해제할 수도 있습니다.

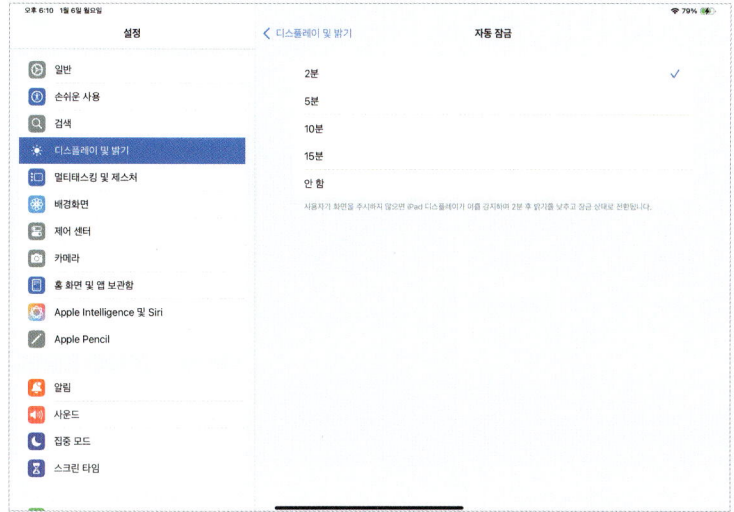

디스플레이 확대/축소

이외에도 아이패드 화면에 표시되는 텍스트의 크기를 확대하거나 축소할 수 있어요. [더 큰 공간]을 선택하면 화면에서 텍스트와 아이콘을 작게 표시하여 더 큰 공간을 사용할 수 있습니다.

다양한 기능으로 접근하는 지름길, 제어 센터

홈 화면의 오른쪽 상단 가장자리를 쓸어 내리면 제어 센터가 열려요. 제어 센터에서는 비행기 모드, 와이파이, 블루투스 등을 빠르게 설정할 수 있어요. 음량과 밝기 조절은 물론 집중 모드와 방해 금지 모드로 빠르게 전환할 수도 있습니다.

제어 센터의 항목을 탭하면 해당 설정을 켜거나 끌 수 있어요. 또 길게 탭하면 추가 옵션을 선택할 수 있습니다. 예를 들어 카메라 아이콘을 길게 탭하면 [셀피], [비디오], [사진], [인물 사진 셀피]의 옵션이 나타납니다.

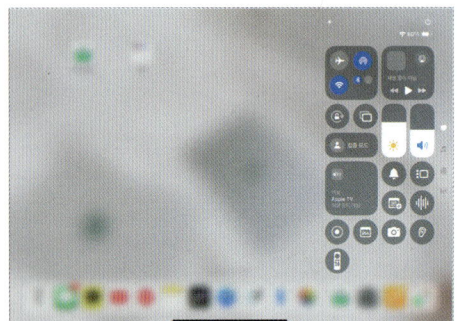 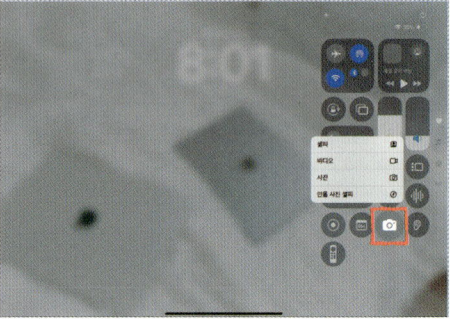

놓치면 손해! 아이패드 꿀팁

제어 센터 오른쪽 가장자리에는 항목 그룹이 있어요. 각 그룹을 탭하거나 제어 센터 화면을 아래위로 스크롤해보세요. 다양한 기능을 확인할 수 있습니다.

제어 항목 커스텀하기

제어 센터에 표시되는 제어기 항목은 사용자의 편의대로 구성할 수 있어요. 자주 사용하는 설정은 제어 센터에 등록해놓으면 편리합니다.

제어 센터 화면에서 상단의 ❶ [+]를 탭하면 제어 항목을 편집할 수 있습니다. 항목을 길게 탭하여 드래그하면 원하는 위치로 옮길 수 있습니다. ❷ [−]를 탭하면 항목을 제거할 수 있습니다. 오른쪽 하단의 핸들을 탭한 채로 드래그하면 크기를 변경할 수 있고, ❸ 하단의 [제어 항목 추가]를 탭하면 다른 항목을 제어 센터에 추가할 수 있습니다.

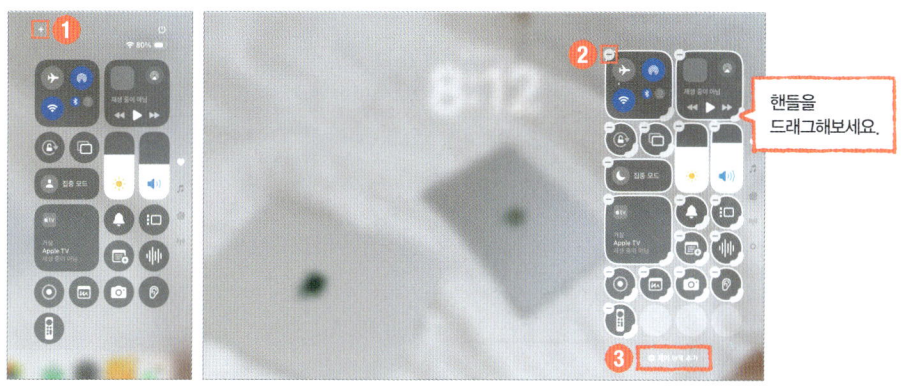

제어 센터 화면의 오른쪽 가장자리 맨 아래의 작은 원 아이콘을 탭합니다. [제어 항목 추가]를 탭한 후 제어 항목을 추가하면 새로운 그룹을 만들 수 있어요.

제어 센터 설정 내용이 마음에 들지 않는다면 설정 앱 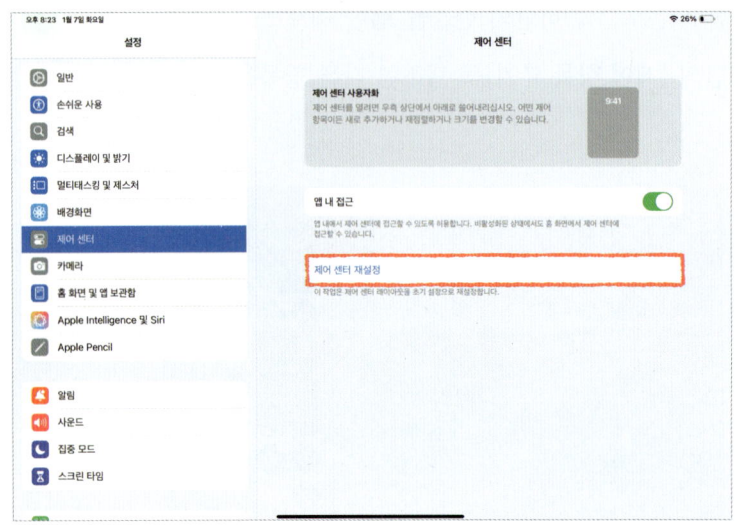에서 [제어 센터]−[제어 센터 재설정]을 탭합니다. 제어 센터의 레이아웃을 초기화할 수 있습니다.

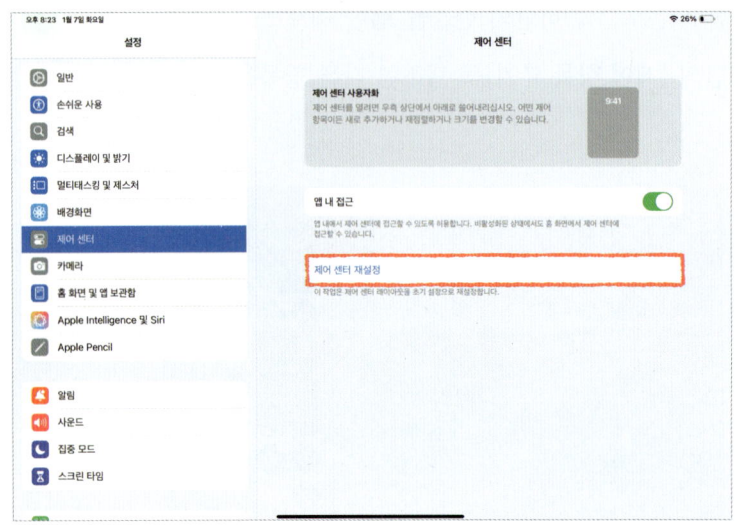

아이패드 하단에 있는 독에는 자주 사용하는 앱을 배치해둘 수 있어요. 홈 화면이나 앱 보관함에서 독에 추가하고 싶은 앱 아이콘을 독으로 드래그하면 독에 앱 아이콘이 추가돼요. 반대로 독에서 앱 아이콘을 홈 화면으로 드래그하면 독에서 제거할 수 있습니다.

독의 구분선 오른쪽에는 최근에 사용한 앱이 나타나요. 오른쪽 끝에는 앱 보관함이 위치하고 있습니다. 자주 사용하는 앱 아이콘을 독에 배치해보세요.

 **08**

여러 작업을 동시에 하자! 멀티태스킹

아이패드에서 멀티태스킹 기능을 이용하면 여러 가지 작업을 동시에 수행할 수 있어서 작업 효율을 높일 수 있어요. 여러 앱을 동시에 사용하면서 중요한 작업들을 빠르게 전환할 수 있어 시간이 절약됩니다. 또, 사용자 맞춤형 레이아웃으로 더 생산적인 작업 환경을 만들 수 있어요.

멀티태스킹으로 앱을 여는 세 가지 방법

멀티태스킹의 시작은 독(Dock) 활용이에요. 하나의 앱을 사용하고 있을 때 다른 앱을 열고 싶다면, 홈 화면으로 돌아가지 않고도 독에서 바로 앱을 열 수 있어요. 여기에서는 멀티태스킹 작업을 위해 하나의 앱을 먼저 열어두고 시작합니다.

독에서 앱 열기

화면 하단 가장자리를 살짝 쓸어 올리고 독이 나타나면 손가락을 뗍니다. 독에서 앱을 길게 탭한 후 독 밖으로 드래그하면 앱이 열립니다.

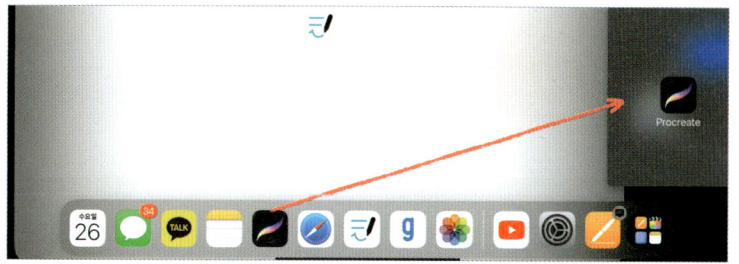

앱 보관함에서 앱 열기

독의 맨 오른쪽, 앱 보관함 🔲 을 탭합니다. 앱 아이콘 중 하나를 길게 탭한 후 홈 화면으로 드래그합니다.

스팟 라이트에서 앱 열기

키보드가 연결되어 있다면 멀티태스킹에 스팟 라이트를 활용할 수 있어요. 앱 실행

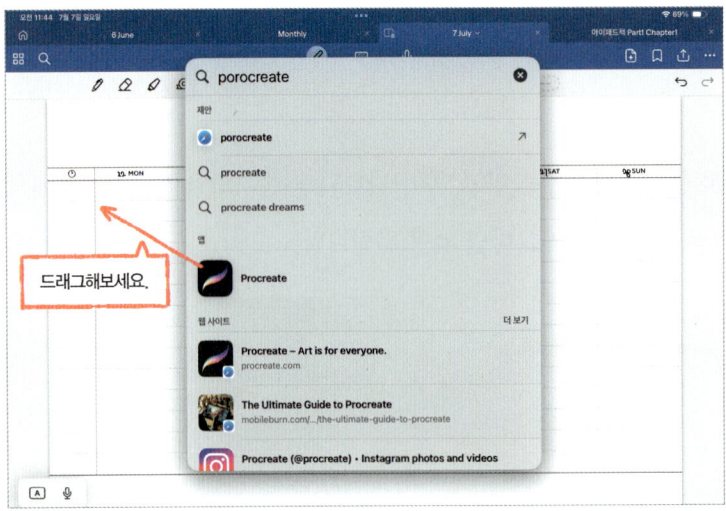

중에 키보드에서 [Command]+[Spacebar]를 누르면 스팟 라이트가 열고자 하는 앱을 검색하고, 결과에 보이는 앱 아이콘을 길게 탭하여 밖으로 드래그합니다.

두 앱 나란히 보기 – 스플릿 뷰(Split View)

스플릿 뷰는 한 화면에 두 개의 앱을 나란히 열어 동시에 사용할 수 있는 기능이에요. 독을 이용한 방법으로 알아볼게요.

01 메인 앱을 먼저 열어둔 상태에서 화면 하단을 위로 살짝 쓸어 올려 독을 엽니다.

02 다른 앱의 아이콘을 길게 탭해 화면의 왼쪽이나 오른쪽 가장자리로 드래그하면 스플릿 뷰가 실행되어 두 앱이 나란히 열립니다.

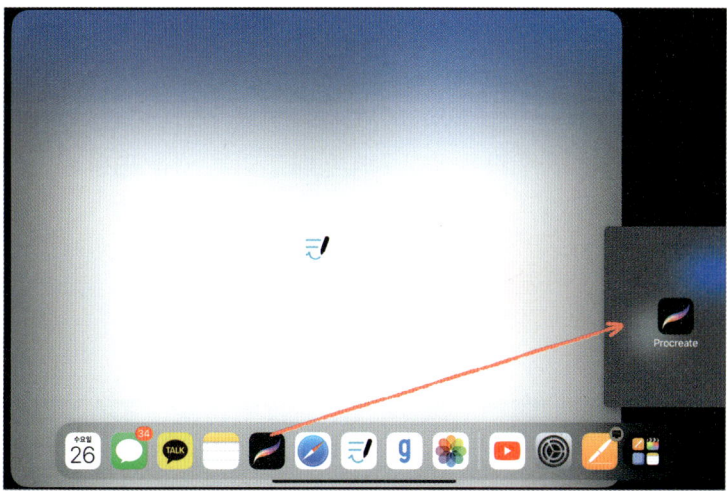

03 두 앱 사이에 나타나는 앱 분리선을 왼쪽이나 오른쪽으로 드래그하면 두 앱의 크기를 원하는 비율로 조정할 수 있습니다.

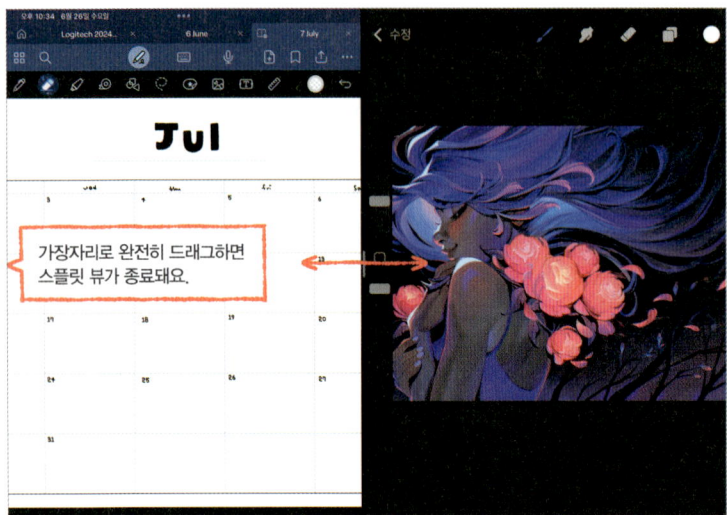

작은 창 띄우기 - 슬라이드 오버(Slide Over)

슬라이드 오버는 실행 중인 앱 위에 작은 윈도우의 형태로 다른 앱을 띄워 사용할 수 있는 기능이에요. 새롭게 열린 플로팅 윈도우는 메인 앱과 독립적이어서 화면 어디로든 드래그하여 이동할 수 있습니다.

01 메인 앱을 먼저 열어둔 상태에서 화면 하단을 위로 살짝 쓸어 올려 독을 엽니다.

02 다른 앱의 아이콘을 길게 탭해 화면의 중앙으로 드래그하면 슬라이드 오버 창으로 열립니다.

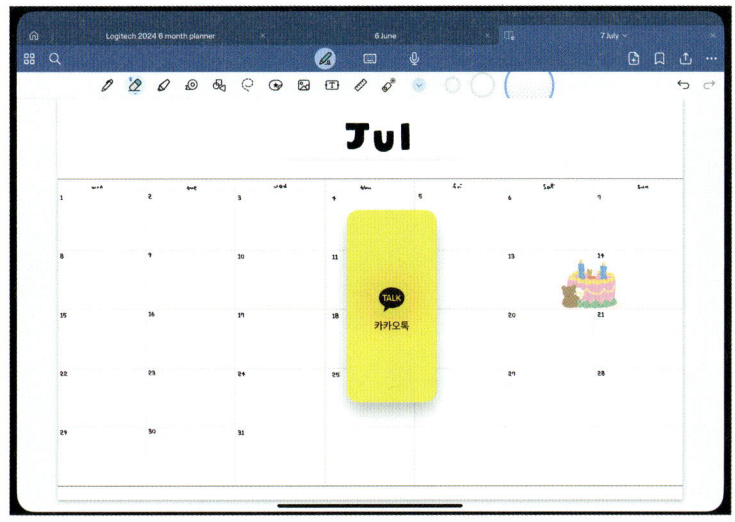

03 플로팅 윈도우의 멀티태스킹 버튼⋯을 탭한 채로 드래그하면 원하는 위치로 이동할 수 있습니다.

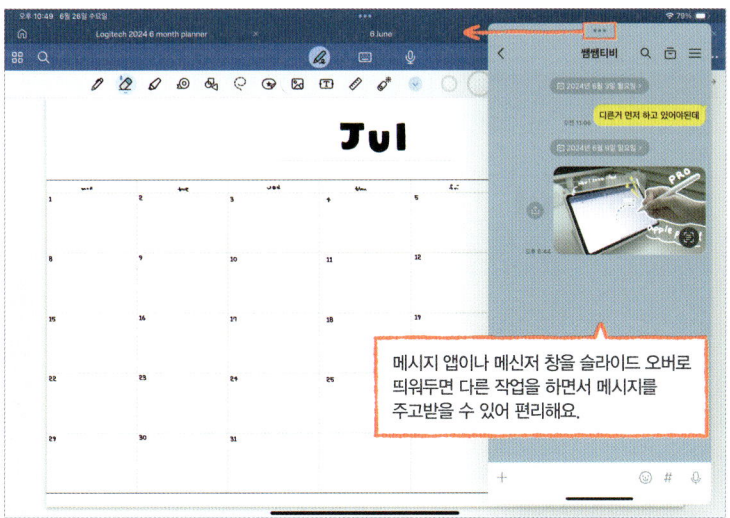

메시지 앱이나 메신저 창을 슬라이드 오버로 띄워두면 다른 작업을 하면서 메시지를 주고받을 수 있어 편리해요.

04 슬라이드 오버 모드에서는 여러 플로팅 윈도우를 만들 수 있습니다. 독에서 새로운 앱을 탭한 후, 실행 중인 슬라이드 오버 창으로 드래그하면 됩니다.

05 하단의 작은 막대를 좌우로 쓸어 넘기면 앱을 전환할 수 있습니다.

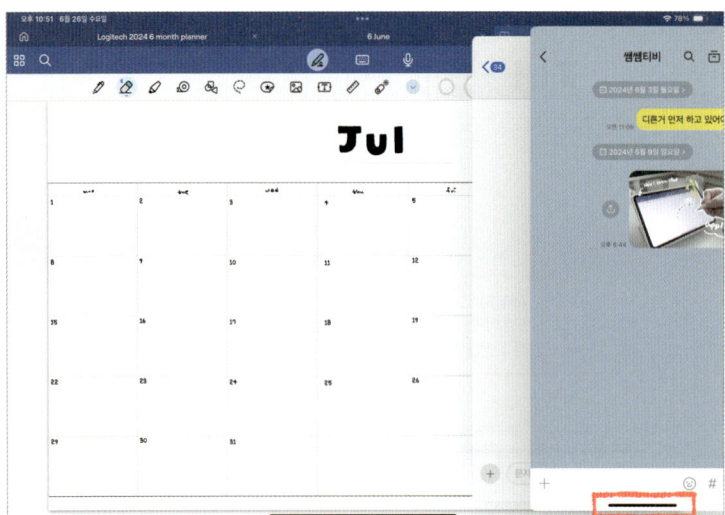

슬라이드 오버 & 스플릿 뷰 함께 사용하기

스플릿 뷰를 활용해 두 개의 앱을 나란히 열어둔 상태에서 추가로 슬라이드 오버를 사용해 세 번째 앱을 띄울 수도 있어요.

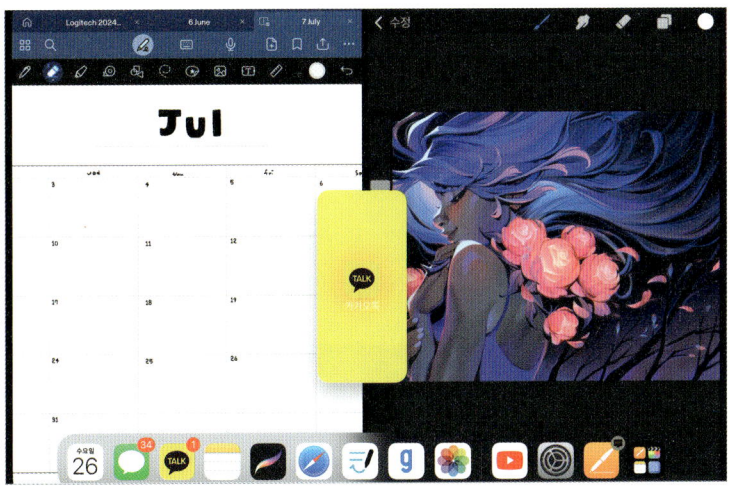

이렇게 하면 세 개의 앱을 동시에 사용할 수 있으며, 슬라이드 오버 창은 자유롭게 이동하면서 필요한 작업을 할 수 있습니다. 슬라이드 오버와 스플릿 뷰를 함께 사용하여 더 강력한 멀티태스킹을 구현해보세요.

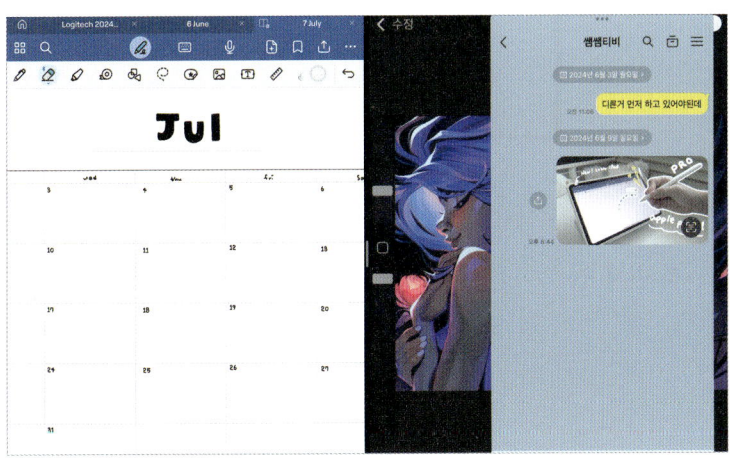

멀티태스킹 버튼 사용하기

앱을 열고 ❶ 화면 상단의 멀티태스킹 버튼 ⋯ 을 탭합니다. ❷ [Split View]를 탭한 후 나란히 열고 싶은 앱을 탭합니다.

스플릿 뷰가 실행되어 두 앱을 동시에 사용할 수 있습니다.

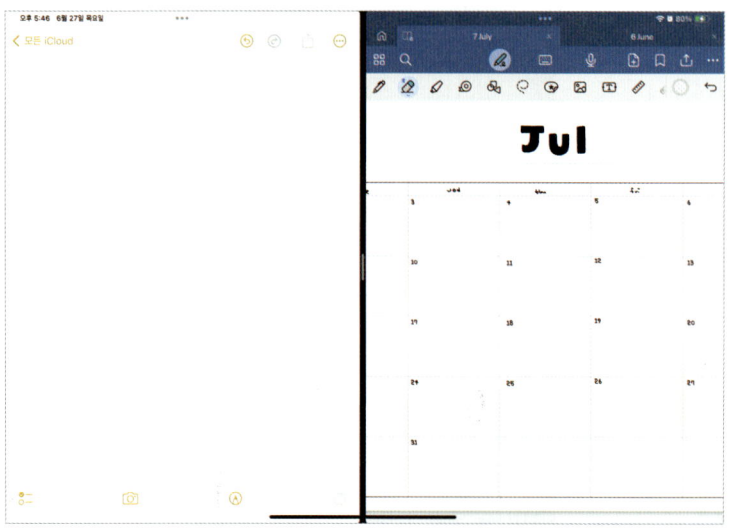

[Slide Over]를 탭한 후 열고 싶은 앱을 탭하면 슬라이드 오버가 실행되어 두 번째 앱은 전체 화면으로, 첫 번째 앱은 작은 플로팅 윈도우로 표시됩니다.

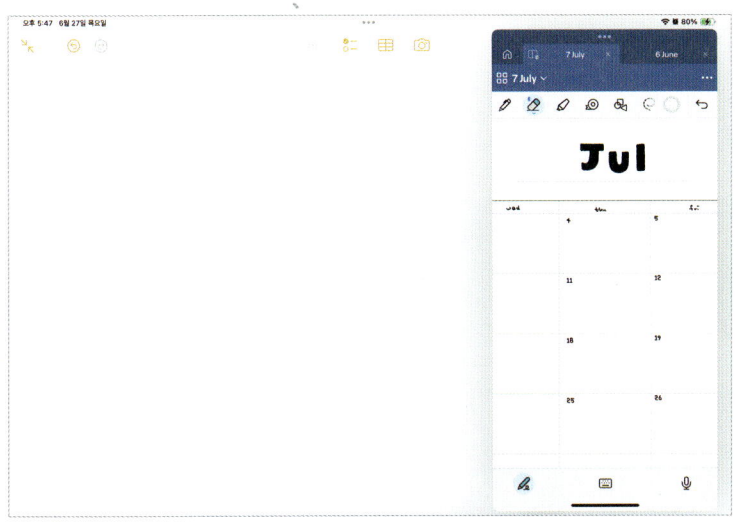

스플릿 뷰 앱을 슬라이드 오버 앱으로 전환하기

스플릿 뷰 화면에서 ① 멀티태스킹 버튼 …을 탭한 후 ② [Slide Over]를 탭합니다.

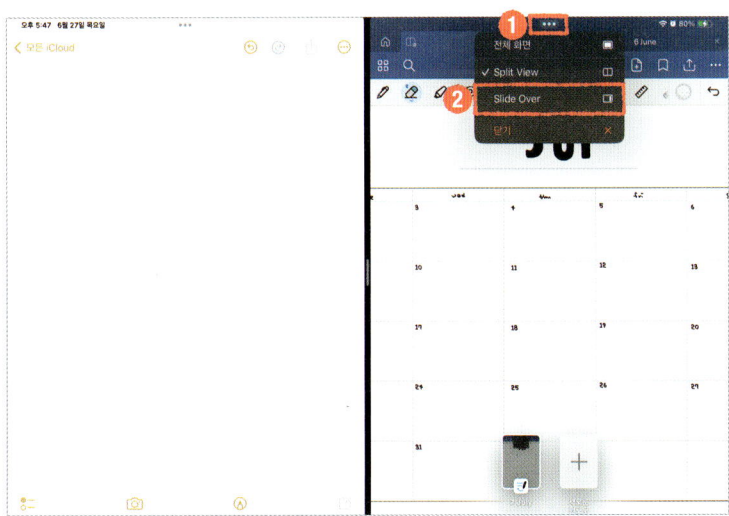

또는 멀티태스킹 버튼 …을 길게 탭한 후 슬라이드 오버로 전환하고자 하는 앱을 다른 앱 위로 드래그하면 됩니다.

스플릿 뷰 닫기

계속 사용하고자 하는 앱에서 멀티태스킹 버튼…을 탭한 다음, 전체 화면을 탭합니다.

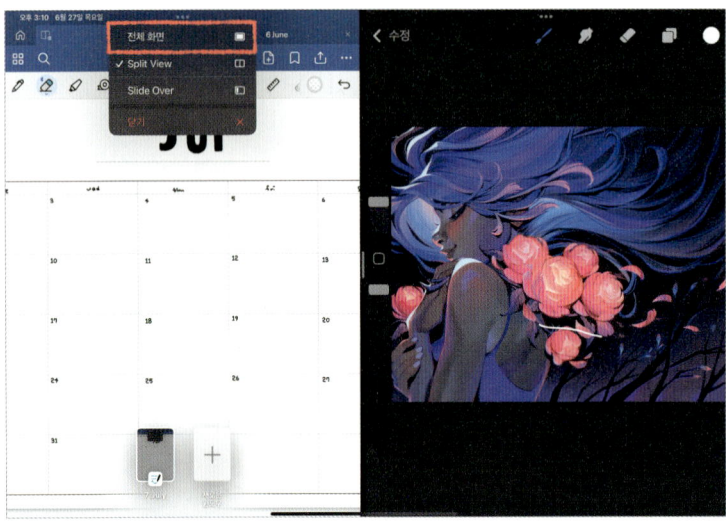

또는 앱 분리선을 드래그하여 닫고자 하는 앱 쪽으로 이동합니다.

앱 교체하기

교체하고자 하는 앱의 멀티태스킹 버튼…을 탭한 채로 쓸어 내립니다.

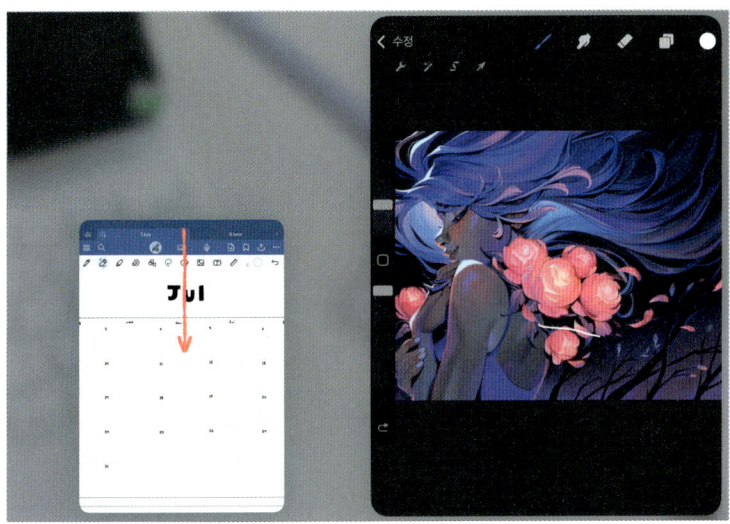

홈 화면 또는 독에서 다른 앱을 선택하여 열면 손쉽게 다른 앱으로 교체할 수 있습니다.

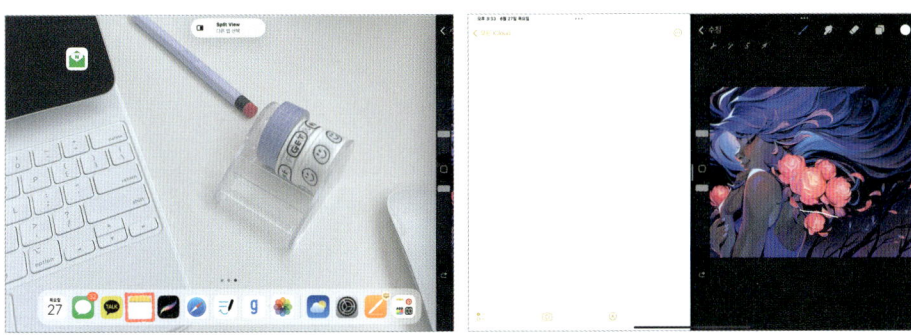

앱 간 드래그 & 드롭하기

멀티태스킹 상태에서는 드래그 & 드롭으로 텍스트, 사진 및 파일을 한 앱에서 다른 앱으로 손쉽게 옮길 수 있어요. 앞서 배운 제스처를 활용하여 앱 간 이동을 해보 겠습니다.

01 먼저 사진 앱🌸과 메모 앱📒을 스플릿 뷰(또는 슬라이드 오버)로 엽니다. 사 진 앱🌸에서 사진이나 파일을 길게 탭합니다.

> 텍스트의 경우 영역을 지정하여 선택한 다음 길게 탭한 후 드래그하면 돼요.

02 파일이 살짝 들어올려지면 메모 앱📒의 원하는 위치로 드래그합니다.

쌤쌤티비의 스마트한 아이패드 활용 팁

여러 사진이나 파일을 한 번에 이동하고 싶다면 해당 항목을 길게 탭한 상태에서 다른 손가락을 이용해 다른 항목을 탭합니다. 탭한 파일들을 함께 드래그합니다.

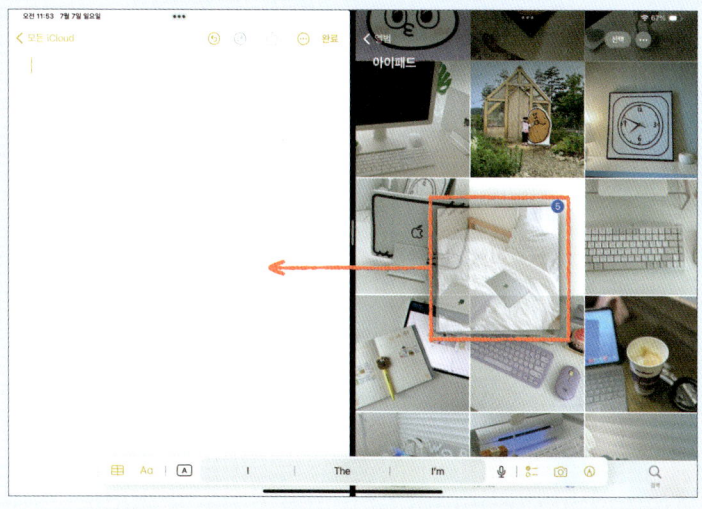

앱 그룹을 사이드로 빼기 – 스테이지 매니저(Stage Manager)

스테이지 매니저는 여러 앱을 자유롭게 배치하고, 동시에 사용할 수 있어 멀티태스킹 효율을 극대화한 기능이에요. 열려 있는 앱을 한 화면에서 모두 볼 수 있고, 화면 왼쪽의 스택에서 앱과 앱 그룹을 빠르게 전환할 수 있는 것이 특징이에요. 화면 구성이 예쁘기도 합니다. 간단한 설정으로 시작해보겠습니다.

01 ❶화면 오른쪽 상단을 쓸어 내려 제어 센터를 엽니다. ❷스테이지 매니저 :□를 탭합니다. 아이콘을 다시 한번 길게 탭하면 스테이지 매니저 화면을 설정할 수 있습니다.

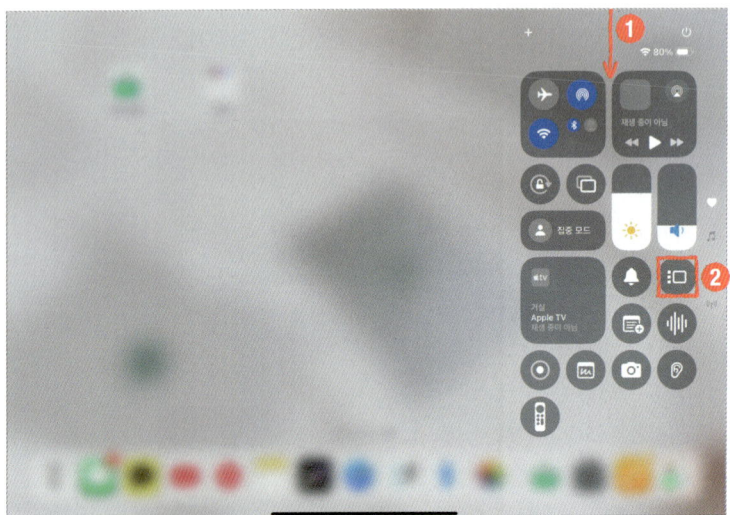

02 ❶최근 사용한 앱을 스테이지 매니저 영역에 표시하고 싶으면 왼쪽에 체크를, ❷화면 아래 독(Dock)을 표시하고 싶으면 아래쪽에 체크합니다.

왼쪽에 체크를 해제하면 홈 화면에서 스테이지 매니저 영역을 가릴 수 있어요. 왼쪽 가장자리를 오른쪽으로 쓸어 넘기면 스테이지 매니저 영역이 나타나고, 빈 곳을 탭하면 다시 가려집니다.

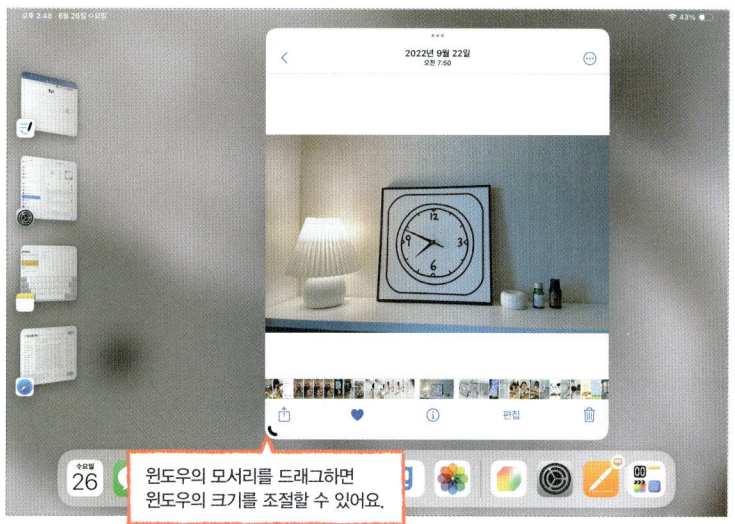

스테이지 매니저가 실행되면 현재 작업 중인 앱은 화면 중앙에 배치되고, 열려 있는 다른 앱들은 모두 화면의 왼쪽으로 이동합니다. 여러 앱을 열어두었다면 겹쳐진 스택 형태로 정렬되고, 앱을 선택하면 다시 화면 중앙에 배치됩니다. 윈도우 상단을 드래그하면 원하는 위치로 이동할 수 있습니다.

왼쪽 앱 목록에서 앱을 길게 탭한 후 화면 중앙으로 드래그하면 현재 중앙에 있던 앱과 그룹화가 되어 여러 앱을 동시에 사용할 수 있습니다.

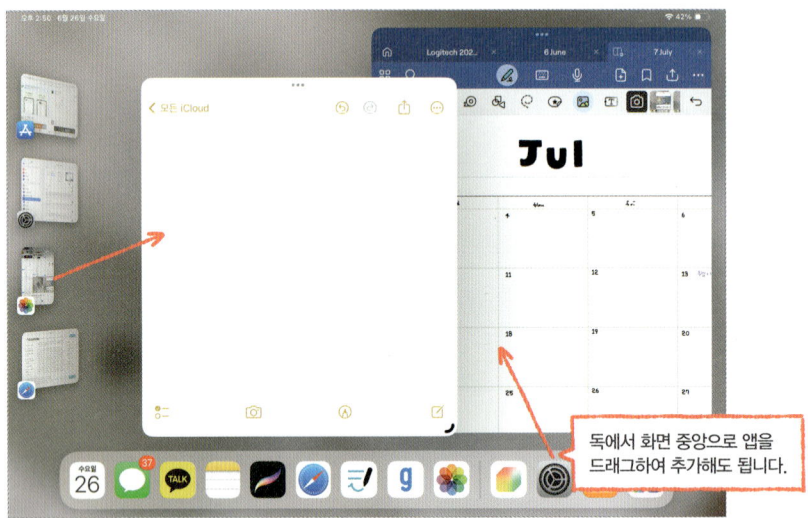

독에서 화면 중앙으로 앱을 드래그하여 추가해도 됩니다.

화면 왼쪽의 앱 목록에서 다른 앱을 선택하면 해당 앱으로 빠르게 전환할 수 있습니다. 다른 앱으로 전환하면 작업 중이던 앱이나 그룹은 왼쪽 앱 목록으로 이동합니다.

앱 그룹은 스택 형태로 정렬돼요.

09 참 쉽고 간단한 아이패드 화면 캡처

아이패드에서 화면을 캡처(스크린샷)하는 방법은 간단해요. 모델에 따라 조금씩 방법이 다른데, 여기서는 버튼을 사용해 캡처하는 방법과 애플 펜슬을 이용하는 방법을 알아볼게요.

아이패드 버튼을 눌러 캡처하기

상단 버튼과 음량 버튼을 동시에 빠르게 눌렀다가 떼면 화면을 캡처할 수 있어요. 음량 버튼은 두 가지 중 아무거나 하나를 누르면 됩니다. 또는 상단 버튼과 홈 버튼을 동시에 눌러 캡처할 수 있어요.

애플 펜슬 제스처로 캡처하기

화면 왼쪽 하단 모서리에서 대각선으로 쓸어 올리면 화면이 캡처되고 편집 모드로 전환됩니다. 필요에 따라 편집하고 완료하면 됩니다.

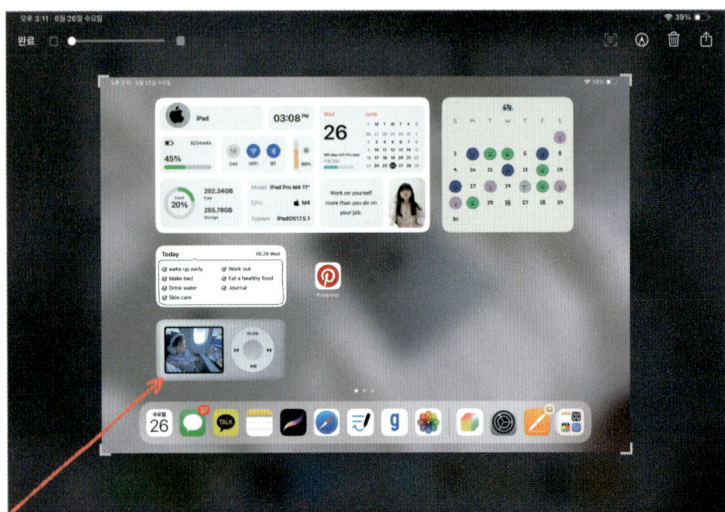

간편하게 스크린샷 편집하기

버튼으로 스크린샷을 실행하면 화면 하단 왼쪽에 스크린샷 미리 보기가 일시적으로 나타나요. 미리 보기를 탭하면 편집할 수 있습니다.

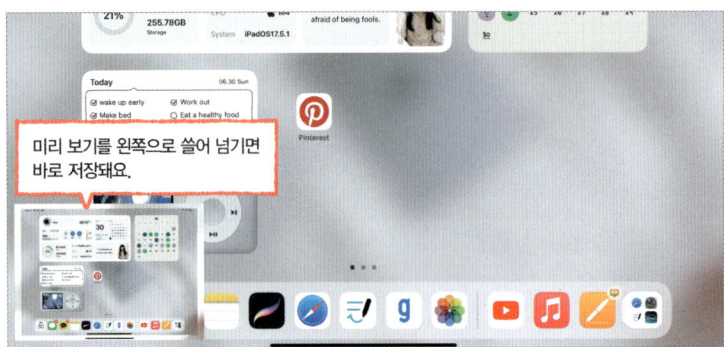

미리 보기를 왼쪽으로 쓸어 넘기면 바로 저장돼요.

편집 모드에서는 이미지 크롭, 마크업, 텍스트 추가 등의 편집을 할 수 있어요. 편집이 끝나면 [완료]를 탭하여 저장하면 됩니다.

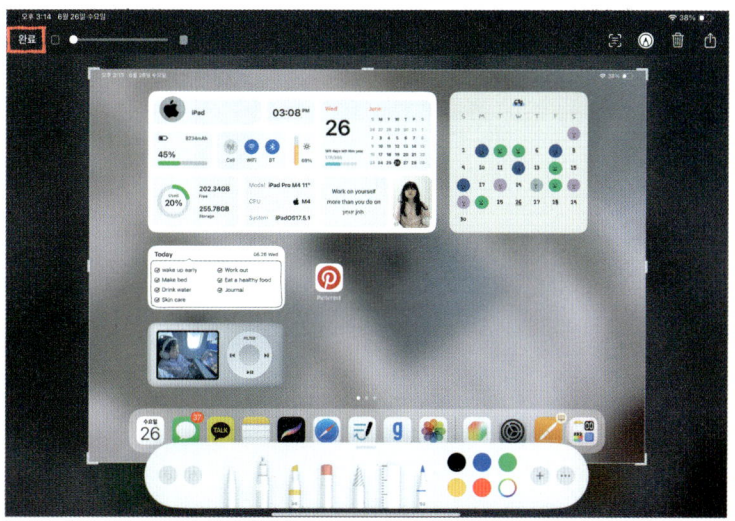

캡처한 이미지는 사진 앱📷에 저장하거나 파일 앱📁에 저장할 수 있으며, 공유 버튼을 통해 다른 사람과 바로 공유할 수 있습니다.

놓치면 손해! 아이패드 꿀팁

버튼으로 캡처한 이미지는 자동으로 저장됩니다. 저장된 스크린샷을 보려면 사진 앱📷의 사이드바에서 [미디어 유형]-[스크린샷]을 탭합니다.

긴 페이지 전체 스크린샷 찍기

사파리 앱🧭이나 파일 앱📁에서는 현재 보이는 화면뿐만 아니라 한 화면에 보이지 않는 부분까지 전체 페이지를 캡처할 수 있어요.

상단 버튼과 음량 버튼을 동시에 눌러 캡처합니다. [스크린샷 미리보기]를 탭한 후, [전체 페이지]-[완료]-[사진 앱에 저장] 또는 [파일 앱에 PDF 저장]을 탭하면 전체 페이지가 저장됩니다.

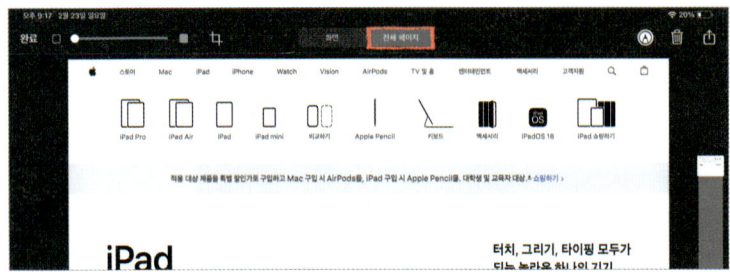

[사진 앱에 저장]을 선택하면 사진 앱 📷에 PNG 파일로 저장되고, [파일 앱에 PDF 저장]을 선택하면 파일 앱 📁에 PDF 파일로 저장됩니다.

아이패드 화면 영상으로 기록하기

아이패드 화면에서 오른쪽 상단을 쓸어 내려 제어 센터를 엽니다. 화면 기록 ⦿을 탭하면 3초 카운트다운 후에 기록이 시작됩니다.

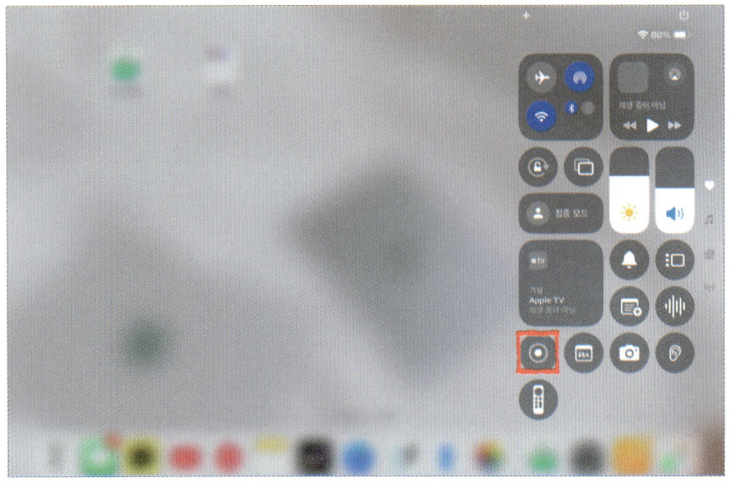

기록을 중단하려면 화면 상단의 빨간색 버튼을 탭합니다.

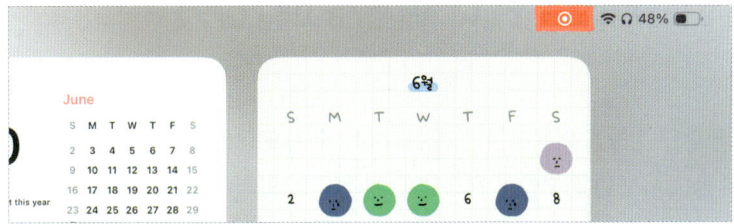

화면 기록은 스크린샷처럼 사진 앱 📸 에 자동으로 저장됩니다. 사진 앱의 사이드바
에서 [화면 기록]을 탭하면 저장된 영상을 확인할 수 있습니다. 화면 기록은 오디오
와 비디오를 모두 기록할 수 있는데, 앱에 따라 예외인 경우도 있습니다.

샘샘티비의 스마트한 아이패드 활용 팁   NOTE

제어 센터에 화면 기록  아이콘이 안 보인다면 제어 센터 상단에서 [+]를 탭하고
❶[제어 항목 추가]를 탭합니다. ❷[화면 기록]을 탭하여 추가합니다.

 **10**

언제 어디서나 누구보다 빠르게 메모하기

아이패드의 빠른 메모 기능을 이용하면 언제 어디서나 쉽게 메모를 작성할 수 있어
요. 인터넷 탐색 중에 유용한 정보를 발견했을 때, 수업이나 회의 중에 중요한 포인
트를 기록해야 할 때, 순간적으로 아이디어나 할 일이 떠올랐을 때 즉시 빠른 메모
를 활용할 수 있어요. 아이패드의 으뜸 기능 중 하나인 빠른 메모 기능을 활용해보
세요.

반짝이는 아이디어나 중요한 정보를 놓치지 않고 기록할 수 있는 빠른 메모 기능!
즉각적인 접근성을 제공하는 빠른 메모를 꼭 사용해보세요.

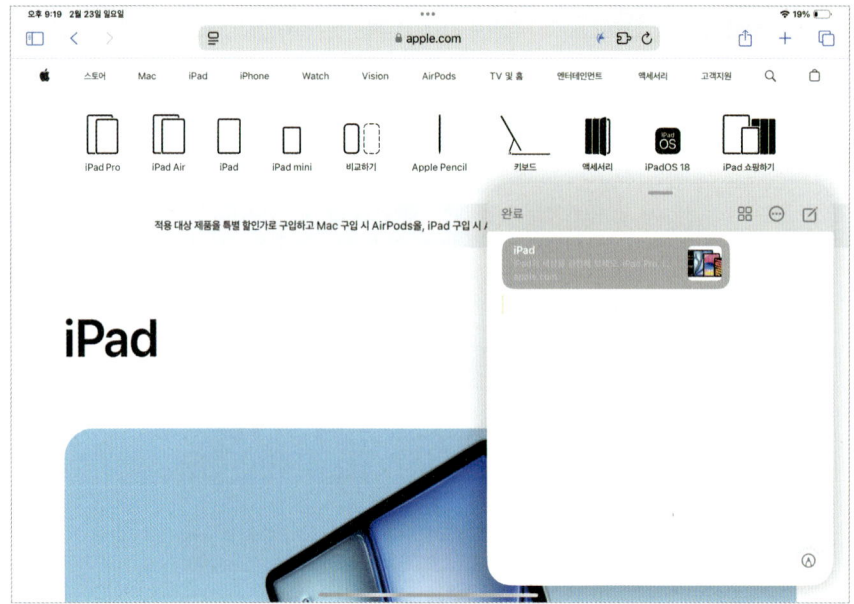

급하게 메모해야 할 때, 빠르게 하는 세 가지 방법

첫째, 사파리 앱 ❶ 에서 ① ⬆️ 를 탭하고 ② [빠른 메모에 추가]를 탭합니다.

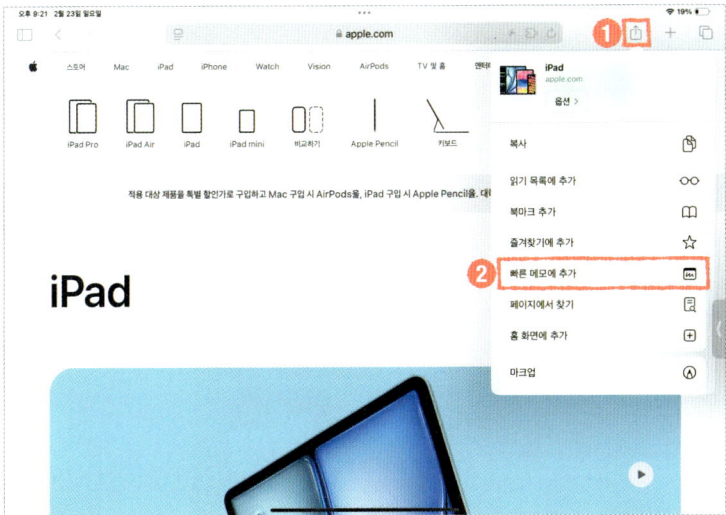

둘째, 애플 펜슬이나 손가락으로 화면 오른쪽 하단 모서리에서 대각선으로 쓸어 올립니다.

손가락으로 빠른 메모 제스처가 실행되지 않는다면 설정 앱◉에서 [멀티태스킹 및 제스처]-[모서리에서 손가락으로 쓸어넘기기] 설정을 켭니다. 스테이지 매니저가 실행 중일 때는 애플 펜슬로만 실행할 수 있습니다.

셋째, 화면 오른쪽 상단을 쓸어 내려 제어 센터를 엽니다. 빠른 메모🔳를 탭합니다.

빠른 메모 아이콘이 보이지 않는다면,
제어 센터에서 항목을 추가하세요.

제어 센터에 빠른 메모 아이콘이 보이지 않는다면 설정 앱◉에서 [제어 센터]를 탭하고 [빠른 메모]를 선택해 추가합니다.

빠른 메모 관리

작성한 모든 빠른 메모는 메모 앱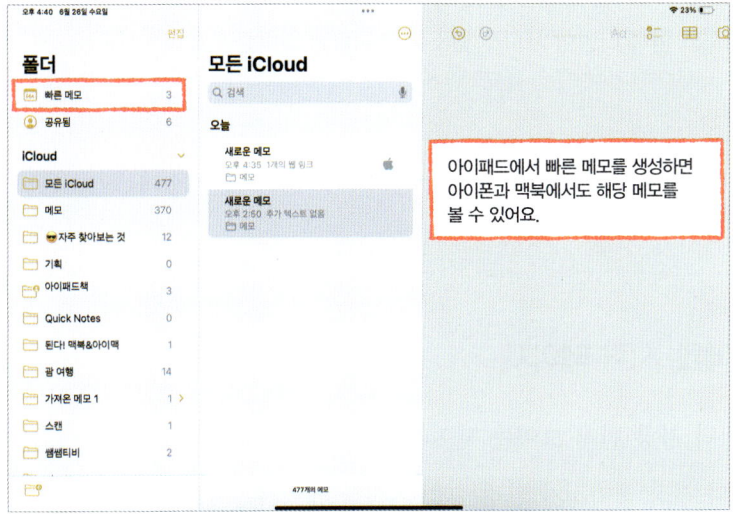의 [빠른 메모] 폴더에 자동으로 저장됩니다. 필요한 경우 다른 폴더로 이동하거나 편집할 수 있어요. 빠른 메모를 다른 폴더로 이동할 경우 해당 메모는 기본 메모로 바뀌어 더 이상 다른 앱에서 빠른 메모로 나타나지 않아요.

간편하고 유용하게 메모를 작성하고 관리할 수 있는 도구인 빠른 메모를 적극 활용하여 아이패드를 더욱 효율적으로 사용해보세요.

11 애플의 인터넷, 사파리(Safari) 알아보기

사파리는 애플의 직관적인 웹 브라우저예요. 강력한 개인 정보 보호 기능이 있어
안전하게 사용할 수 있습니다. 또한 아이클라우드를 통해 다른 애플 기기와 연동되
기 때문에 모든 기기에서 웹 상태를 동일하게 유지할 수 있어요. 여기에서는 사파
리의 시작 페이지와 함께 다양한 사파리 윈도우의 기능을 알아볼게요.

사파리 앱의 메인, 시작 페이지

사파리 앱 을 열면 가장 먼저 보이는 페이지가 바로 시작 페이지입니다. 새로운
탭을 추가할 때마다 시작 페이지가 열리는데요. 시작 페이지는 새로운 배경 이미지

와 옵션 설정을 통해 원하는 대로 사용자화할 수 있어요. 맞춤 정보를 표시하거나 즐겨 찾는 웹사이트를 추가해 원하는 정보로 빠르게 접근할 수도 있습니다.

시작 페이지 사용자화하기

사파리 화면 오른쪽 상단의 [+]를 탭하면 새로운 시작 페이지가 열립니다. 화면 하단의 [편집]을 탭하여 시작 페이지에 대한 옵션을 설정할 수 있습니다.

[즐겨찾기] 설정을 켜면 즐겨찾기에 저장된 웹사이트가 표시됩니다. [자주 방문한 웹 사이트]는 가장 자주 방문한 웹사이트가 자동으로 표시됩니다. [읽기 목록]은 저장해둔 읽기 목록이 표시되고, [최근에 닫은 앱]은 최근 사용한 앱이 표시되게 할 수 있습니다. [배경 이미지]는 기본으로 제공되는 이미지를 선택할 수 있고, 사진 보관함에 있는 사진을 불러올 수도 있습니다.

시작 페이지에 담고 싶은 내용들을 설정하여 나만의 사파리 시작 페이지를 만들어 봅시다.

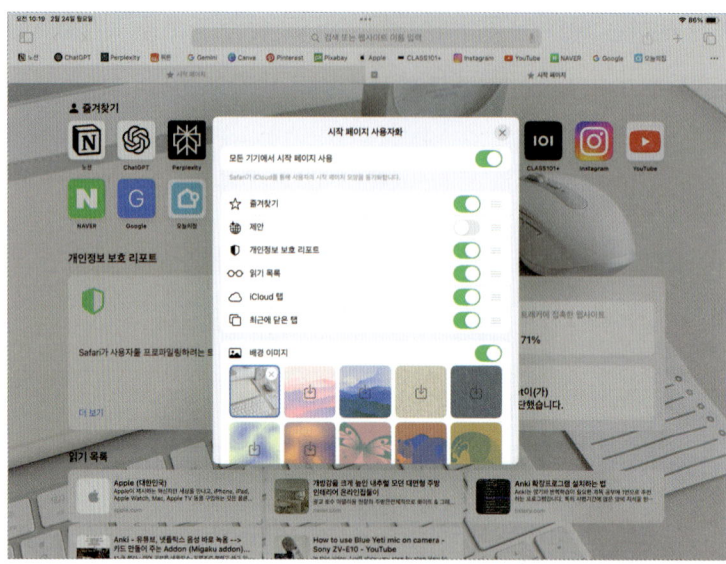

사파리 윈도우 낱낱이 살펴보기

검색 필드

검색 필드에 웹 주소를 입력하거나 검색어를 입력하여 원하는 페이지로 이동할 수 있습니다.

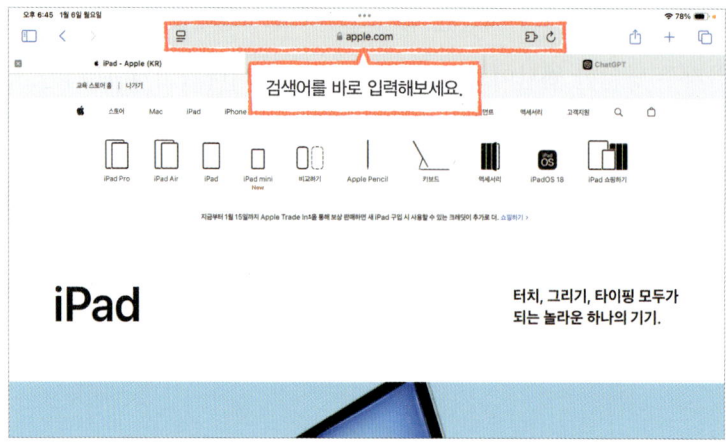

검색어를 바로 입력해보세요.

읽기 요소

검색 필드 왼쪽의 ⊟를 탭하면 페이지 검색, 글자 크기 조정, 방해 요소 가리기, 번역 등의 기능을 설정할 수 있습니다.

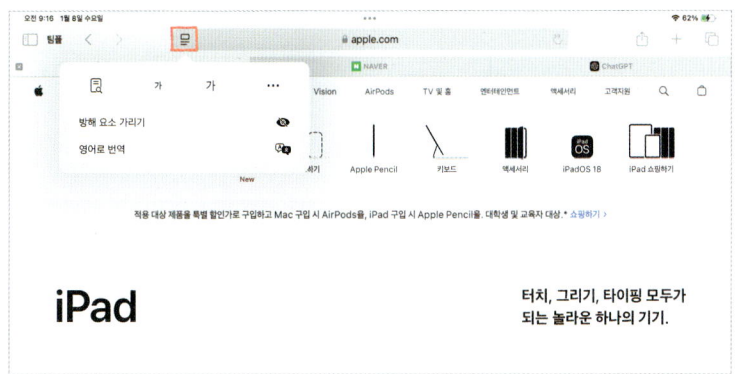

⬤⬤⬤를 탭하고 [편집]을 탭합니다. ➕ 또는 ➖를 탭하여 페이지나 탭 동작을 추가 및 제거할 수 있습니다.

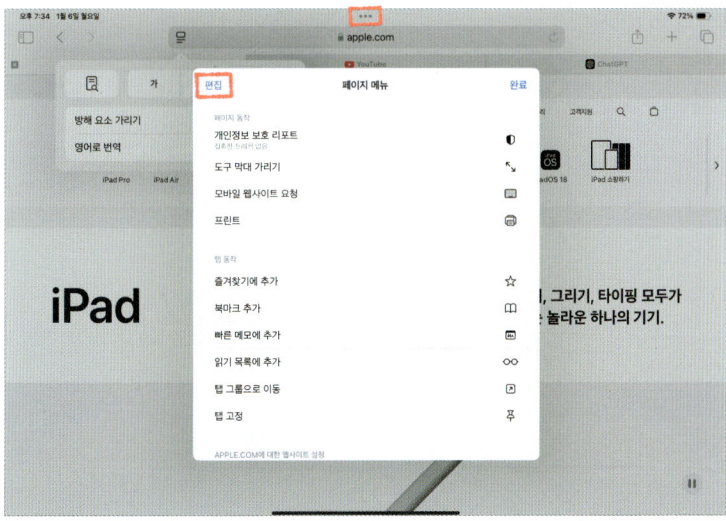

[방해 요소 가리기]를 탭한 후 웹페이지에서 가리고 싶은 부분을 탭하고 [가리기]를 탭해보세요. 해당 부분이 사라집니다. 광고를 모두 가리기해보세요. 보고 싶지 않은 부분을 모두 가리면 원하는 정보에만 집중할 수 있어요. 상단의 [취소]를 탭하면 가려졌던 부분이 다시 나타납니다.

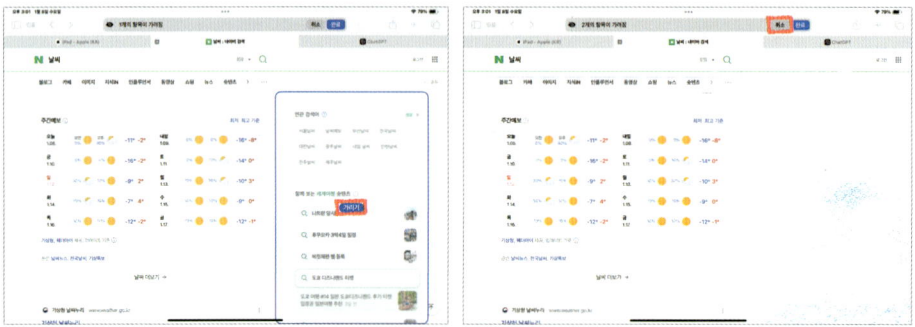

[영어로 번역]을 탭하면 손쉽게 영어로 번역된 페이지를 볼 수 있습니다.

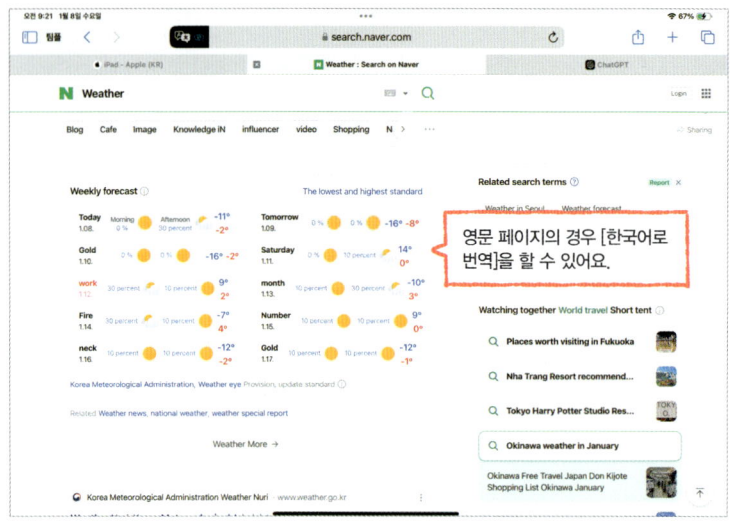

공유

⬆️를 클릭하면 현재 웹사이트를 다른 사용자에게 공유하거나 나의 아이패드에서 다른 앱으로 공유할 수 있어요. [복사]를 탭하면 클립보드에 링크가 저장되어 다른 곳에 웹페이지 주소를 붙여 넣을 수 있어요.

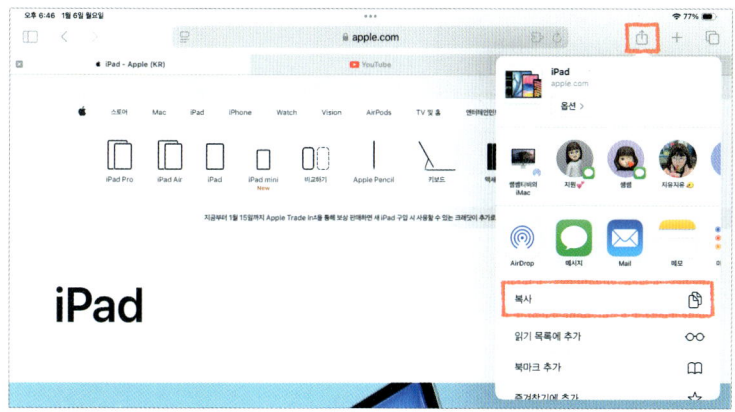

읽기 목록에 추가, 북마크 추가, 즐겨찾기에 추가, 빠른 메모에 추가, 홈 화면에 추가 등의 기능을 이용할 수 있어요. [페이지에서 찾기]를 탭하면 현재 보고 있는 웹페이지에서 찾고 싶은 단어를 찾을 수 있습니다. 마크업 도구 사용, 프린트, Pinterest에 저장, PDF 만들기 기능도 있으니 활용해보세요.

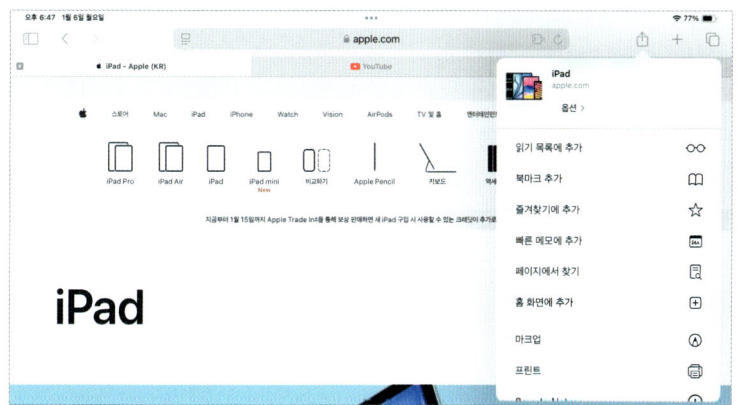

즐겨찾기

[아이콘]를 탭한 후 [즐겨찾기에 추가]를 탭하면 해당 웹 페이지를 저장할 수 있어요.

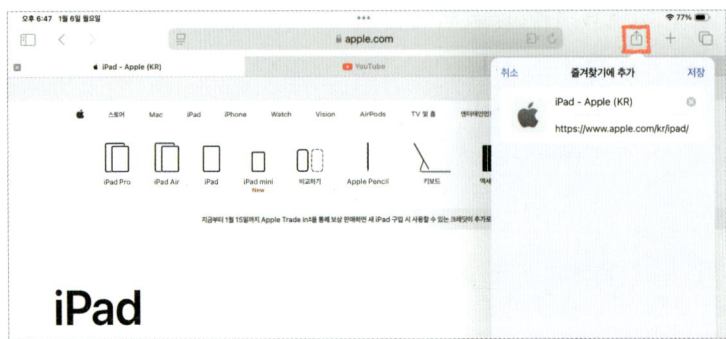

즐겨찾기에 저장한 웹페이지를 다시 보려면, 사파리 윈도우에서 사이드바[아이콘]를 탭하고 [북마크]를 탭한 후 [즐겨찾기]를 탭합니다. 하단의 [편집]을 탭하면 항목을 삭제하거나 이름을 변경할 수 있고, 재정렬할 수도 있어요.

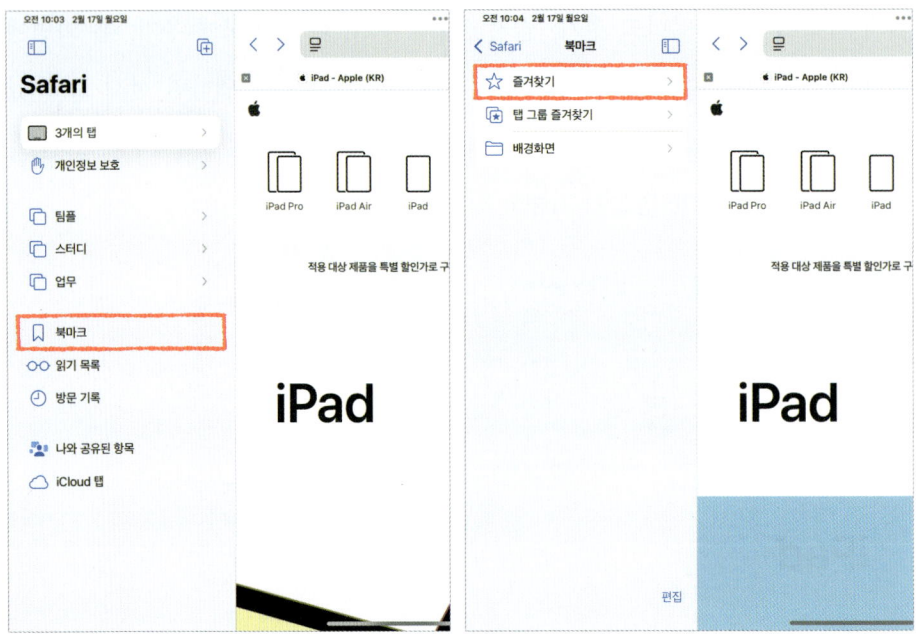

쌤쌤티비의 스마트한 아이패드 활용 팁 NOTE

설정 앱 🕸 에서 [앱]−[Safari]−[일반]−[즐겨찾기 막대 보기] 설정을 켜면 사파리 윈도우 상단, 검색 필드 아래에 다음과 같이 즐겨찾기 막대가 표시됩니다.

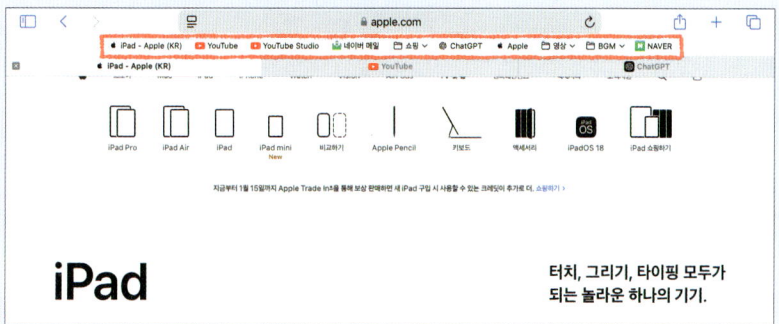

북마크

⬆️를 탭한 후 [북마크 추가]를 탭합니다. 이름과 위치를 확인한 다음 [저장]을 탭하면 북마크에 추가됩니다. 사이드바에서 [북마크]를 탭하면 방금 추가한 북마크를 볼 수 있어요.

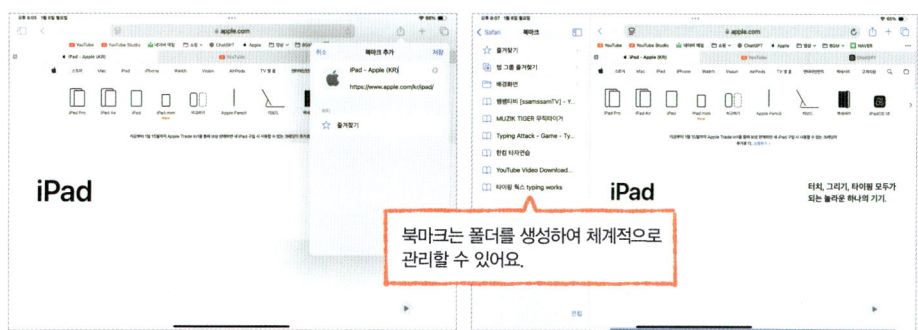

북마크는 폴더를 생성하여 체계적으로 관리할 수 있어요.

읽기 목록

저장해두었다가 나중에 읽고 싶은 웹페이지는 읽기 목록에 추가할 수 있어요. 읽기 목록에 추가된 페이지는 오프라인 상태에서도 읽을 수 있어 유용합니다. 사파리 앱 에서 를 탭한 후 [읽기 목록에 추가]를 탭합니다.

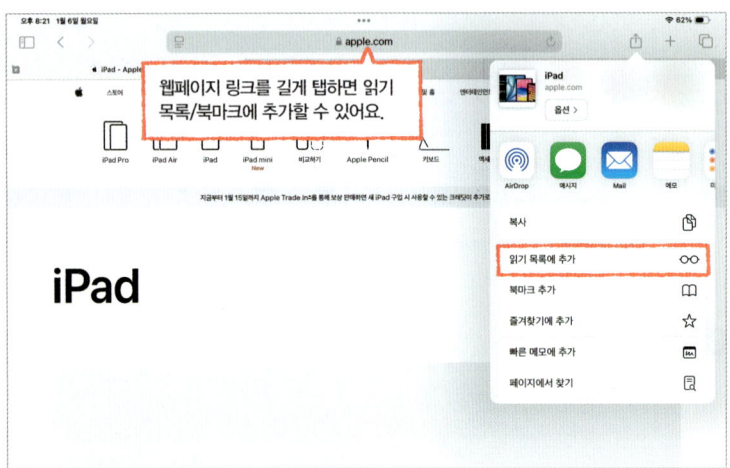

추가한 웹페이지는 시작 페이지의 [읽기 목록]에 표시됩니다.

읽기 목록 편집은 사이드바에서 할 수 있어요. 설정 앱 에서 [앱]-[Safari]-[읽기 목록]-[자동으로 오프라인 저장] 설정을 켜면 읽기 항목을 자동으로 아이클라우드에 저장하여 오프라인에서 읽기가 가능합니다.

사이드바

사이드바에서는 북마크, 읽기 목록, 방문 기록, 탭 그룹 등을 확인하고 관리할 수 있어요. 사이드바가 보이지 않는다면 검색 필드 왼쪽에 를 탭합니다.

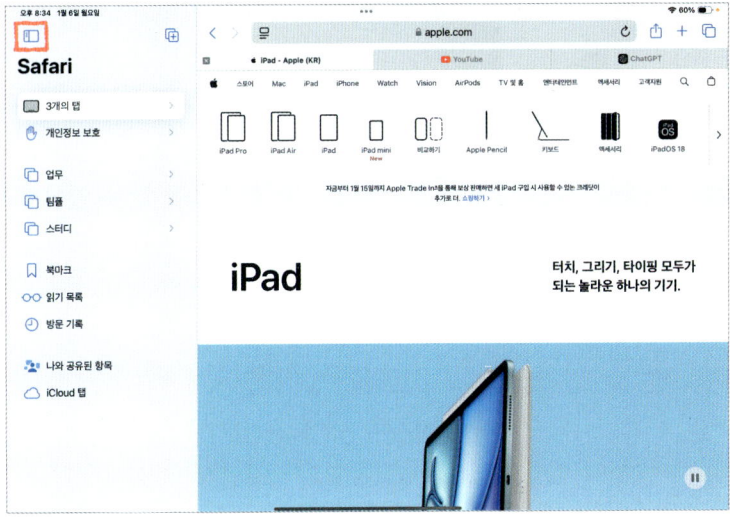

탭 그룹

사파리에서 탭 기능을 사용하면 웹페이지를 여러 개 열어두고 사용할 수 있어요. [+]를 탭하면 새로운 탭이 추가되고, [+]를 길게 탭하면 최근에 닫은 앱의 목록을 볼 수 있어요. 여기에서 앱을 탭하면 바로 다시 열 수 있습니다.

여러 개의 탭을 하나의 그룹으로 생성해두면 나중에 쉽게 찾을 수 있어 편리합니다. 사파리 앱 ●에서 ❶ ▯를 탭한 후 ▣를 탭해 [새로운 빈 탭 그룹]을 탭합니다. ❷ 이름을 입력하고 [저장]을 탭하면 탭 그룹이 만들어집니다.

새로 생성된 탭 그룹을 길게 탭하면 이름을 변경하거나 공유, 삭제 등을 할 수 있어요.

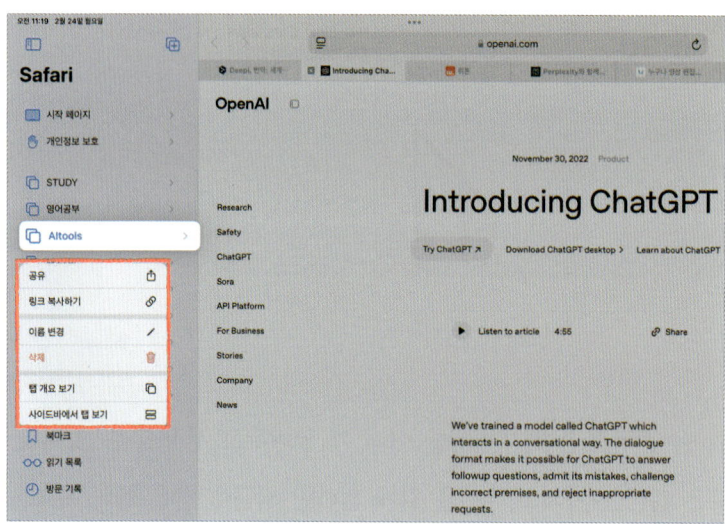

탭 그룹을 탭하면 그룹에 속해 있는 탭을 확인할 수 있어요. 각각의 탭을 길게 탭하면 탭 고정, 탭 닫기, 다른 탭 그룹으로 이동 등을 할 수 있어요.

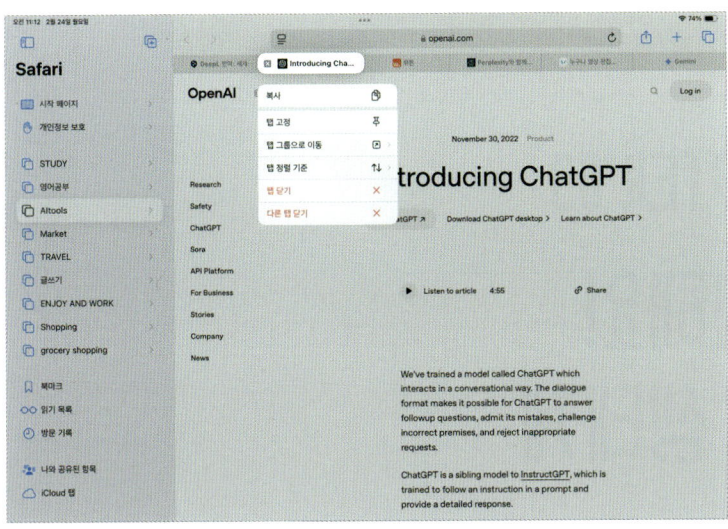

탭 바의 오른쪽 상단에 있는 오버 뷰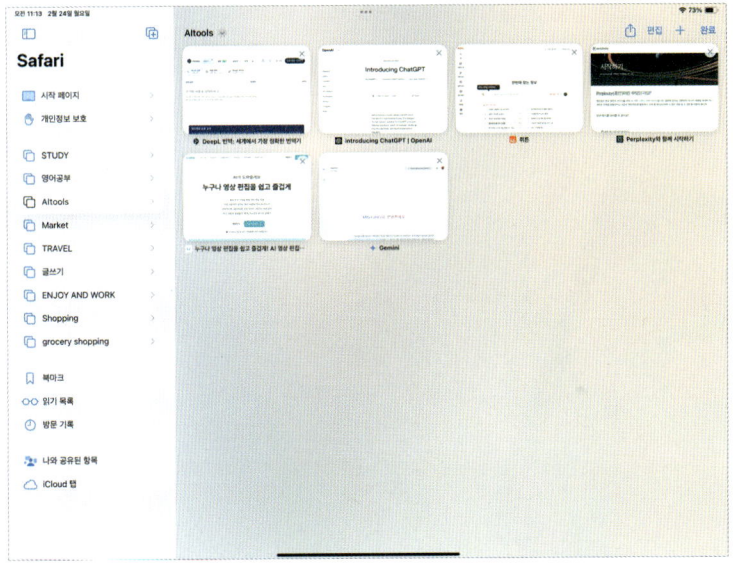를 탭하면 각각의 탭이 축소판으로 표시돼요. 많은 탭을 열어둔 경우 탭 검색 기능으로 특정 탭을 쉽게 찾을 수 있습니다. 이곳에서 탭을 삭제하거나 드래그하여 재정렬하고 공유할 수 있어요.

CHAPTER 03

함께해요!
애플 생태계

애플 생태계(Apple Ecosystem)라는 말을 들어본 적이 있나요? 애플 생태계란 애플의 다양한 제품과 서비스가 서로 긴밀하게 연동되어, 일관되고 통합된 경험을 제공하는 시스템을 말해요. 여러 애플 기기를 사용하더라도 마치 하나의 기기를 다루는 듯한 착각이 들 정도로 불편함 없이 원활하게 사용할 수 있고 다양한 작업을 효율적으로 수행할 수 있어요.

이번 챕터에서는 애플의 연속성에 대해서 알아보려고 합니다. 애플 제품들은 서로 연결하여 사용할 수 있기에 이번 챕터를 잘 익혀두면 아이패드와 아이폰, 맥북을 이용해 더욱 생산성 넘치는 하루를 만들 수 있습니다. 차근차근 따라와보세요.

01 아이패드, 아이폰과 맥북의 연속성 알아보기

애플의 연속성은 다양한 애플 기기들이 함께 원활히 작동되는 경험을 제공해요. 파일을 빠르게 전송할 수 있는 에어드롭, 한 기기에서 시작한 작업을 다른 기기에서 이어서 할 수 있는 핸드오프, 복사한 내용을 다른 기기에 붙여 넣을 수 있는 공통 클립보드가 있어요. 또, 아이폰이 가까이 있으면 아이패드에서도 전화를 걸고 받을 수 있는 연속성 전화와 애플워치를 사용해 맥북의 잠금을 해제할 수 있는 기능이 포함돼요.

지금부터 아이패드 사용 시 꼭 필요한 연속성 기능들을 알아볼 거예요.

연속성 기능을 활용하면 애플 기기 간의 원활한 연결과 작업 흐름을 유지할 수 있어요. 아이패드를 아이폰, 맥북과 함께 사용해보세요. 훨씬 더 확장된 기능으로 사용할 수 있어서 마치 하나의 기기인 것처럼 모든 것이 연결되어 편리함을 느낄 수 있습니다.

연속성 기능을 이용하기 위한 기본 설정

연속성 기능을 모두 이용하려면 모든 기기가 같은 Apple ID로 로그인되어 있어야 합니다. 또한, 블루투스(Bluetooth) 및 와이파이(Wi-Fi), 핸드오프(Handoff) 기능이 활성화되어 있어야 해요. 핸드오프는 설정 앱 에서 [일반]-[AirPlay 및 연속성]에서 설정할 수 있습니다.

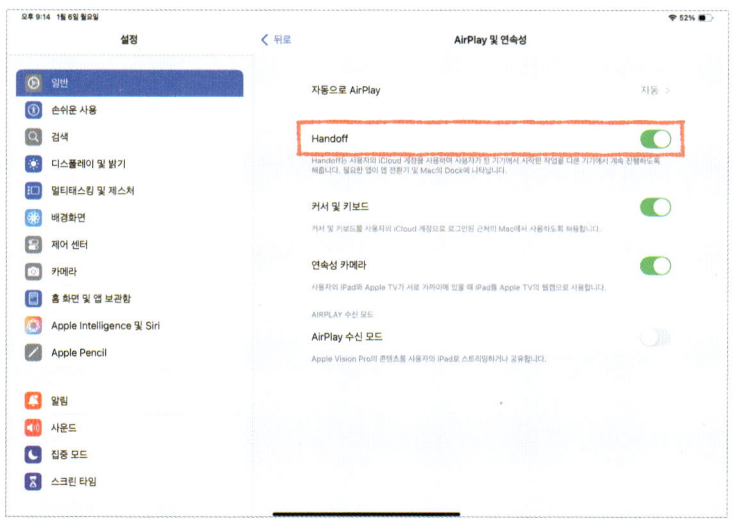

애플 계정으로 로그인하는 자세한 방법은 34쪽을 참고하세요.

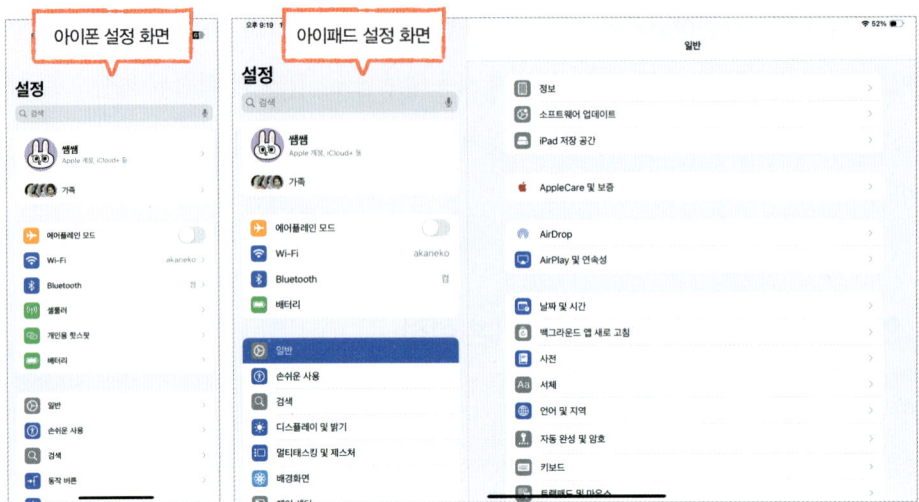

함께 사용하려는 기기들은 10m 이내에 있어야 해요. 소프트웨어 버전도 최신으로 업데이트되어 있어야 합니다. 소프트웨어를 최신 버전으로 업데이트하는 자세한 방법은 33쪽을 참고하세요.

자, 이제 모든 설정을 마쳤으면 애플의 연속성을 마음껏 누려보세요! 그 편리함에 깜짝 놀랄 거예요.

02 간편하게 파일을 주고받는 에어드롭

에어드롭(Air Drop)은 근처에 있는 애플 기기끼리 사진은 물론 문서, 비디오 등의 파일을 무선으로 전송하여 쉽고 빠르게 공유할 수 있는 기능이에요. 파일을 공유하기에도 편리하지만 제한된 용량 때문에 아이클라우드에 사진 항목을 동기화해놓지 않았을 경우, 아이폰으로 촬영한 사진이나 동영상을 아이패드로 이동할 때도 유용합니다. 간편하게 파일을 주고받는 에어드롭에 대해 알아볼게요.

에어드롭 사용 전 체크해둘 것

에어드롭으로 파일을 주고받을 기기는 서로 근처에 있어야 하고, 블루투스 및 와이파이가 켜져 있어야 해요. 개인용 핫스팟은 꺼두어야 합니다. 파일을 받을 상대방의 에어드롭 수신 설정도 확인합니다.

수신 설정하기

에어드롭 기능을 이용해 파일을 수신하려면 설정 앱⚙️에서 [일반]−[AirDrop]에서 수신 상태를 설정해야 합니다.

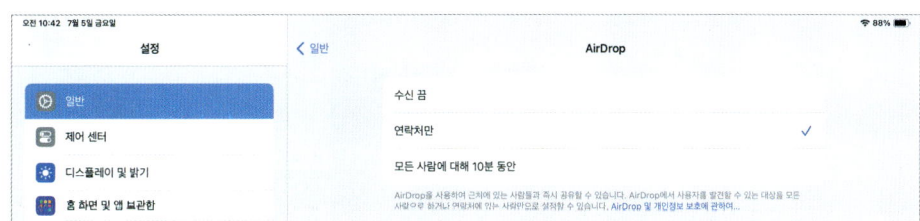

❋ **수신 끔** : 아무에게도 파일을 받지 않습니다.

❋ **연락처만** : 연락처를 저장해둔 상대만 수신합니다.

❋ **모든 사람에 대해 10분 동안** : 에어드롭 설정을 켜둔 모두에게 수신합니다.

공공장소에 있을 때는 모르는 사람이 파일을 보낼 수 있으니 조심해야 해요. 평상시에는 [수신 끔]으로 해두었다가 파일 공유가 필요한 경우에만 설정을 켜는 것을 추천합니다. 연락처 앱에 저장되어 있지 않은 상대방에게서 파일을 받을 때는 [모든 사람에 대해 10분 동안]으로 설정하면 됩니다.

에어드롭으로 파일 전송하기

사진 앱🌸 또는 파일 앱📁에서 ❶[선택]을 탭해 전송하려는 사진이나 문서 파일을 선택합니다. ❷⬆️를 탭하고 ❸[AirDrop]을 탭해 ❹공유할 사용자를 탭합니다.

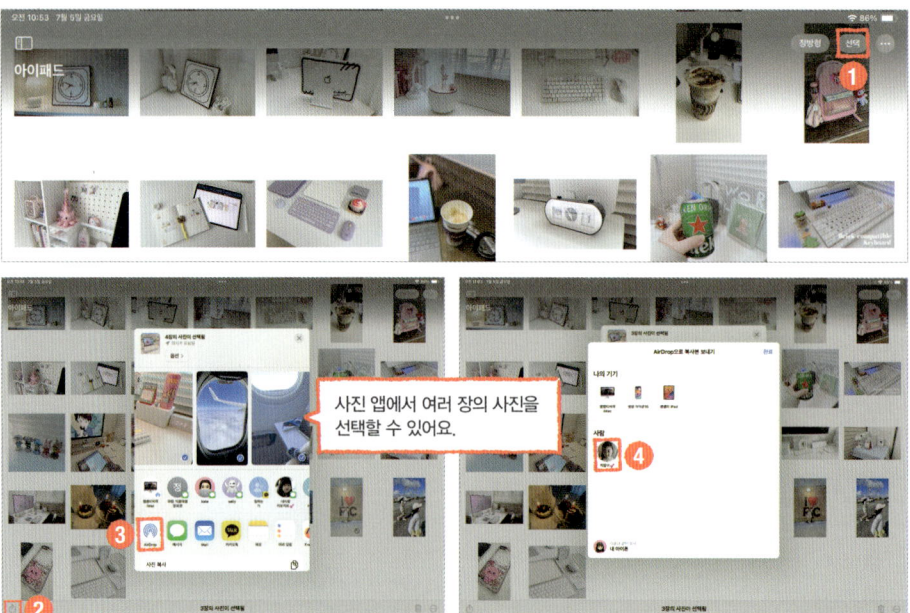

사진 앱에서 여러 장의 사진을 선택할 수 있어요.

파일 수신하기

수신자의 애플 기기에 에어드롭(AirDrop) 알림이 표시됩니다. 이때 [거절] 또는 [수락]을 탭하면 됩니다. [수락]을 탭하면 전송된 곳과 동일한 앱 위치로 해당 파일이 저장됩니다.

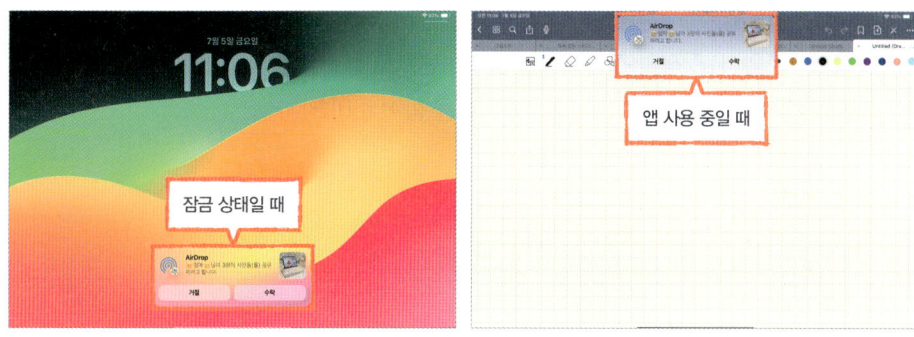

동일한 Apple ID로 로그인된 기기로 사진을 전송하면 수신 알림 없이 자동으로 전송돼요. 나의 아이폰에서 아이패드로 파일을 전송할 때는 알림이 뜨지 않아요.

다른 사람에게 문서나 프레젠테이션을 보낼 때, 사진이나 동영상을 빠르게 공유하고 싶을 때 에어드롭을 적극 활용해보세요. 모르고 활용하지 않는다면 너무 아까운 기능이니까요.

03 애플 기기 간 작업을 이어주는 핸드오프

핸드오프(Handoff)는 애플 기기 간의 작업을 끊김 없이 이어서 할 수 있는 기능이에요. 핸드오프를 사용하면 작업하고 있던 기기에서 다른 기기로 손쉽게 작업을 전환할 수 있어요. 작업의 연속성을 유지하면서도 생산성을 높일 수 있어요. 이번에는 핸드오프 기능을 알아볼 테니 아이폰을 함께 준비해주세요.

핸드오프는 따로 파일을 저장해야 하거나 이메일, 메신저, 클라우드로 파일을 주고받지 않아도 바로바로 작업이 이어져 매우 편리한 기능입니다.

핸드오프 사용 전 체크해둘 것

138쪽의 **01 아이패드, 아이폰과 맥북의 연속성 알아보기**에서 모든 설정을 완료했다면 별도의 설정은 없습니다. 같은 Apple ID로 로그인, 블루투스 및 와이파이, 핸드오프 켜기, 10m 이내 위치, 소프트웨어가 최신 버전이면 됩니다. 자세한 내용은 139쪽을 확인하세요.

놓치면 손해! 아이패드 꿀팁

사파리, 메일, 지도, 미리 알림, 캘린더, 연락처, 페이지스, 넘버스, 키노트 등의 애플 앱 그리고 다양한 타사 앱에서 핸드오프 기능이 지원됩니다.

아이폰에서 아이패드로 핸드오프하기

아이폰에서 사파리 웹페이지를 보다가 아이패드로 핸드오프하여 이어서 볼 수 있어요. 아이폰에서 사파리 앱을 열어 아이패드로 핸드오프해보겠습니다.

01 아이폰에서 사파리 페이지를 엽니다.

02 아이패드 독의 오른쪽 끝에 핸드오프 표시가 된 사파리 아이콘을 탭합니다.

03 아이패드 화면에 사파리 웹페이지가 그대로 열립니다. 이 화면을 스크린샷하고 마크업 도구를 활용하여 그림이나 손글씨를 쓰는 등 다양한 작업을 이어 나갈 수 있습니다.

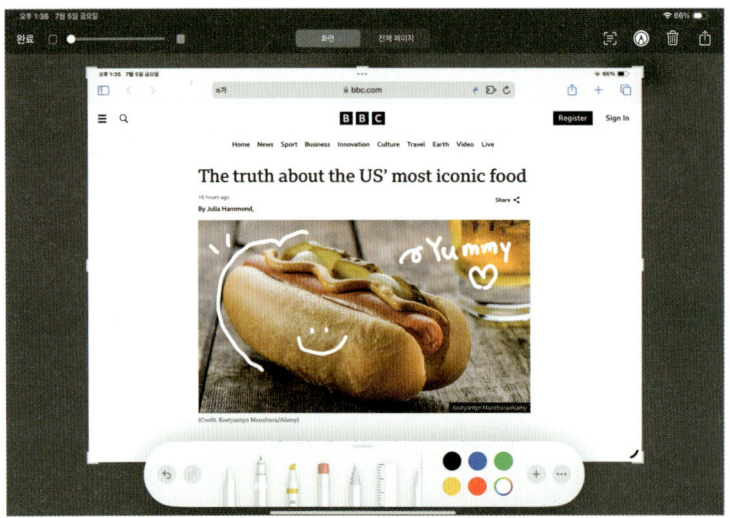

아이폰에서 이메일 확인, 아이패드에서 답장하기

아이폰에서 이메일을 확인하고, 아이패드의 독에서 핸드오프 표시가 된 사파리 앱 아이콘을 탭하면 아이패드에서 이메일을 그대로 볼 수 있고, 편하게 답장을 작성할 수 있어요. 이렇게 하면 아이패드에서 다시 사파리 앱을 열고 해당 이메일을 찾아야 하는 수고를 덜 수 있죠. 큰 화면으로 이메일을 볼 수 있어 작업도 한결 편해집니다.

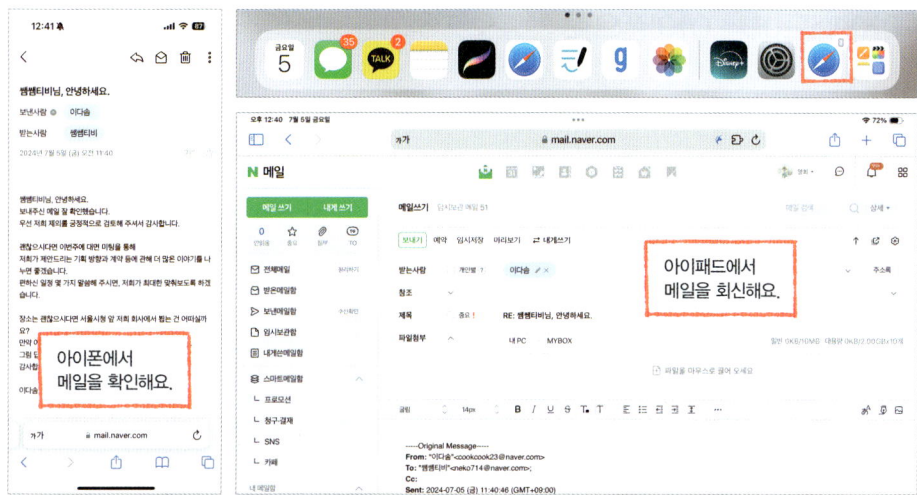

핸드오프 아이콘이 나타나는 위치

아이패드는 독의 오른쪽 끝, 아이폰은 앱 전환기 화면 하단, 맥북은 독의 오른쪽 끝 또는 하단을 확인하세요.

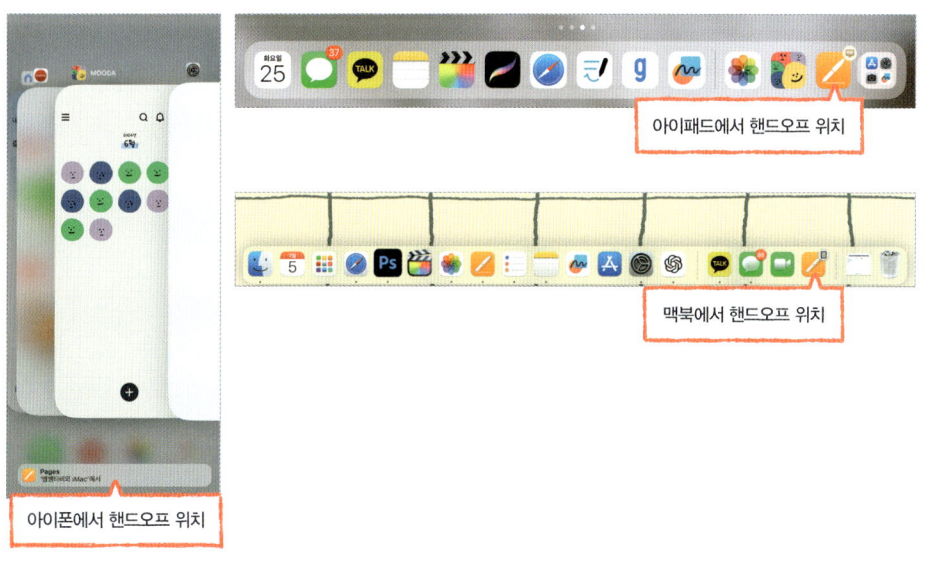

아이패드에서 아이폰으로 핸드오프하기

아이폰이나 아이패드 어디서든 핸드오프가 표시된 앱 아이콘을 탭하여 실행하면 해당 작업 화면을 그대로 불러와 작업을 이어 나갈 수 있어요.

아이패드 굿노트 앱에서 노트를 작성하거나 PDF 문서를 작업하다가 아이폰에서 핸드오프가 표시된 굿노트 앱 아이콘을 탭합니다. 아이패드에서 작업하던 굿

아이패드 굿노트 화면

아이폰 굿노트 화면

노트 화면이 아이폰에 자동으로 표시되어 아이폰에서 작업을 이어 나갈 수 있어요. 아이패드로 공부하다가 아이폰만 들고 외출할 때 핸드오프 기능을 이용하면, 아이패드에서 보던 화면을 아이폰에서도 그대로 볼 수 있어 정말 편리합니다.

전화 및 메시지 수신하기

아이폰과 아이패드를 함께 사용한다면, 아이폰으로 받은 전화나 문자 메시지를 핸드오프 기능을 이용해 아이패드에서 확인하고 수신할 수 있어요. 아이폰과 아이패드가 동일한 아이클라우드 계정으로 로그인되어 있기만 하면 됩니다.

04 개인용 핫스팟으로 데이터 사용하기

아이패드를 와이파이 모델로 구입했더라도 야외에서 인터넷 연결을 할 수 있는 방법이 있어요. 바로 개인용 핫스팟입니다. 개인용 핫스팟을 사용하면 아이폰의 데이터를 아이패드에서도 사용할 수 있어요.

아이폰 데이터를 아이패드와 공유하기

아이폰에서 공유하기

설정 앱에서 [셀룰러]−[개인용 핫스팟]을 탭합니다. [다른 사람의 연결 허용] 설정을 켭니다. 여기에서 [Wi−Fi 암호]를 확인하세요.

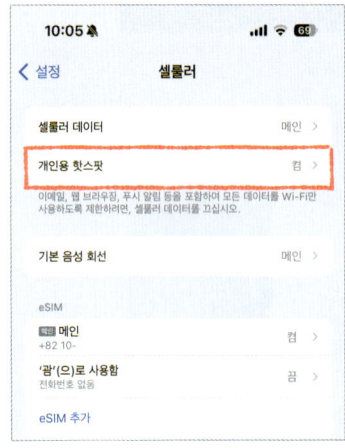

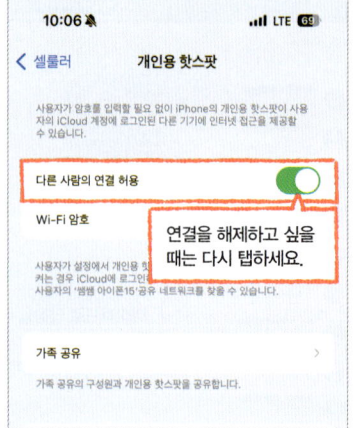

연결을 해제하고 싶을 때는 다시 탭하세요.

아이폰 제어 센터에서 편하게 켰다 껐다 할 수 있어요.

아이패드에서 연결하기

설정 앱 ⚙️ 에서 [Wi-Fi] 설정을 켭니다. 네트워크 목록에서 핫스팟을 연결할 아이폰을 찾아 탭한 후 암호를 입력하면 연결됩니다. 사용 가능한 Wi-Fi가 없을 때 자동으로 핫스팟으로 연결되게 하려면 [Wi-Fi]-[핫스팟 자동 연결]을 설정해두면 됩니다.

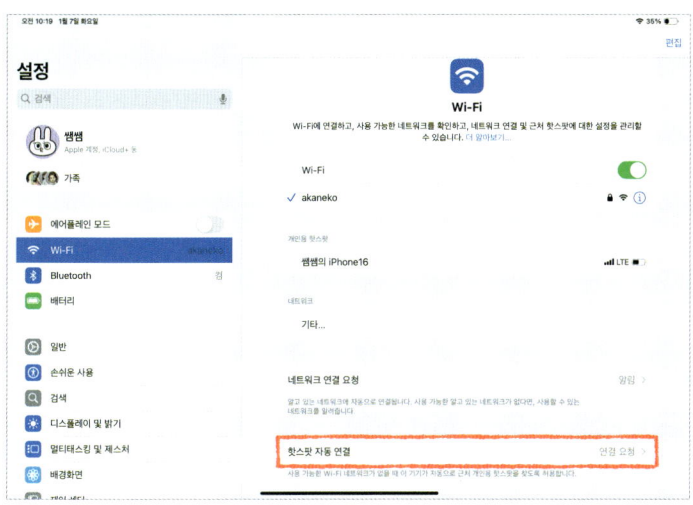

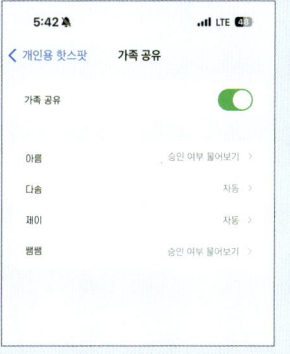

샘샘샘티비의 스마트한 아이패드 활용 팁   NOTE

두 기기가 동일한 Apple ID로 로그인되어 있고, 와이파이와 블루투스를 켜두었다면 암호를 입력하지 않아도 핫스팟을 자동으로 연결하여 언제든 데이터를 공유할 수 있어요. 아이폰에서 [설정]을 탭하고 [개인용 핫스팟]-[가족 공유] 설정을 켭니다. 가족 구성원으로 등록해둔 경우에도 별도의 암호 입력 없이 연결됩니다.

05 창의성을 높여주는 사이드카 기능

맥북으로 여러 가지 작업을 동시에 할 때, 아이패드를 보조 디스플레이로 활용할 수 있는 사이드카 기능을 사용하면 화면을 하나 더 확장하여 쓸 수 있어요. 맥북의 화면을 아이패드에 그대로 미러링할 수도 있고, 아이패드를 그래픽 태블릿처럼 사용하여 애플 펜슬로 드로잉하거나 손글씨를 쓸 수 있습니다. 사이드카 기능으로 생산성을 더욱 높이고, 창의적인 작업을 효율적으로 할 수 있습니다.

아이패드를 세컨드 디스플레이로 활용하기

아이패드를 맥북의 보조 모니터로 사용하면 작업 공간이 넓어져서 더 많은 작업 창을 열어두고 멀티태스킹 작업을 처리할 수 있어요. 특히 맥북에서 문서를 작성할 때 아이패드에 참고 자료를 열어두면 더욱 효율적입니다.

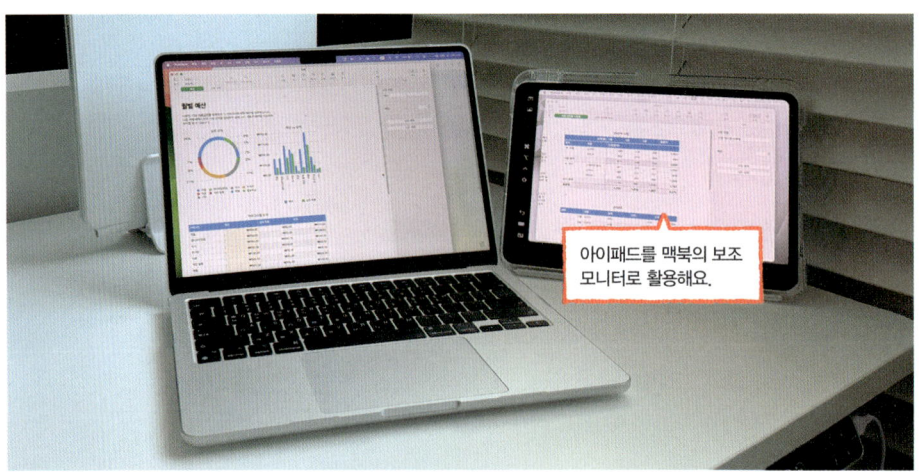

아이패드를 맥북의 보조 모니터로 활용해요.

맥북 윈도우를 아이패드로 이동하기

맥북에서 아이패드로 옮기고자 하는 윈도우의 녹색 버튼 ⦿으로 포인터를 이동하고 [나의 iPad(으)로 이동]을 선택합니다.

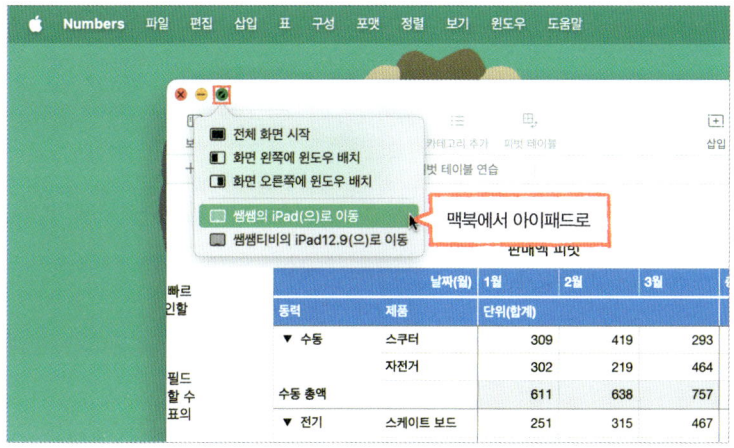

이후 다른 앱 화면을 추가적으로 이동하려면 맥북에서 실행 중인 앱의 상단(메뉴 막대)을 클릭한 후 드래그하여 아이패드로 이동하면 됩니다.

아이패드의 윈도우를 다시 맥북으로 되돌리려면 녹색 버튼 ⦿으로 포인터를 이동하고 [Mac으로 윈도우 다시 이동]을 선택합니다.

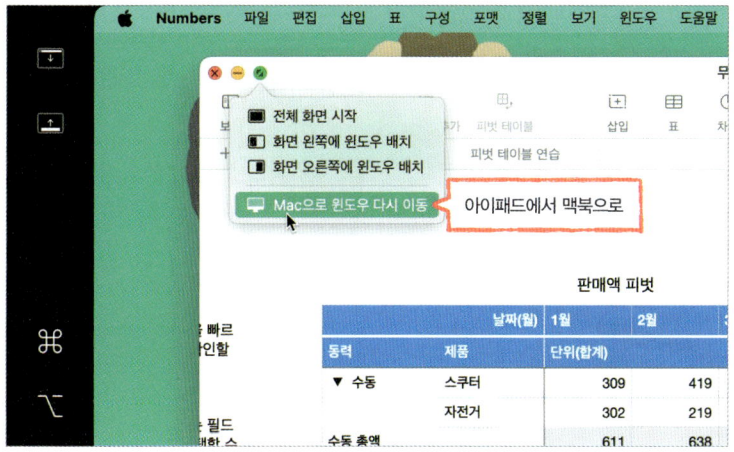

맥북 화면을 아이패드에서 똑같이 미러링하기

맥북의 화면을 아이패드에 미러링하면 동
일한 화면을 두 기기에서 동시에 볼 수 있
습니다. 회의 중이나 프레젠테이션을 할
때 화면 공유를 손쉽게 할 수 있어 유용한
기능이에요.

맥북의 메뉴 막대에서 [제어 센터]를 클릭
한 후 [화면 미러링]을 켜면 손쉽게 연결
할 수 있어요.

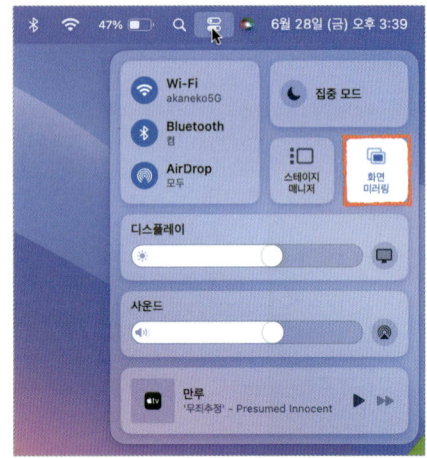

사이드카 기능으로 맥북과 아이패드의 두 화면에서 각각 다른 앱을 사용(세컨드 디
스플레이)할 수도 있고, 같은 앱을 사용(미러링)할 수도 있습니다. 상황에 알맞게
사이드카 기능을 활용해보세요.

놓치면 손해! 아이패드 꿀팁

아이패드를 USB 충전 케이블을 사용하여 맥북과 직접 연결하면 회의 중에도 간편하게
아이패드를 충전하며 사용할 수 있어요. 배터리 잔량이 부족해도 걱정 없이 사용할 수 있
습니다.

맥북 화면을 아이패드에
미러링해요.

아이패드를 그래픽 태블릿처럼 활용하기

맥북에서 포토샵, 일러스트레이터와 같은 그래픽 프로그램으로 드로잉이나 편집 작업을 할 때 사이드카 기능을 사용하면 아이패드를 그래픽 태블릿처럼 활용할 수 있어요. 맥북에서도 애플 펜슬을 사용하여 정밀한 작업이 가능합니다.

맥북 윈도우를 아이패드로 보낸 후 애플 펜슬을 활용해 드로잉해요.

또한, 맥북의 디스플레이를 확장하거나 미러링하는 동안에도 애플 펜슬을 활용해 아이패드에서 가리키고, 탭하고, 선택하고, 드로잉하고, 편집하는 등의 작업을 수행할 수 있습니다.

맥북 작업에서 아이패드의 애플 펜슬과 제스처를 활용할 수 있어 편리해요.

사이드카 연결 해제하기

연결을 해제하려면 아이패드 사이드바 하단에서 [연결 해제]를 탭합니다.

또는 맥북의 메뉴 막대에서 ❶[화면 미러링]을 클릭한 후, ❷[나의 iPad]를 클릭하여 연결을 해제합니다.

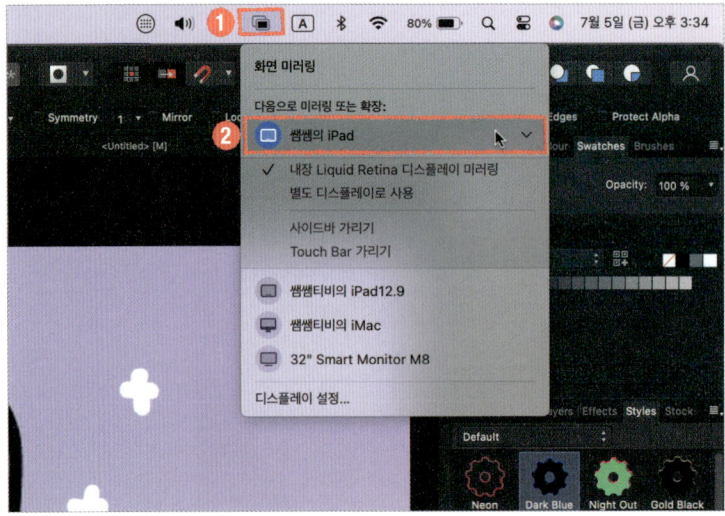

맥북의 메뉴 막대에서 [제어 센터]에 들어가 연결을 해제할 수도 있어요.

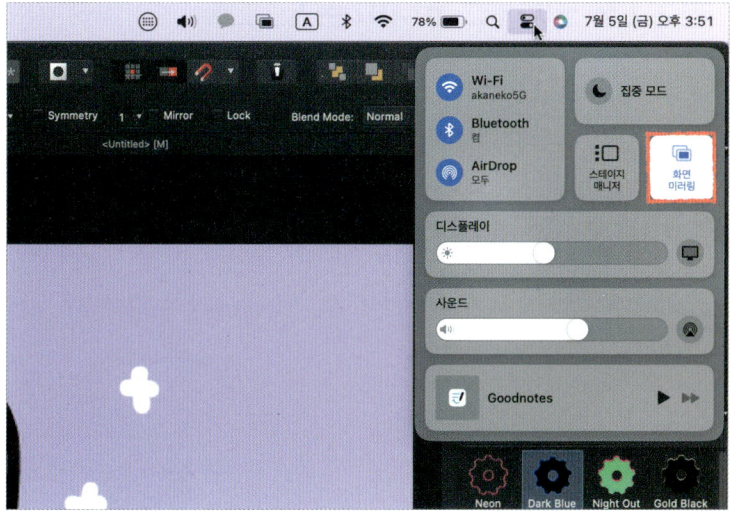

06 기기 활용도를 높여주는 유니버설 컨트롤

유니버설 컨트롤은 맥북의 키보드와 마우스, 트랙패드를 아이패드와 함께 공유하여 사용할 수 있는 기능이에요. 반대로 아이패드에 블루투스 키보드가 연결되어 있으면 맥북과 함께 사용할 수 있어요. 맥북을 거치대에 올려두었을 경우 블루투스 키보드를 함께 사용하면 편리합니다.

사용할수록 더 많은 신기능을 알게 되고 알수록 더 재미를 갖게 되는 아이패드예요. 이번에는 유니버설 컨트롤에 대해 간단히 알아볼게요.

맥북의 키보드로
아이패드에 타이핑할 수 있어요.

사이드카로는 디스플레이를 확장하거나 애플 펜슬과 제스처를 함께 사용할 수 있었다면, 유니버설 컨트롤은 키보드와 마우스를 공유할 수 있는 기능이에요. 마우스로 사진이나 파일을 맥북에서 아이패드로 드래그 & 드롭하면 작업의 효율성을 높일 수 있습니다.

맥북의 사진을 드래그 & 드롭하여
아이패드로 이동해요.

유니버설 컨트롤 설정하기

맥북의 메뉴 막대에서 ❶[제어 센터]를 클릭하고 ❷[디스플레이]의 [다음으로 키보드 및 마우스 연결]에서 [나의 iPad]를 선택하면 설정이 완료됩니다.

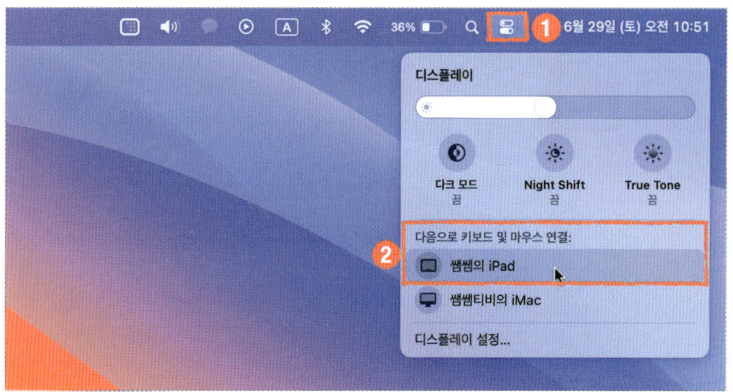

맥북의 포인터를 마우스나 트랙패드를 이용해 아이패드 쪽으로 이동하면 자동으로 포인터가 넘어갑니다.

이제 키보드와 마우스가 공유되어 자유롭게 아이패드와 맥북을 오가며 작업할 수 있습니다.

아이패드의 위치가 바뀌었을 때 – 화면 정렬 변경하기

유니버설 컨트롤 기능을 사용하던 중에 아이패드의 위치가 바뀌었다면 정렬을 다시 해야 합니다. 맥북에서 Apple 메뉴 버튼 을 클릭하고 [시스템 설정]을 클릭합니다. 사이드바에서 [디스플레이]-[정렬]을 클릭합니다. 맥북과 아이패드의 위치를 올바르게 정렬해주세요.

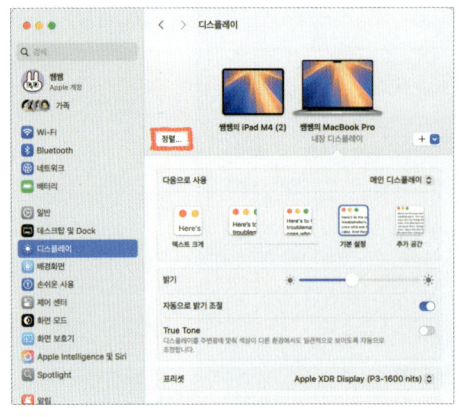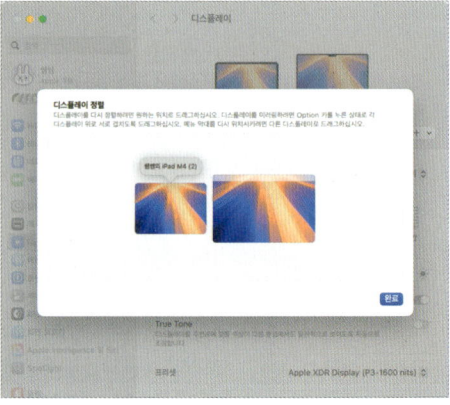

유니버설 컨트롤 연결 해제하기

유니버설 컨트롤을 설정했던 방식과 동일하게, 맥북의 메뉴 막대에서 ❶[제어 센터]를 클릭하고 ❷[디스플레이]의 [다음으로 키보드 및 마우스 연결]에서 [나의 iPad]를 클릭하면 연결이 해제됩니다. 제어 센터를 열지 않고 ❸메뉴 막대의 유니버설 컨트롤 아이콘을 클릭해도 됩니다.

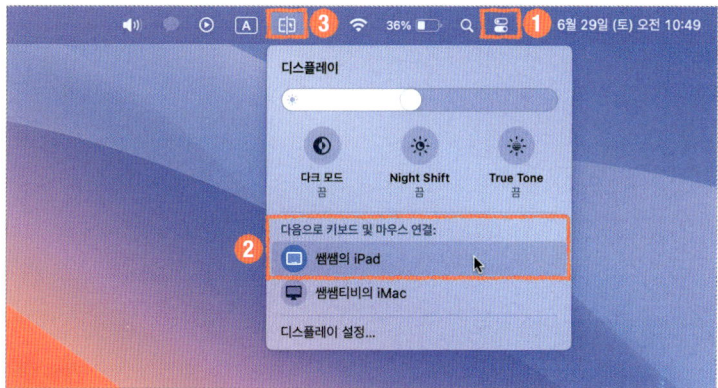

07 공통 클립보드로 편하게 복사/붙여넣기

애플의 연속성 기능으로 아이패드와 다른 애플 기기 간 클립보드를 공유할 수 있어요. 공통 클립보드는 한 기기에서 복사한 텍스트나 이미지 파일을 다른 기기에 바로 붙여 넣을 수 있는 기능입니다. 마치 하나로 연결된 듯한 느낌이 들죠? 아이패드에서 오려두거나 복사한 다음, 아이폰에서 붙여 넣어보세요. 물론 반대로도 가능합니다.

알아두면 편리한 클립보드 제스처

✳ **복사하기** : 세 손가락으로 오므립니다.

✳ **오려두기** : 세 손가락으로 두 번 오므리기를 합니다.

✳ **붙여넣기** : 세 손가락을 펼칩니다.

아이패드 제스처에 대한 자세한 내용은 43쪽을 참고하세요.

아이폰에서 크게 보고 싶은 항목이 있다면 복사하고, 아이패드에 붙여 넣으세요. 선택한 부분을 길게 탭한 다음에 [오려두기], [복사하기], [붙여넣기]를 탭할 수도 있어요.

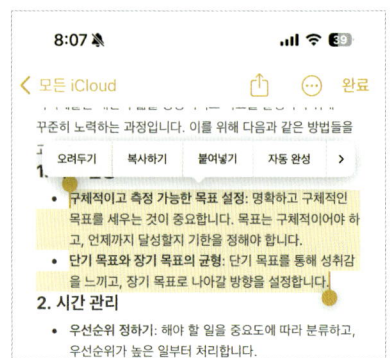

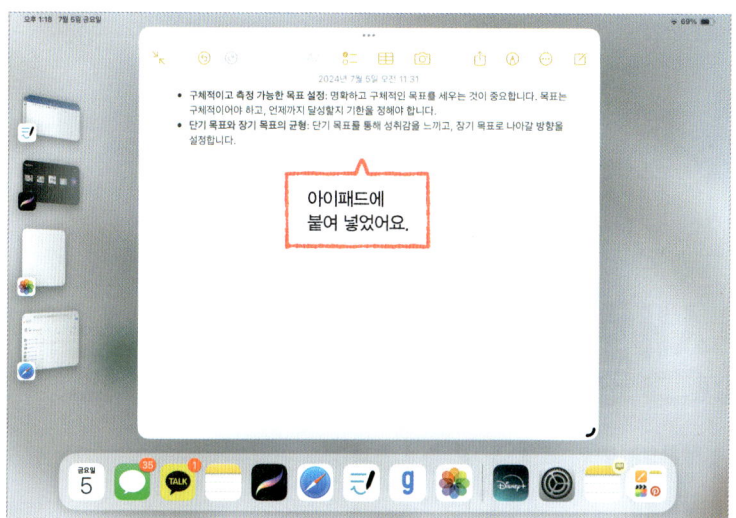

아이패드를 애플의 다른 기기와 함께 사용한다면 이 연속성 기능은 꼭 설정해두고 사용하기를 추천합니다. 아이패드가 아이폰, 맥북과 하나로 연결되어 더 많은 작업을 효율적으로 해낼 수 있습니다.

PART 02

학교생활이 다채로워지는
아이패드 사용법

이전 파트에서는 꼭 알아야 할 편리한 아이패드의 기본 기능에 대해 살펴봤어요. 다양한 위젯을 활용해 홈 화면을 나만의 스타일로 꾸며봤나요? 사파리를 마음껏 사용할 수 있고, 연속성 기능을 활용한 멀티태스킹 작업과 제스처를 하는 것이 자유로워졌다면 잘 따라온 거예요.

이번 파트에서는 아이패드를 활용해 학교생활을 완벽하게 보내는 방법을 알아볼게요. 먼저, 애플 펜슬의 필수 기능을 익히고 애플 펜슬을 활용하여 메모 앱에서 노트 필기를 작성, 프리폼에서 마인드맵과 만다라트 만드는 과정을 알아볼거예요. 강의 필수품인 노트 필기 앱과 녹음 기능을 활용하기, 문서를 스캔해서 PDF로 변환하는 법도 함께 소개하겠습니다. 공부 효율성을 극대화할 타이머 앱과 암기 앱도 살펴보고, 영어 실력을 향상해줄 고품격 방송 팟캐스트를 추천해 볼게요. 또한, 폰트 설치 방법과 굿노트 다이어리 꾸미기, 프로크리에이트를 활용한 이모티콘과 캘리그래피 제작, 사진 보정 및 영상 편집까지 다양한 주제를 함께 알아보겠습니다.

아이패드를 구입했다면 이 정도는 활용할 수
있어야겠죠! 그럼 시작해볼까요? 아이패드와 함께라면
학교생활을 더욱 다채롭고 의미 있게 완성할 수 있어요!

CHAPTER 01

아이패드와 함께,
목표 달성 100% 스터디

학교생활을 알차게 보내기 위해 아이패드를 구입했나요? 꼼꼼한 노트 정리와 효과
적인 암기 도구를 활용해 학업에 완벽함을 추가해보세요. 아이패드는 여러분의 학
업을 지원하는 강력한 도구가 될 거예요.

01 수업 자료로 활용 가능한 메모 앱

메모 앱🗒은 간단한 텍스트 입력은 물론 애플 펜슬을 사용한 손글씨 입력, 사진 및 음성 녹음 등 다양한 파일을 첨부하여 메모를 작성할 수 있어요. 수업 중에 중요한 내용을 빠르게 기록하고 싶은 경우 음성 녹음 기능을 사용하면 녹음과 노트 작성을 동시에 할 수 있어요. 작성한 메모를 폴더로 정리하면 수업 자료를 체계적으로 정리할 수 있습니다.

빠른 메모 기능으로 갑자기 떠오르는 생각이나 아이디어를 기록하세요. 아이클라우드 기능으로 아이폰과 맥북에서 언제든 메모를 활용해보세요.

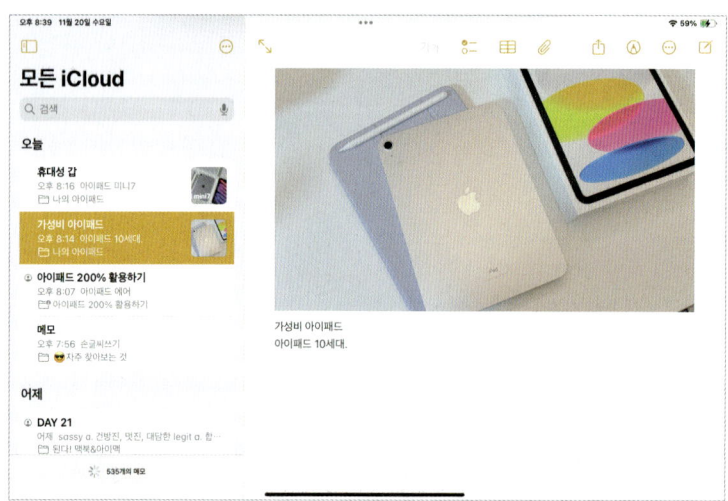

가성비 아이패드
아이패드 10세대.

새로운 메모 작성하기

메모 앱을 열고 오른쪽 상단의 를 탭하면 새로운 메모를 만들 수 있어요. 내용을 입력하고 [완료]를 탭하면 저장됩니다. 메모의 첫 줄이 제목으로 저장돼요. 설정을 변경하고 싶다면 설정 앱에서 [앱]-[메모]-[새로운 메모 시작 스타일]에서 바꿀 수 있습니다.

텍스트 포맷 및 스타일 적용

가가를 탭하면 텍스트 포맷과 스타일을 바꿀 수 있어요. 볼드체, 이탤릭체, 하이라이트를 적용하거나 제목, 머리말, 부머리말을 지정할 수 있습니다.

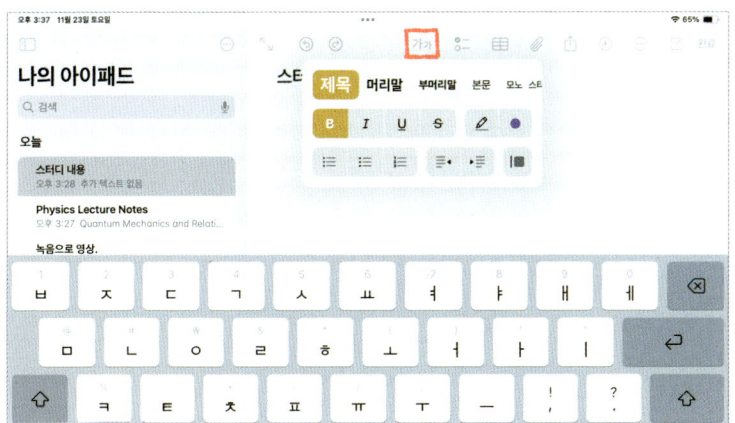

스타일을 적용해 수업 노트를 작성하면 메모를 구조화할 수 있어요. 머리말로 사용할 텍스트를 선택하고 가가를 탭합니다. 머리말 또는 부머리말을 탭한 후 내용을 입력합니다. ∨과 >를 탭하면 내용을 접거나 펼칠 수 있어 수업 노트를 쉽게 관리할 수 있어요.

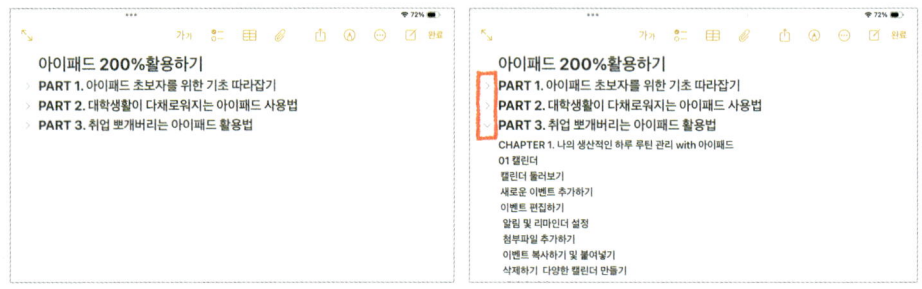

아이패드 제스처로 텍스트 편집하기

한 손가락으로 두 번 탭하면 단어를 선택할 수 있고, 세 번 탭하면 문장 전체를 선택할 수 있어요. 한 손가락으로 두 번 탭한 다음 원하는 만큼 영역을 드래그하면 텍

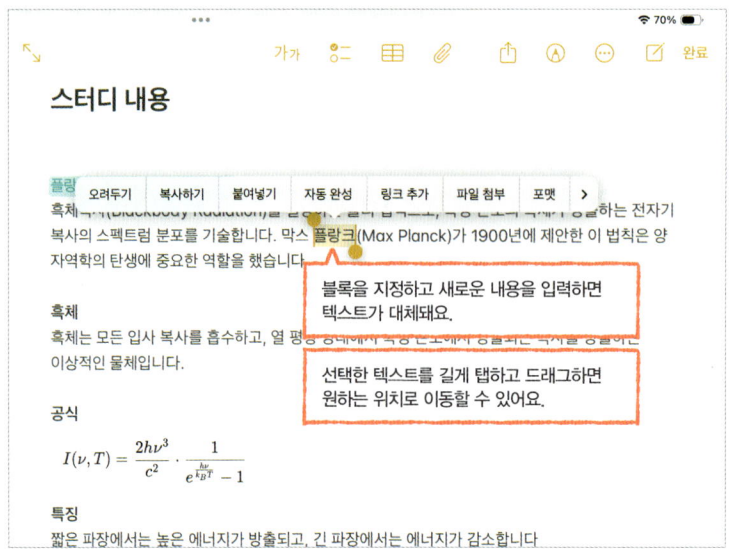

스트 블록을 선택할 수 있습니다.

텍스트를 선택하고 팝업 메뉴에서 오려두기, 복사하기, 붙여넣기 등을 할 수 있어요. 이 작업을 간단히 제스처로도 할 수 있습니다.

세 손가락으로 오므리기를 하면 복사하기, 세 손가락으로 두 번 오므리기를 하면 오려두기를 할 수 있고 세 손가락을 펼치면 붙여넣기를 할 수 있습니다. 제스처로 텍스트를 선택하고, 복사하여 붙여넣기를 해보세요.

텍스트 중간에 내용을 추가하고 싶을 때는 화면을 길게 탭하여 확대한 후 텍스트를 추가하려는 지점에 커서를 이동하여 입력합니다.

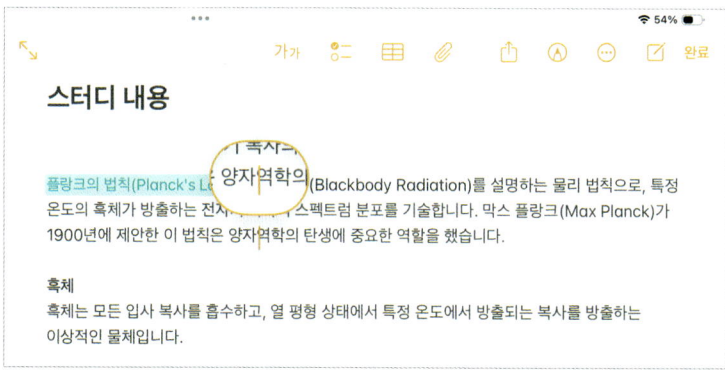

체크리스트/표 만들기

메모 상단의 ⊙ 를 탭하면 체크리스트를 만들 수 있어요. 체크리스트 작성을 끝내고 싶을 때는 [완료]를 탭합니다. 이미 입력해둔 내용을 체크리스트 형식으로 바꾸려면 텍스트를 선택하고 ⊙ 를 탭하면 됩니다.

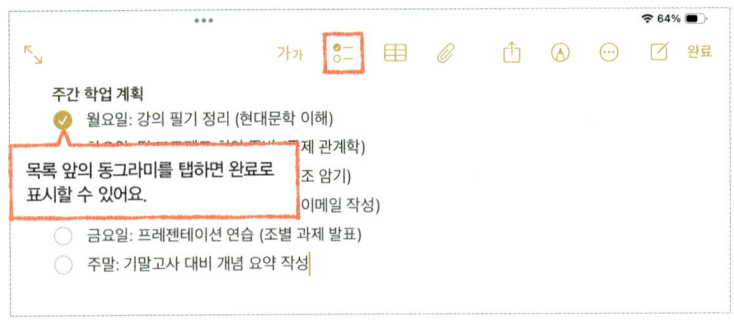

메모 상단의 ⊞를 탭하면 표를 만들 수 있어요. 셀을 탭하면 나타나는 ⦙과 ⸬를 각각 탭하여 행, 열을 추가 또는 삭제할 수 있습니다.

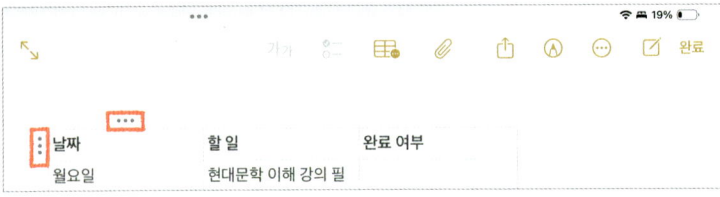

셀을 탭하면 내용을 입력할 수 있고, 표 안에서의 이동은 방향키로 할 수 있어요. 표를 텍스트로 변환하고 싶다면 ⊞를 탭합니다.

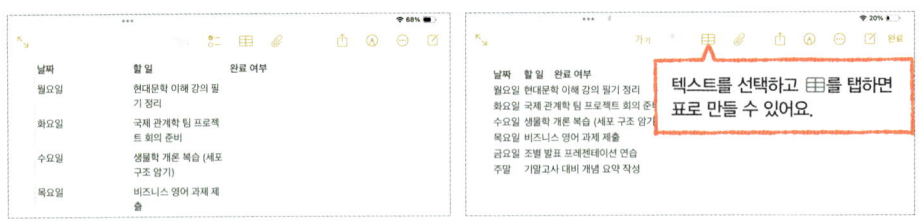

사진 및 파일 첨부

메모 상단의 ⫽를 탭하면 텍스트 스캔, 문서 스캔, 오디오 녹음, 사진 촬영, 파일 첨부를 할 수 있어요. 도서관에서 찾은 자료 스캔, 교수님이 제공한 PDF 수업 자료, 인터넷에서 찾은 이미지 등을 첨부하여 통합적인 수업 노트를 만들 수 있어요. 자료를 한곳에 모아 체계적으로 정리해보세요.

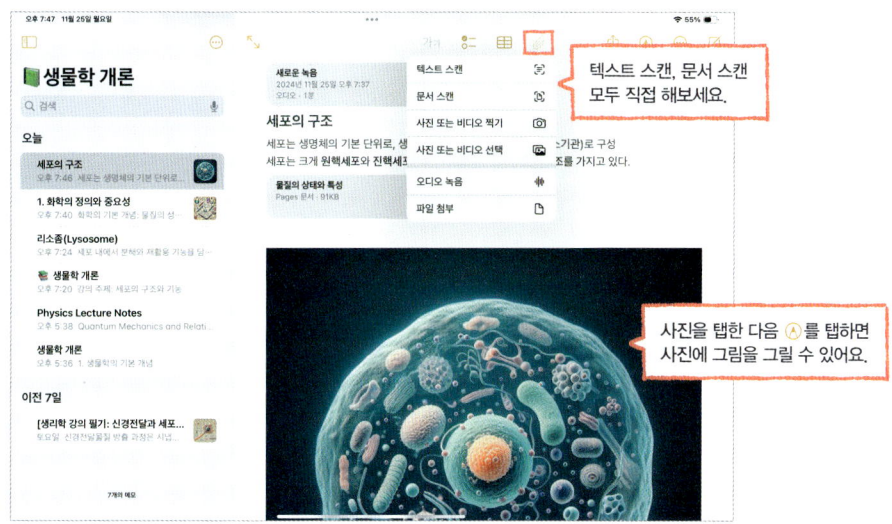

첨부한 파일을 길게 탭하고 [다음으로 보기]를 탭하면 이미지 크기를 [작게] 또는 [크게] 선택할 수 있습니다.

첨부 항목의 미리 보기 크기를 고정해두고 싶다면 오른쪽 상단의 ❶ ⊙를 탭하고 ❷ [첨부 파일 보기]-[모두 작게 설정] 또는 [모두 크게 설정]을 탭합니다.

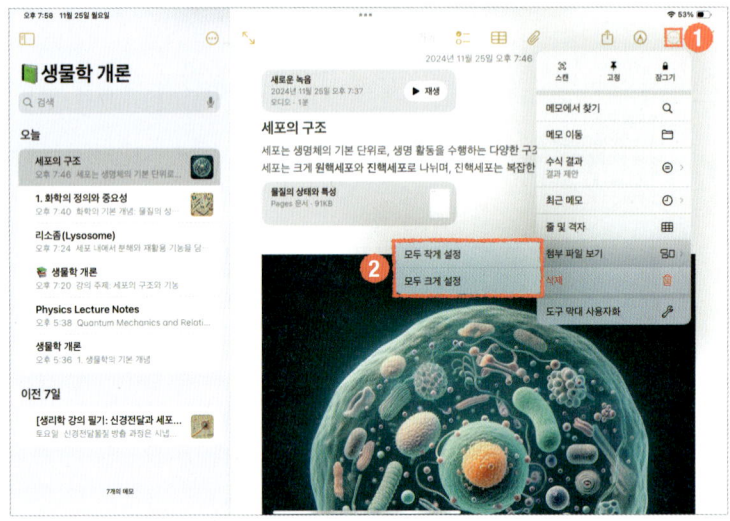

첨부 파일 모아서 보기

사이드바 목록에서 ❶ ⊙를 탭합니다. ❷ [첨부 파일 보기]를 탭하면 메모에 첨부된 모든 파일의 섬네일을 볼 수 있습니다. 섬네일을 길게 탭한 후 ❸ [메모에서 보기]를 탭하면 해당 파일이 있는 메모로 이동합니다.

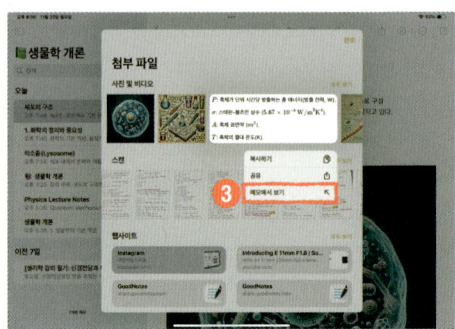

링크 추가하기

텍스트 링크 만들기

링크를 삽입하려는 텍스트를 선택하고 [링크 추가]를 탭한 뒤 URL을 입력하면 텍스트 링크가 만들어져요. 해당 텍스트를 탭하면 링크로 연결된 페이지가 열립니다.

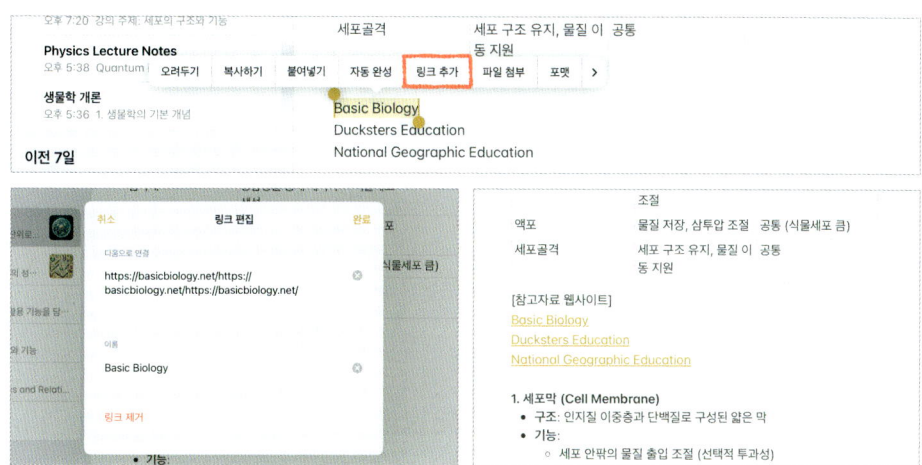

다른 메모 링크하기

링크를 추가하려는 곳에 ❶ 키보드로 〉〉를 입력하고 기존 메모를 선택하거나 메모의 빈 곳을 길게 탭합니다. ❷ [링크 추가]를 탭한 후 링크하려는 메모의 제목을 입력한 뒤 ❸ [완료]를 탭하면 메모를 링크할 수 있습니다.

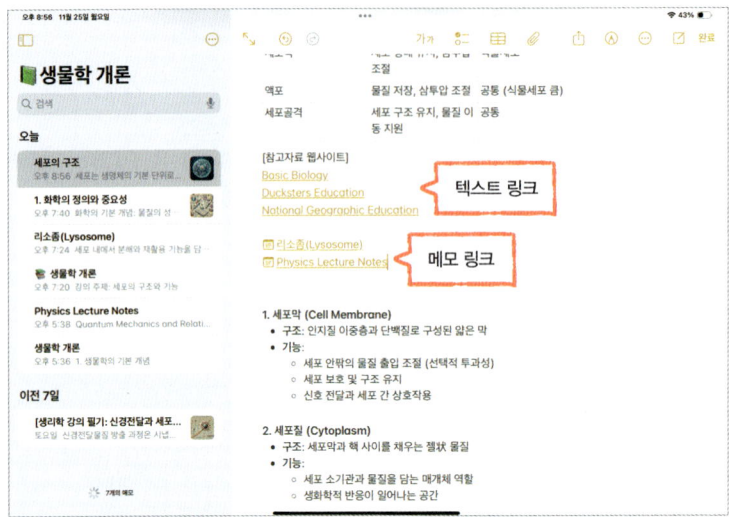

샘샘티비의 스마트한 아이패드 활용 팁   NOTE

아이패드는 어떤 화면에서든 빠른 메모를 생성해 정보를 적어둘 수 있어요. 사파리에서 텍스트를 선택하거나 앱에서 빠른 메모를 추가하면, 해당 페이지를 다시 방문할 때 빠른 메모 섬네일이 나타나 이전에 보던 부분으로 바로 이동할 수 있습니다.

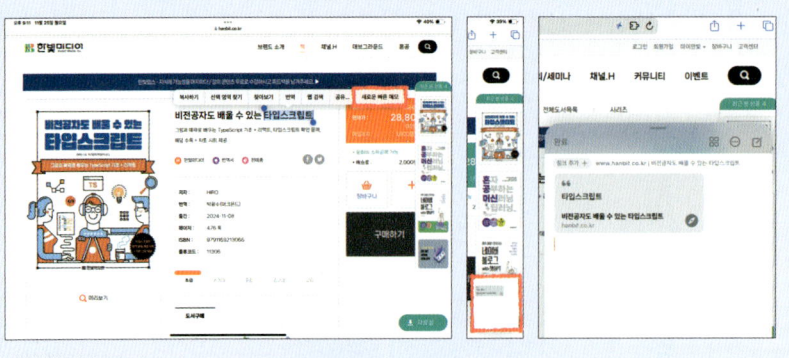

모든 앱에서 ①⬆️를 탭한 다음 ②[빠른 메모에 추가]를 탭하면 빠른 메모를 작성할 수 있습니다.

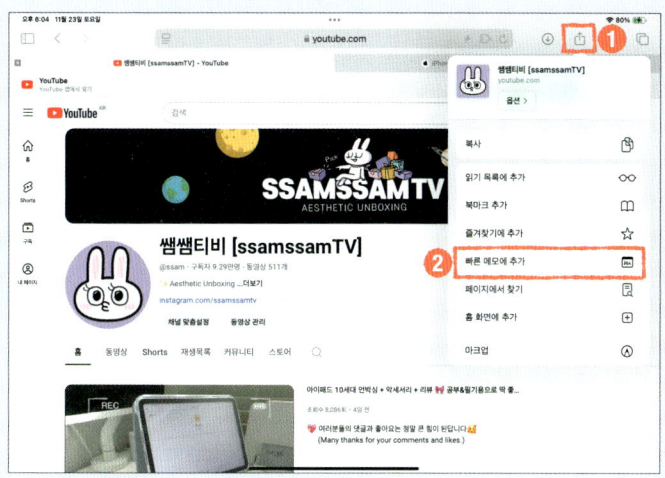

제어 센터를 연 다음 🔲를 탭하거나 애플 펜슬로 오른쪽 하단 모서리를 쓸어 올려도 빠른 메모를 열 수 있습니다. 설정 앱⚙️에서 [멀티태스킹 및 제스처]-[모서리에서 손가락으로 쓸어넘기기] 설정을 켜면 손가락으로도 빠른 메모를 열 수 있습니다.

빠른 메모는 메모 폴더 목록에서 맨 위에 표시돼요. 빠른 메모를 다른 폴더로 이동하면 기본 메모로 바뀝니다.

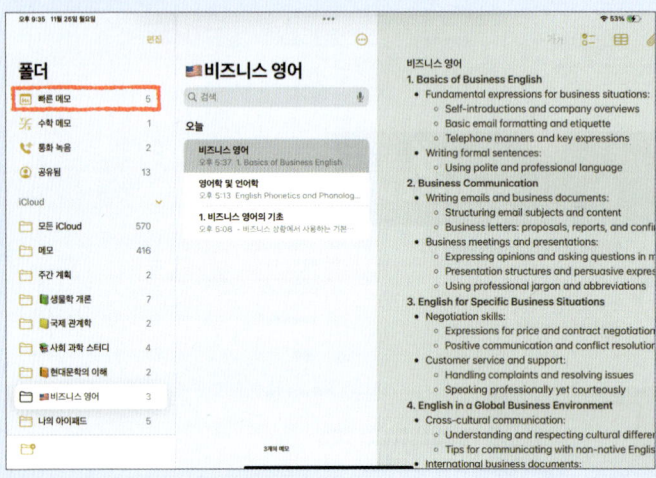

아이패드에서 메모나 문서를 작성하고 정리할 때는 메모, 페이지스, 프리폼 앱을 쓰지만 뭔가 부족함을 느낀다면 노션을 추천해요. 넘쳐나는 자료로 정리가 필요할 때 노션을 사용해보세요. 데이터베이스 기능인 릴레이션, 롤업을 제대로 활용한다면 데이터 정리가 한층 더 수월해집니다.

02 스터디할 때 필수! 녹음과 메모를 한 번에

메모 앱에서는 오디오 녹음을 할 수 있어요. 중요한 수업 내용을 녹음하면서 동시에 노트 필기를 작성할 수 있어요. 스플릿뷰 기능으로 다른 앱을 열어 수업 노트를 만들 수도 있습니다. 이번에는 메모 앱에서 녹음과 메모를 한 번에 해볼게요.

오디오 녹음하기

메모에서 ❶ 🖈를 탭하고 ❷ [오디오 녹음]을 선택합니다. ❸ ●를 탭하면 녹음이 시작됩니다.

녹음 중에 화면 상단 제목 부분을 쓸어 내리면 메모를 작성할 수 있습니다.

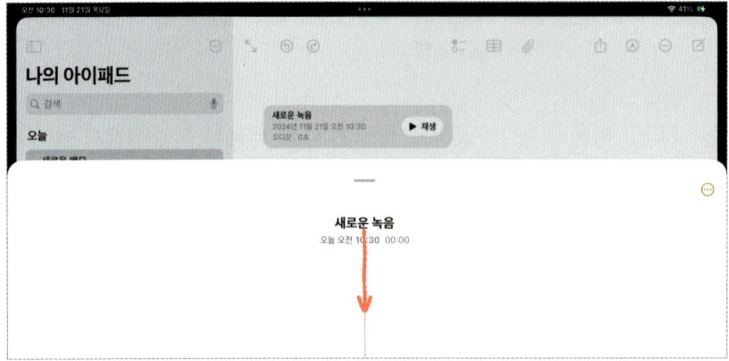

오디오 녹음 중 다른 앱을 열고 싶다면 화면 상단 중앙의 ···를 쓸어 내리기하여 스플릿 뷰를 실행하면 됩니다. 녹음이 완료되면 일시 정지❚❚를 탭하고 ⏺ 또는 [완료]를 탭하면 됩니다.

메모 본문에 추가된 녹음 메모를 탭하고 ⊙를 탭하면 이름 변경, 파일에 저장, 공유, 삭제를 할 수 있습니다.

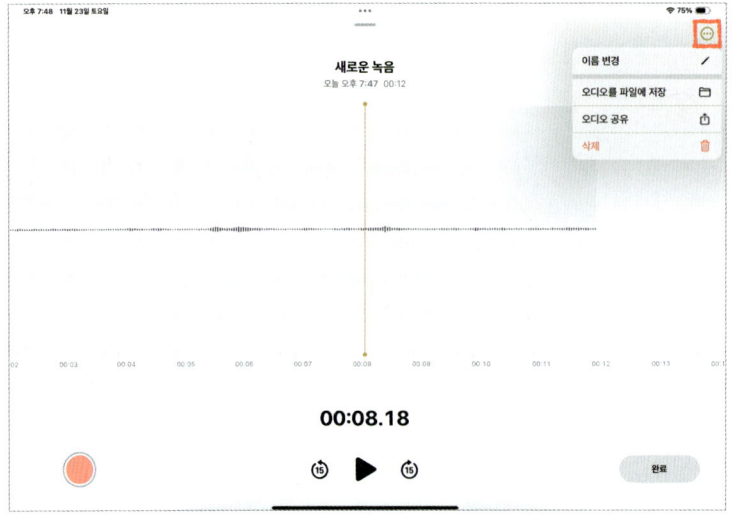

텍스트 받아쓰기

아이패드에서 텍스트 입력 방식은 키보드와 애플 펜슬 외에도 한 가지가 더 있어요. 빠른 입력이 필요한 순간 키보드 화면에서 🎤를 탭하여 음성으로 텍스트를 입력할 수 있어요. 구두점, 이모티콘 삽입은 물론 간단한 포맷 작업도 할 수 있는 받아쓰기 기능입니다.

설정 앱⚙️에서 [일반]−[키보드]−[받아쓰기 활성화] 설정을 켜두면 됩니다.

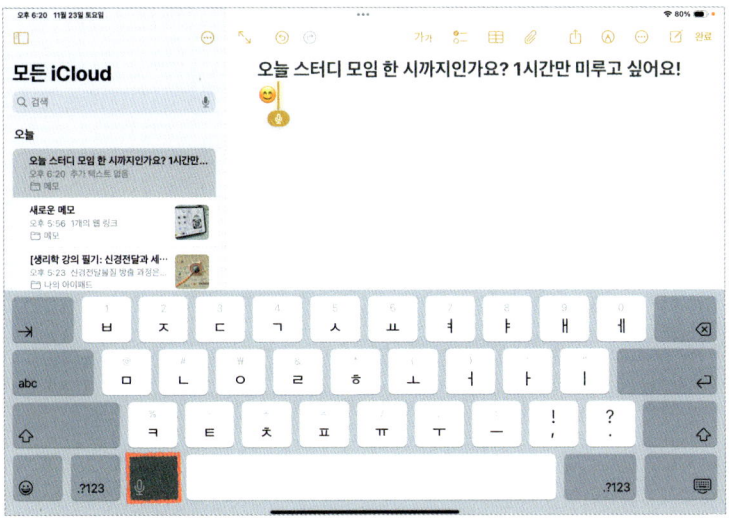

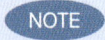

쌤쌤티비의 스마트한 아이패드 활용 팁

메모 앱은 수학식을 입력하면 바로 답을 얻을 수 있어요. 등호(=)를 손글씨로 쓰거나 입력하면 수학 표현식이 풀이됩니다. 다이어그램을 그리고 방정식 푸는 것은 물론 그래프로도 표현해줍니다.

메모에서 Ⓐ를 탭하고 수학식을 작성해보세요. 숫자를 세로로 나열해 쓴 다음 수평선을 그으면 숫자가 더해집니다. 다른 연산을 원하는 경우에는 숫자 왼쪽에 -, ×, ÷ 등 다른 연산 기호를 넣어보세요. 수식을 가로로 쓴 경우에는 등호 기호를 넣으면 자동으로 계산돼요.

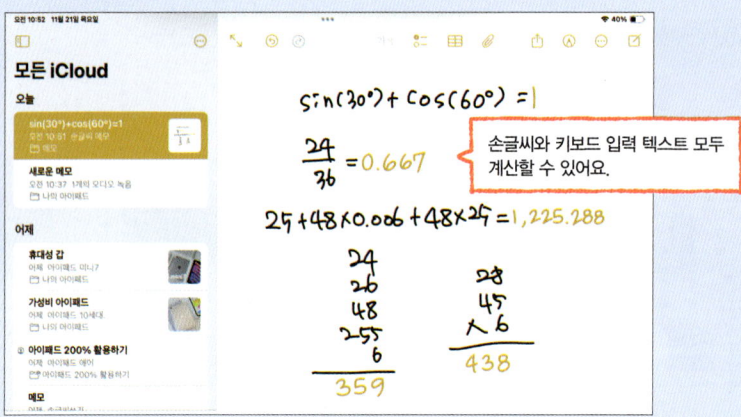

메모 상단의 ⋯를 탭하고 [수식 결과]를 탭하면 [결과 삽입]과 [결과 제안]을 선택할 수 있어요. 바로 결과가 입력되게 하려면 [결과 삽입]을 선택합니다.

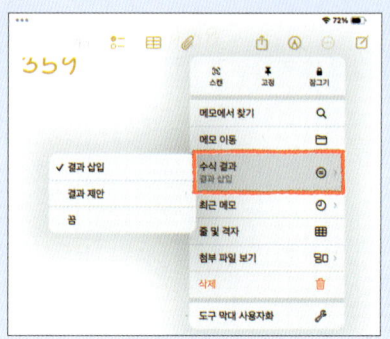

방정식을 입력하면 [그래프 삽입]과 [표현식 복사] 메뉴가 나타나요. [그래프 삽입]을 탭하면 그래프가 만들어집니다.

수학 메모를 작성하면 폴더 목록에 수학 메모 폴더가 자동으로 생성됩니다.

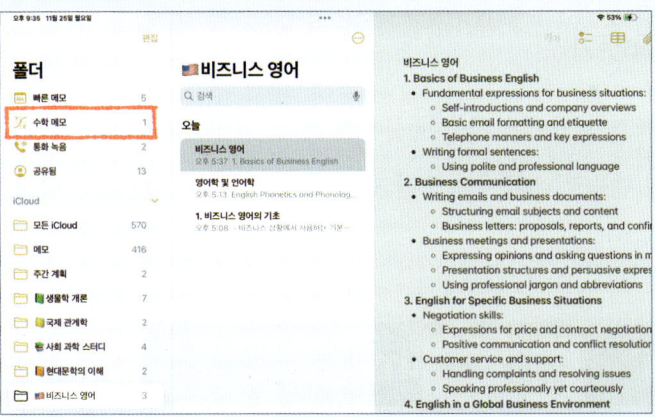

여행 예산을 짜거나 이벤트를 계획할 때 등 수학 메모를 적극 활용해보세요.

03 애플 펜슬로 개성 있는 손글씨 쓰기

아이패드를 애플 펜슬과 함께 사용하면 노트 필기와 다이어리 꾸미기, 그림 그리기
와 스케치 등 창의적인 작업을 할 수 있어요. 메모 앱, 프리폼은 물론 사진, 스크린
샷, PDF 문서에도 직접 마크업할 수 있는 애플 펜슬 사용법을 알아볼게요.

애플 펜슬 시작하기

아이패드에서는 텍스트 입력이 가능한 곳이면 어디든 애플 펜슬로 입력할 수 있어
요. 검색창에 애플 펜슬로 손글씨를 쓰면 자동으로 텍스트로 변환되어 입력됩니다.

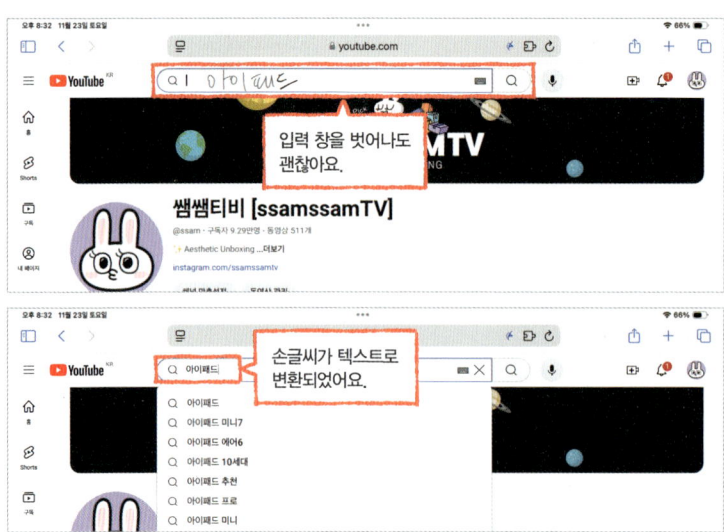

텍스트에 동그라미 표시를 하거나 선을 그으면 해당 영역을 선택할 수 있고, 텍스트 위에 줄을 지지직 그으면 삭제할 수 있어요. 텍스트 사이를 길게 탭하면 새로운 내용을 삽입할 수 있고, 세로 줄을 그으면 빈칸을 만들거나 없앨 수 있습니다.

설정 앱 ⚙에서 [Apple Pencil]-[손글씨 입력 쓰기]에서 기본 기능을 익혀보세요.

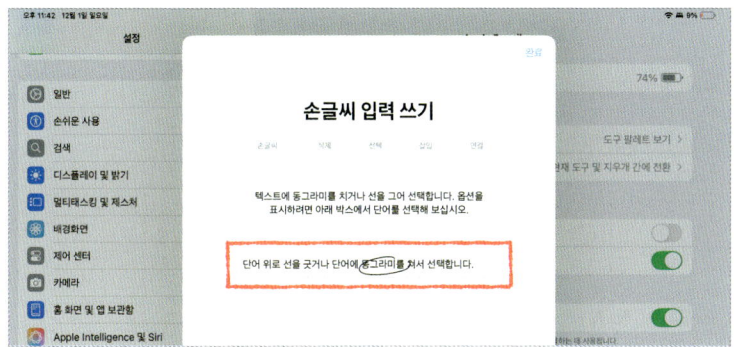

마크업 도구 팔레트

아이패드에서는 마크업 도구를 사용하여 메모, 프리폼, PDF 문서, 사진이나 스크린샷에 애플 펜슬로 그림을 그리거나 글씨를 쓸 수 있어요.

메모 상단의 ❶ Ⓐ를 탭합니다. ❷ ⋯를 탭하고 ❸[손가락으로 그리기] 설정을 켜면 손가락으로도 그림을 그리거나 글씨를 쓸 수 있습니다.

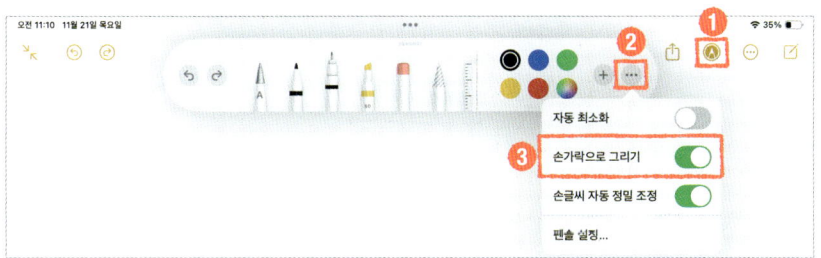

ⓐ를 탭하고 연필, 만년필, 수채화 붓, 크레용, 하이라이트 등을 선택하여 필요한 곳에 손글씨와 그림을 추가해보세요.

펜을 선택하고 한 번 더 탭하면 두께와 불투명도를 조절할 수 있어요. 지우개를 선택하고 한 번 더 탭하면 지우개의 종류와 두께를 선택할 수 있습니다.

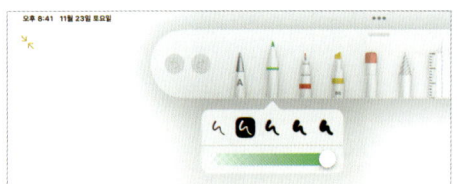 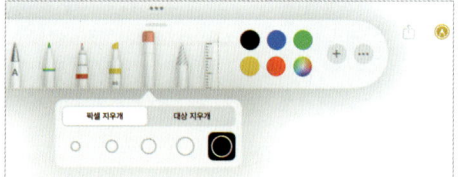

놓치면 손해! 아이패드 꿀팁

호버 기능을 켜면 그리기 도구를 사용하기 전에 캔버스에 비춰볼 수 있어요. 색상, 두께 등을 써보기 전에 미리 볼 수 있습니다. 설정 앱⚙에서 [Apple Pencil]–[호버] 설정을 켭니다. 배럴 롤 기능을 사용하면 애플 펜슬을 회전하여 하이라이트, 만년필 등 도구의 각도를 조절할 수 있어요. 굵게 또는 얇게 펜을 회전하여 필기할 수 있습니다.

※ 호버 기능은 아이패드 M2 이후부터, 배럴 롤 기능은 애플 펜슬 프로부터 지원해요.

애플 펜슬을 두 번 탭하면 지우개로 손쉽게 전환할 수 있어요. 다른 동작으로 바꾸고 싶다면 설정 앱 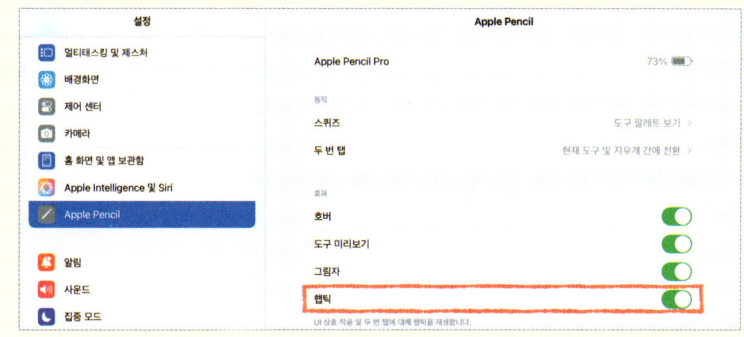에서 [Apple Pencil]−[두 번 탭]에서 다른 동작으로 전환을 선택할 수 있습니다. ※ 애플 펜슬 2세대, 애플 펜슬 프로부터 지원해요.

스퀴즈, 두 번 탭 동작을 할 때 가벼운 진동이 느껴져 마치 누르는 듯한 느낌이 들게 하는 햅틱 피드백은 [Apple Pencil]을 탭하고 [햅틱] 설정을 켜면 됩니다. 애플 펜슬 기종에 따라 기능이 다르니 참고하세요.

※ 애플 펜슬 프로부터 지원해요.

눈금자를 선택하면 자를 대고 직선을 그릴 수 있어요. 눈금자는 두 손가락으로 회전시킬 수 있고 드래그하면 이동할 수 있습니다. 눈금자 없이 직선을 긋고 싶을 때는 선을 긋고 펜을 떼지 않은 채로 기다리면 직선으로 변경됩니다.

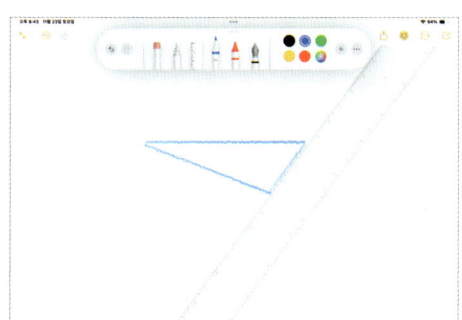

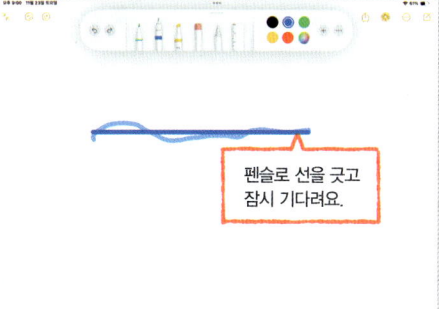

펜슬로 선을 긋고 잠시 기다려요.

마크업 도구 막대는 드래그하여 위치를 이동할 수 있어요. 왼쪽, 오른쪽, 위, 아래 원하는 가장자리로 드래그해보세요. 마크업 도구 막대를 모서리로 이동하면 작은 원으로 배치해둘 수 있어요.

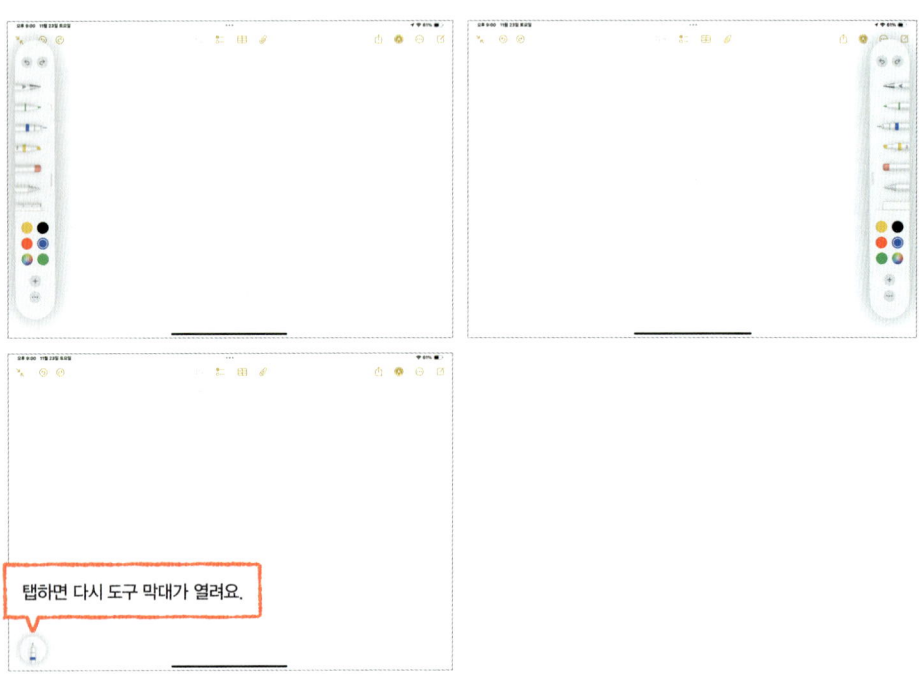

항상 최소화해두고 싶다면 ☺를 탭하고 [자동 최소화] 설정을 켭니다.

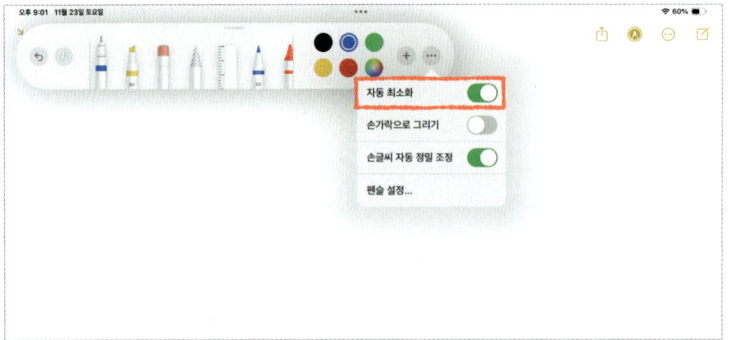

스퀴즈 기능이 있는 애플 펜슬 프로는 펜을 움켜쥐면 마크업 도구가 나타납니다. [Apple Pencil]-[스퀴즈]에서 원하는 동작으로 설정을 바꿀 수 있어요.

손글씨 쓰고 편집하기

메모 앱🟡이나 프리폼 앱🔵을 열고 마크업 도구를 골라 손글씨를 써보세요.

손글씨 쓰기

메모 상단의 Ⓐ를 탭합니다. ⚫을 탭하고 [손글씨 자동 정밀 조정] 설정을 켜면 손글씨가 더욱 매끄럽고 읽기 쉽게 정돈돼요. 나만의 손글씨 스타일을 유지하면서 자동으로 다듬어져 가독성을 높일 수 있습니다.

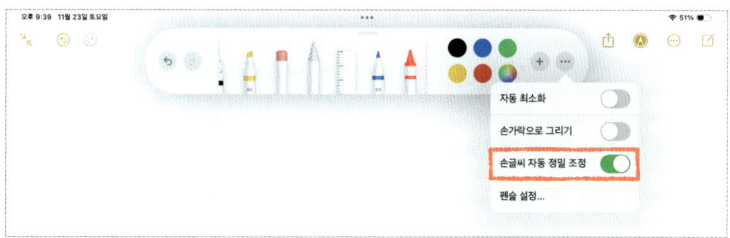

애플 펜슬로 손글씨를 써보세요. 마음에 안 든다면 단어 위에 펜슬로 지지직 줄을 긋고 잠시 멈춰 기다리면 손글씨를 지울 수 있어요.

맞춤법에 어긋난 글자는 해당 글자 아래에 파란 밑줄이 쳐져요. 탭하면 바르게 수
정할 수 있습니다.

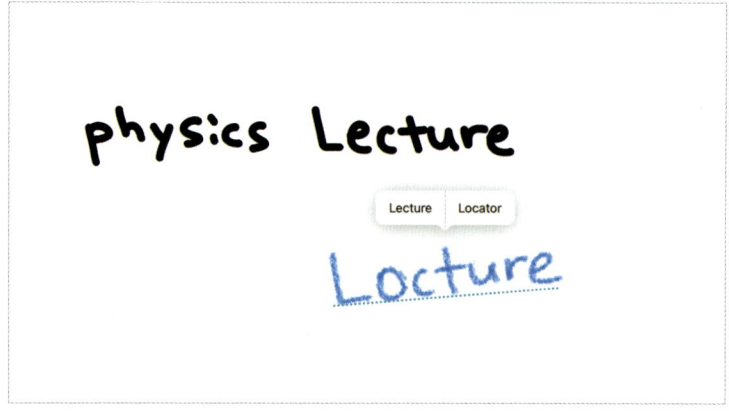

손글씨를 텍스트로 전환하기

01 ❶손글씨 도구 ✎를 탭하고 ❷글씨를 쓰면 손글씨가 텍스트로 전환되어 입력됩니다.

 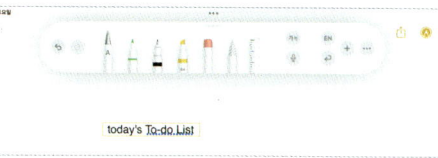

02 텍스트를 손글씨로 전환할 수도 있습니다. ❶영문인 경우 텍스트를 선택하고 ❷☺를 탭합니다. ❸[손글씨로 전환]을 탭하면 손글씨로 바뀝니다.

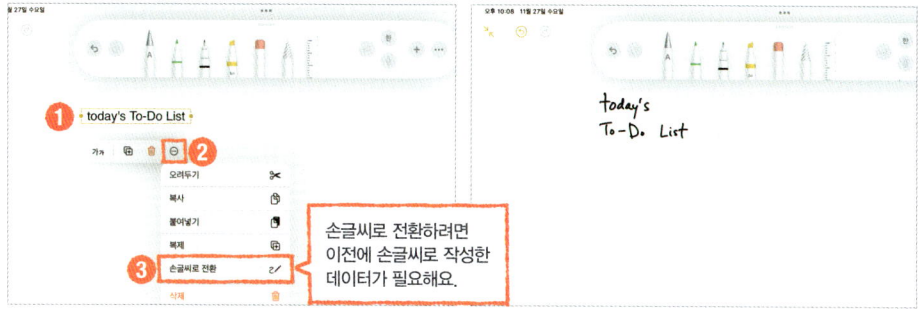

손글씨 선택하기

01 메모 상단의 Ⓐ를 탭합니다. ❶✎를 탭하고 ❷선택하려는 손글씨에 동그라미를 하면 손글씨를 선택할 수 있습니다.

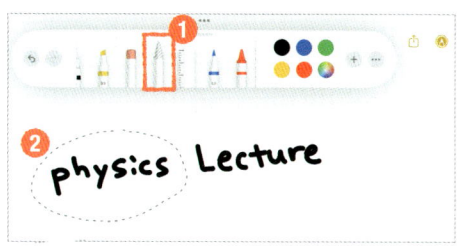 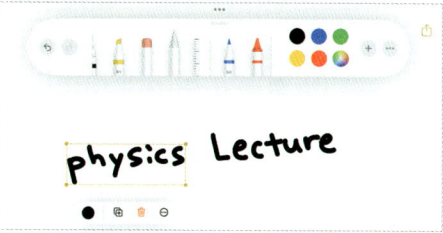

02 제스처를 사용하여 두 번 탭, 세 번 탭하거나 손글씨를 길게 탭해도 선택할 수 있습니다.

손글씨 선택한 후

선택된 손글씨를 탭하면 오려두기, 복사하기, 삭제, 텍스트로 복사, 일자로 펴기 등을 할 수 있어요.

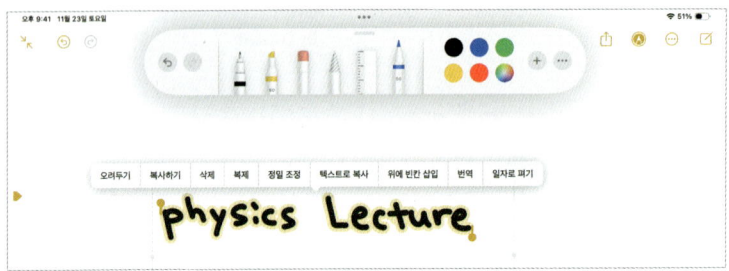

손글씨의 색상도 바꿀 수 있고, 드래그하여 원하는 위치로 이동할 수 있습니다.

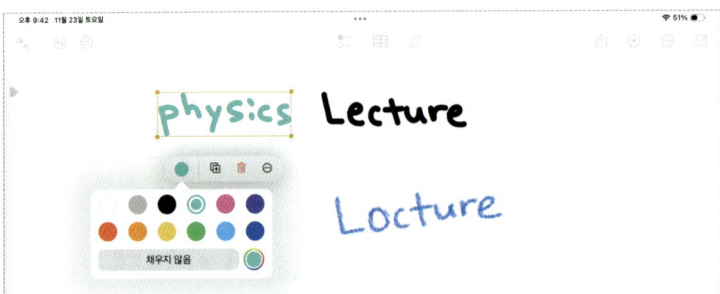

손글씨 활용하기

메모에 사진 넣고 손글씨 쓰기

스플릿 뷰 기능으로 메모 앱과 사진 앱을 나란히 열고, 사진 앱의 이미지를 드래그하여 메모에 바로 추가해보세요. 이미지의 위치와 크기를 변경하고 애플 펜슬로 메모를 작성하거나 스케치할 수 있습니다.

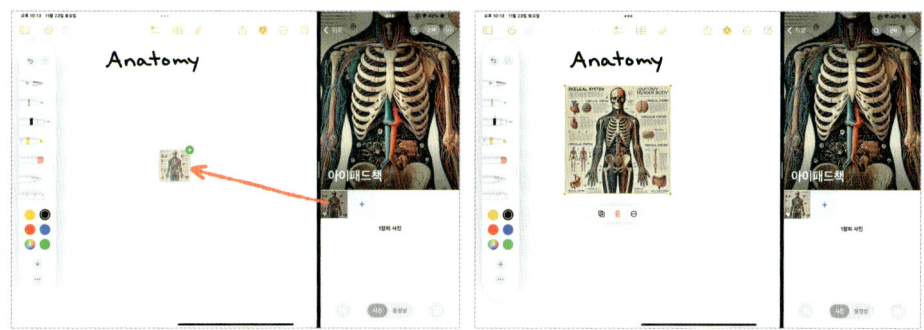

놓치면 손해! 아이패드 꿀팁

메모 앱은 텍스트 영역과 이미지 영역이 구분돼요. 텍스트 영역에 사진을 첨부하면 사진의 크기를 작게/크게만 선택할 수 있습니다. 하지만 마크업 도구를 사용하는 이미지 영역에 추가하는 사진은 크기를 자유롭게 조절할 수 있어요.

이미지의 피사체만 분리하여 메모에 추가하면 스티커 효과를 만들 수 있어요. 이미지의 피사체를 길게 탭하고 드래그하여 메모나 다른 문서에 첨부하면 됩니다. 효과적인 노트 필기를 위해 꼭 활용해보세요.

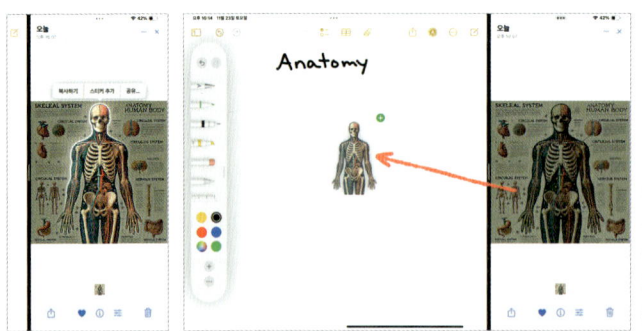 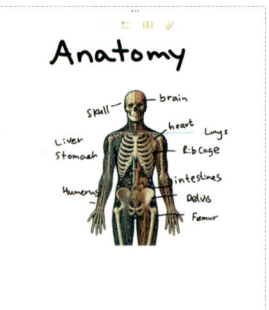

이미지의 피사체를 길게 탭하고 주위에 하얀 테두리가 나타날 때 손을 뗍니다. [스티커 추가]를 선택하면 해당 피사체를 스티커로 만들 수 있어요. 저장된 스티커를 길게 탭하고 다양한 효과를 추가해보세요.

PDF에 손글씨 필기하기

아이패드에서 PDF 파일을 열면 마크업 도구⒜를 사용하여 PDF 문서 위에 밑줄을 긋거나 하이라이트, 손글씨 메모를 할 수 있습니다.

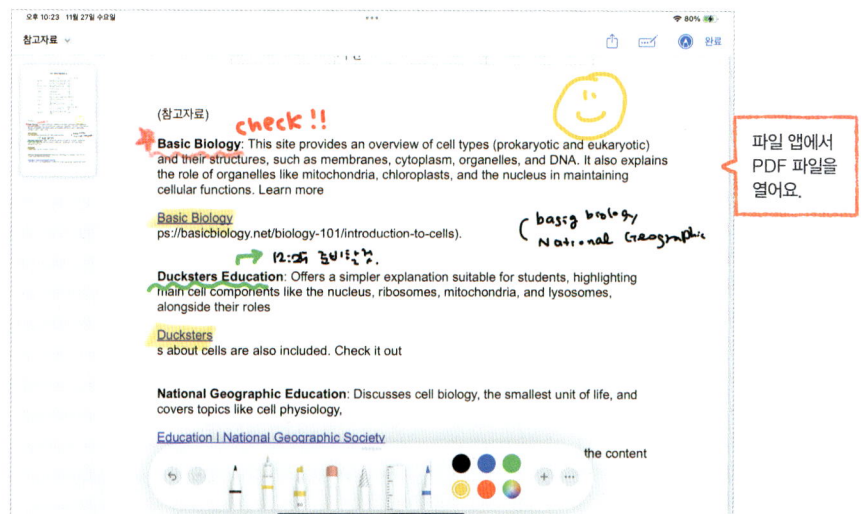

파일 앱에서
PDF 파일을
열어요.

사진에 손글씨 메모하기

사진 앱에서 사진을 열고 ⚙️를 탭한 다음 Ⓐ를 탭합니다. 마크업 도구를 사용하여 사진에 손글씨 메모를 작성할 수 있어요. ⊕를 탭하면 스티커, 텍스트, 도형 등을 추가할 수 있습니다.

쌤쌤티비의 스마트한 아이패드 활용 팁

이미지와 비디오의 텍스트를 자유롭게, 라이브 텍스트

아이패드는 사파리, 사진, 카메라, 훑어보기 등에서 이미지에 있는 텍스트를 인식할 수 있어요. 텍스트를 복사하여 자유롭게 사용할 수 있습니다.

설정 앱 🔧 에서 [일반]-[언어 및 지역]을 탭하고 [라이브 텍스트] 설정을 켭니다. 텍스트가 포함된 이미지의 오른쪽 하단에 🔳 를 탭하면 전체 텍스트가 선택됩니다.

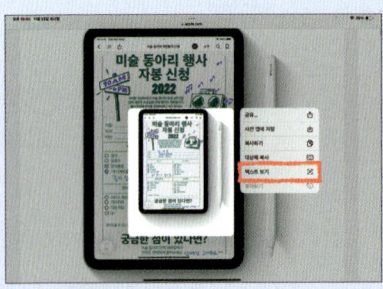
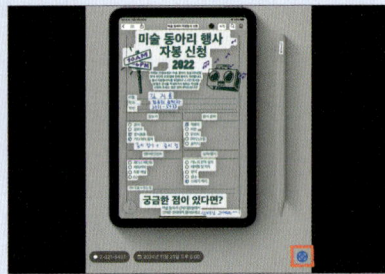
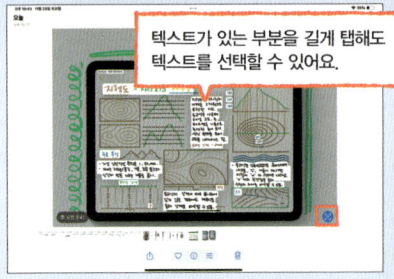

텍스트가 있는 부분을 길게 탭해도 텍스트를 선택할 수 있어요.

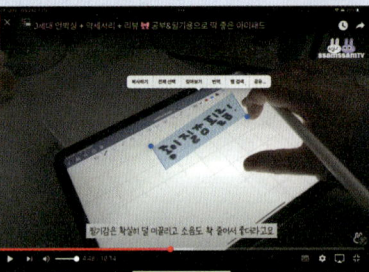

텍스트를 포함하는 비디오는 일시 정지한 뒤 🔳 를 탭하면 텍스트가 선택돼요. 선택한 텍스트를 길게 탭한 다음, 텍스트를 복사하여 필요한 곳에 붙여 넣어 메모를 작성하면 됩니다.

04 깔끔하고 효율적으로 메모 관리하기

메모는 폴더로 정리할 수 있고, 검색 기능이 있어 필요한 메모를 쉽게 찾을 수 있어요. PDF로 내보내기할 수 있어 공유가 편리하며, 이 기능으로 다른 사람과 공동 작업을 할 수 있습니다. 소중한 기록을 효과적으로 관리하는 방법을 하나씩 알아볼게요.

폴더 및 태그 관리

메모는 폴더와 태그 기능으로 메모를 주제별로 정리하고 검색할 수 있어요. 학기나 과목에 따라 폴더를 분류하고 과목별 수업 자료나 과제물, 스터디 자료를 태그로 정리하면 필요할 때 특정 주제나 과목에 대한 자료를 빠르게 찾을 수 있습니다. 다양한 주제의 폴더를 만들어 메모를 정리하고, 태그 지정으로 원하는 자료를 빠르게 찾아보세요.

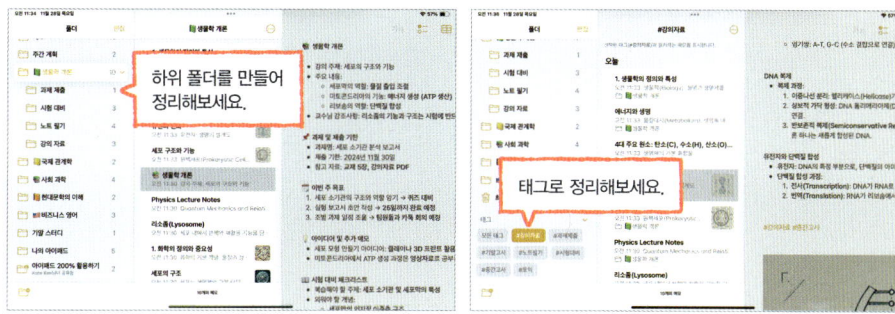

공유 및 협업 기능

메모는 공유 기능으로 실시간 공동 작업을 할 수 있어요. 팀원들이 각자 내용을 기록하거나 자료를 첨부하면 메모 내용이 실시간으로 업데이트되어 수정된 사항을 서로 확인할 수 있습니다. 효율적으로 협업할 수 있어 그룹 과제나 스터디 활동에 유용해요.

 쌤쌤티비의 스마트한 아이패드 활용 팁

자주 사용하거나 중요한 메모는 상단에 고정하면 빠르게 확인할 수 있어요. 중요한 일정 관련 메모나 할 일 목록 등을 고정해두면 필요할 때 쉽게 접근할 수 있습니다. 메모에서 ⊙를 탭한 뒤 [고정]을 탭합니다. 또는 사이드바 목록에서 고정할 메모를 오른쪽으로 쓸어 넘기거나 길게 탭해도 됩니다.

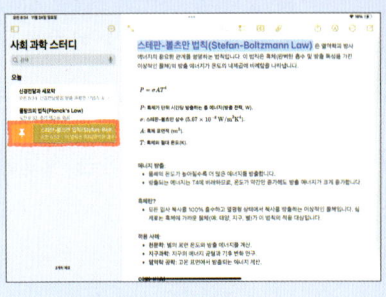 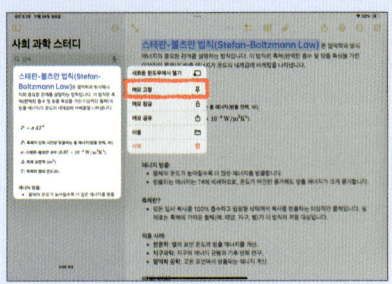

메모 상단의 ⬆️를 탭합니다. ❶ [복사본 보내기]를 탭하고 다시 [공동 작업]을 탭합니다. ❷ 공유하고 싶은 사람을 선택하면 됩니다.

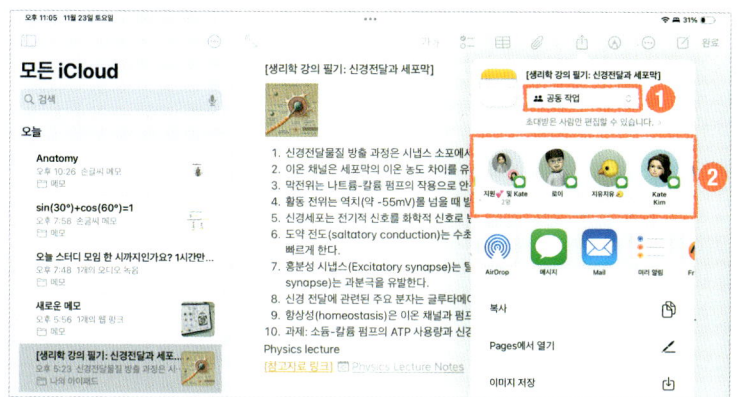

검색 기능

메모 앱☕️은 검색 기능을 지원해요. 기록해둔 모든 메모에서 텍스트는 물론 손글씨 메모, 이미지 속의 단어, 스캔 문서에 있는 텍스트, 첨부된 PDF 문서의 내용까지 모두 검색할 수 있습니다. 많은 메모 사이에서 필요한 정보를 빠르게 찾을 수 있어 자료 정리에 편리합니다.

메모 목록을 쓸어 내리면 상단에 검색 필드가 나타나요. 검색어를 입력하면 가장 연관성이 높은 항목이 상단에 표시됩니다.

메모 내에서 검색하려면 오른쪽 상단의 ❶😀를 탭하고 ❷[메모에서 찾기]를 탭합니다. 하단 검색 필드에 찾을 내용을 입력합니다. 이때 ❸🔍를 탭하면 검색 옵션을 선택할 수 있어요. ❹[첨부 파일 포함]을 선택하면 PDF 및 기타 첨부 파일을 포함하여 검색할 수 있습니다.

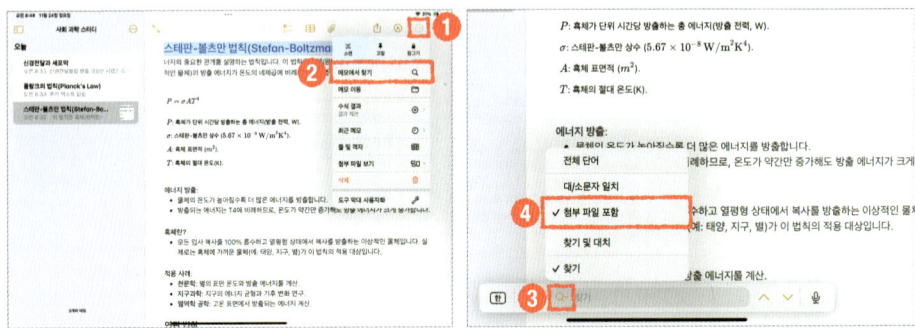

메모를 PDF로 내보내기

메모에서 ❶📤를 탭합니다. ❷❸[마크업]-[완료]-[다음 위치에 파일 저장]을 탭하면 메모를 PDF로 만들 수 있습니다.

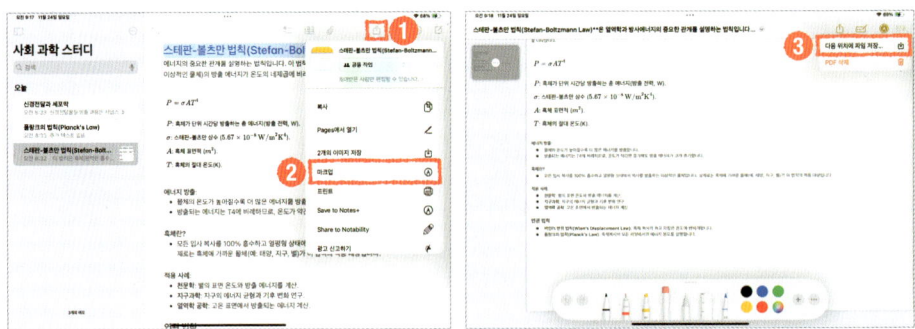

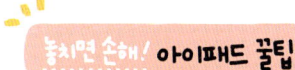

아이패드에 키보드를 연결해 사용하는 경우 Command 를 길게 누르면 메모 키보드 단축키를 확인할 수 있어요.

05 스터디에 필수! 노트 필기 앱

아이패드에서 스터디 플래너를 사용하면 일정 관리와 노트 필기를 한 번에 할 수 있어요. 수업 일정과 과제 제출일을 한눈에 볼 수 있게 적어두거나 학습 목표 달성 현황을 기록할 수 있어요. 애플 펜슬로 다양한 스터디 플래너 템플릿에 손쉽게 필기하고 필요한 자료를 첨부할 수도 있답니다. 아이패드와 함께 사용하면 효율성이 두 배나 되는 스터디 플래너 노트 필기 앱을 소개할게요.

굿노트 6

굿노트(Goodnotes)는 아이패드 사용자에게 가장 인기 높은 노트 필기 앱이에요. 노트북 스타일로 정리할 수 있어 강의 노트나 플래너를 만들기에 좋아요. 또, 사용자가 많아 PDF 속지 등 다양한 템플릿이 제공되는 점이 큰 장점입니다. 손글씨 인식과 PDF 주석 기능이 뛰어나고 다이어그램 그리기, 오디오 녹음 등 다양한 기능을 제공해요.

굿노트 5까지는 한 번 구매하면 영구적으로 사용할 수 있었어요. 하지만 굿노트 6는 연간 구독과 일회성 결제로 전환되었고 가격도 대폭 인상되었어요. 무료 버전으로 사용할 경우 노트 개수가 세 개로 제한되며 불러올 수 있는 최대 파일 크기는 5Mb, 오디오 녹음 길이는 20분으로 제한이 있어요.

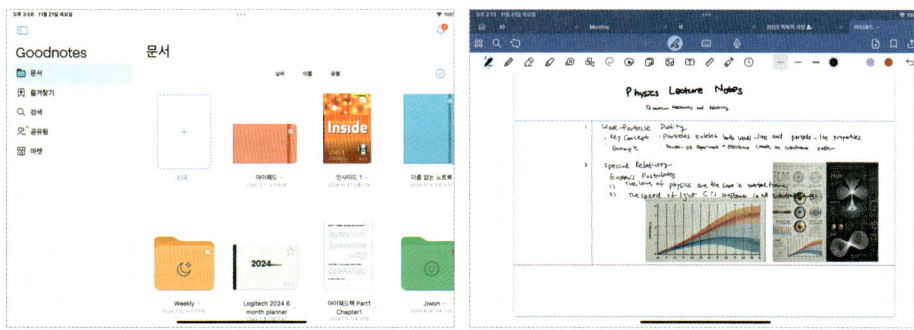

새로운 노트 만들기

굿노트 앱 을 열고 [신규]를 탭하면 노트북, 스터디 세트, 폴더 등을 만들 수 있어요.

❶[노트북]을 탭하고 ❷[표지]와 [종이]를 각각 탭하여 마음에 드는 템플릿을 선택합니다. 그런 다음 ❸[생성]을 탭하면 새로운 노트북이 생성됩니다.

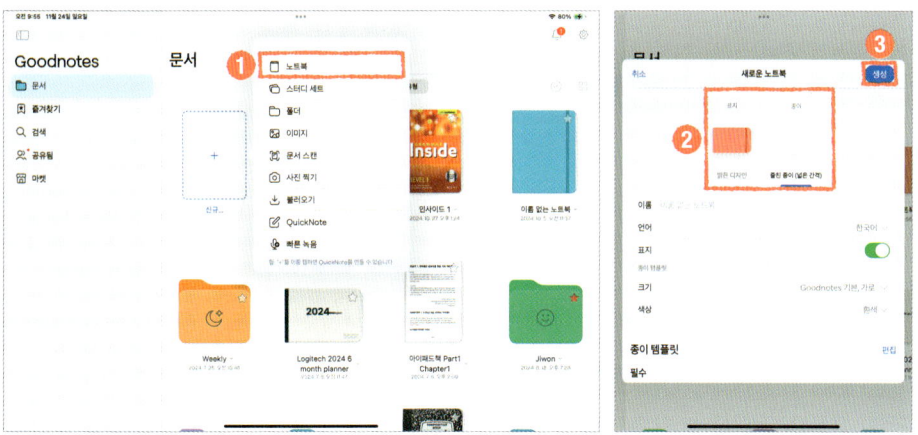

노트 화면을 왼쪽으로 천천히 쓸어 넘기면 '당겨서 페이지 추가하기' 메시지가 나타나요. 파란색 원이 채워질 때까지 당겼다 놓으면 페이지를 추가할 수 있어요.

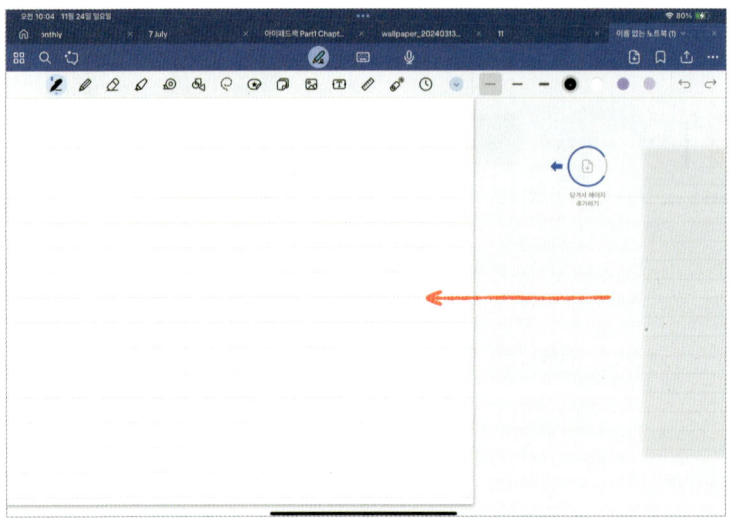

오른쪽 상단 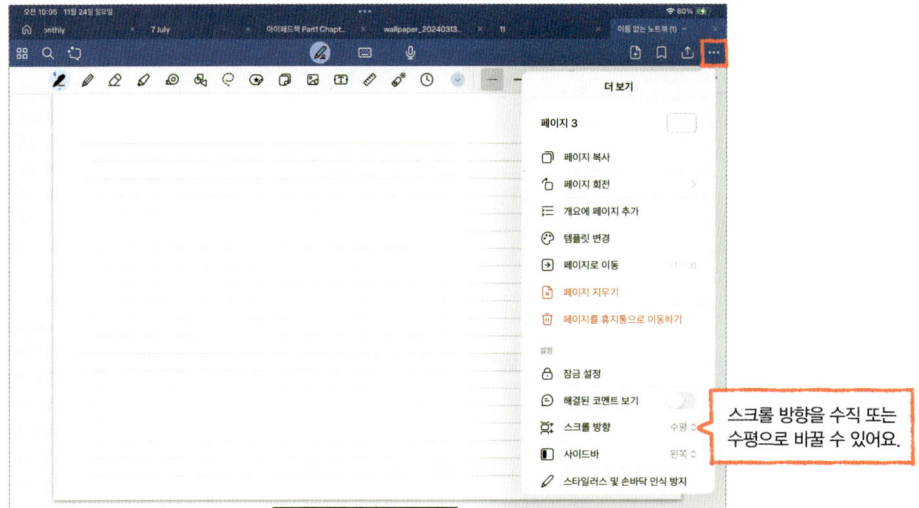를 탭하면 페이지 복사, 템플릿 변경, 페이지 지우기 등을 할 수 있습니다.

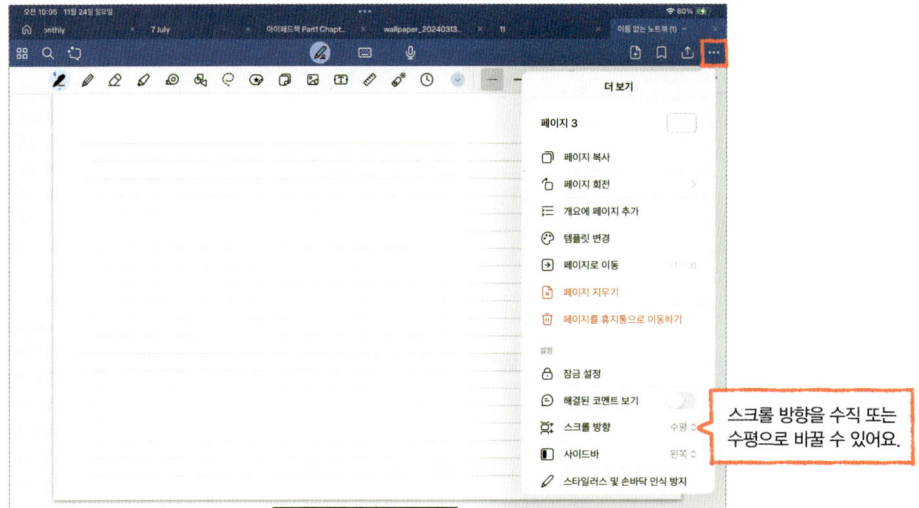

PDF 불러오기

왼쪽 상단 홈 아이콘을 탭하여 문서 목록으로 나옵니다. [신규]를 탭하고 [불러오기]를 탭하면 이미지, PDF 문서 등을 불러올 수 있습니다.

또는 ❶ 파일 앱 📁에서 PDF 파일을 열고 ❷ ⬆️를 탭합니다. ❸ [Goodnotes에서 열기]를 탭한 후 ❹ [새로운 문서로 불러오기]를 탭하면 PDF 문서를 굿노트로 열 수 있습니다.

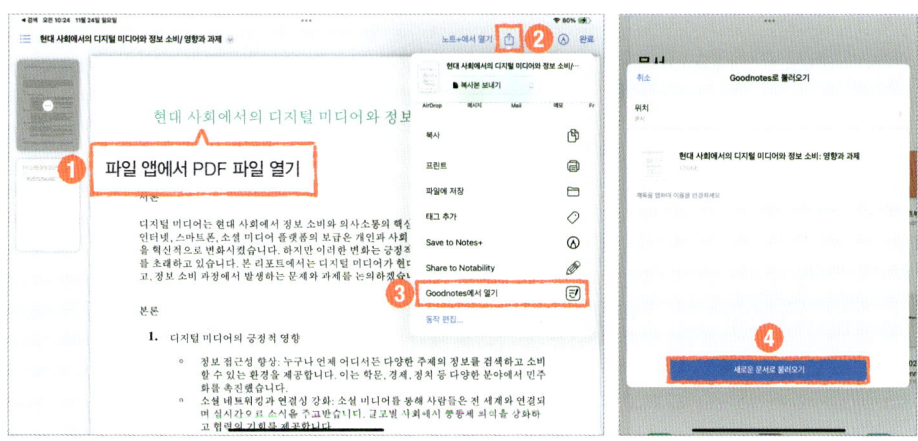

굿노트에서 불러온 PDF 문서에 다양한 펜 툴을 사용하여 필기해보세요. 손글씨와 텍스트 모두 입력할 수 있고, 손글씨를 텍스트로 자동 전환할 수 있습니다. 주석 달기, 음성 녹음 자동 전사, 테이프 기능을 사용하여 노트 정리와 암기 공부를 효과적으로 해보세요.

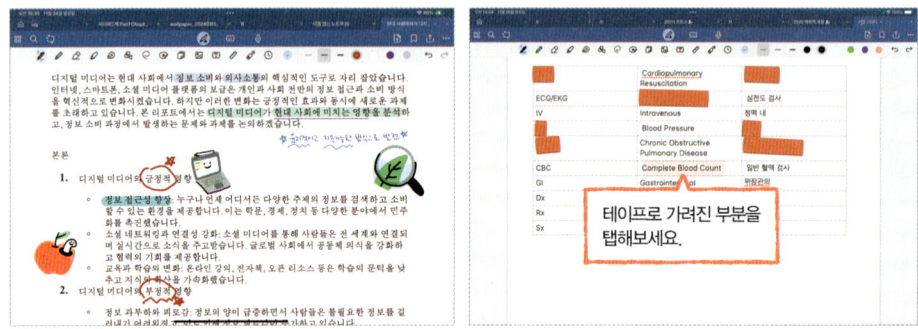

굿노트 서식 만들기

굿노트 서식은 마음에 드는 구성으로 직접 만들어 쓰는 것이 제일 좋아요. 만드는 방법도 어렵지 않고, 한 번 알아두면 여러 가지 서식을 무한으로 만들 수 있어요. 간단한 표 만들기만 할 줄 알면 됩니다.

애플의 키노트 앱🔧과 애플 펜슬을 활용해 굿노트 주간 템플릿을 만들어보겠습니다. 먼저 키노트 앱🔧을 열고 시작합니다.

01 [테마 선택]을 탭한 후 [기본 흰색]을 선택합니다.

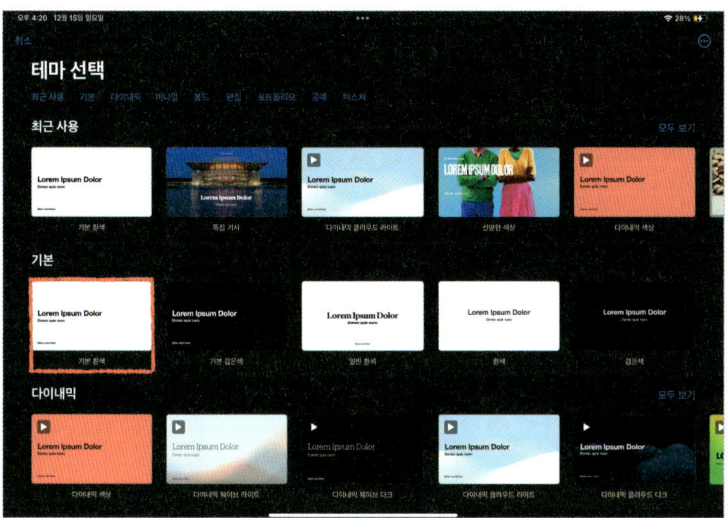

02 새로 만들어진 프레젠테이션의 텍스트 박스는 모두 삭제합니다.

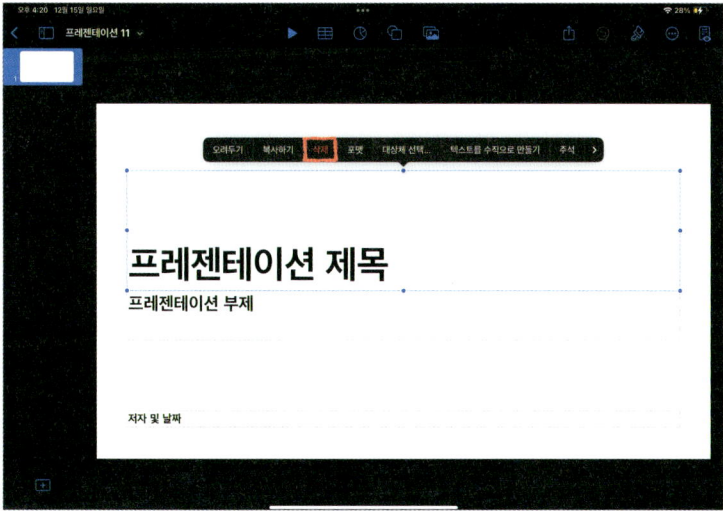

03 ❶프레젠테이션 이름을 탭하고 ❷[프레젠테이션 옵션]−[프레젠테이션 설정]
을 탭합니다.

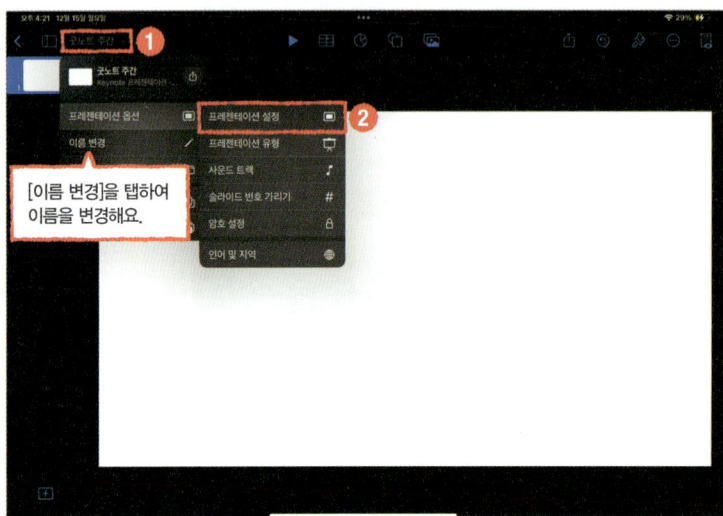

04 ❶[슬라이드 크기]를 탭합니다. ❷[16:9]와 [4:3] 중에서 원하는 비율을 선택
하고 ❸[완료]를 탭합니다.

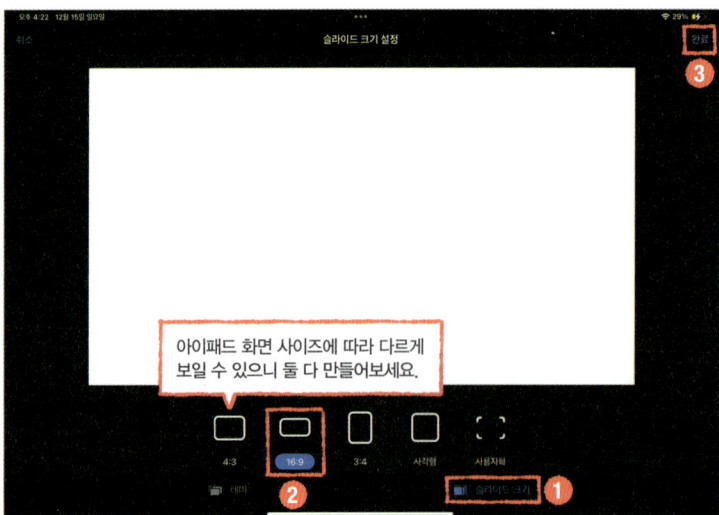

05 도구 막대에서 ⊞를 탭하고 원하는 스타일의 표를 선택합니다.

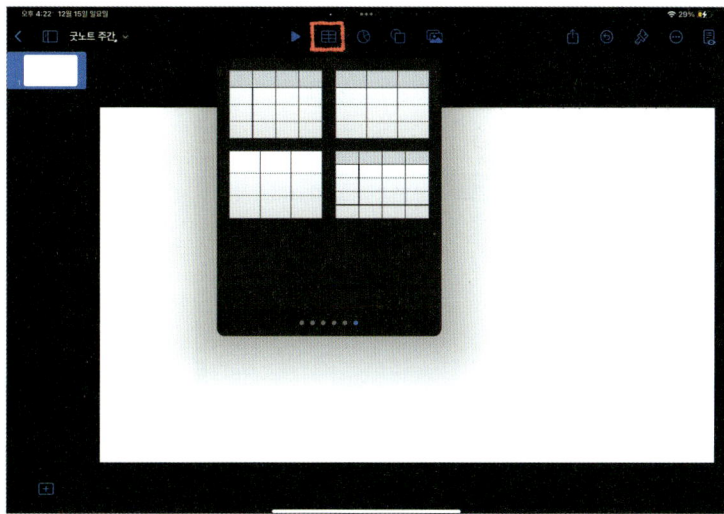

06 행과 열의 끝에 있는 ⊜, ⑪를 탭하고 숫자를 조절하면 행과 열을 추가 및 삭제할 수 있습니다. 주간 서식이므로 2행 7열의 표를 만듭니다.

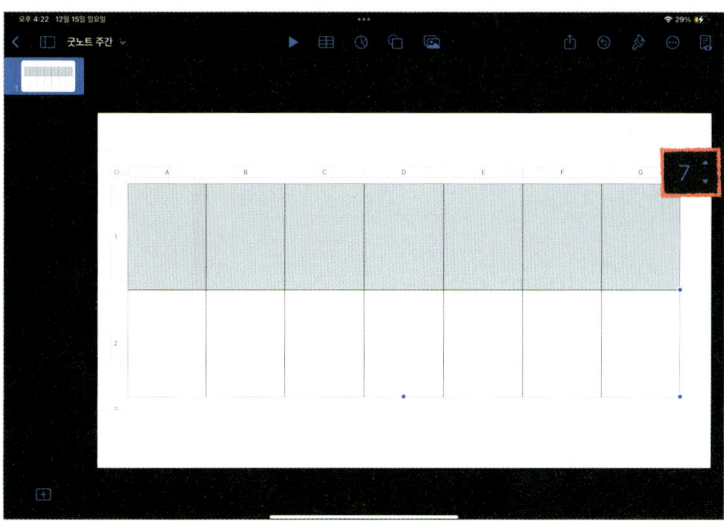

07 1행 머리글을 탭하고 드래그해 높이를 조절합니다.

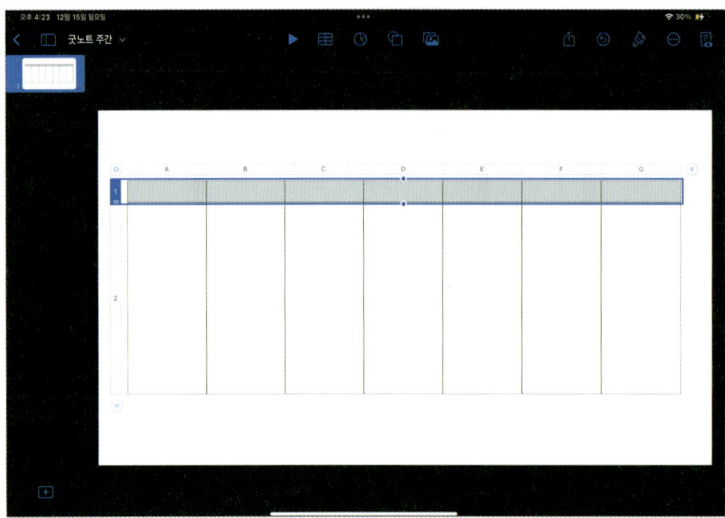

08 ❶◎를 탭하고 ❷파란색 점을 드래그해 페이지에 맞게 표 크기를 조절합니다. ◎를 탭하고 드래그해 표를 원하는 위치로 이동합니다.

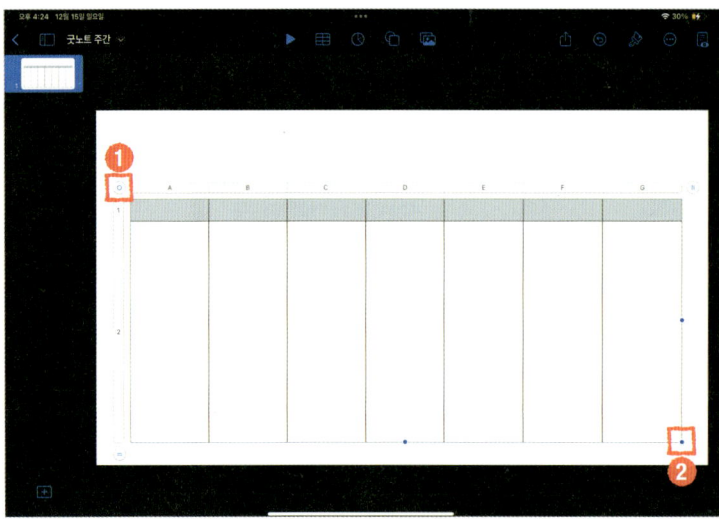

09 셀의 색상을 변경하고 싶다면 ❶ 셀을 선택하고 ❷ ⬧를 탭합니다. ❸[셀]을 탭하고 ❹[셀 채우기]를 탭해 원하는 색상을 선택합니다.

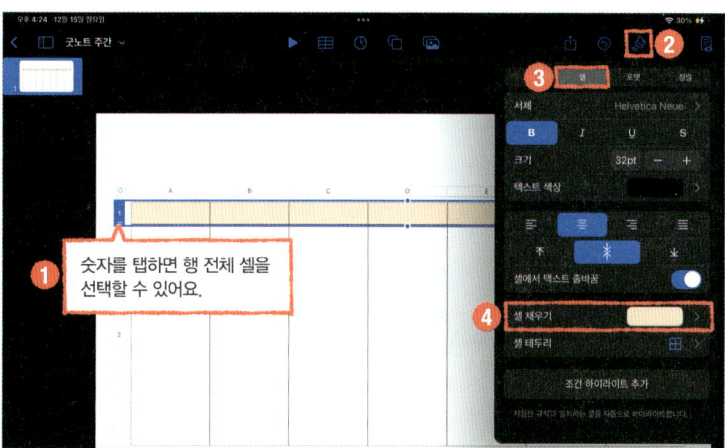

10 셀을 두 번 탭하면 텍스트를 입력할 수 있고, 애플 펜슬로 화면을 탭하면 손 글씨를 쓸 수 있습니다. 원하는 펜을 선택하고 손글씨로 요일을 적습니다. 마크업 을 마쳤다면 왼쪽 상단의 [완료]를 탭합니다.

11 ❶도구 막대의 🖼를 탭하고 ❷[사진 또는 비디오]를 탭합니다. 원하는 사진을 탭하면 슬라이드에 추가됩니다.

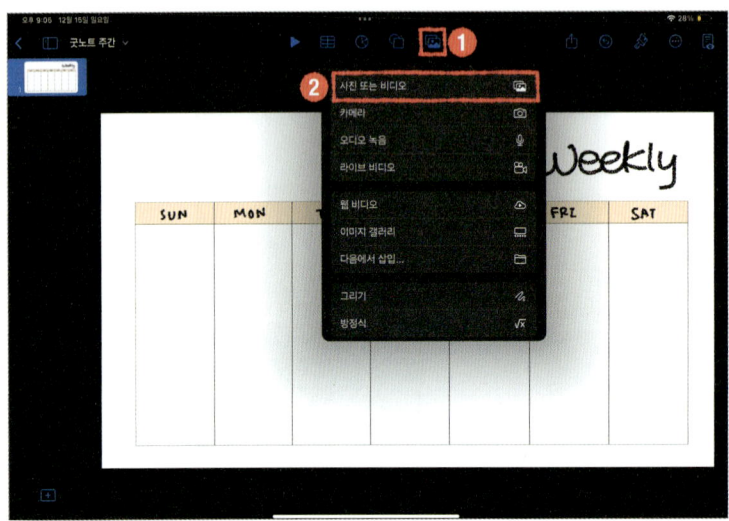

12 추가한 이미지를 길게 탭하고 팝업 메뉴에서 [배경 제거]를 탭합니다. 이미지의 배경을 제거해 스티커처럼 쓸 수 있습니다.

13 만들기를 마쳤다면 ❶⬆️를 탭하고 ❷[내보내기 및 보내기]–[PDF]–[내보내기를 탭합니다. ❸[Goodnotes에서 열기]를 탭하면 굿노트 앱으로 바로 열 수 있습니다.

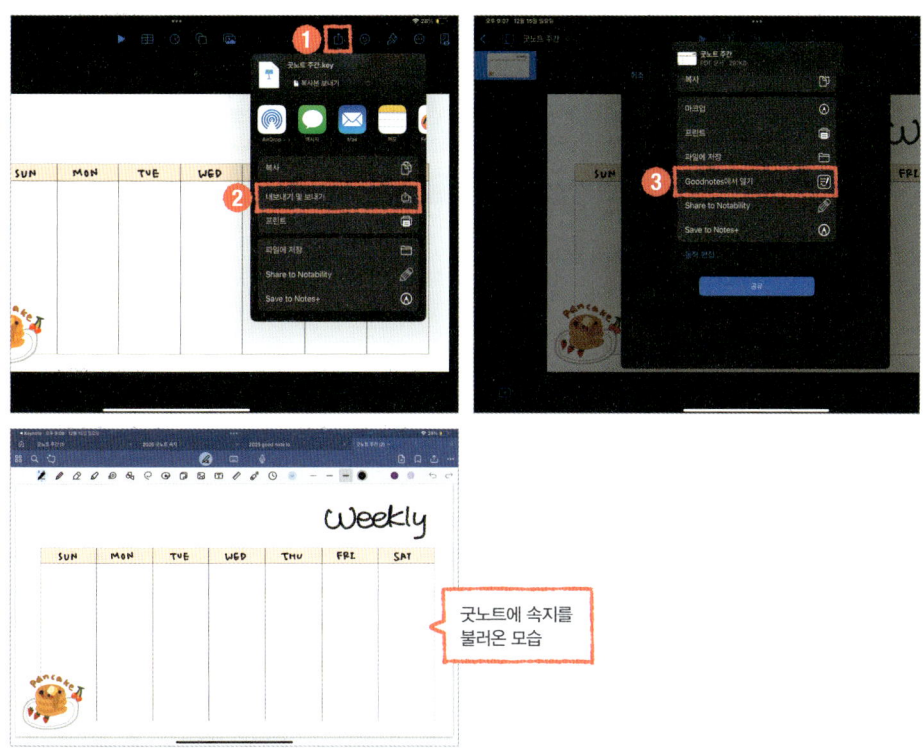

굿노트에 속지를 불러온 모습

스티커는 굿노트에서 뗐다가 붙였다가 할 수 있으니 키노트에서는 최소한의 이미지만 추가하는 것이 좋아요. 핀터레스트에서 bullet journal, goodnotes를 검색하여 다른 사람들이 만든 다양한 다꾸(다이어리 꾸미기) 서식을 참고해 나만의 템플릿을 만들어보세요. 계획하고 기록하면 나만의 시간을 200% 활용하는 학교생활을 즐길 수 있어요. 개성이 담긴 템플릿을 직접 다양하게 만들어보세요.

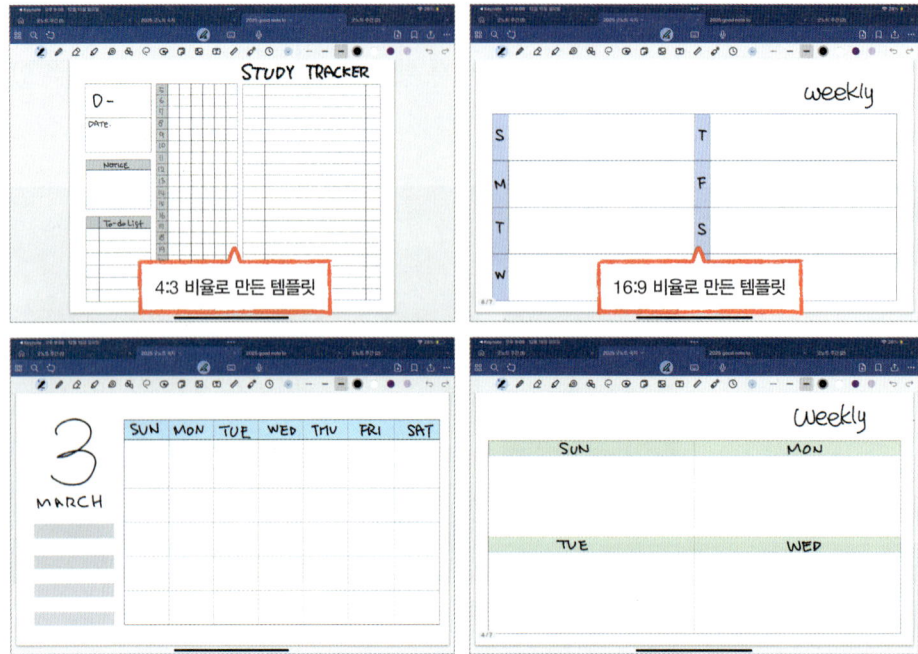

노타빌리티

노타빌리티(Notability)는 여러 노트 필기 앱에 오디오 녹음이 없던 시기에도 이 앱은 녹음을 할 수 있어 학습용으로 인기가 높았어요. 수업 중에 중요한 부분을 오디오 녹음으로 기록할 수 있어요. 녹음된 음성과 메모 내용이 동기화되어 특정 필기 내용을 탭하면 해당 시점의 녹음을 재생할 수 있어요. 심플한 화면 구성으로 빠르게 메모할 때 유리하고 손글씨 쓰기, PDF 주석 달기, 사용자 지정 템플릿 만들기 등 다양한 작업을 할 수 있습니다. 제한된 기능으로 무료 버전을 사용할 수 있고, 비용을 지불하면 더 많은 기능을 사용할 수 있어요.

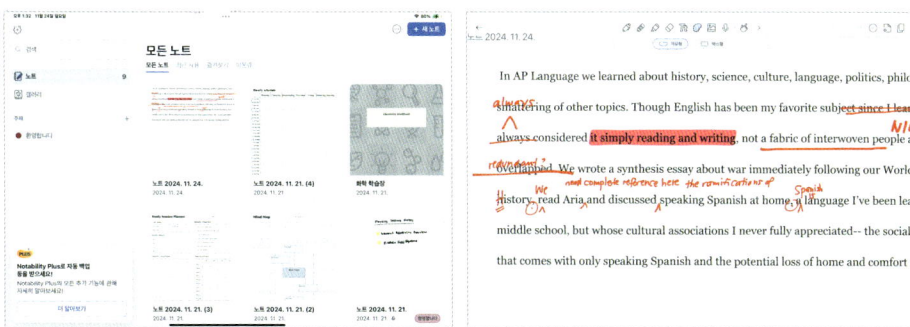

콜라노트

콜라노트(CollaNote)는 노트 개수와 페이지 수에 제한 없이 50개 이상의 종이와 템플릿을 사용할 수 있어요. 다섯 종류의 펜과 브러시가 무료로 제공되며 PDF 주석 기능, 공유 협업 기능 등 기본적인 노트 기능을 갖추고 있습니다. 노트 외에도 플래시 카드와 플래너 템플릿을 제공하는 것이 특징이며, 유료로 업그레이드하면 25가지의 펜과 브러시를 추가하여 쓸 수 있어요. 오디오 녹음 기능, 노트 잠금 기능 등을 사용할 수도 있습니다. 무료 버전으로도 충분히 이용할 수 있으니 먼저 시작해보세요.

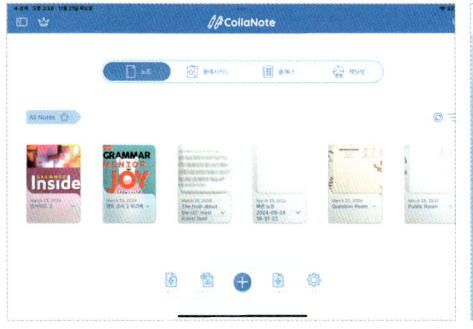

플렉슬

플렉슬(Flexcil)은 문서를 두 페이지로 모아 보기할 수 있는 것이 특징인 노트 앱이에요. 손글씨 필기, PDF 주석 기능, 다이어그램 및 그래프 그리기 등 기본적인 노트 필기 기능을 제공하여 학습 자료를 정리할 수 있습니다. 아이클라우드 동기화는 지원하지 않아, 여러 기기에서 사용하려면 다른 웹하드를 통해 공유하여 사용해야 합니다.

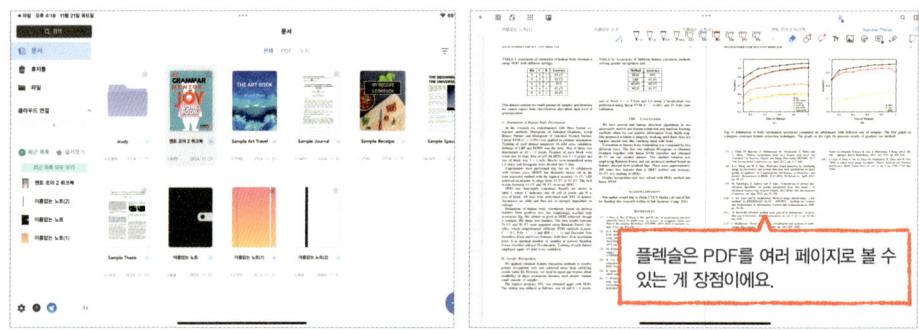

플렉슬은 PDF를 여러 페이지로 볼 수 있는 게 장점이에요.

노트+(Note Plus)

노트 플러스(Note Plus)는 무료 앱이에요. 펜 종류도 다양하고 여러 가지 멀티태스킹 기능이 뛰어난 앱이에요. 기본적인 노트 기능은 물론, 화면을 분할하여 다양한 참고 자료를 열어두고 필기할 수 있는 것이 특징이에요. ChatGPT, 구글, 네이버

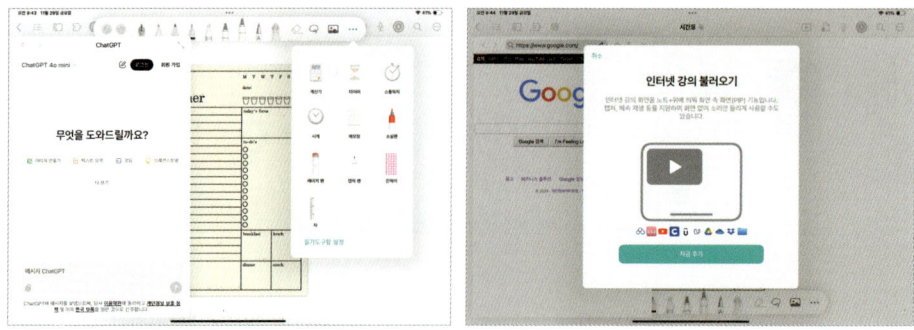

등과 수업 자료와 관련 문서를 화면에 함께 배치해 필기해보세요. 또, 인터넷 강의를 불러와 화면 속 화면(PIP)으로 강의를 시청하면서 필기해보세요.

다양한 서식과 템플릿을 제공하며 오디오 녹음, 손글씨를 텍스트로 변환, 이중 문서 보기, 타이머, 스톱워치, 소실 펜, 빈칸 펜 등 학습에 유용한 다양한 기능을 모두 무료로 사용할 수 있습니다.

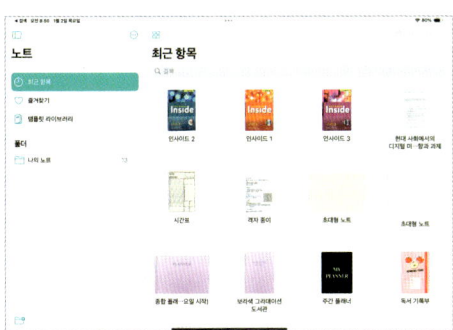
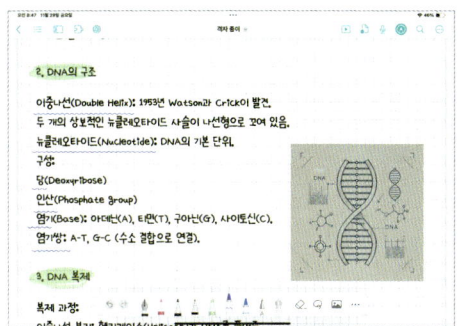

자유 노트

자유 노트는 무료 노트 필기 앱으로 애플의 직관적인 인터페이스와 유사해서 보다 손쉽게 사용할 수 있어요. 기본적인 노트 필기 기능을 제공하며 다양한 템플릿과 스티커를 사용할 수 있어요. 아이클라우드 동기화를 지원해 여러 애플 기기에서도 무리 없이 사용할 수 있어 편리합니다.

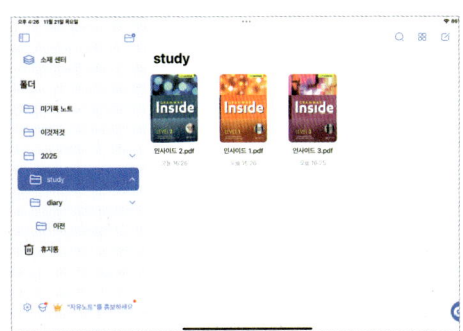

06 카메라로 문서 스캔하여 바로 PDF 만들기

교재나 수업 자료를 스캔하여 PDF 문서로 만들면 이동이 편리하고 분실할 걱정이 없어요. 마크업 도구를 활용하면 PDF 문서 위에 손글씨 메모를 작성하거나 주석을 다는 것도 쉽게 할 수 있습니다. 아이패드 카메라는 문서 스캔 기능을 지원하여 바로 스캔할 수 있어요. 아이폰에서는 메모 앱의 문서 스캔 기능을 통해 PDF 문서를 만들 수 있습니다. 두 가지 방법을 모두 알아볼게요.

메모 앱에서 문서 스캔하기

메모 앱📒에서 📎를 탭하고 [문서 스캔]을 탭합니다. 아이패드 화면에 문서가 보이도록 두면 아이패드가 자동으로 문서를 스캔합니다.

수동으로 스캔하려면 [수동]을
탭한 후 촬영 버튼을 탭해요.

연속으로 문서를 스캔한 다음, [저장]을 탭하면 스캔 문서가 메모에 등록됩니다.

문서 제목의 ❶ ⌄를 탭합니다. ❷[파일 앱에 저장]을 탭하고, ❸ 위치를 지정한 뒤 [저장]을 탭하면 PDF로 저장됩니다.

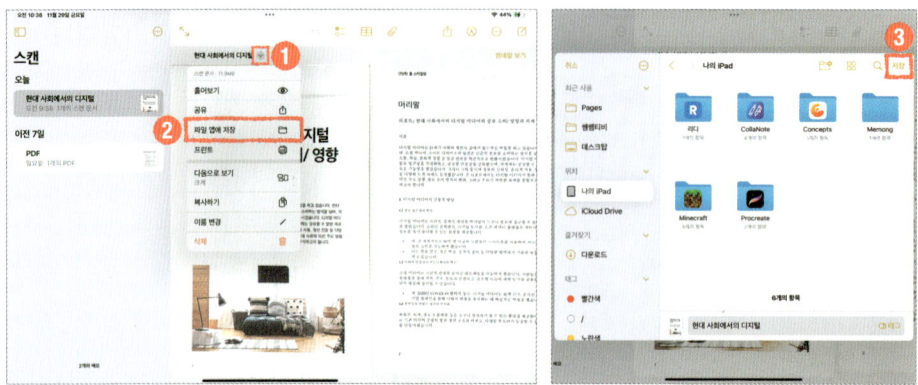

아이폰에서 메모 앱 문서 스캔 기능을 사용해 PDF를 만들면 스캔 촬영을 가볍고 쉽게 할 수 있어요. 아이클라우드 연동으로 아이패드에서 PDF를 열면 애플 펜슬로 마크업할 수 있습니다.

아이패드 카메라로 스캔하기

아이패드의 카메라 앱 📷을 열고 카메라 프레임에 문서가 표시되도록 위치를 맞춥

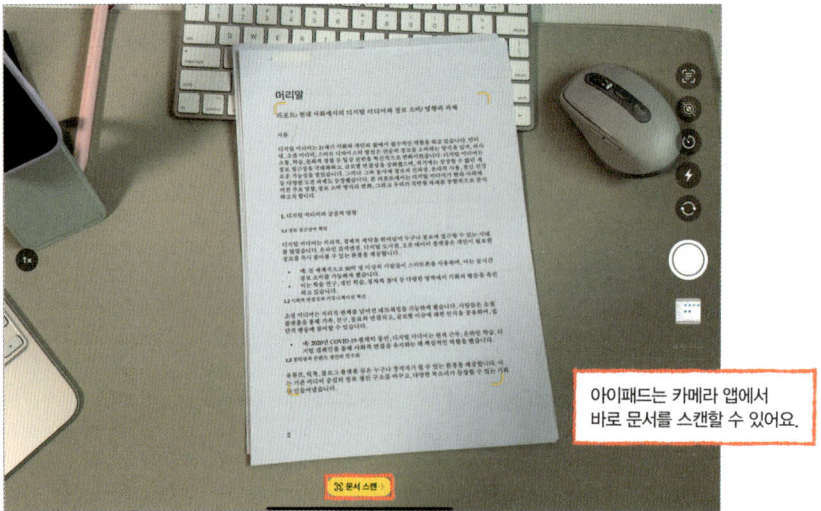

아이패드는 카메라 앱에서
바로 문서를 스캔할 수 있어요.

니다. 화면 하단의 [문서 스캔]을 탭하면 아이패드가 자동으로 문서를 스캔합니다. 원하는 페이지를 모두 스캔한 후 [저장]을 탭합니다. 왼쪽 상단의 [완료]−[파일 앱에 저장]을 탭하고 위치를 지정한 뒤 [저장]을 탭합니다. PDF 문서가 만들어집니다.

놓치면 손해! 아이패드 꿀팁

문서의 텍스트만 가져오고 싶다면 메모 앱의 텍스트 스캔 기능을 사용해보세요. 메모 앱 🗒️에서 📎를 탭하고 [텍스트 스캔]을 탭합니다. 카메라 프레임 안의 텍스트를 선택하고 [삽입]을 탭하면 메모에 텍스트가 입력됩니다.
사진을 촬영하고 라이브 텍스트 기능으로 텍스트를 불러올 필요 없이, 한 번에 텍스트를 입력할 수 있어 편리합니다.

07 한눈에 보이는 일정 관리, 간트 차트

간트 차트(Gantt chart)는 프로젝트의 일정과 진행 상황을 한눈에 볼 수 있는 막대형 차트예요. 복잡한 프로젝트를 관리하는 데 유용한 도구입니다. 각 작업의 시작과 끝나는 시간을 시간 순서대로 보여줘, 이를 통해 필요한 시간 계획과 업무 진행 상황을 쉽게 관리할 수 있어요. 작업 간의 관계와 종속성도 표시할 수 있어 진행 상황을 모니터링하는 데 필수적입니다. 팀원들은 프로젝트의 각 단계가 언제 시작되고 끝나는지를 직관적으로 알 수 있으니 공동 작업에도 아주 유용합니다.

표와 차트를 만들 수 있는 아이패드 넘버스 앱에서 간트 차트를 만들어보세요.

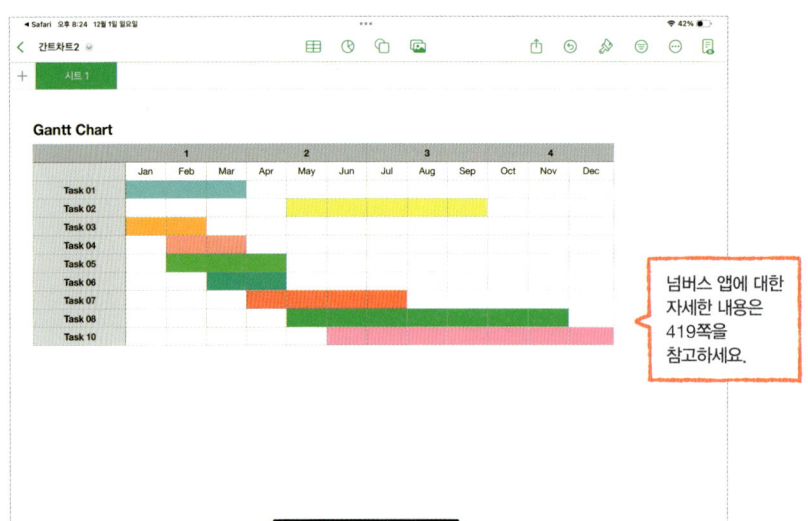

넘버스 앱에 대한 자세한 내용은 419쪽을 참고하세요.

마이맵

마이맵은 일정이나 할 일을 시각적으로 관리할 수 있는 앱이에요. 깔끔하고 직관적인 화면으로 쉽게 일정을 추가하고 수정할 수 있습니다. 달력에 디데이를 설정하고 목적 달성을 위한 로드맵 설정을 통해 효율적으로 관리해보세요. 학업 관리를 보다 체계적으로 수행할 수 있습니다.

08 공부의 집중력을 높여주는 타이머

타이머를 사용하면 공부 시간에 집중력을 높일 수 있고 일상에서도 효율적인 시간 관리를 할 수 있어요. 아이패드로 공부할 때 외부 알림을 차단하는 집중 모드와 함께 사용하면 좋은 앱을 소개할게요. PART 03의 **04 방해는 NO! 몰입을 도와주는 집중 모드**를 참고합니다.

시계 앱

아이패드의 시계 앱을 사용해보세요. 스톱워치를 켜두고 공부 시간을 기록해보세요. 쉬는 시간은 타이머로 맞춰두면 알람 소리와 함께 다시 공부를 시작할 수 있습니다.

스톱워치

시계 앱을 열고 상단의 [스톱워치]를 탭합니다. [시작]을 탭하면 바로 스톱워치가 시작돼요. 화면의 [랩]을 탭하면 랩 또는 스플릿 타임을 기록할 수 있고, [재설정]을 탭하면 기록이 모두 지워집니다. 공부를 시작하고 집중이 흐트러질 때 [랩]을 탭하여 집중 시간을 체크해보세요.

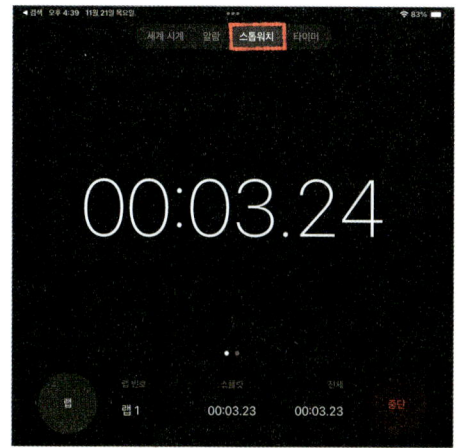
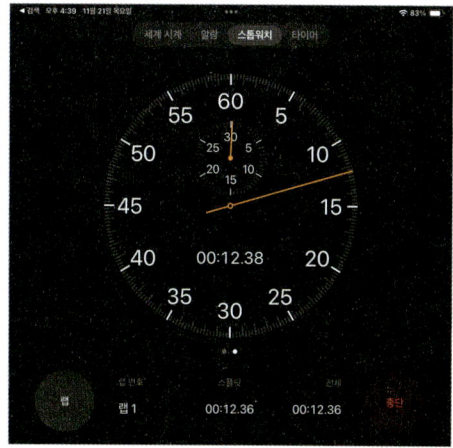

세로 화면에서는 스톱워치를 왼쪽으로 쓸어 넘기면 아날로그 시계를 볼 수 있습니다.

타이머

[타이머]를 탭하고 시간을 설정합니다. 옵션을 선택하고 [시작]을 탭하면 타이머가 카운트다운됩니다. [레이블]을 탭하면 타이머 이름을 지정할 수 있고, [타이머 종료 시]를 탭하면 사운드를 선택할 수 있어요. 오른쪽 상단의 +를 탭하면 타이머를 추가할 수 있어요. 25분, 5분 타이머를 만들면 포모도로 타이머로 활용할 수 있습니다.

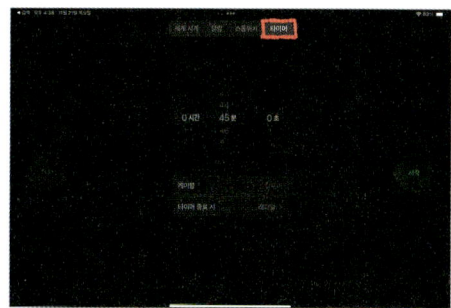

다른 앱을 열거나 화면을 꺼두어도 스톱워치와 타이머는 시간을 계속 측정합니다.

타임 타이머

타임 타이머(Time Timer)는 시간을 시각적으로 보여주는 타이머 앱이에요. 60분 내에서 원하는 시간을 설정해두면 시간이 줄어드는 것을 시각적으로 볼 수 있어 집중력을 높일 수 있습니다.

시계의 색상을 원하는 컬러로 설정할 수 있고, 알람 사운드도 변경할 수 있어요. 일정 시간 동안 특정 작업에 집중해야 할 때 디지털 타이머를 활용해보세요.

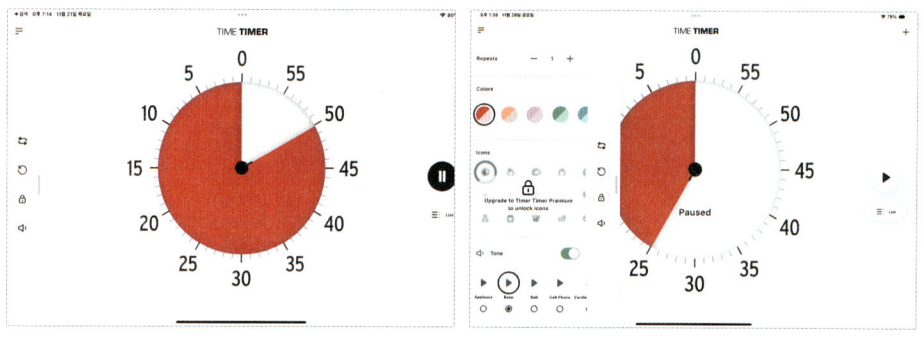

젠 플립 클락

젠 플립 클락(Zen Flip Clock)은 깔끔한 다지인으로 데스크테리어를 완성해주는 시계 앱이에요. 초 단위로 한 장씩 넘어가는 플립 형식의 시계 화면으로 공부할 때 아이패드 화면으로 켜두기 좋아요. 현재 시간 보기, 스톱워치, 포모도로 등 세 가지의 시계 화면으로 사용할 수 있습니다.

화면을 탭하면 나타나는 설정 화면에서 [시계], [포모도로], [스톱워치]를 각각 탭하여 시계 디자인, 숫자 스타일, 플립 애니메이션, 음소거 등의 설정을 변경해보세요.

현재 시간을 알려주는 시계 화면을 기점으로 오른쪽으로 쓸어 넘기면 스톱워치, 왼쪽으로 쓸어 넘기면 포모도로 화면을 볼 수 있습니다.

포모캣

포모캣(Pomocat)은 집중하는 고양이 캐릭터와 함께 공부하고 휴식하는, 심플하고 귀여운 타이머 앱이에요. 집중력과 생산성을 극대화하는 화이트 노이즈가 추가된 포모도로 타이머 앱입니다.

집중하는 고양이와 휴식하는 고양이 중 원하는 애니메이션을 고를 수 있어요.

화면 하단의 달력 아이콘을 탭하면 집중 시간과 집중 횟수 등 집중력 리포트를 볼 수 있어요. 달력에는 타이머를 사용한 날마다 고양이 스탬프가 찍혀 성취감을 높일 수 있답니다.

화면 하단의 사람 아이콘을 탭하면 백색소음, 휴식 소리, 알림, 집중 애니메이션,
휴식 애니메이션을 설정할 수 있습니다.

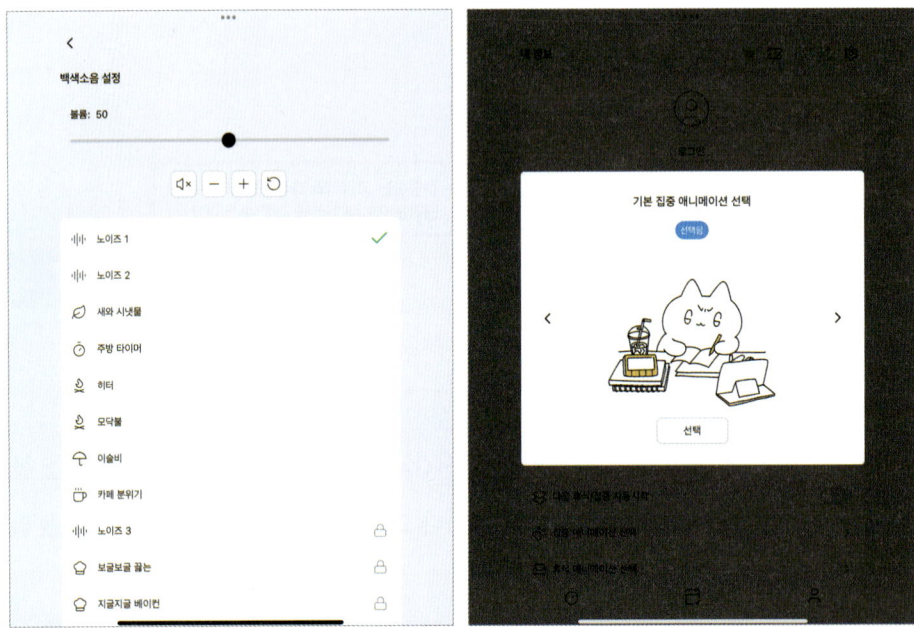

기분 전환이 필요할 때 포모캣 타이머를 켜고 바짝 집중하여 공부해보세요.

09 생각 정리는 여기서, 프리폼 앱

프리폼(Freeform)은 무한히 늘어나는 끝없는 캔버스에 여러 가지 콘텐츠를 담을 수 있는 화이트보드예요. 사진, 그림, 링크, 파일 등 다양한 콘텐츠를 한곳에 모아둘 수 있어요. 개념 스케치, 아이디어 스케치 등 머릿속의 생각을 비주얼로 표현하는 데 유용합니다.

프리폼에 떠오르는 아이디어를 마구마구 적어보세요. 이미지도 활용해봐요.

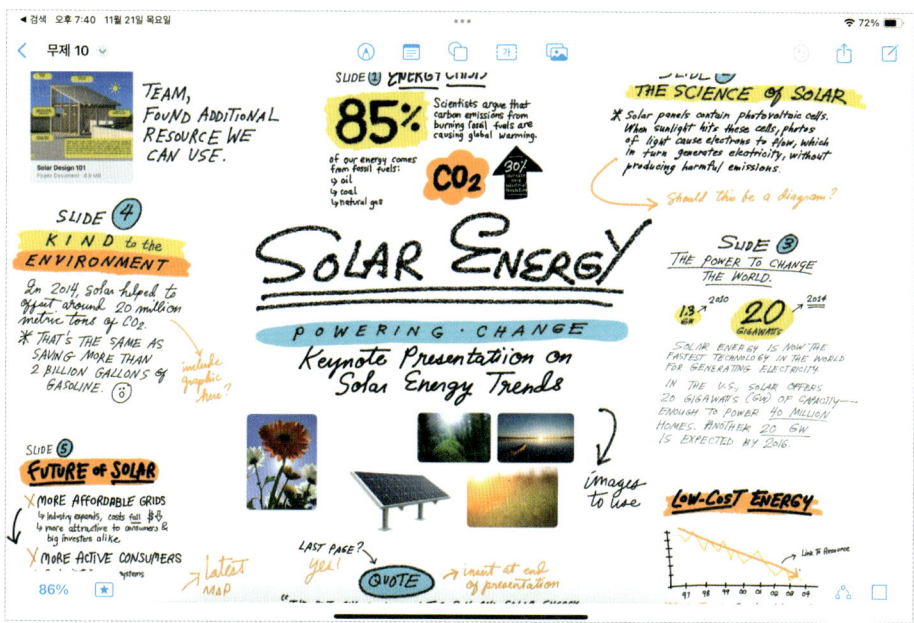

▲ 출처 : https://www.apple.com

프리폼 보드 만들기

프리폼 앱 🎨 을 열고 ☑ 를 탭하면 새로운 보드를 만들 수 있어요.

보드 내에서 이동은 한 손가락으로 드래그하면 됩니다. 손가락을 펼치거나 오므리면 보드를 확대하거나 축소할 수 있어요.

❶ 왼쪽 하단 모서리의 현재 비율을 탭하면 확대/축소 비율을 조절할 수 있습니다.

❷ 화면 왼쪽 상단의 [무제 01]을 탭하면 이름을 변경할 수 있습니다.

❸ 오른쪽 하단의 ▦ 를 탭하면 격자 보기를 할 수 있습니다.

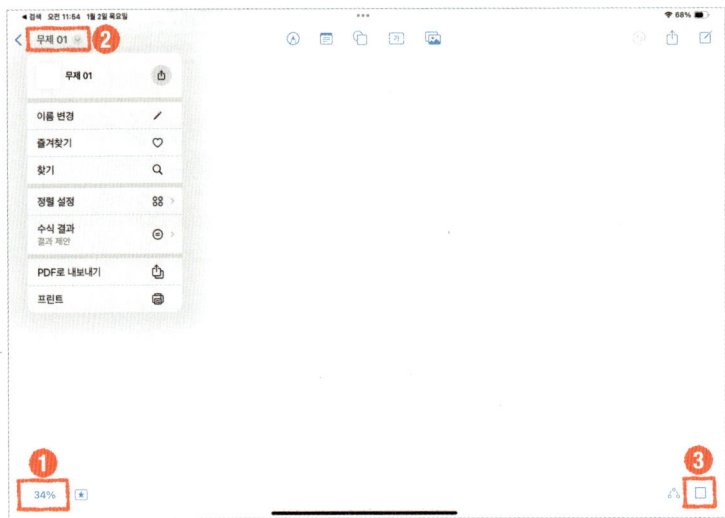

콘텐츠 추가하기

화면 상단의 옵션 중 ⒶⒶ를 탭하면 마크업을 할 수 있어요. 스티커 메모 📄, 도형 📑, 텍스트 상자 🔲, 사진 또는 비디오 🖼️를 탭하면 다양한 콘텐츠를 추가할 수 있습니다.

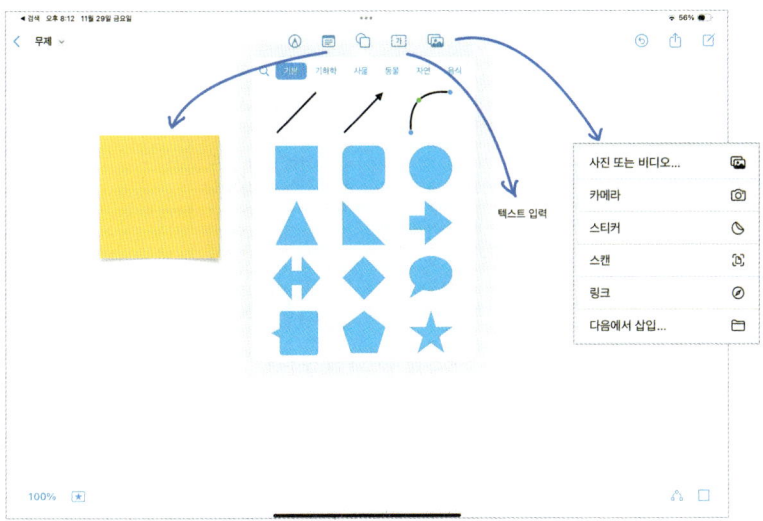

메모, 지도, 웹페이지, PDF, 스크린샷 등을 프리폼에 추가하려면 각 페이지에서 📤를 탭합니다. 프리폼 앱 🌀을 선택하고 새로운 보드 또는 기존의 보드 이름을 탭하고 저장하면 됩니다.

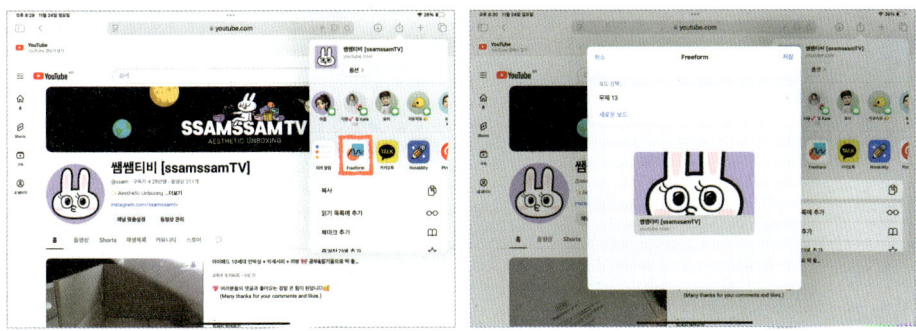

아이디어가 떠오른 순간, 프리폼으로 공유하여 생각을 스케치해보세요.

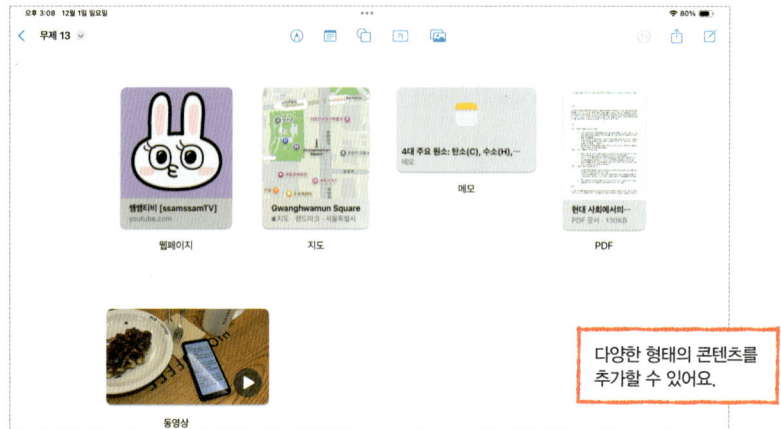

학과목별로 보드를 만들면 수업 자료를 효율적으로 정리할 수 있어요. 생각 트리를 만들어 목차를 체계적으로 정리해보세요. 과제 준비를 위한 자료를 수집하고, 아이디어를 정리하여 풀어내는 과정을 프리폼과 함께해보세요.

한 가지 팁이 있다면, 콘텐츠를 추가할 때는 격자 보기와 정렬 안내선 보기를 설정

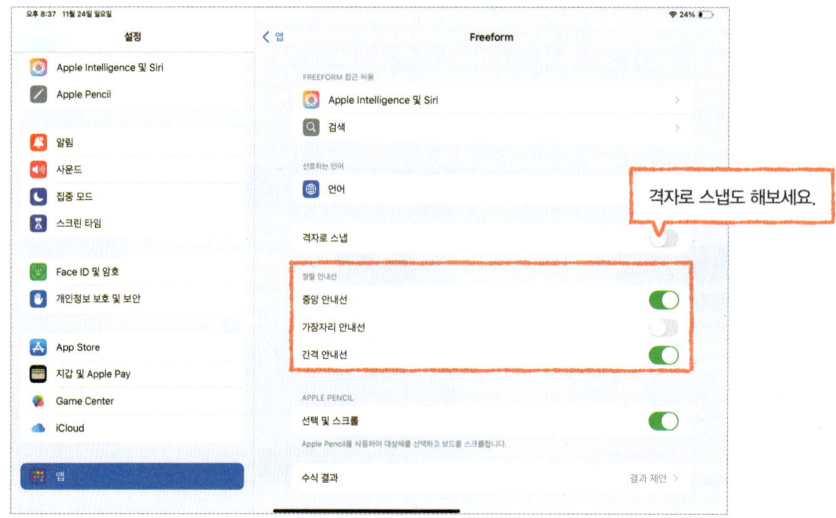

해두면 배치가 편리합니다. 설정 앱에서 [앱]-[Freeform]을 탭합니다. [정렬 안내선]에서 안내선의 설정을 켜두면 됩니다.

손글씨 쓰기, 그림 그리기

프리폼은 메모 앱📒처럼 애플 펜슬로 손글씨를 쓰고 그림을 그릴 수 있어요. 애플 펜슬은 프리폼에서 그리기 및 글쓰기 도구로 기본 설정이 되어 있어요. 설정 앱에서 [앱]-[Freeform]을 탭한 다음 [선택 및 스크롤] 설정을 켭니다. 애플 펜슬로 선택 및 스크롤을 할 수 있습니다.

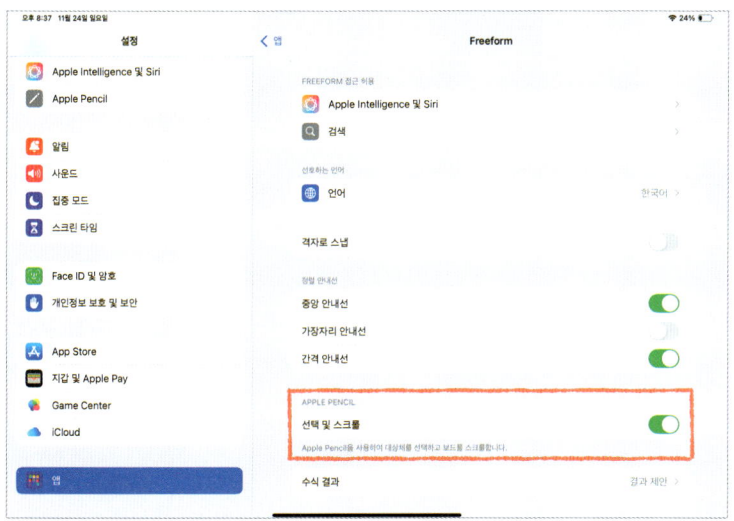

프리폼 앱에서 Ⓐ를 탭하여 애플 펜슬로 그림을 그리거나 손글씨를 쓰고, 다시 한번 Ⓐ를 탭하여 끄면 선택 및 스크롤을 할 수 있습니다.

ⓐ를 탭하면 마크업 도구 팔레트가 열려요. 펜을 탭해 선택하고, 다시 한번 탭하면 선의 두께, 불투명도를 조절할 수 있어요. 물감 튜브는 닫힌 도형에 색상을 채울 수 있는 것은 물론, 색이 채워진 도형을 그릴 수 있어요. 도형을 그린 뒤 펜을 떼지 않고 기다리면 직선 도형으로 자동 변형됩니다.

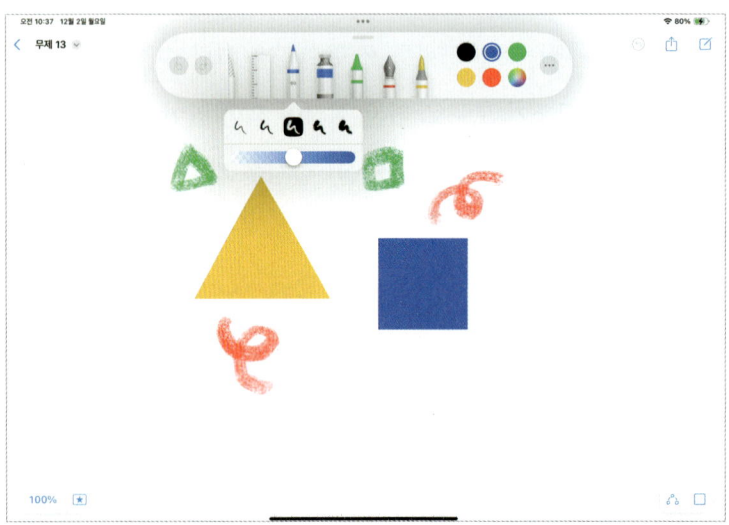

손글씨 입력ⓐ을 탭하고 손글씨를 쓰면 텍스트로 전환됩니다. 다양한 마크업 도구 팔레트에 관한 더 자세한 내용은 185쪽을 참고하세요.

마인드맵 만들기

프리폼 보드에 도형, 선 및 화살표를 추가하면 활용도 높은 마인드맵을 만들 수 있어요. 즐거운 학교생활 혹은 성공적인 취업 준비를 위한 나만의 마인드맵을 간단히 만들어보세요.

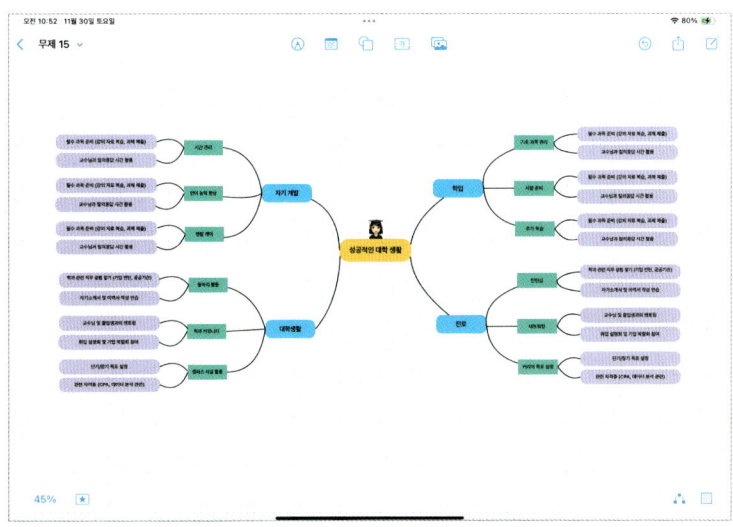

도형 추가하기

를 탭하여 새로운 보드를 생성합니다. 를 탭하면 도형, 선, 화살표 등을 보드에 추가할 수 있어요. 보드에 추가된 도형, 선, 화살표를 탭하면 채우기 색상 변경, 선 색상과 굵기 등의 포맷을 변경할 수 있습니다.

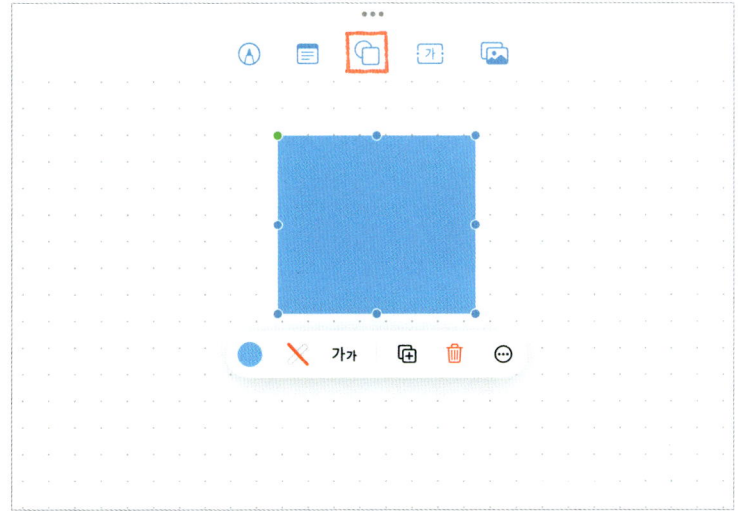

도형 테두리에 표시된 점을 드래그하면 크기와 모양을 변경할 수 있어요. 파란색 점과 초록색 점을 각각 드래그해보세요.

다이어그램 생성하기

화면 오른쪽 하단의 △를 탭하면 커넥터 연결 모드가 됩니다. ⬜, ▤, 가 또는 ▣를 탭하여 항목을 추가하면 항목 테두리에 커넥터 화살표가 나타납니다.

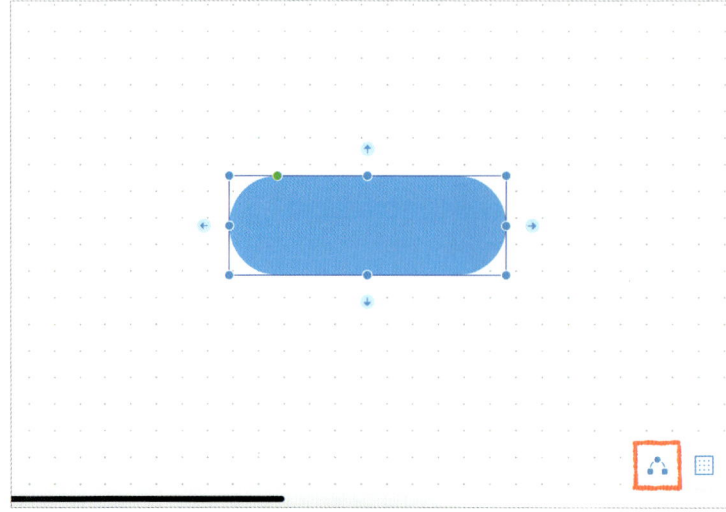

커넥터 화살표를 길게 탭한 다음 원하는 위치로 드래그하고 손을 떼세요. 연결할
도형을 선택하면 추가됩니다.

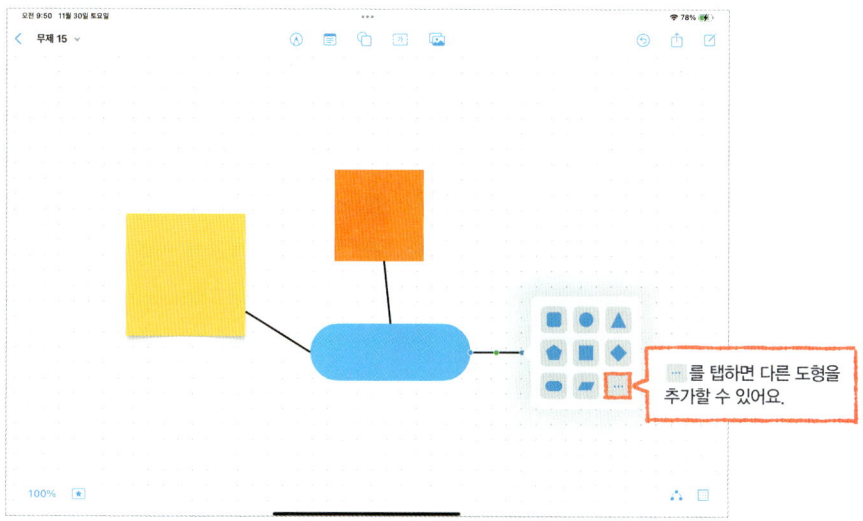

연결 점 변경

항목을 다른 항목과 연결하고 싶을 때는 연결 선을 탭하고 파란색 점을 드래그하여
다른 항목과 연결하면 됩니다.

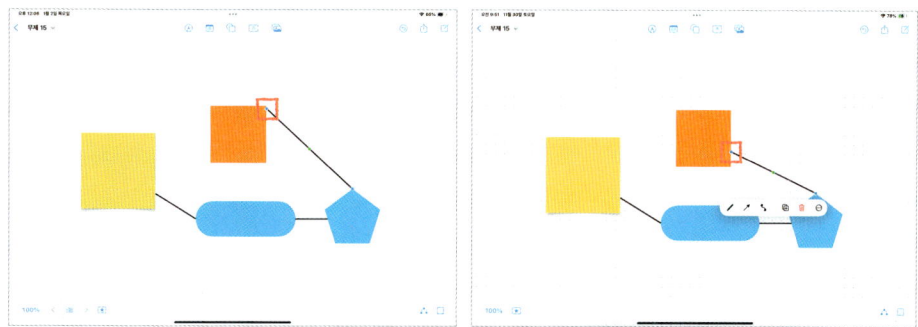

커넥터와 도형으로 다이어그램을 만들어 나만의 마인드맵을 만들어보세요.

만다라트 만들기

화면 오른쪽 하단의 ⚬를 탭한 뒤 🗂를 탭해 도형을 추가합니다. 보드 위의 도형을 탭하면 커넥터 화살표가 나타나요.

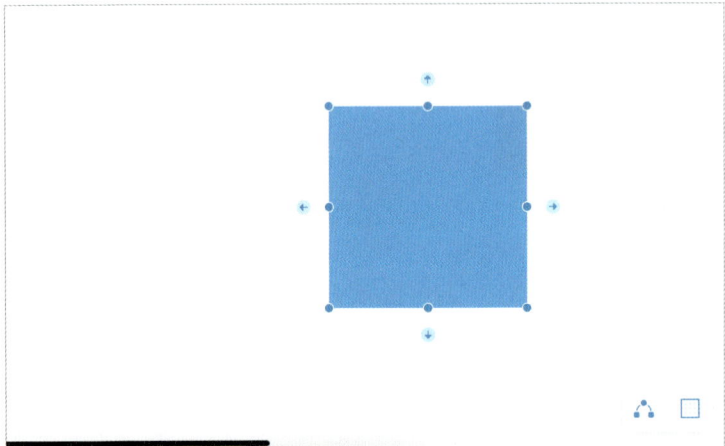

화살표를 길게 탭하면 도형과 선의 미리 보기가 나타납니다. 원하는 위치에 놓으면 동일한 도형을 자동으로 추가할 수 있어요.

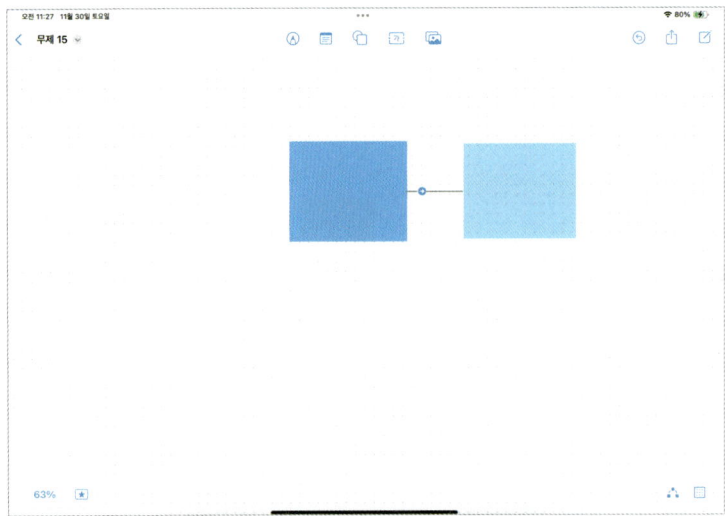

도형을 선택하고 드래그하면 원하는 위치로 이동할 수 있어요. 이때 커넥터 선도 함께 이동해요. 간단한 도형 추가 기능으로 만다라트를 만들어보세요.

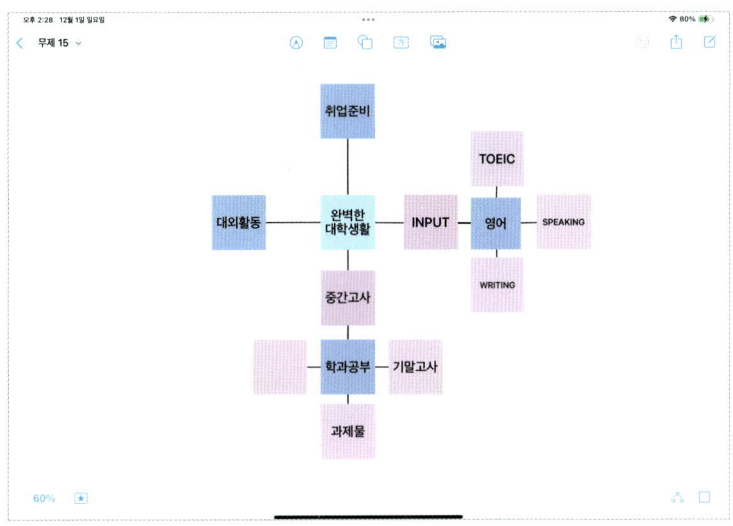

텍스트 스타일 복사하기

보드에서 텍스트의 서체, 선 굵기, 색상 등의 스타일을 일정하게 유지하려면 스타일을 복사하여 다른 항목에 붙여 넣으면 돼요. 항목을 탭하고 ⊙를 탭합니다. [스타일]-[스타일 복사하기]를 탭한 다음, 붙여 넣을 항목을 탭합니다. 다시 ⊙를 탭하고 [스타일]-[스타일 붙여넣기]를 하면 동일한 스타일이 적용됩니다.

텍스트 상자, 스티커 메모, 도형의 텍스트 스타일을 똑같이 맞춰보세요.

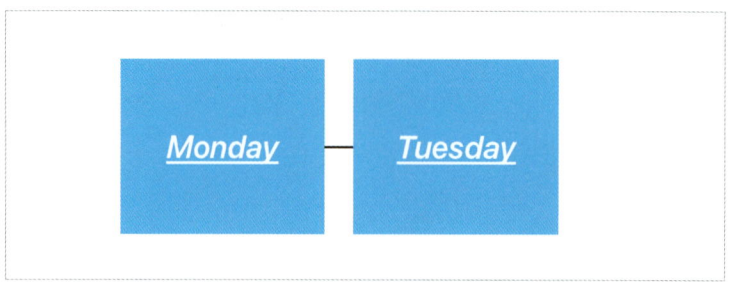

놓치면 손해! 아이패드 꿀팁

⊙를 탭하고 [스타일]–[삽입 스타일로 저장]을 탭해보세요. 비슷한 항목을 보드에 추가
할 때마다 저장한 스타일이 적용됩니다.

장면 탐색 기능

프리폼 보드를 넓게 확장해 쓰다 보면 필요한 내용을 찾는 게 어려울 때가 있어요.
이때는 보이는 화면을 그대로 장면으로 저장해 섹션별로 정리하고 레이블을 지정
합니다. 넓은 보드에서 콘텐츠를 찾기가 쉬울 거예요.

장면 저장하기

프리폼 보드에서 장면으로 저장하고 싶은 내용을 화면 프레임 안에 담고, 화면 왼
쪽 하단의 ★를 탭합니다. 장면 내비게이터가 열리면 ☰를 탭하고 [장면 추가]를
탭하세요. 현재 화면이 장면으로 캡처됩니다. [장면 추가]를 반복해 추가하고 싶은
장면을 모두 캡처해보세요.

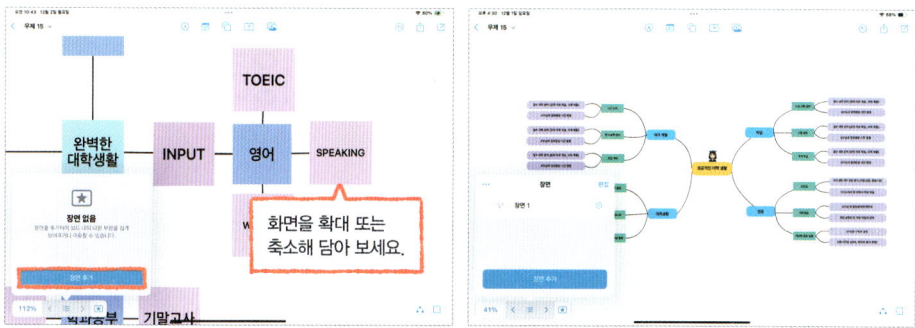

장면 탐색, 편집하기

❶ 이동하려는 장면을 탭한 다음 〈, 〉를 탭하면 장면을 탐색할 수 있습니다.

❷ ⬭를 탭하면 장면 이름 변경, PDF로 장면 내보내기, 장면 삭제를 할 수 있습니다.

❸ [편집]을 탭하고 ☰를 탭한 채로 드래그하면 장면의 순서를 재정렬할 수 있습니다. ⊖를 탭하면 삭제할 수 있습니다.

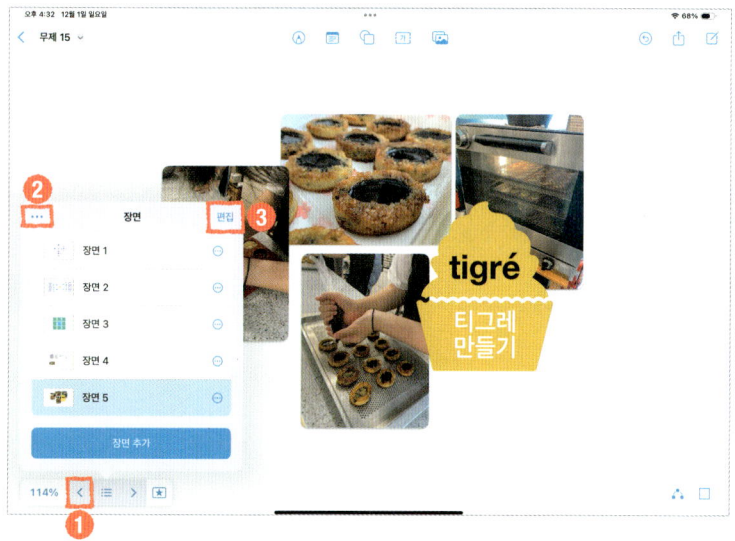

 **어려운 암기도 쉽게! 암기 도구 이용하기**

바쁜 일상에서 암기 과목을 쉽게 해결할 수 있는 방법이 있어요. 망각 곡선을 이기는 반복 학습으로, 암기를 효과적으로 할 수 있는 도구를 소개할게요. 안키는 워낙 유명한데 진입 장벽이 조금 높아요. 굿노트6와 퀴즐렛으로 시작하고, 용기가 생기면 안키를 정복해 활용해보세요.

안키

안키(Anki)는 나만의 플래시카드를 만들어 학습할 수 있는 암기 프로그램이에요. 반복 학습으로 학습 효율을 극대화하고 기억을 강화해 암기 중심의 학습에 적합한 도구예요.

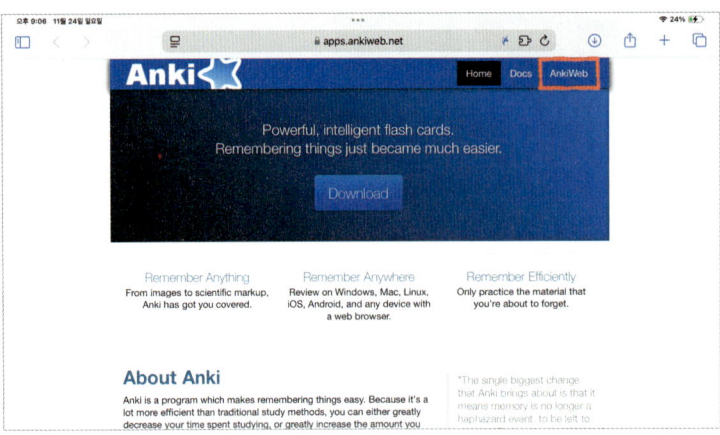

▲ 출처 : https://apps.ankiweb.net

학습 주제별 덱(Deck)을 만들고 앞면에는 암기하고 싶은 단어나 내용을 적고, 뒷면에는 답을 적어 나만의 플래시카드를 만들어 사용합니다. 다른 사용자들이 만든 공유 자료를 다운로드해 공부할 수도 있어요. 전공 용어나 공식 등을 체계적으로 정리해 암기하고 복습할 수 있어요. 또, 영어 단어나 문법, 표현을 지속적으로 복습해 어학 능력을 향상할 수 있습니다. 효과적인 반복 학습을 통해 효율적으로 암기해 여러 가지 시험에 대비해보세요.

안키 앱 iOS 버전은 유료예요. 안키 웹 버전은 무료이므로 아이패드 사파리 앱 을 통해서 무료로 이용할 수 있어요. 같은 아이디로 로그인하면 아이패드, 아이폰, 맥북에서 동기화해 언제 어디서나 학습할 수 있습니다.

퀴즐렛

퀴즐렛(Quizlet)은 안키와 마찬가지로 다양한 주제의 학습이 가능한 암기 도구예요. 학습 세트를 만들고 앞뒤 면으로 질문과 답을 입력하여 플래시 카드를 만들 수

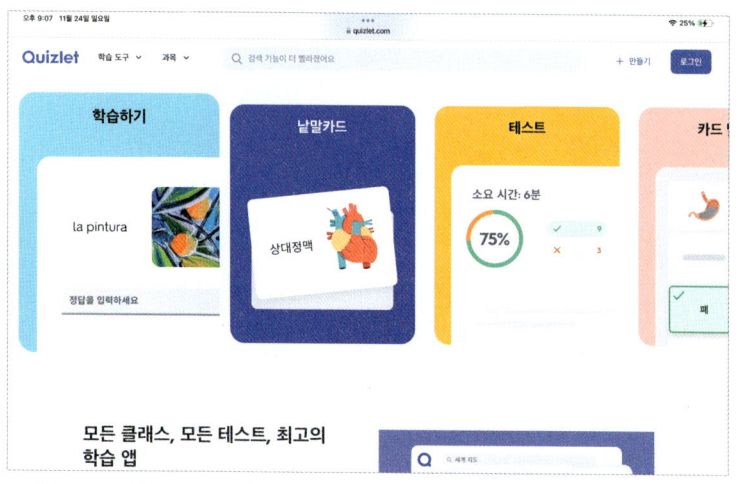

▲ 출처 : https://quizlet.com/kr

있어요. 공유되어 있는 플래시카드를 학습 자료로 사용할 수도 있습니다.

퀴즐렛은 사용 방식이 좀 더 간단하여 초보자도 쉽게 사용할 수 있어요. 다양한 테스트 모드로 재미있게 학습할 수 있답니다. 플래시카드, 테스트는 물론 매칭 게임이나 타이핑 도전 같은 게임 기반 학습도 할 수 있어요. 웹 버전과 앱 모두 사용할 수 있으니 언어 학습이나 암기 과목 시험 준비에 활용해보세요.

굿노트 6 스터디 세트

굿노트 6를 사용하고 있다면 테이프 기능과 스터디 세트를 암기에 활용해보세요. 사용법이 어렵지 않아 굿노트 사용자라면 쉽게 습득해 학습 자료를 만들기 위한 시간을 아낄 수 있어요. 다른 사용자의 공유된 학습 자료는 없지만, 노트 작업과 병행할 수 있다는 것과 애플 펜슬 손글씨로 플래시카드를 만들 수 있다는 것이 장점입니다.

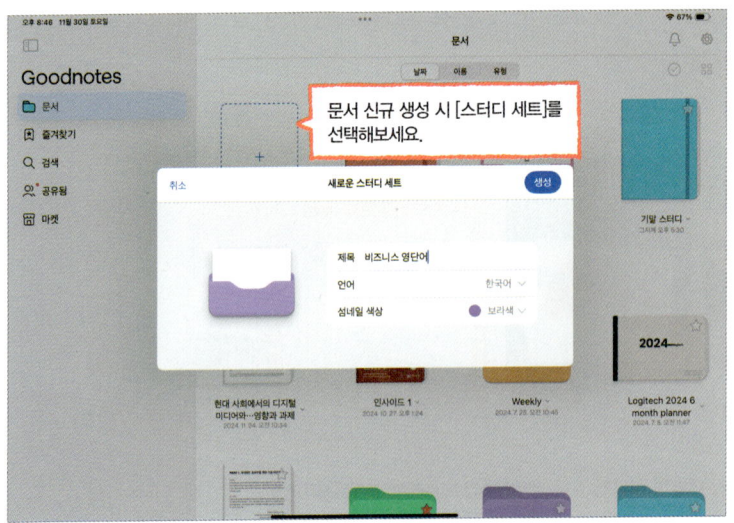

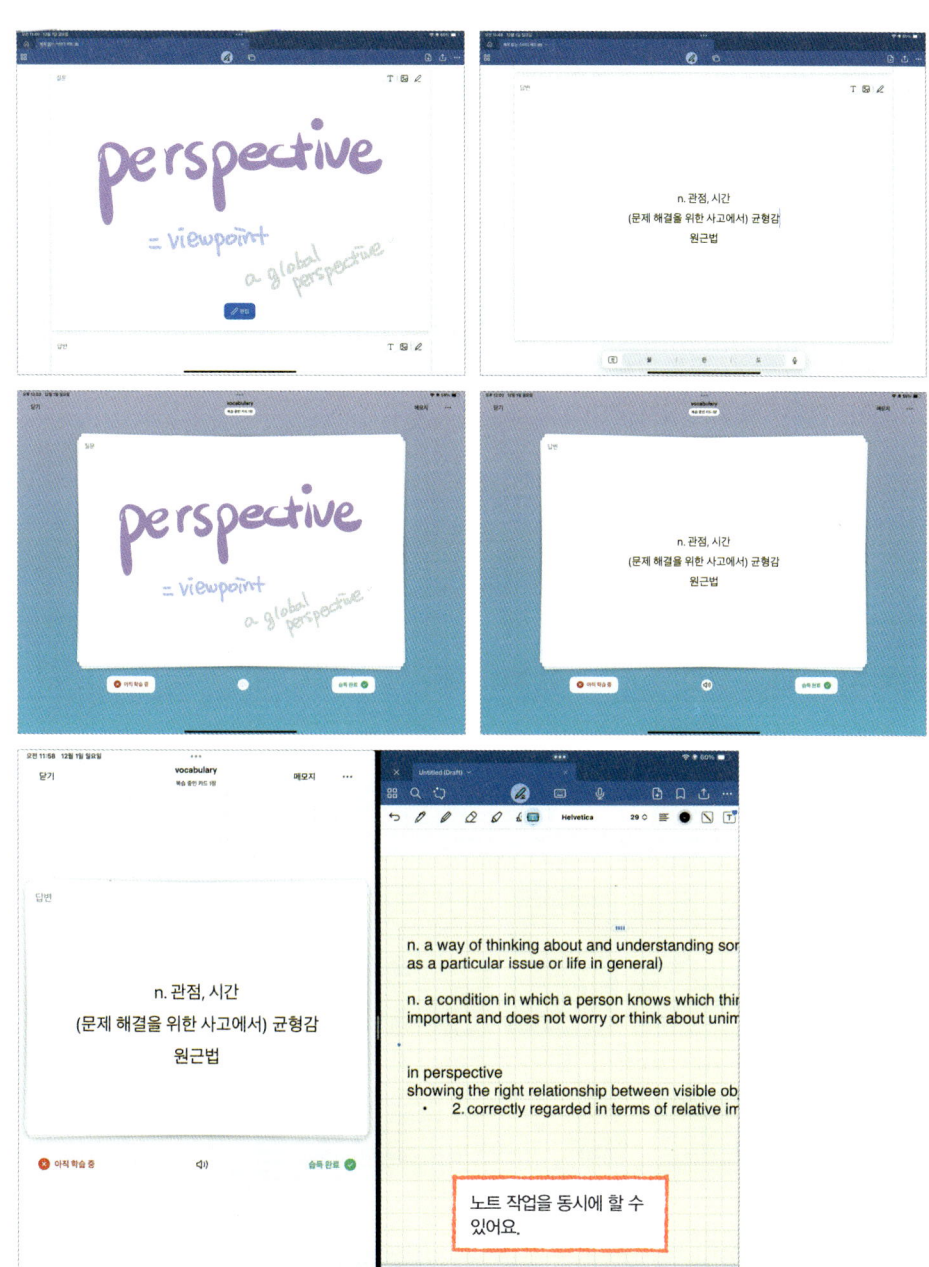

11 다양한 콘텐츠를 무료로! 팟캐스트

팟캐스트(Podcasts)는 다양한 주제의 오디오 콘텐츠를 무료로 청취할 수 있는 애플의 기본 앱이에요. 관심 있는 프로그램은 팔로우할 수 있고 에피소드를 저장하면 오프라인에서도 들을 수 있어요. 영어, 자기계발, 취업, 경제, 엔터테인먼트 등 다양한 주제의 팟캐스트를 탐색해보세요. 다양한 분야의 지식 습득은 물론 전사문 제공으로 영어 학습에도 유용합니다.

팟캐스트 앱을 열면 좋아할 만한 프로그램, 인기 프로그램, 에디터의 추천 등의 프로그램을 볼 수 있어요.

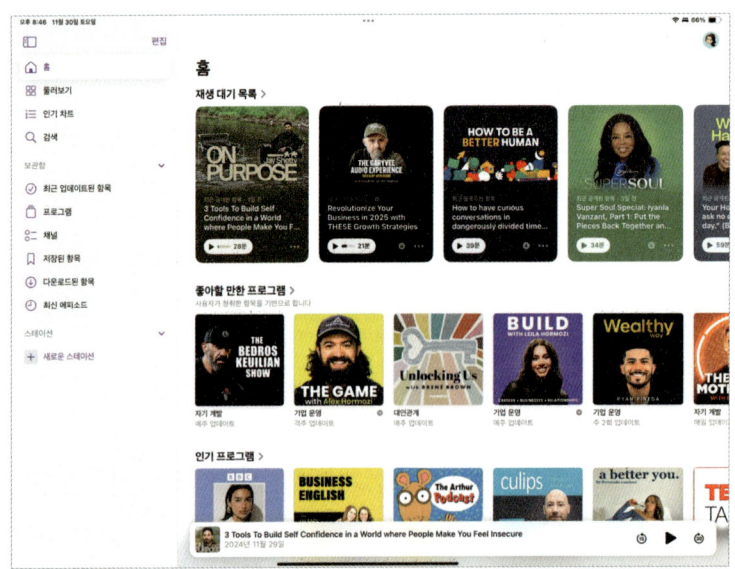

[검색]을 탭하여 프로그램 및 에피소드 이름으로 검색할 수 있고, 다양한 카테고리 블록을 탭하여 원하는 프로그램을 찾을 수 있습니다.

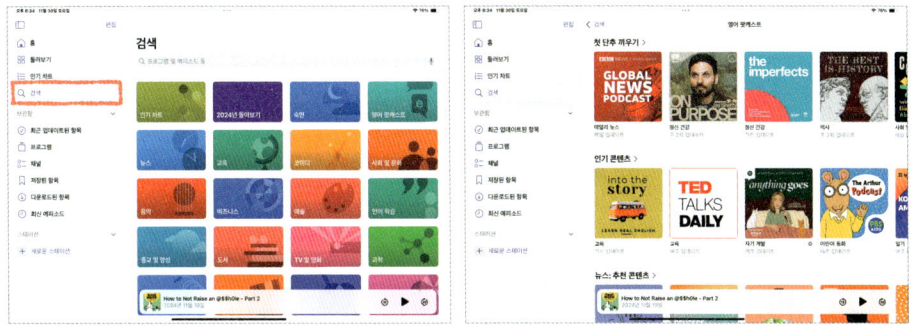

에피소드 재생하기

관심 있는 프로그램 화면에서 에피소드를 왼쪽으로 쓸어 넘기고 [다운로드]를 탭하면 에피소드를 오프라인에서도 들을 수 있어요. [저장]을 탭하면 에피소드가 자동으로 다운로드됩니다.

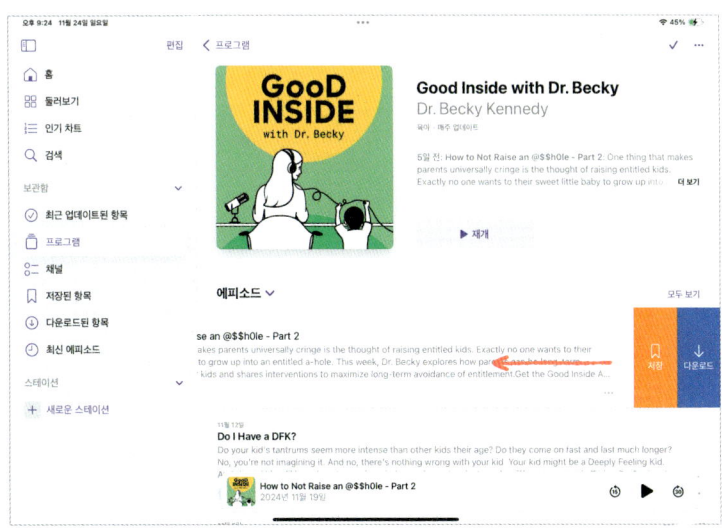

오른쪽으로 쓸어 넘기면 [바로 다음에 재생], [재생된 항목]으로 표시할 수 있습니다.

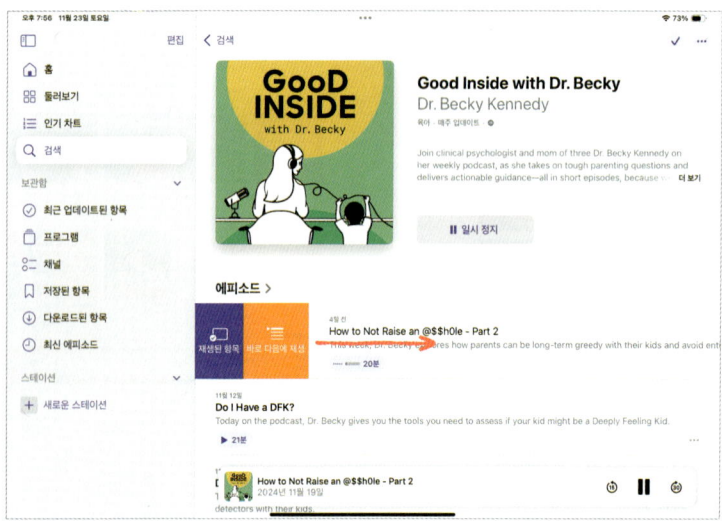

에피소드 제목 아래의 ①▶를 탭하면 재생되고, ②…를 탭하고 ③[바로 다음에 재생]을 탭하면 재생 대기 목록에 에피소드를 추가할 수 있습니다.

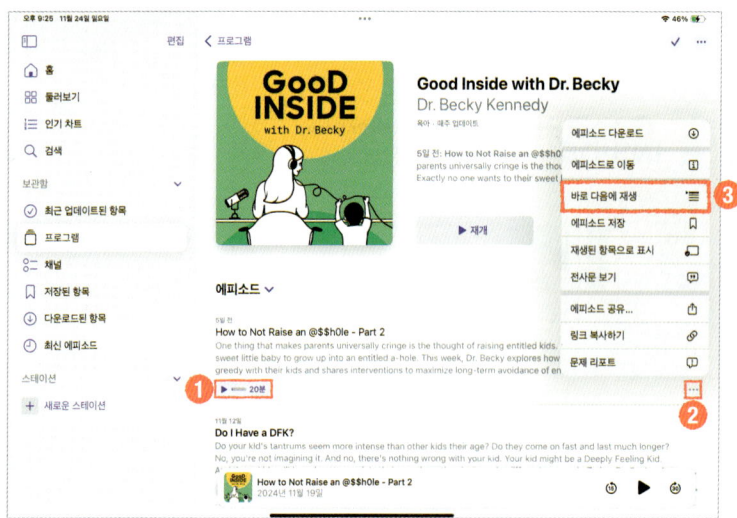

재생 중 💬를 탭하면 에피소드 전사문을 볼 수 있어요. 제어기의 🌙를 탭하면 슬립 타이머를 설정하여 팟캐스트 재생을 중단할 수 있습니다.

전사문 기능은 언어, 국가, 지역에 따라 다를 수 있어요.

위젯 추가하기

아이패드 홈 화면의 빈 곳을 길게 탭합니다. [편집]–[위젯 추가]–[팟캐스트]를 탭한 다음 원하는 위젯의 형태를 선택하고 [위젯 추가]를 탭합니다. 홈 화면에 위젯이 표시되면 원하는 위치에 배치합니다.

앱을 열지 않고도 재생 대기 목록의 에피소드를 확인하고 재생할 수 있어요.

CHAPTER 02

아이패드로 용돈 벌기, 힐링·취미 생활

여기서는 아이패드와 함께하는 즐거운 학교생활에 대해 알아볼게요. 폰트를 설치해 굿노트 다이어리를 꾸밀 거예요. 사진 앱과 프로크리에이트 앱을 사용해 사진과 그림을 아름답게 만들어봐요. 또, 파이널컷 프로와 캡컷으로 하는 영상 편집까지 모두 소개해보겠습니다. 아이패드와 함께 나만의 취미 활동으로 힐링 타임을 즐기고, 콘텐츠를 만들어 활용하는 방법을 알아보겠습니다.

01 내 취향대로 끄적끄적, 폰트 설치

아이패드는 폰트를 직접 설치할 수 있어요. 다이어리 꾸미기나 프로크리에이트 등에서 폰트를 직접 설치해 사용하면 원하는 서체로 꾸미기를 할 수 있답니다. 굿노트, 프로크리에이트, 포토샵, 영상 편집 앱 등 텍스트 입력이 필요한 곳에서 설치한 폰트를 사용할 수 있어요. 이때, 손글씨체를 사용하면 애플 펜슬로 쓰지 않아도 손글씨 느낌의 텍스트를 쓸 수 있어요.

라이선스 확인으로 저작권을 지켜요

폰트를 사용할 때는 라이선스 조건을 꼭 확인하여 저작권 문제가 발생하지 않아야 해요. 개인적 사용만 가능한 건지, 상업적 사용도 가능한지 여부를 반드시 확인하고 사용해야 합니다. 유료 폰트를 구매했더라도 라이선스 범위 내에서만 사용할 수 있으니 꼼꼼히 확인하고, 특정 용도로 폰트를 사용하고자 할 때는 저작권자에게 직접 문의하는 것이 가장 안전합니다.

아이패드에 폰트 설치하기

아이패드에 폰트를 설치하는 방법은 여러 가지가 있어요. 여기에서는 iFont 앱 과 눈누 사이트를 통해 폰트를 설치할 거예요. 무료 폰트의 다운로드 경로를 모아둔 눈누 웹사이트(https://noonnu.cc/)를 통해 폰트를 다운로드하고, iFont 앱을 통해 다운로드한 폰트를 아이패드에 설치하는 과정을 함께해보겠습니다. iFont 앱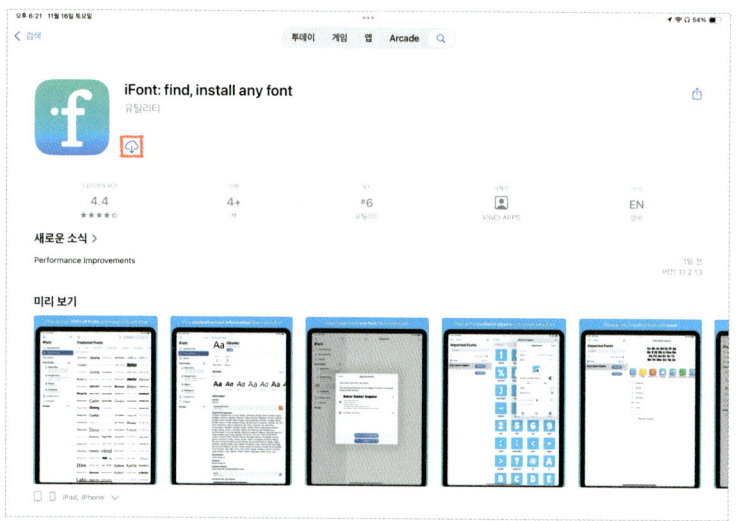
과 눈누 웹사이트, 파일 앱, 아이패드 설정을 거쳐야 하니 잘 따라오세요.

01 앱 스토어에서 **iFont**를 검색하고 설치합니다.

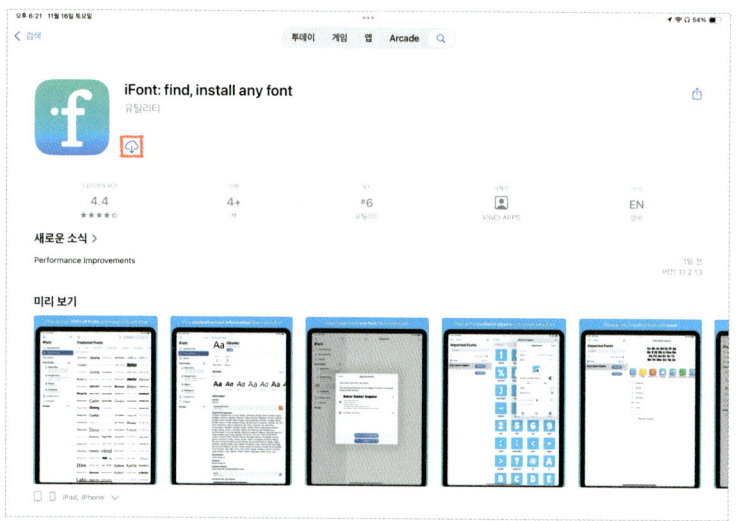

02 설치가 완료되었으면 ❶ iFont 앱을 열고 [Continue]를 탭합니다. 이후 질문들
은 스킵해도 됩니다. ❷ 오른쪽 상단의 [Skip]을 탭합니다.

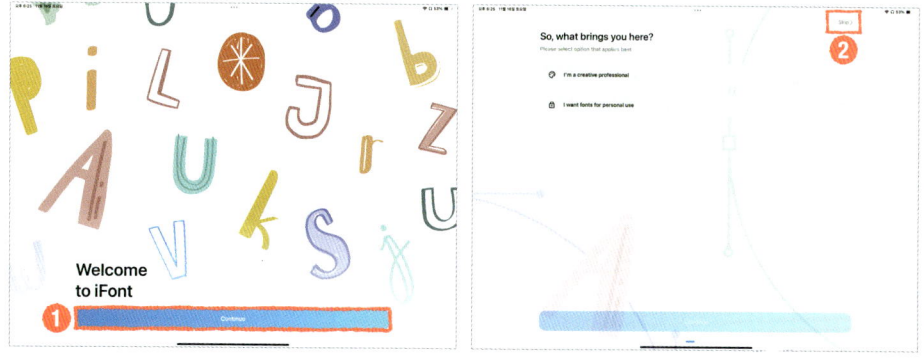

03 프리미엄 유료 가입 권유는 왼쪽 상단의 닫기 버튼을 탭하여 닫습니다.

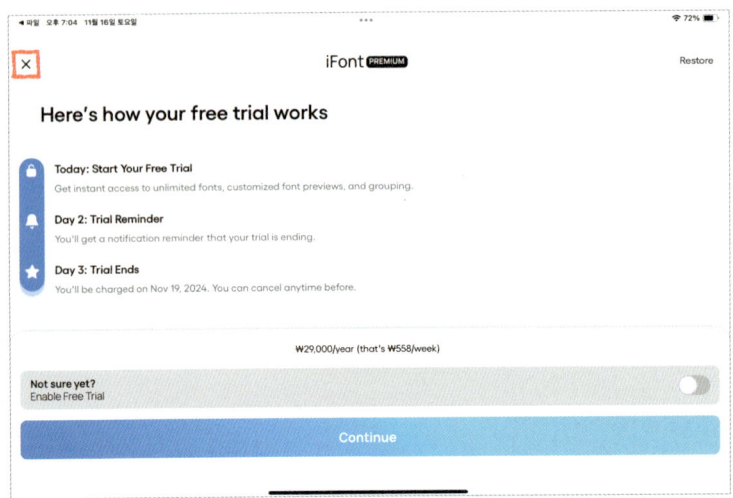

04 아이패드에 폰트를 설치할 준비가 완료되었습니다. 이번에는 무료 폰트를 다운로드하기 위해 사파리 앱 을 열고 눈누(http://noonnu.cc) 사이트로 이동합니다.

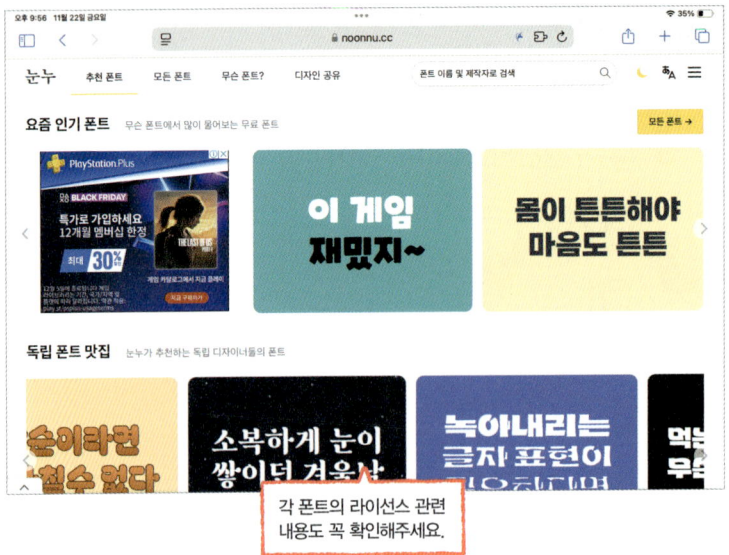

각 폰트의 라이선스 관련 내용도 꼭 확인해주세요.

05 마음에 드는 폰트를 탭하면 해당 폰트를 다운로드할 수 있는 사이트로 연결됩니다. ❶ 메인 화면에서 [모든 폰트]를 탭하고, ❷ 폰트 미리 보기 창에 텍스트를 입력합니다. 입력한 텍스트의 모든 폰트가 미리 보기로 표시됩니다.

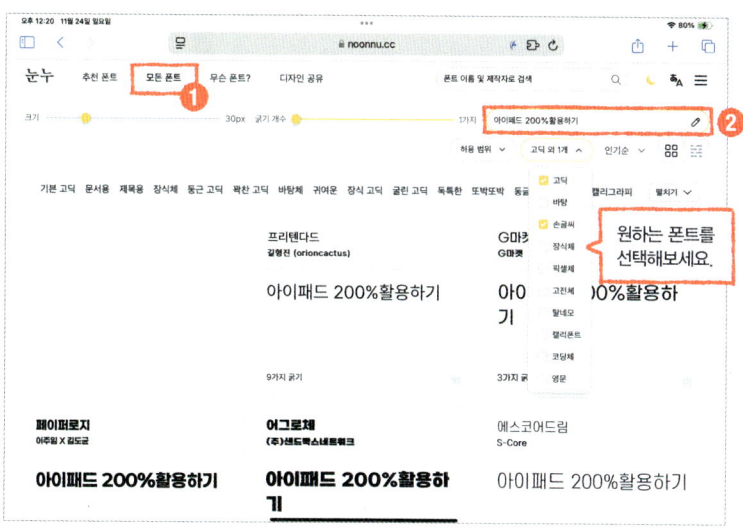

06 마음에 드는 폰트를 찾아 탭하고 ❶ [다운로드 페이지로 이동]을 탭합니다. 해당 폰트의 다운로드 페이지로 이동하면, ❷ 폰트 다운로드를 탭합니다.

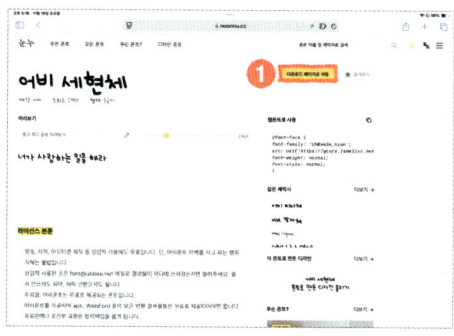
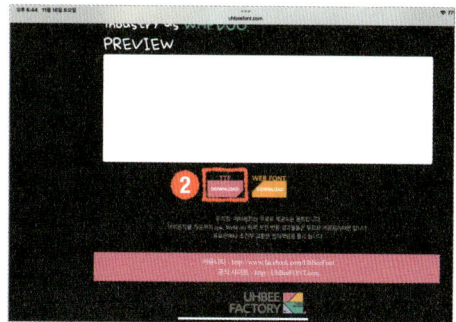

07 ① 사파리 화면 상단의 ⊕를 탭하고 ② 다운로드한 파일을 탭하면 파일 앱이 열립니다. ③ 다운로드한 압축 파일을 탭하여 압축을 해제합니다.

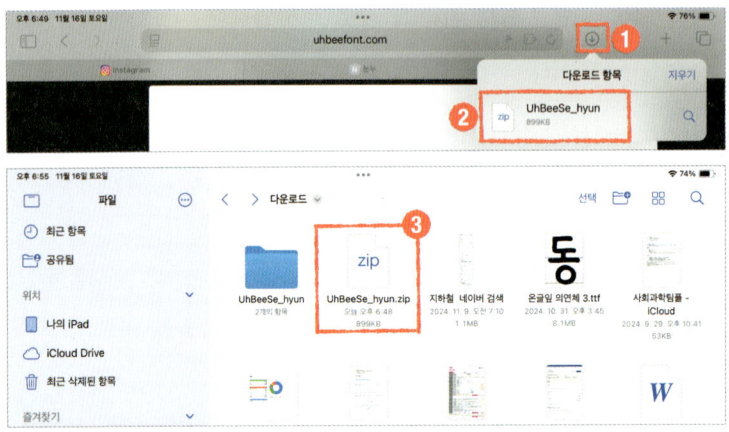

08 ① 압축이 풀린 폴더 안의 폰트 파일을 탭합니다. ② ⬆를 탭하고 ③ iFont 앱 f을 탭합니다.

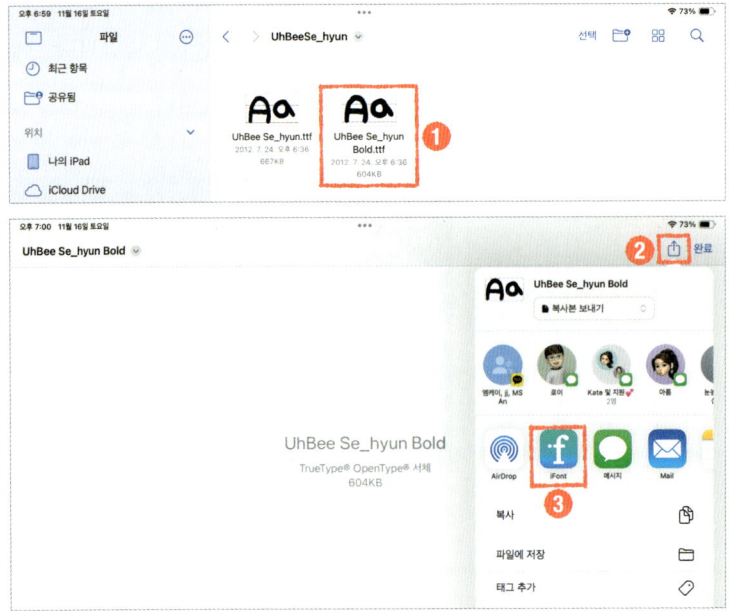

09 iFont 앱이 열리면 다운로드한 폰트의 [INSTALL]을 탭해 설치합니다.

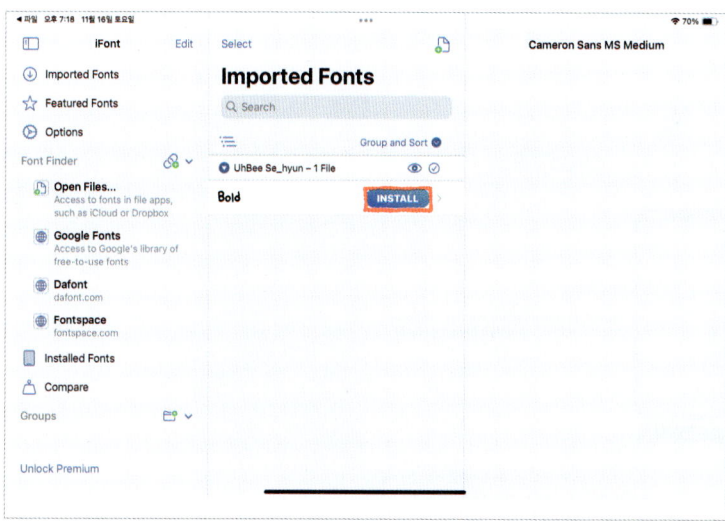

10 ❶ 폰트 설치에 관한 안내문이 나타나면 [CONTINUE]를 탭합니다. ❷ 다음 과 같은 메시지가 나타나면 [허용]을 탭하고 ❸ 이어서 [닫기]를 탭합니다.

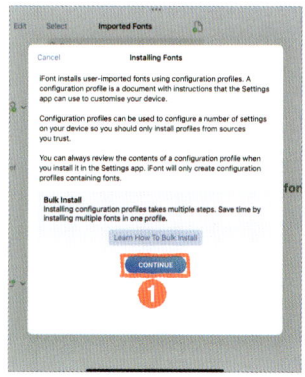
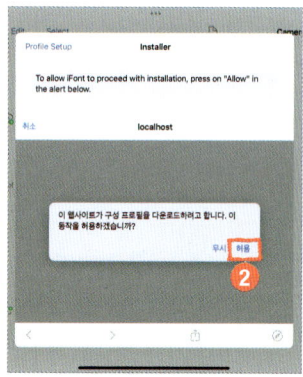

11 [Open Settings]를 탭하면 아이패드의 설정 화면으로 이동합니다.

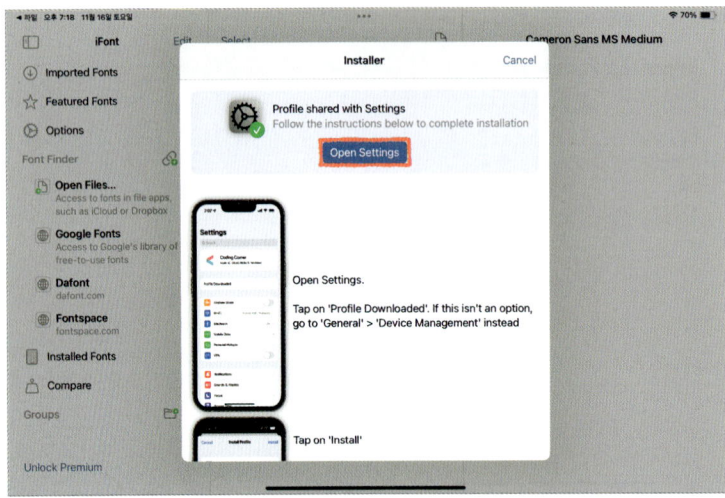

12 ❶설정 화면에서 [프로필 다운로드됨]을 탭하고 ❷[설치]를 탭합니다.

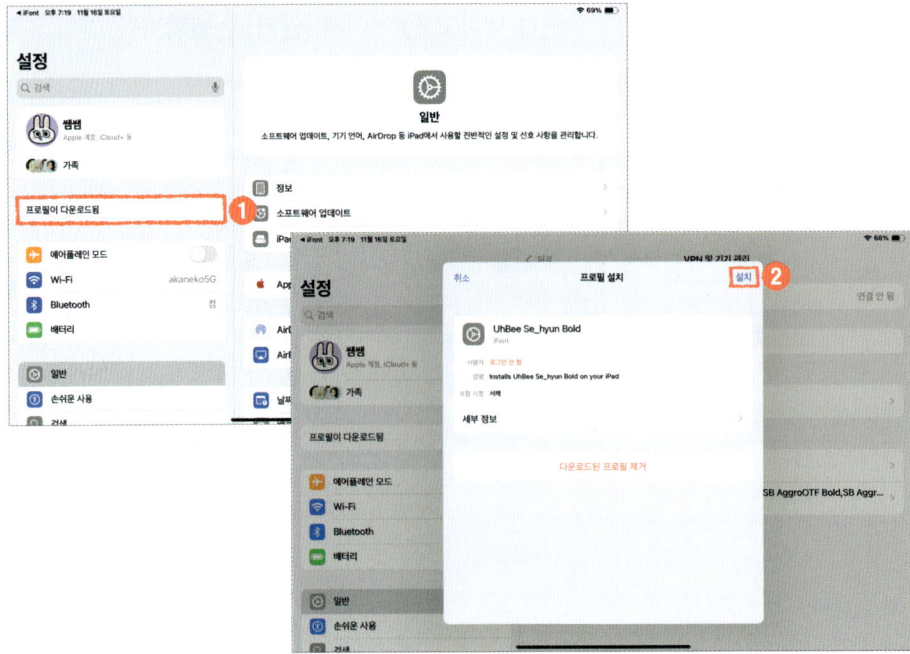

13 ❶암호를 입력하고 ❷❸[설치]를 탭합니다. ❹마지막으로 [완료]를 탭하면
아이패드에 폰트 설치가 완료됩니다.

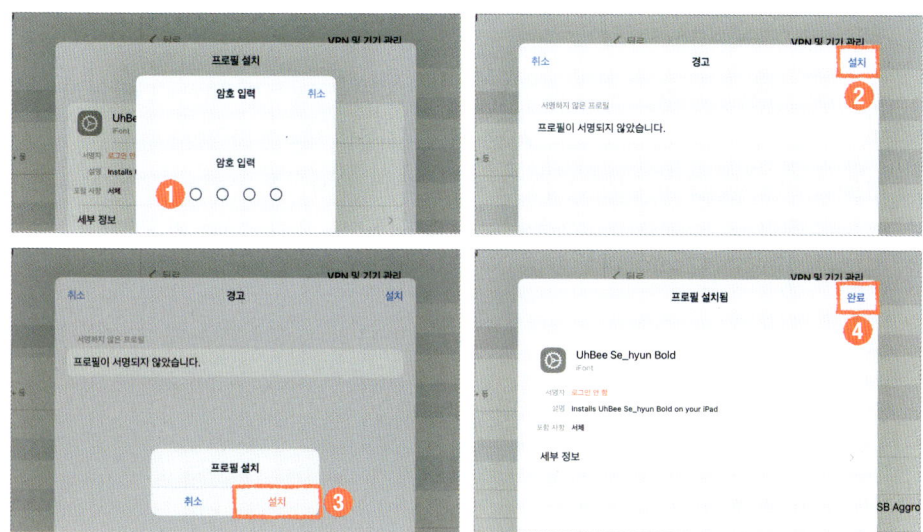

아이패드에 설치한 폰트는 굿노트, 페이지스, 포토샵, 프로크리에이트, 영상 편집
앱 등 텍스트를 입력할 수 있는 환경에서 사용할 수 있습니다.

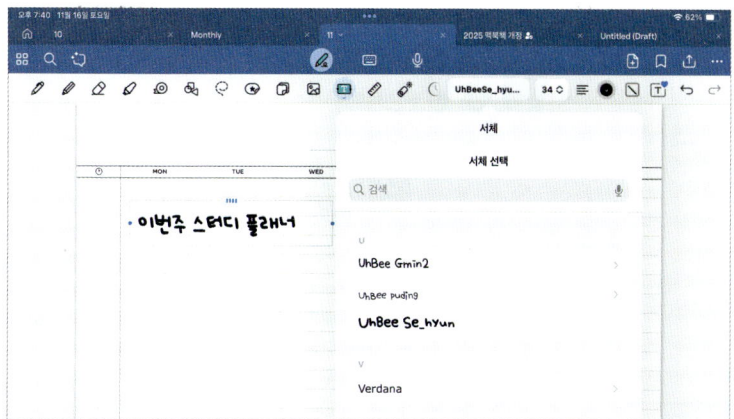

여러 가지 폰트를 설치해 사용해보세요.

02 나의 힐링 타임, 다이어리 꾸미기

아이패드에서 다이어리 꾸미기에 가장 많이 사용하는 굿노트를 활용해 나만의 다꾸(다이어리 꾸미기)를 해볼게요. 굿노트는 사용자들이 제작한 다양한 템플릿을 다운로드하여 사용할 수 있어요. 다양한 폰트와 스티커, 사진을 활용해 추억을 듬뿍 담은 기록을 남겨보세요. 하루하루를 손글씨로 기록하며 힐링 타임을 가져보세요.

종이 다이어리만 꾸며봤다면, 이번에는 아이패드를 이용한 나만의 아기자기한 다이어리를 꾸며보는 건 어떨까요? 나의 소중한 일상과 추억을 기록해보세요.

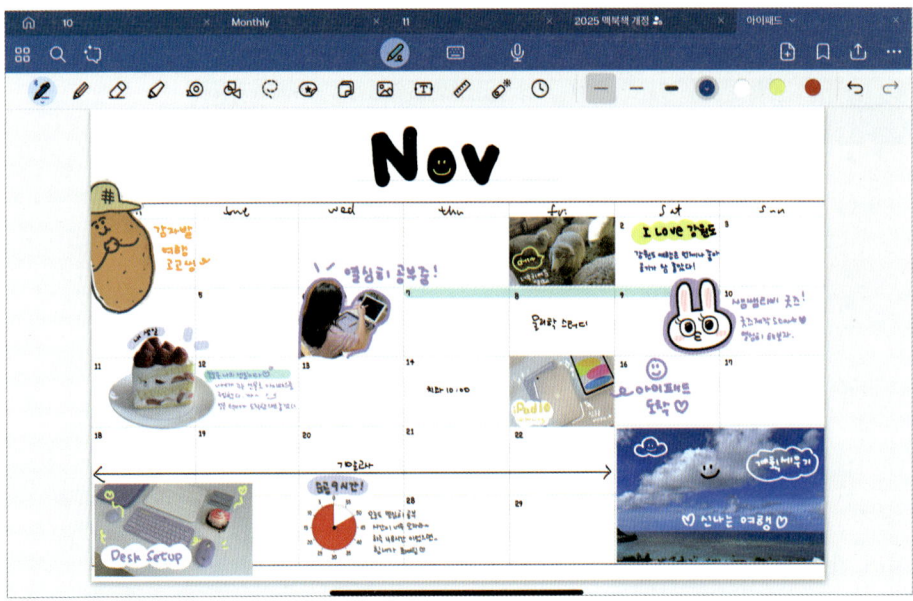

굿노트에서 다꾸하기

굿노트 앱🖊을 열고 [신규]를 탭하고 [노트북]을 탭하면 새로운 노트북을 만들 수 있어요. [표지]와 [종이]를 탭하면 각각의 크기와 색상, 템플릿을 고를 수 있습니다.

종이는 백지, 점선지, 모눈 종이, 줄친 종이, 다양한 필기용 종이와 계획표 종이 중에서 선택할 수 있어요. [불러오기]를 탭하면 파일을 불러올 수 있습니다.

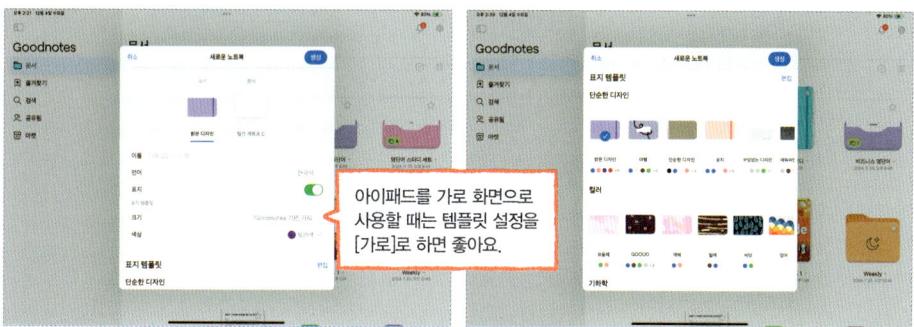

01 [종이]를 탭하고 계획표 템플릿에서 [월간 계획표C]를 탭한 후 [생성]을 탭합니다. 빈 달력 화면이 나옵니다.

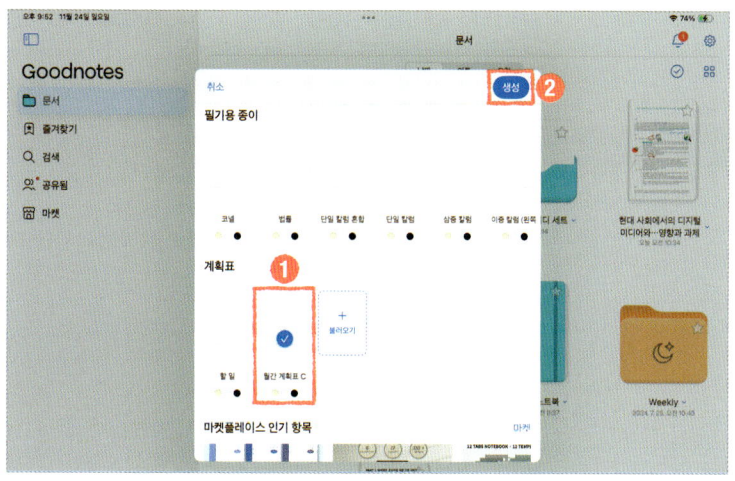

자주 쓰는 템플릿은 길게 탭하여 상단으로 드래그해보세요. 상단에 배치해두면 편하게 작업할 수 있습니다.

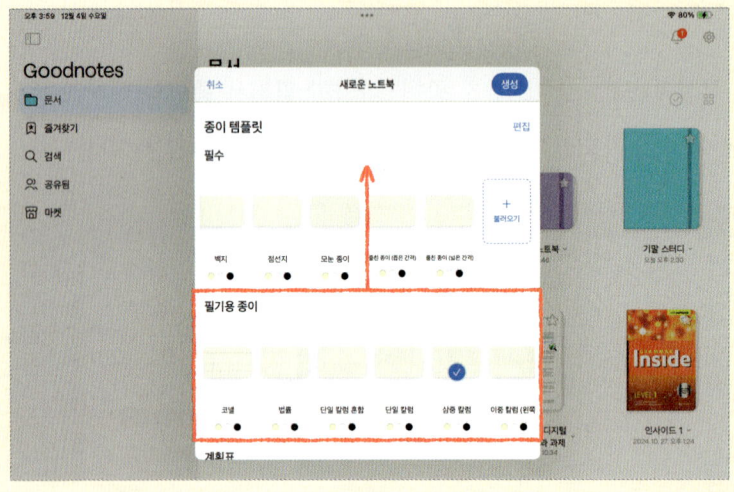

02 굿노트 화면에서 왼쪽 상단의 ❶[축소판]을 탭하면 콘텐츠의 축소판, 책갈피, 개요를 볼 수 있습니다. ❷[돋보기]를 탭하면 손글씨와 타이핑한 노트, PDF 텍스트와 문서 이름으로 검색할 수 있습니다. ❸[말풍선]을 탭하면 AI 기능을 사용할 수 있습니다.

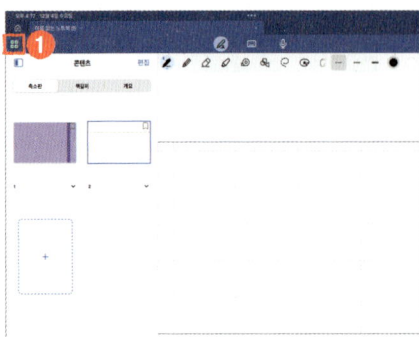

03 상단 가운데 ❶[펜]을 탭하면 손글씨를 쓸 수 있고, ❷[키보드]를 탭하면 키보드로 텍스트를 입력할 수 있습니다. ❸[마이크]를 탭하면 오디오 녹음과 실시간 전사문 보기를 할 수 있습니다.

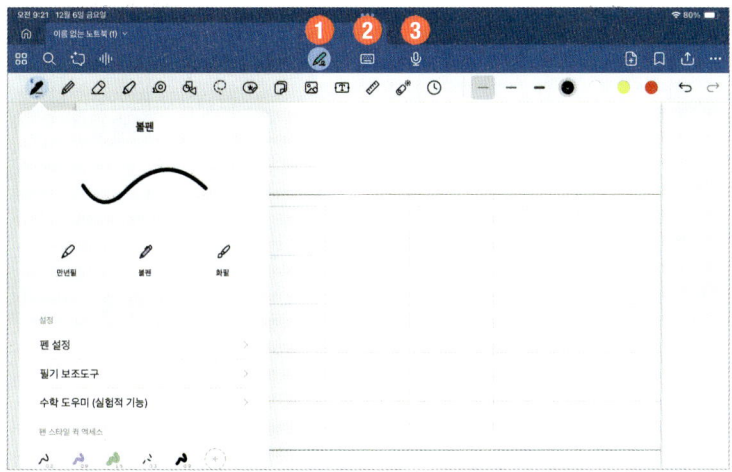

04 ❶[펜]을 탭하면 나타나는 다양한 필기 도구를 하나씩 탭해 확인합니다. 만년필, 볼펜, 화필, 연필, 하이라이터 등의 도구가 있습니다. ❷사용할 펜을 골라 탭하고 한 번 더 탭하면 옵션과 설정을 볼 수 있습니다. 여기서는 [표준 연필]을 탭하고 굵기와 색상을 선택한 뒤 월간 계획표에 손글씨로 날짜를 썼습니다.

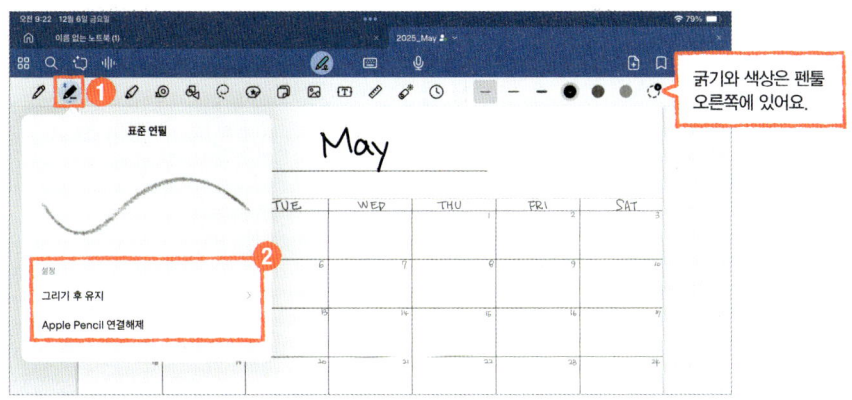

굵기와 색상은 펜툴 오른쪽에 있어요.

05 사진을 추가하고 싶을 때는 스플릿 뷰로 작업하면 편리합니다. ❶화면 상단의 ⋯를 탭하고 ❷[Split View]를 탭합니다. 홈 화면에서 사진 앱 🌈을 탭하여 열면 굿노트 화면과 함께 양쪽으로 분할 배치됩니다.

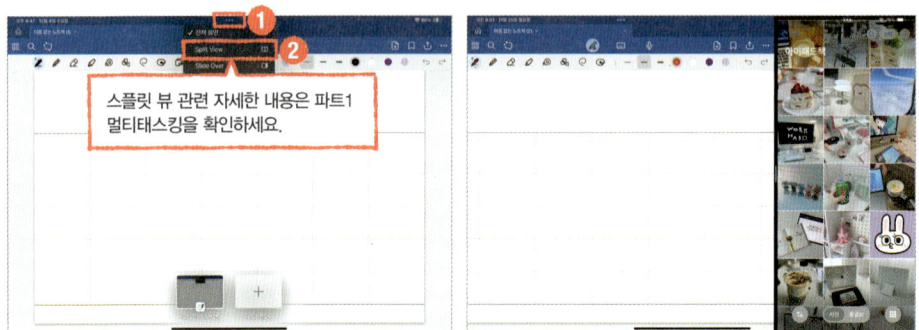

06 사진 앱의 사진을 길게 탭하고 굿노트로 드래그합니다. 바로 손쉽게 추가됩니다.

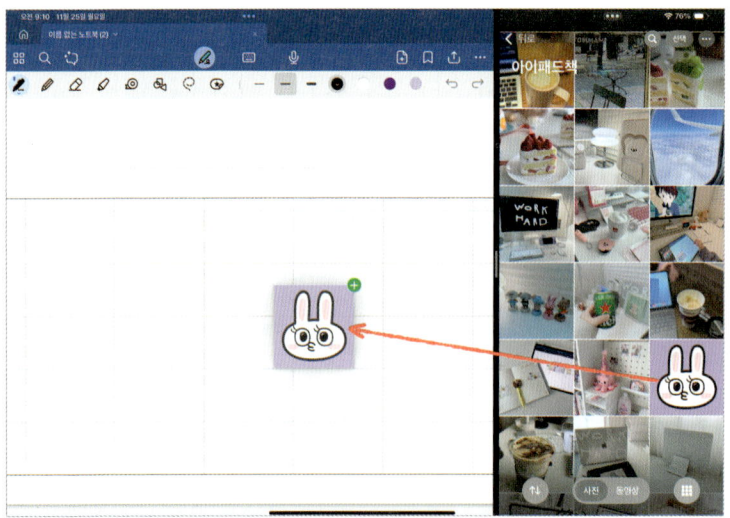

07 이미지를 탭한 뒤 [자르기]를 탭하면 원하는 크기와 모양으로 자를 수 있습니다. 드래그하여 원하는 위치에 배치해봅니다.

08 이미지의 배경은 제거하고 피사체만 붙여 넣고 싶을 때는 ❶ 피사체를 길게 탭합니다. ❷ 테두리가 하얗게 하이라이트 되면 굿노트로 드래그합니다. ❸ 중앙에 있는 분리선을 오른쪽으로 드래그하여 사진 앱을 닫습니다.

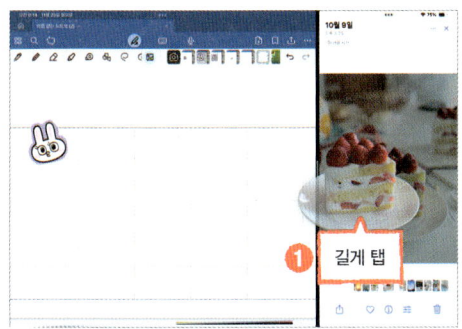

09 ❶[텍스트]를 탭하고 ❷화면을 탭하면 텍스트 상자 안에 글자를 입력할 수 있습니다. 애플 펜슬로 손글씨를 쓰면 자동으로 텍스트로 변환되어 입력됩니다.

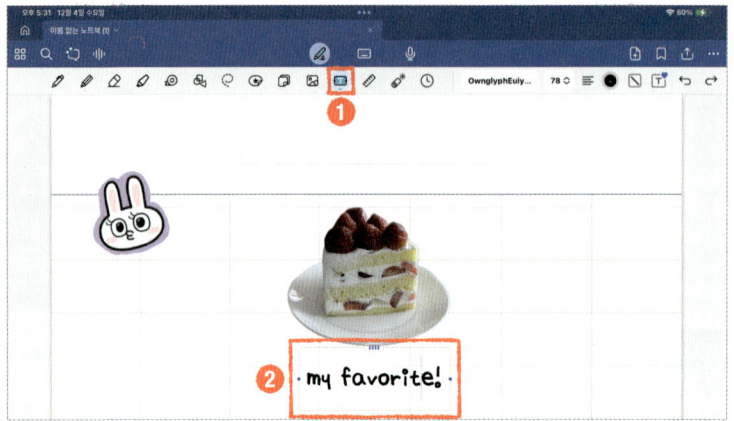

애플 펜슬 제스처를 사용해 텍스트를 편집해보세요. 애플 펜슬 제스처에 대한 자세한 내용은 40쪽을 참고합니다.

10 ❶[스티커]를 두 번 탭한 후 ❷아래 카테고리를 탐색합니다. 스티커 메모, 마인드 맵 모양, 텍스트 스탬프 등 다양한 스티커를 첨부할 수 있습니다.

스티커는 굿노트 마켓에서 구매할 수 있고, 자주 쓰는 이미지를 직접 등록해서 사용할 수도 있어요.

11 ❶화면을 왼쪽으로 천천히 쓸어 넘겨 페이지를 추가합니다. ❷추가한 페이지에서 오른쪽 상단의 ▥를 탭합니다. ❸[템플릿 변경]을 탭하면 다른 템플릿의 종이로 변경할 수 있습니다.

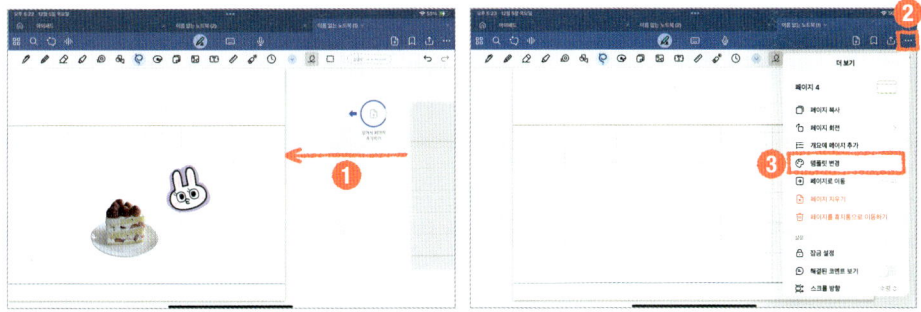

다양한 펜툴을 사용해 손글씨로 다이어리를 작성해보세요. 스티커와 사진을 첨부해 귀엽고 예쁜 나만의 스타일로 다이어리를 꾸며보세요.

나만의 다이어리 만들기

굿노트는 월간 종이만 무료로 제공해요. 연간, 주간, 데일리 서식을 모두 사용하여 다이어리 한 권을 만들고 싶다면 굿노트 마켓에서 판매하는 플래너를 구입해야 합니다. 또는 네이버, 핀터레스트 검색을 통해 무료로 다운로드하거나 구매하여 사용할 수 있어요. 외부 굿노트 서식은 새로운 노트를 생성할 때 종이 템플릿을 불러와 사용하면 됩니다.

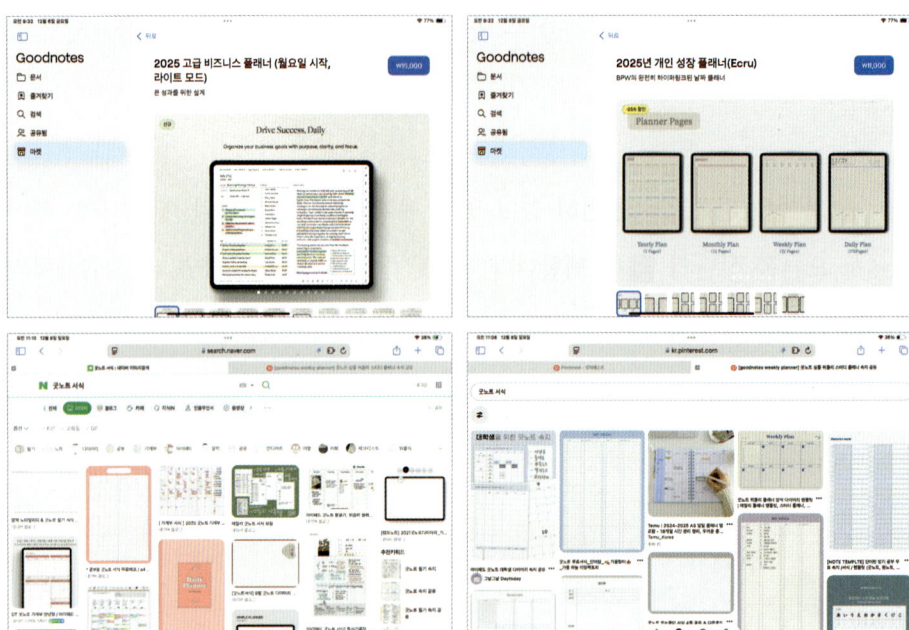

03 프로 작가처럼 그려지는, 프로크리에이트

프로크리에이트는 아이패드의 디지털 아트 작업에 필수인 디지털 드로잉 및 페인팅 앱입니다. 간편한 인터페이스로 초보자부터 취미 작가, 전문 디자이너 모두에게 인기 있는 앱이에요. 다양한 브러시와 레이어 기능, 풍부한 텍스처 옵션으로 다양한 아트워크를 만들 수 있어요. 또, 타임랩스 녹화를 할 수 있어 작업 과정을 자동으로 녹화해 공유할 수 있어요.

프로크리에이트 시작하기

프로크리에이트 앱 🎨을 열면 작품을 모아둔 갤러리 화면이 나타납니다.

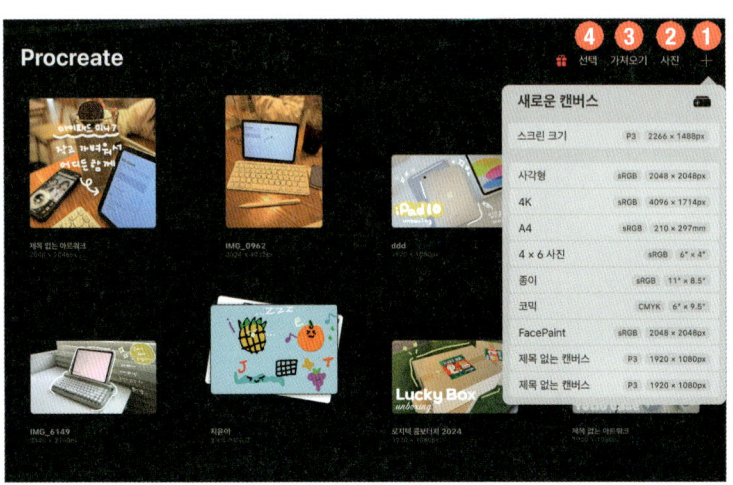

① [+] 버튼 : 캔버스 사이즈를 선택하면 새로운 캔버스가 생성됩니다.

② **사진** : 사진 앱 🌸 의 사진을 가져올 수 있습니다.

③ **가져오기** : 파일 앱 📁 에 있는 파일을 불러올 수 있습니다.

④ **선택** : 갤러리의 아트워크를 관리할 수 있습니다. 스택, 공유, 삭제 등을 할 수 있습니다.

깔끔한 인터페이스

프로크리에이트의 캔버스 화면은 깔끔하고 직관적이에요. 좌우 상단 메뉴와 왼쪽 가장자리의 조절 슬라이더가 전부입니다. 심플한 인터페이스로 그리기의 모든 것을 할 수 있어요. 메뉴부터 간단히 알아보겠습니다.

편집 메뉴

① **갤러리** : 갤러리 화면으로 이동합니다.

② **동작** : 캔버스에 다른 콘텐츠 추가, 캔버스 설정 변경, 공유, 타임랩스 비디오 녹화 등의 작업을 할 수 있습니다.

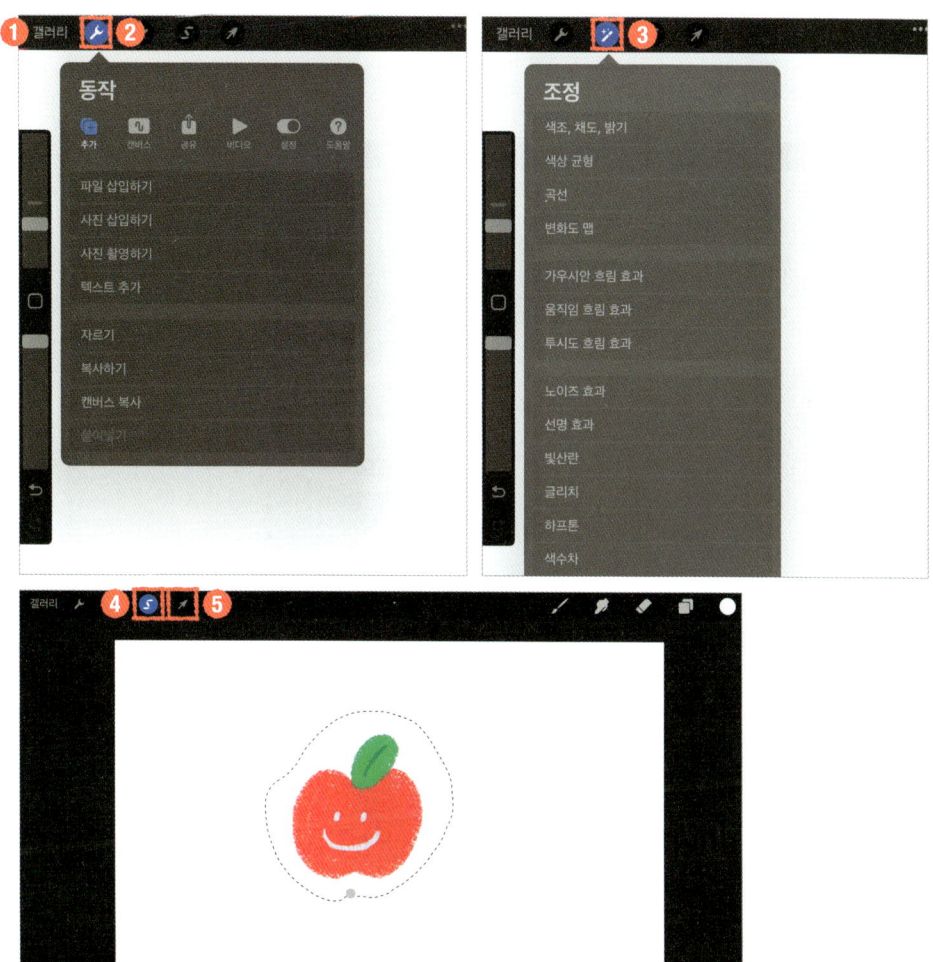

③ 조정 : 이미지의 색상 변경 및 여러 가지 효과를 적용할 수 있습니다.

④ 선택 : 자동, 올가미, 직사각형 등 영역을 선택해 편집할 수 있습니다.

⑤ 변형 : 자유 형태, 균등, 왜곡 등 개체를 편집할 수 있습니다.

페인팅 도구

오른쪽 상단에는 페인팅 도구가 모여 있어요.

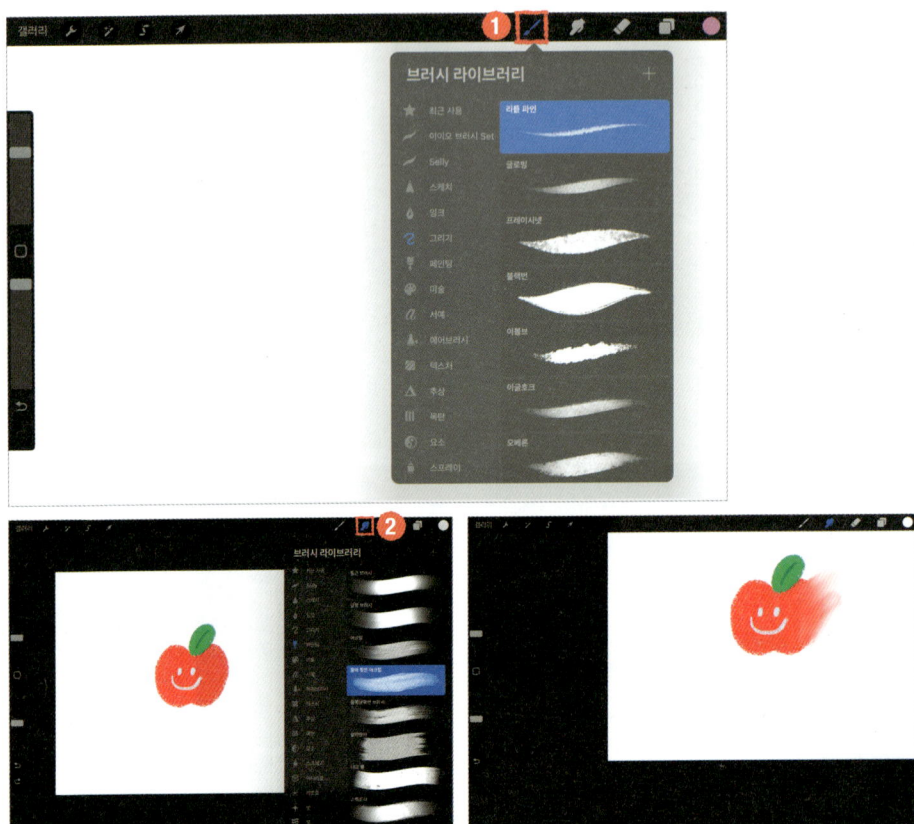

❶ **브러시** : 두 번 탭하면 다양한 브러시 종류를 볼 수 있습니다.

❷ **스머지** : 손가락으로 문지르듯이 페인트를 섞을 수 있습니다. 브러시를 사용해
그린 후 문질러봅니다.

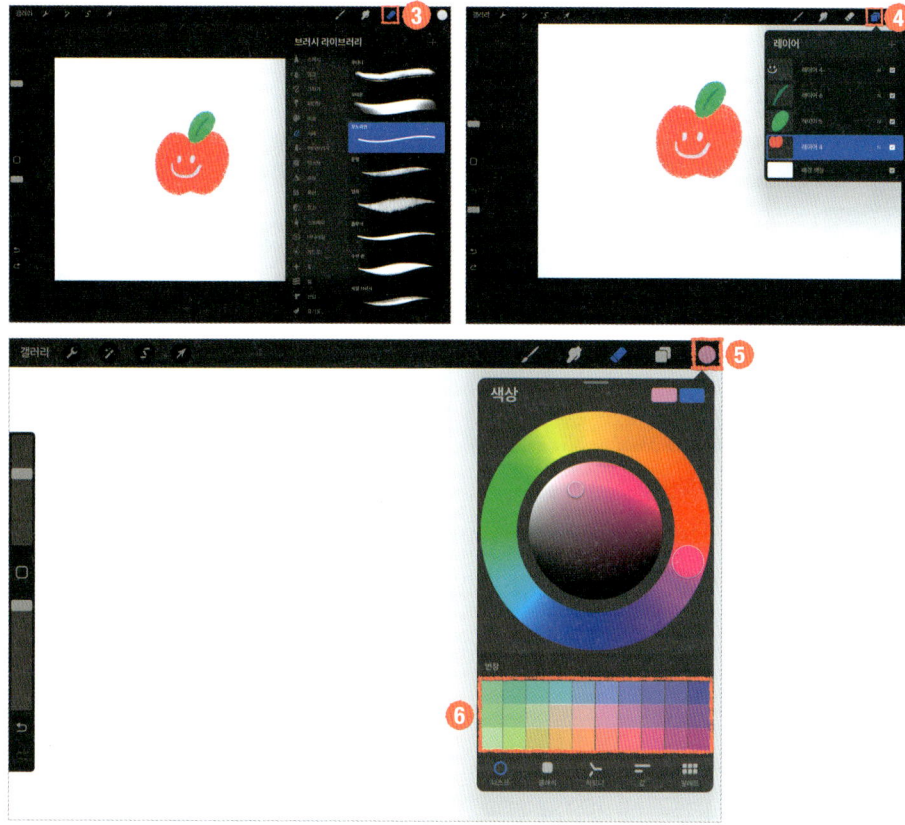

③ 지우개 : 두 번 탭하면 모양을 선택할 수 있습니다.

④ 레이어 : 캔버스에 여러 개의 레이어를 추가하고 관리할 수 있습니다.

⑤ 색상 : 바깥 큰 원에서 표현하고 싶은 색감을 고른 뒤, 안쪽 디스크에서 명암을 조절하여 선택하면 브러시 색상을 바꿀 수 있습니다.

⑥ 팔레트 : 나만의 팔레트를 만들어 사용할 수 있습니다.

조절 슬라이더

브러시를 선택한 후 화면 왼쪽 가장자리 두 개의 슬라이더를 각각 드래그해보세요.

❶ 브러시 두께 조절, 불투명도를 조절할 수 있습니다.

❷ 스포이드로 색상을 빠르게 변경할 수 있습니다.

❸ 실행 취소하기와 ❹ 다시 실행하기가 있습니다.

프로크리에이트 제스처

제스처를 알아두면 드로잉 작업이 훨씬 수월합니다. 다음은 몇 가지 간단한 제스처
입니다. 꼭 익혀두고 사용해보세요.

✳ 두 손가락으로 캔버스를 탭하고 드래그하면 캔버스가 이동 및 회전합니다.

✳ 두 손가락으로 오므리기를 하면 캔버스가 축소됩니다.

✳ 두 손가락으로 벌리기를 하면 캔버스가 확대됩니다.

✳ 캔버스를 살짝 꼬집었다가 놓으면 원래의 스크린 사이즈로 돌아옵니다.

✳ 한 손가락으로 캔버스를 길게 탭하면 스포이드가 나타납니다. 손가락을 떼지 않
  고 원하는 색상 위로 포인트를 드래그한 뒤 놓으면 브러시 색상이 변경됩니다.

✱ 두 손가락으로 탭하면 실행 취소하기가 되고, 두 손가락으로 길게 탭하면 빠르게 실행 취소하기가 됩니다.

✱ 세 손가락으로 탭하면 다시 실행하기가 되며, 세 손가락으로 길게 탭하면 빠르게 다시 실행하기가 됩니다.

✱ 세 손가락으로 화면을 문지르면 선택된 레이어를 깨끗하게 싹 지울 수 있습니다.

그림 그리기, 캘리그래피 쓰기

그림 그리기

01 ❶브러시 종류를 선택하고 ❷두께와 ❸색상을 선택한 뒤 그림을 그립니다. 수정하고 싶다면 두 손가락으로 화면을 탭해 실행을 취소합니다.

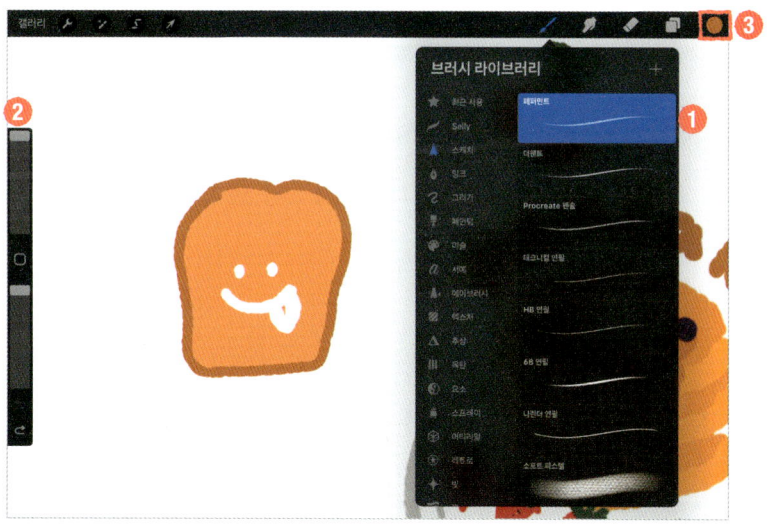

02 ❶[레이어]를 탭하고 ❷[+]를 탭해 레이어를 추가합니다. 레이어를 길게 탭하여 드래그하면 위치를 이동할 수 있습니다. ❸레이어를 왼쪽으로 쓸어 넘기면 삭제, 복제, 잠금을 할 수 있습니다.

다양한 브러시를 활용해 즐겁게 드로잉하세요. 레이어를 적절히 추가하여 드로잉하면 수정도 쉽고 빠릅니다. 예쁜 그림을 그리며 나만의 힐링 타임을 만들어보세요.

캘리그래피 써보기

[갤러리]에서 [사진]을 탭하고 원하는 사진을 선택하여 열면 캔버스로 사용할 수 있어요.

레이어를 추가하여 캘리그래피를 써보세요. 브러시를 선택하고 굵기, 색상을 설정한 뒤 글씨를 써보세요.

[올가미]로 원하는 영역을 드래그하여 선택하고, [변형]을 탭하면 선택한 영역을 이동하고 회전할 수 있습니다.

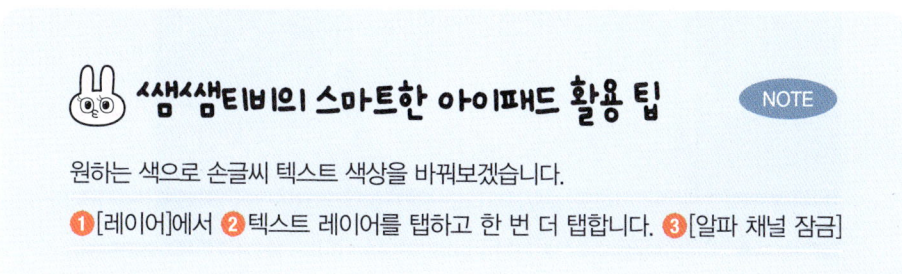

샘샘티비의 스마트한 아이패드 활용 팁 NOTE

원하는 색으로 손글씨 텍스트 색상을 바꿔보겠습니다.

❶ [레이어]에서 ❷ 텍스트 레이어를 탭하고 한 번 더 탭합니다. ❸ [알파 채널 잠금]

을 탭하고, ④[색상]을 탭하여 원하는 색상으로 변경합니다. ⑤다시 레이어에서 텍스트 레이어를 탭하고 ⑥[레이어 채우기]를 탭하면 됩니다.

또한, 텍스트 레이어가 선택되어 있는 상태에서 [조정]-[색조, 채도, 밝기]를 탭하면 색조, 채도, 밝기를 조절하여 텍스트의 색상을 변경할 수 있어요. 색상의 변화를 눈으로 보며 조절할 수 있어 텍스트와 배경, 주변 이미지와 조화를 이루는 색상을 쉽게 찾을 수 있습니다.

텍스트 문구 입력하기

텍스트로 문구를 입력하고 싶을 때는 [동작]-[추가]-[텍스트 추가]를 탭합니다. 텍스트를 입력하고 서체를 지정하거나 원하는 서체를 먼저 선택하고 텍스트를 입력해도 됩니다. 다양한 필기체 폰트를 다운로드하여 사용해보세요.

 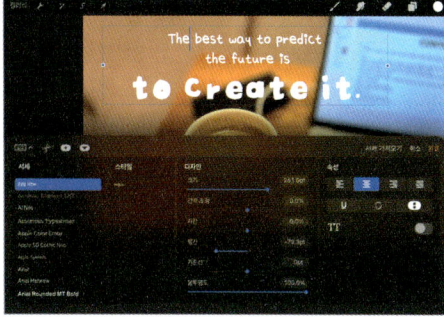

저장하기

이미지를 저장하고 싶을 때는 [동작]-[공유]를 탭한 뒤 원하는 이미지 파일 형식을 선택합니다. [이미지 저장]을 탭하면 사진 앱🌈에 저장됩니다.

PDF 파일로 저장하고 싶을 때는 [동작]-[공유]를 탭한 뒤 [PDF]를 선택합니다. PDF 품질을 선택하고 [파일에 저장]을 탭하면 됩니다.

04 필수가 된 사진 보정, 사진 앱에서 바로!

아이패드 사진 앱 에서는 사진을 감상하고 정리하는 것은 물론 보정과 편집 작업을 할 수 있어요. 아이클라우드 사진을 사용하는 경우 편집한 내용은 모든 기기에 적용됩니다. 자, 쉽고 간단한 보정을 따라 해보세요.

사진 앱 에서 임의의 사진을 탭하여 열고 를 탭하면 편집할 수 있습니다.

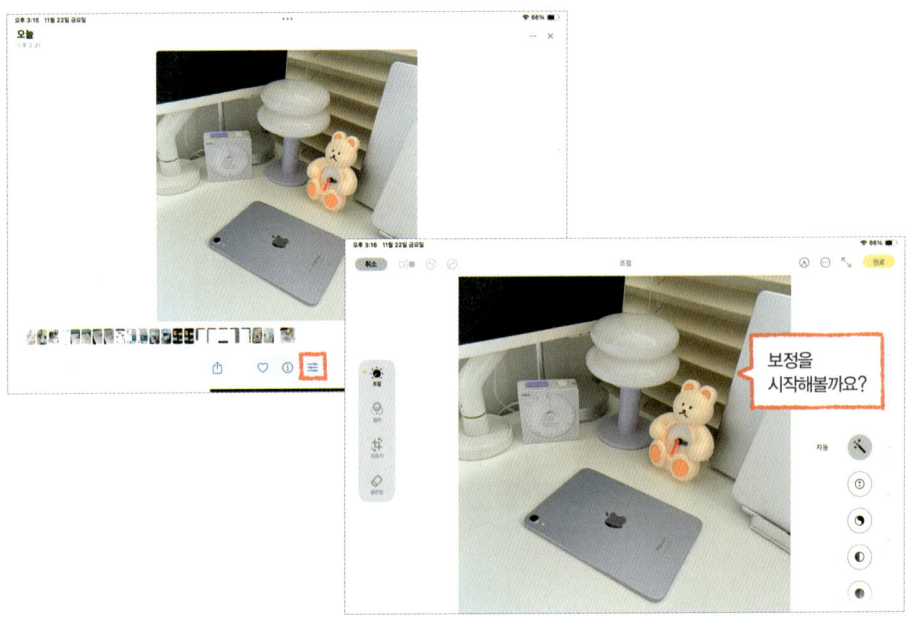

보정을
시작해볼까요?

조절

1 [조절]을 탭하면 오른쪽에서 노출, 하이라이트, 밝기, 색 선명도 등 다양한 효과를 조절할 수 있습니다. 필요한 효과를 선택하고, 슬라이더를 드래그하면 편집 값을 조절할 수 있습니다.

2 🪄를 탭하면 빛과 색상이 자동값으로 편집됩니다.

3 ↺, ↻를 탭하면 여러 편집 단계를 실행 취소하거나 실행 복귀할 수 있습니다.

4 사진을 탭하거나 아이콘을 탭하면 편집된 사진과 원본을 비교하며 볼 수 있습니다.

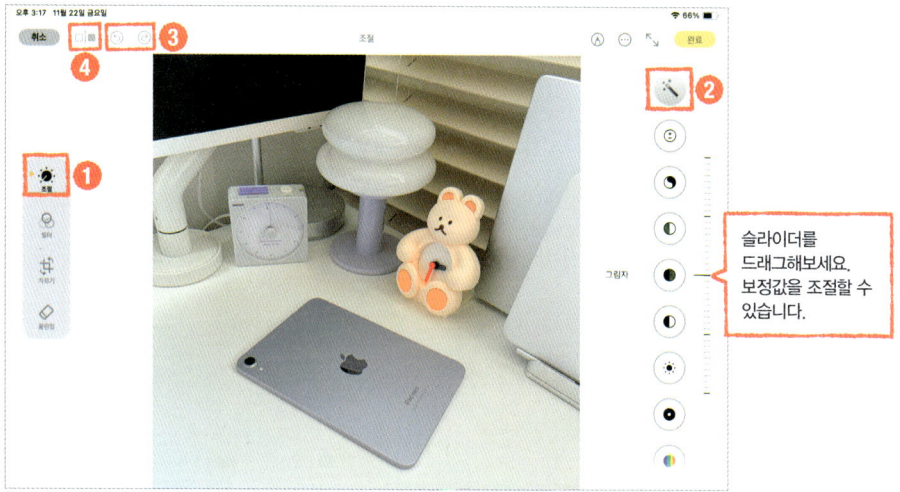

필터

1 [필터]를 탭하고 오른쪽에 제시된 다양한 필터를 스크롤해 적용해봅니다. 선명하게, 드라마틱, 느와르 등 필터를 선택하고 슬라이더를 드래그하면 필터 효과의 강약을 조절할 수 있습니다.

2 필터 적용을 취소하려면 맨 위에 있는 [원본]을 선택하면 됩니다.

자르기

❶ [자르기]를 탭하면 사진을 자르거나 회전, 확대할 수 있습니다.

❷ 왼쪽 상단 메뉴에서 ◭를 탭하면 좌우 반전, ◭를 탭하면 90°씩 회전합니다.

❸ 오른쪽 상단 ◫를 탭하면 정방형, 16:9, 5:4 등 미리 설정된 표준 비율에 맞게 사진을 자를 수 있습니다.

❹ 수평 맞추기, 세로/가로 원근감을 조절할 수 있습니다.

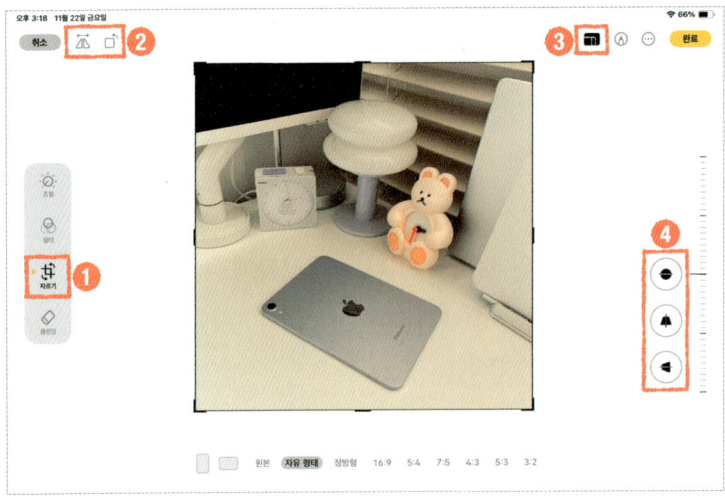

사진을 두 손가락으로 펼치거나 오므리면 확대 및 축소할 수 있습니다.

클린업

애플 인텔리전스를 지원하는 아이패드의 경우, 클린업 기능으로 사진에서 지우고 싶은 부분을 제거할 수 있어요. 클린업을 탭하면 일부 항목이 자동으로 하이라이트 되는데, 탭하면 빠르게 제거할 수 있습니다.

지우고 싶은 부분을 탭하거나 문지르기 또는 주변에 원을 그리면 깔끔하게 제거됩니다. 화면을 확대하고 항목을 선택하면 더욱 깔끔하게 제거할 수 있습니다.

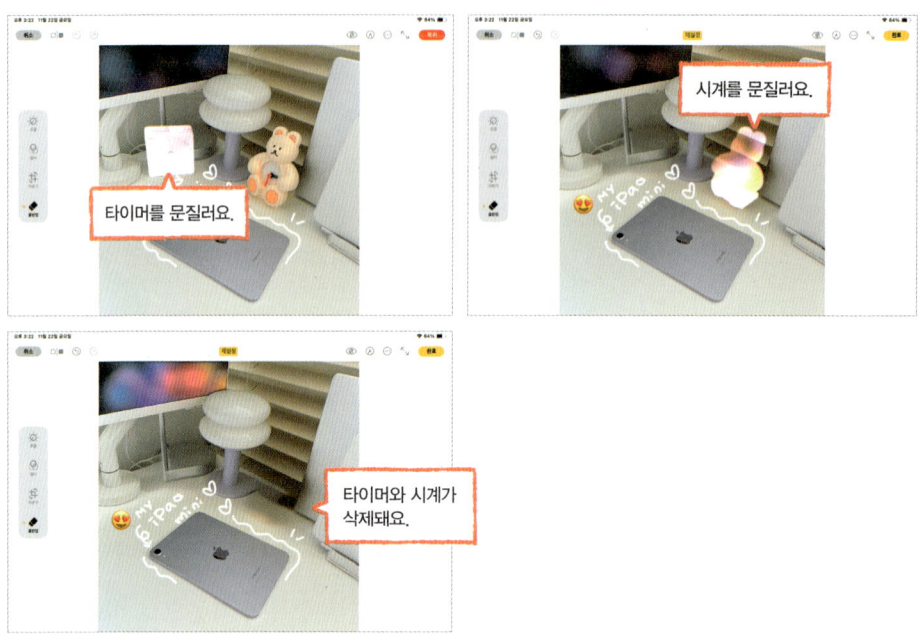

마크업하기

오른쪽 상단의 Ⓐ를 탭하면 마크업 도구 팔레트를 사용할 수 있어요. 여러 가지 펜

으로 글씨를 쓰거나 꾸밀 수 있어요. ✛를 탭하면 이미지 설명, 스티커 추가, 텍스트 추가 등을 할 수 있습니다. 마크업 도구 팔레트의 자세한 내용은 185쪽을 참고하세요.

저장, 취소, 복귀하기

❶ **완료** : 편집한 내용이 저장됩니다.

❷ **취소** : [변경 사항 폐기]를 탭하면 편집이 취소됩니다.

❸ ⊙ : 편집 내용 복사, 편집 내용 붙여넣기, 복제본으로 저장, 원본으로 복귀를 할 수 있습니다.

❹ 원본은 그대로 두길 원한다면 [복제본으로 저장]을 탭합니다.

⑤완료한 뒤 편집 내용을 취소하고 싶다면 사진을 열고 ⚙를 탭합니다. [복귀]를 탭하면 됩니다. 단, 모든 편집 내용이 사라지니 편집 내용을 저장(완료)하기 전에 필요한 부분을 수정합니다.

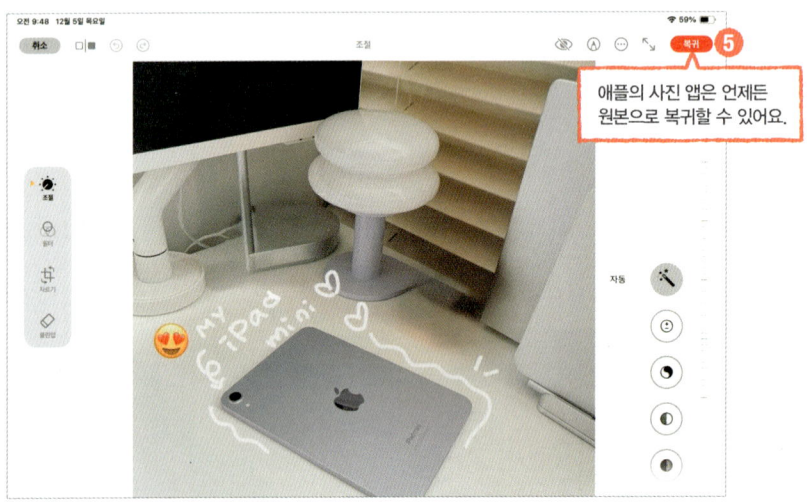

애플의 사진 앱은 언제든 원본으로 복귀할 수 있어요.

놓치면 손해! 아이패드 꿀팁

[편집 내용 복사]를 탭하고, 다른 사진을 선택한 후 [편집 내용 붙여넣기]를 하면 손쉽게 같은 보정 효과를 적용할 수 있습니다.

크리에이터 필수 기술, 영상 편집하기

아이패드에서 영상 편집을 할 수 있는 앱은 여러 가지가 있어요. 애플의 아이무비와 클립스로 간단한 영상 편집을 할 수 있고, 앱 스토어 💠에서 파이널컷 프로, 캡컷, 블로, 키네마스터 등 다른 영상 편집 앱을 다운로드해 사용할 수 있어요. 영상 편집은 한 번만 잘 익혀두면 다른 프로그램으로도 쉽게 작업할 수 있어요. 아이패드에서 사용하면 좋은 파이널컷 프로를 먼저 소개해볼게요.

아이패드용 파이널컷 프로

아이패드용 파이널컷 프로는 고급 타임라인과 음성 분리 기능, 장면 제거 마스크 기능 등 고급 편집 기능을 통해 영상을 전문적으로 편집할 수 있는 앱이에요. 애플 펜슬로 영상 위에 직접 그림을 그리거나 글씨를 쓸 수 있어 영상의 전달력을 높일 수 있어요. 직관적인 화면 구성으로 초보자도 쉽게 영상 편집을 할 수 있습니다.

영상 편집은 비디오 클립을 추가하고 컷 편집하기, 타이틀 추가하기, 배경 음악 추가하기 순으로 진행합니다. 순서대로 잘 따라오세요.

01 파이널컷 프로 앱🎬을 엽니다. ❶❷왼쪽 하단의 [새로운 프로젝트]-[새로운 프로젝트]를 탭합니다.

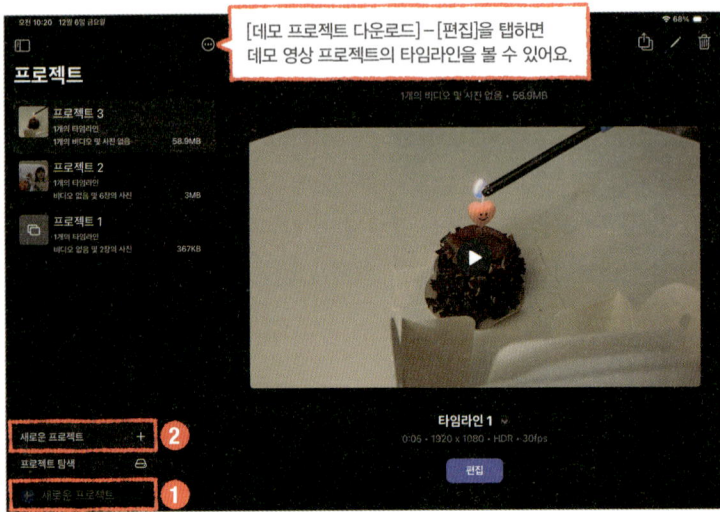

[데모 프로젝트 다운로드]-[편집]을 탭하면 데모 영상 프로젝트의 타임라인을 볼 수 있어요.

02 ❶프로젝트 이름을 입력합니다. ❷포맷과 저장 위치를 정한 뒤 ❸[계속]을 탭합니다.

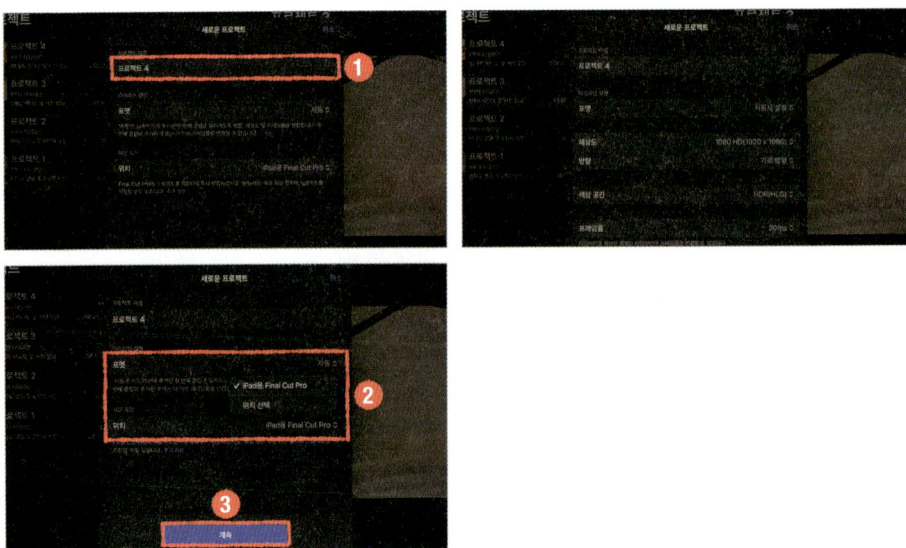

03 ❶[사진]을 탭하고 ❷[비디오]를 탭합니다. ❸추가할 비디오를 선택하고 ❹
[추가]를 탭하면 새로운 프로젝트가 생성됩니다.

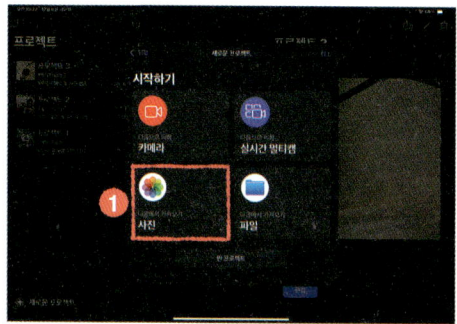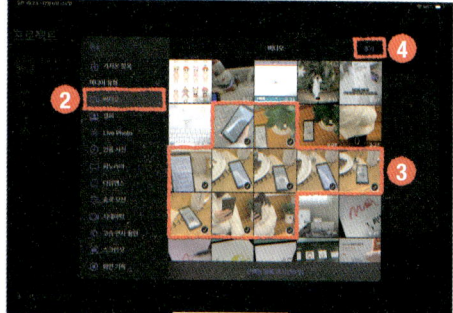

04 ❶오른쪽 상단의 🖼를 탭하고, ❷프로젝트 미디어에서 비디오 클립을 탭하
면 클립의 길이를 조절할 수 있습니다. 노란색 핸들을 드래그하여 시작점과 끝점을
조절합니다. ❸필요한 부분만 남기고 [추가]를 탭하면 하단의 타임라인에 추가됩
니다. 이 작업을 반복하여 타임라인에 비디오 클립을 모두 추가합니다.

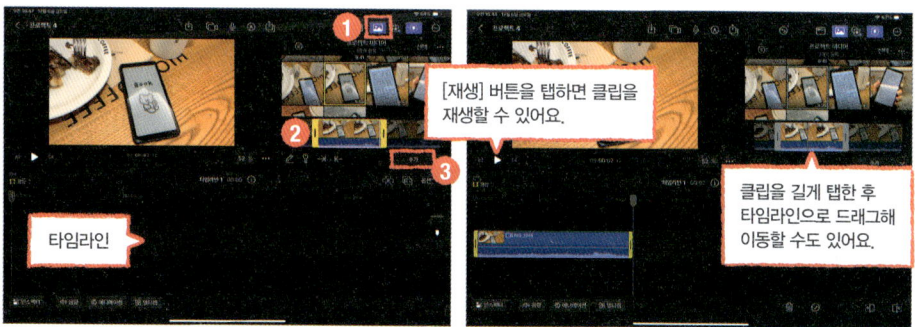

[재생] 버튼을 탭하면 클립을
재생할 수 있어요.

타임라인

클립을 길게 탭한 후
타임라인으로 드래그해
이동할 수도 있어요.

05 타임라인에서는 비디오 클립의 상세 편집을 할 수 있습니다. ❶ 편집하고자 하는 클립을 탭하여 선택하고 ❷ 재생 헤드를 드래그하여 위치를 지정합니다. ❸ 오른쪽 하단의 ⬒, ⬓, ⬔ 를 탭하면 각각 자르기, 앞부분 자르기, 뒷부분 자르기를 할 수 있습니다.

조그휠을 드래그하면 프레임 단위로 정교하게 재생 헤드 위치를 조절할 수 있어요.

06 ❶ 타임라인의 비디오 클립을 탭한 뒤 ❷ [인스펙터]를 탭합니다. 클립 속도, 불투명도, 색상 변환 등의 포맷을 변경할 수 있습니다.

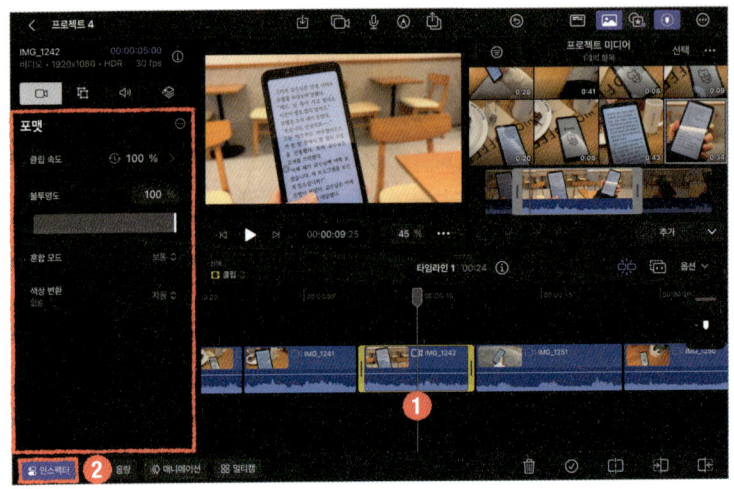

07 오른쪽 상단의 ⊛를 탭하면 효과, 트랜지션, 타이틀, 사운드 트랙 등 다양한 콘텐츠와 효과를 추가할 수 있습니다.

전환 효과를 넣으려면 [트랜지션]을 탭하세요. 트랜지션 효과를 드래그하여 타임라인의 비디오 클립 사이에 추가하면 돼요.

08 [타이틀]을 탭하여 텍스트를 추가합니다. 타이틀을 탭하면 미리 보기 창에서 확인할 수 있고, 길게 탭한 후 타임라인으로 드래그하면 추가할 수 있습니다.

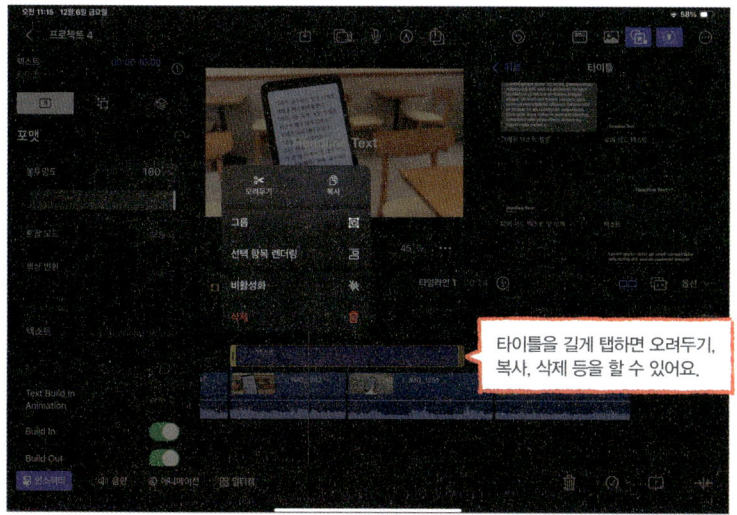

타이틀을 길게 탭하면 오려두기, 복사, 삭제 등을 할 수 있어요.

09 ❶텍스트 클립을 선택하고 ❷[인스펙터]를 탭하면 텍스트 포맷을 설정할 수 있습니다. ❸텍스트를 탭하고 서체와 색상, 불투명도 등의 포맷을 변경해봅니다.

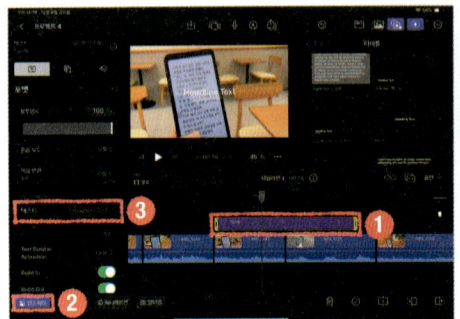
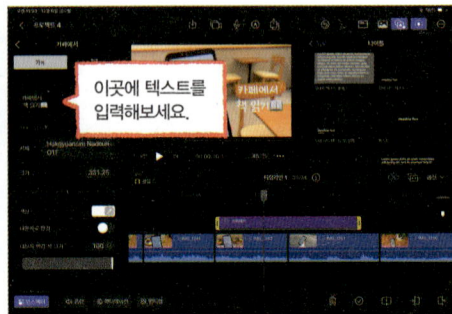

10 도구 막대에서 Ⓐ를 탭하면 마크업 도구를 사용해 실시간 그리기를 할 수 있습니다. 비디오 클립과 텍스트 클립 모두에 그리기를 할 수 있습니다. 마크업 도구 사용법은 185쪽을 참고합니다.

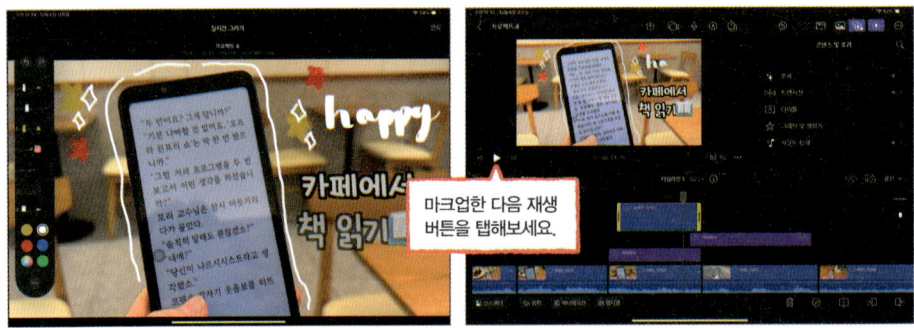

11 ❶오른쪽 상단의 🔂를 탭하고 [사운드 트랙]을 탭합니다. ❷원하는 사운드 트랙을 타임라인으로 드래그해 추가합니다. 타임라인에서 사운드 클립을 드래그하여 원하는 위치로 이동하고, 노란색 핸들을 드래그하여 길이를 조절할 수 있습니다. ❸[인스펙터]를 탭하여 페이드 인/아웃을 설정해봅니다.

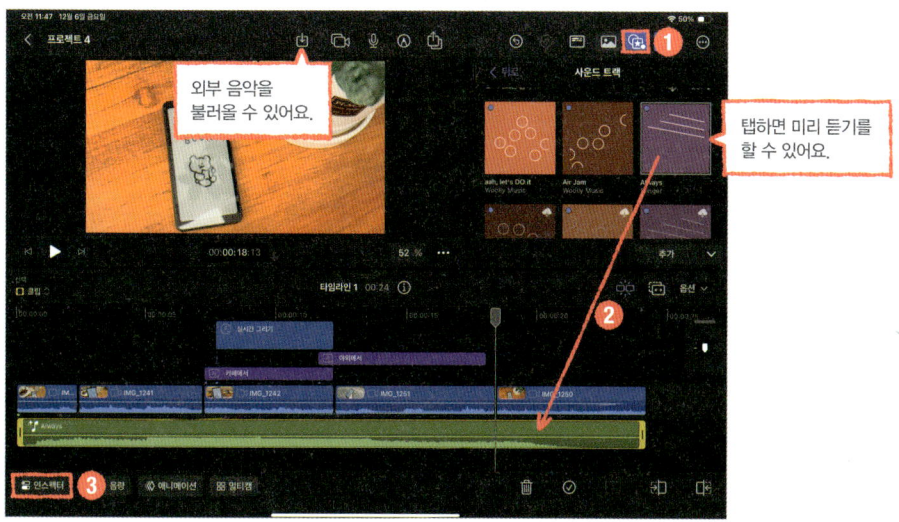

12 ① 편집을 마쳤으면 📤를 탭하고 [비디오]를 탭합니다. ② 비디오 옵션을 설정하고 [내보내기]를 탭합니다. 완성된 비디오를 다양한 플랫폼에 업로드해봅니다.

캡컷

캡컷(CapCut)은 다양한 영상 편집 기능을 제공하는 앱이에요. 영상 클립 자르기, 분할, 자막 추가, 배경 음악 추가 등의 기본 편집 기능은 물론 필터, 텍스트 애니메이션 등 다양한 효과를 제공합니다. 직관적인 디자인으로 초보자도 쉽게 편집할 수 있는 것이 특징이에요. 유료 결제 시 AI 도구를 사용하여 텍스트 자동 생성 및 자동 캡션 기능, 배경 제거 기능을 사용할 수 있습니다.

01 ❶캡컷 앱 ❂을 열고 [새 프로젝트]를 탭합니다. ❷동영상, 사진, 라이브 사진 등 추가하고 싶은 항목을 선택한 뒤 ❸[추가]를 탭합니다.

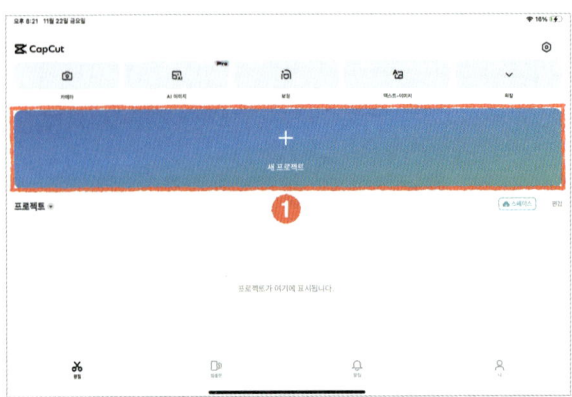

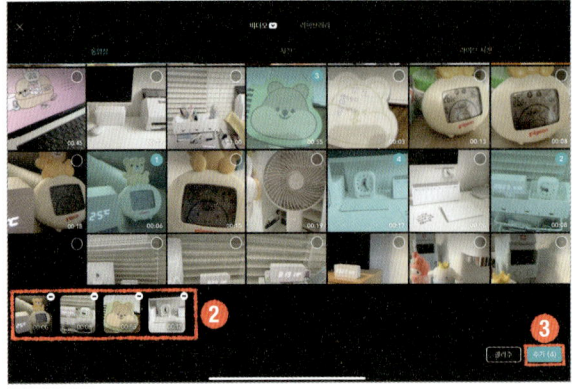

02 ❶왼쪽 하단의 [편집]을 탭하면, 편집 모드로 전환되어 다양한 편집 도구를 볼 수 있습니다. ❷각 영상 클립을 선택하면 클립의 길이를 조절할 수 있습니다.

영상 클립 사이를 탭하면 전환 효과를 추가할 수 있어요.

❷ 선택

03 ❶분할하여 필요 없는 부분을 ❷삭제할 수 있습니다. ❸컷 편집 작업을 완료하면 █를 탭하여 이전 화면으로 나옵니다.

04 ❶[텍스트]–[텍스트 추가]를 탭하면 미리 보기 영상에 텍스트 박스가 나타납니다. 입력창에 텍스트를 입력한 뒤 ❷템플릿, 편집효과, 애니메이션 등 원하는 효과를 적용합니다. 다양한 텍스트 효과를 빠르게 적용할 수 있습니다. ❸체크 표시를 탭하면 텍스트 입력이 완료됩니다.

05 ❶새로 추가된 텍스트 클립을 탭한 뒤 ❷흰색 핸들을 드래그하면 시작점과

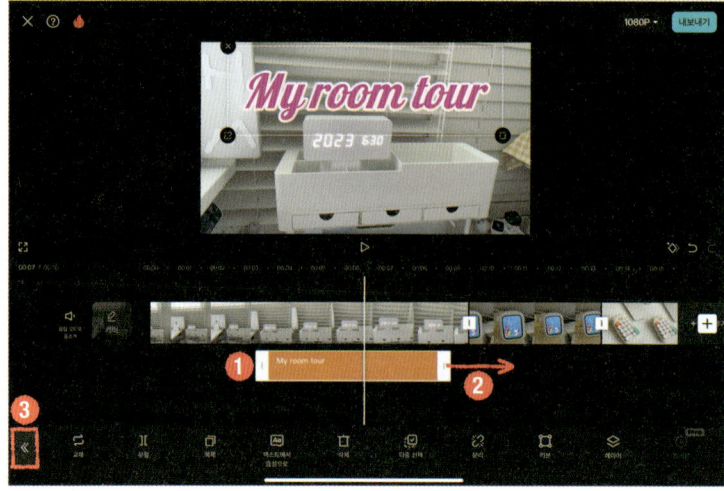

끝점을 조절할 수 있습니다. 텍스트 클립을 길게 탭한 후 드래그하여 원하는 곳으로 위치를 이동해봅니다. ❸텍스트 클립 편집을 마쳤으면 █를 탭한 뒤 █를 탭하여 편집 메인 화면으로 나옵니다.

06 [오디오]−[사운드]를 탭합니다. 음악을 선택한 뒤 [+]를 탭하면 배경 음악을 추가할 수 있습니다.

오디오 클립을 길게 탭하여 원하는 위치로 드래그합니다. 클립의 앞뒤 길이를 조절한 후 [희미하게]를 탭하면 페이드 인/아웃을 선택할 수 있습니다.

비디오, 텍스트, 오디오까지 모든 편집이 완료되면 오른쪽 상단의 [내보내기]를 탭합니다. [기타]를 탭하고 [비디오 저장] 또는 [파일에 저장]을 탭한 뒤 [완료]를 탭합니다.

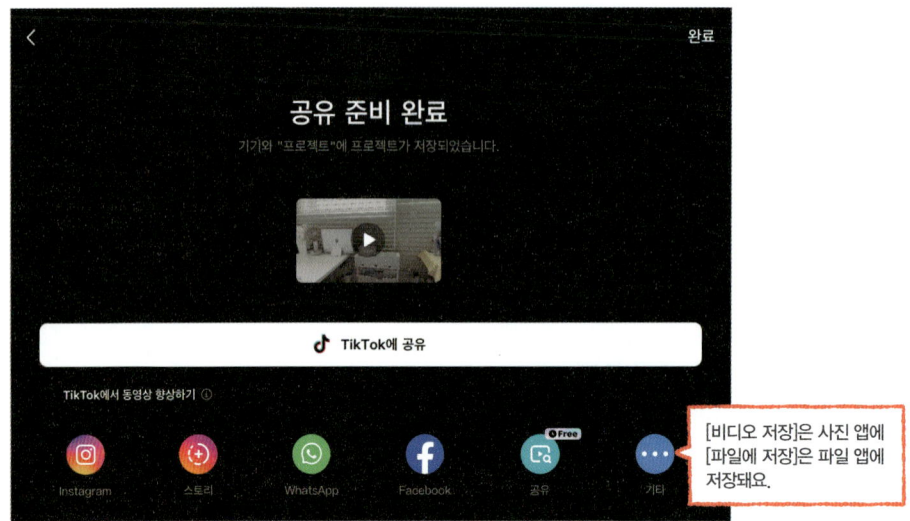

[비디오 저장]은 사진 앱에 [파일에 저장]은 파일 앱에 저장돼요.

블로(VLLO), 키네마스터(KineMaster) 등 다른 영상 편집 앱도 기본 편집 기능은 비슷해요. 앱별로 적용할 수 있는 효과가 다르니 다양하게 사용해보고 나의 스타일에 맞는 편집 앱을 찾아보세요.

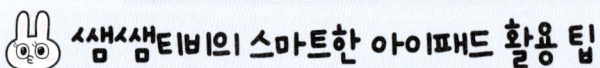 샘샘티비의 스마트한 아이패드 활용 팁   NOTE

영상 편집이 처음에는 어려울 수 있어요. 이럴 때는 각 영상 편집 앱에서 제공하는 템플릿을 활용해보세요. 잘 짜인 템플릿에 비디오 클립, 자막 내용만 교체 및 수정하면 나만의 영상으로 금방 뚝딱 만들 수 있어요. 영상 만들기가 처음이라면 60초 내외의 숏폼부터 시작해보세요. 각 영상 클립의 길이가 짧은 템플릿부터 추천합니다.

06 나만의 콘텐츠로 용돈 벌기

아이패드로는 글 작성, 그림 그리기, 캘리그래피 쓰기, 영상 편집, 플랫폼에 업로드 하기 등의 창의적인 작업을 모두 할 수 있어요. 학업과 취업 준비뿐 아니라 나만의 콘텐츠를 쌓는 일도 아이패드와 함께 꾸준히 해보세요. 나만의 힐링 타임과 용돈 벌기를 연결할 수 있는 사이트를 소개해볼게요.

카카오 이모티콘 스튜디오

아이패드로 그림 그리는 것을 좋아한다면, 이모티콘을 그려 이모티콘 작가가 되어 보세요. 프로크리에이트나 어도비 프레스코 같은 인기 있는 앱을 사용해 이모티콘 을 디자인할 수 있어요. 디자인할 때는 규격에 맞춰 각 이미지 파일의 크기와 해상 도를 조정해야 판매가 가능합니다. 창의적이고 감각적인 디자인의 귀여운 동물 캐 릭터나 일상적인 감정 표현을 나타내는 다양한 이모티콘을 만들어보세요. 카카오

 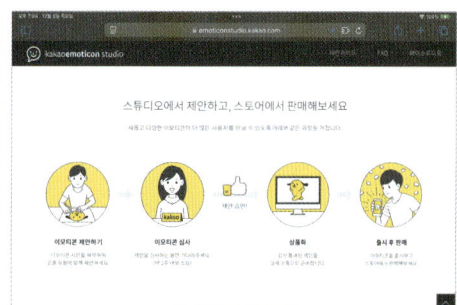

이모티콘 스튜디오에 작가 신청을 한 뒤 심사를 통과하면 작가로 등록되어 이모티콘을 출시할 수 있습니다.

크몽

크몽(KMONG)은 다양한 분야의 프리랜서들이 자신의 창작물과 서비스를 판매할 수 있는 플랫폼이에요. 700여 개의 다양한 카테고리에서 내가 판매할 수 있는 것은 무엇인지 찾아보세요.

아이패드를 활용해 구매자가 원하는 스타일로 맞춤형 캐릭터, 브랜딩 로고, 아이콘 등을 디자인하여 판매할 수 있어요. 굿노트나 노타빌리티 등의 디지털 노트나 템플릿을 만들어 판매할 수도 있습니다. 일정을 관리할 수 있는 디지털 플래너는 사용자의 취향에 맞춘 디자인과 구성을 제공해 인기가 높습니다. PPT 템플릿이나 이력서 템플릿, 계획서 템플릿 등 나만의 노하우가 있다면 판매해보세요.

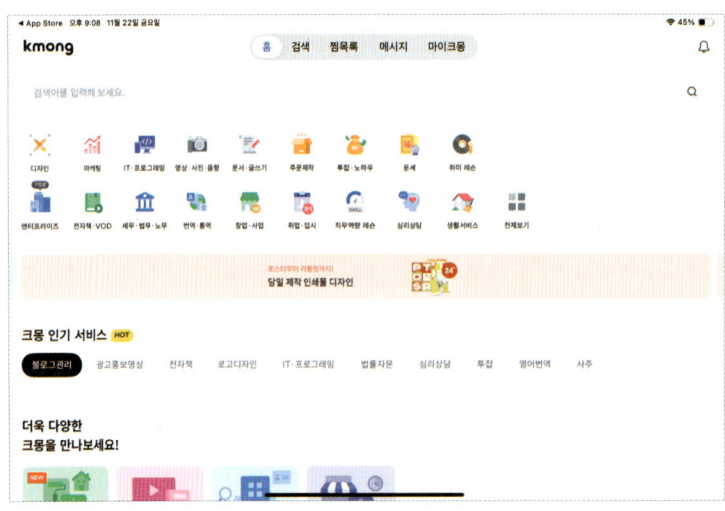

레뷰

레뷰(REVU)는 체험단 활동을 지원하는 플랫폼이에요. 다양한 브랜드의 제품과 서비스를 체험하고, 후기를 작성하거나 나만의 리뷰 콘텐츠를 SNS에 게시하는 방식으로 체험단 활동을 할 수 있어요.

아이패드의 캘린더, 미리 알림 앱에 체험단 신청 마감일과 리뷰 제출 기한 등의 이벤트를 등록해둡니다. 노트 앱이나 프리폼에 체험 중 느낀 점이나 아이디어를 기록, 사진 앱으로 이미지 보정과 마크업 꾸미기, 간단한 동영상 편집하기 등을 통해 체험단 활동을 할 수 있습니다.

제품과 서비스를 경험하고 나만의 콘텐츠를 만들어 사람들과 공유하는 과정을 체험단 활동으로 경험해보세요. 글 작성과 사진, 동영상 등의 콘텐츠를 창의적으로 만들어내는 일은 나만의 경쟁력으로 차곡차곡 쌓입니다. 다양한 세상을 경험하고 나의 생각을 글로, 사진으로, 영상으로 제작하는 일을 꼭 해보세요.

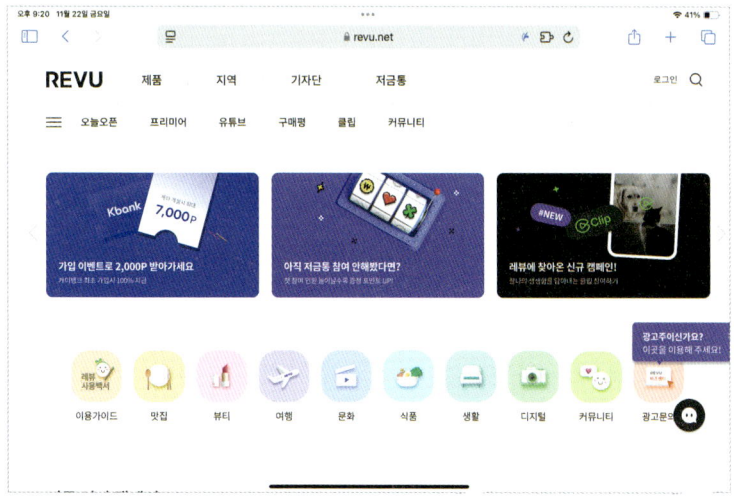

부크크

부크크(BOOKK)는 자가 출판 플랫폼으로 누구나 쉽게 나만의 책을 만들고 출판할 수 있는 곳이에요. 종이 책과 전자책 모두 만들 수 있고, 주문이 들어오면 책을 인쇄하는 방식으로 초기 비용 부담 없이 출판할 수 있어요. 교보문고와 알라딘 등 다양한 온라인 서점에서 판매할 수 있고 수익금 정산은 부크크 사이트를 통해 매월 인출할 수 있습니다. 시, 에세이, 소설, 회고록, 자기계발, 인문사회 등 다양한 분야의 책을 만들 수 있어요. 글 쓰는 것을 좋아한다면 나만의 스토리를 담은 에세이 북을 만들어 작가가 되어보세요.

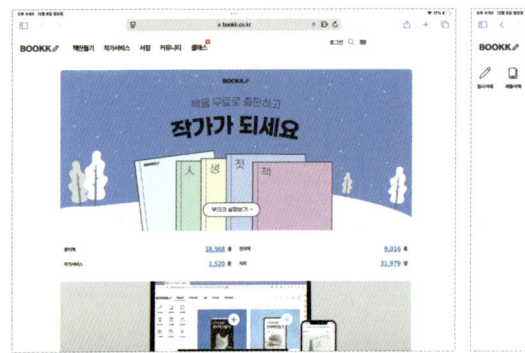 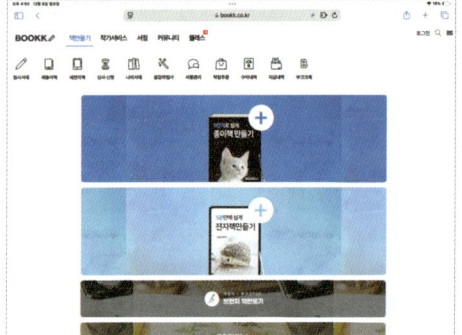

와디즈, 텀블벅

와디즈(Wadiz), 텀블벅(Tumblbug)은 크라우드 펀딩 플랫폼이에요. 창작자와 후원자를 연결하는 곳으로 개인이나 스타트업이 제품이나 서비스를 선보이고 자금을 모을 수 있는 곳입니다. 웹툰, 디자인 문구, 캐릭터 굿즈, 출판, 디지털 콘텐츠 등 다양한 분야의 펀딩을 할 수 있고 후원을 받아 목표를 달성하면 일정 수수료를 제하고 후원금을 받을 수 있어요. 진행 중인 여러 다양한 프로젝트를 둘러보고 내가 가진 장점으로 펀딩할 수 있는 서비스나 상품은 무엇이 있을지 생각해보세요.

나만의 PDF 전자책 만들기

나만의 노하우나 이야기를 PDF 전자책으로 만들어 판매할 수 있는 곳은 여러 군데가 있어요. 크몽, 와디즈, 텀블벅 등의 사이트에 등록하여 판매할 수 있고, 블로그나 인스타그램, 유튜브 등 개인 SNS 계정을 통해 판매할 수 있습니다. 플랫폼을 통해 판매하면 일정 수수료를 지급해야 하지만 대형 플랫폼의 마케팅 효과를 누릴 수 있어요. 수능 영어 1등급 노하우, 토익 990점 만점, 토익 첫 시험 800점 받기, 전 과목 A+ 노트 정리 노하우, 대학 생활 4년 동안 1억 벌기, 대기업 취업 노하우 등 관심사가 같은 사람들에게 도움이 될 만한 나만의 노하우를 정리하여 판매해보세요.

네이버 블로그, 인스타그램, 유튜브

나만의 콘텐츠로 퍼스널 브랜딩하여 SNS 계정을 운영해보세요. 아이패드의 메모, 프리폼에 아이디어를 스케치하고 사진 앱, 파이널컷 프로, 프로크리에이트 등을 활용해 콘텐츠를 생산하여 네이버 블로그, 인스타그램, 유튜브에 업로드해보세요.

애드포스트 수입, 조회수 수입은 물론 다양한 제휴 마케팅을 통해 더 큰 수익을 만들 수 있습니다. 아이패드를 활용해 할 수 있는 모든 것을 해보세요!

PART 03

취업 뽀개버리는
아이패드 활용법

마지막 파트에 오신 것을 환영합니다! 이번 파트에서는 아이패드를 활용해 하루를 보다 생산적으로 보내고, 학업과 취업 준비를 더욱 유용하게 하는 방법들을 알아보려고 합니다. 아이패드와 함께라면 학업과 바쁜 취준 일상을 체계적으로 관리하고 효율적인 루틴을 설정할 수 있어요. 복잡한 일정도 쉽게 정리할 수 있고, 중요한 일들도 놓치지 않도록 다양한 알림을 자동화할 수 있습니다.

서류 준비부터 일정 관리까지, 취준생에게 필요한 다양한 기능을 익혀 경쟁력을 키워보세요. 입사 지원 기한이나 면접 일정을 체계적으로 관리하고, 자동화된 기능을 통해 시간을 절약하면 더욱 스마트한 준비가 가능합니다. 아이패드를 활용해 취업 준비 과정을 최적화해보세요.

아이패드를 최대로 활용하여
나만의 루틴을 구축하고, 더 나은 하루와 성공적인 내일을
준비해보세요! :)

CHAPTER 01

나의 생산적인 하루 루틴 관리 with 아이패드

아이패드를 활용하여 하루 24시간을 알차게 채워볼까요? 작은 습관들을 쌓아가는 과정을 통해 일주일, 한 달 그리고 일 년을 더 의미 있고 뿌듯하게 만들어보세요. 이번 챕터에서는 루틴 관리에 꼭 필요한 아이패드의 캘린더와 미리 알림 앱을 어떻게 활용할지 소개합니다. 또한, 효율성을 극대화할 수 있는 단축어 앱의 사용 방법도 알아봅니다. 몰입이 필요한 순간에는 집중 모드를 통해 외부의 방해 요소를 최소화하여 더욱 스마트하게 하루를 관리하는 방법을 알아보겠습니다.

01 일정 관리를 도와주는 캘린더 활용하기

아이패드의 캘린더 앱은 일별, 주별, 월별, 연별 보기로 일정을 쉽게 파악할 수 있어요. 여러 계정을 연동하여 모든 일정을 한곳에서 관리할 수 있고, 캘린더를 여러개 만들어 개인 일정과 학업 일정, 취업 준비 일정을 분리해 체계적으로 관리할 수 있어요. 다른 사람들과 캘린더를 공유할 수 있어 함께 취업을 준비하는 친구들 혹은 스터디 구성원들의 스케줄을 확인하고 손쉽게 모임 일정을 정할 수 있답니다.

캘린더 기능 간단하게 살펴보기

캘린더 앱 을 실행하면 심플한 월간 달력 화면을 볼 수 있어요.

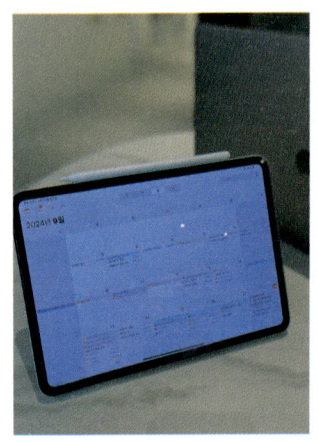

화면 상단의 [일], [주], [월], [년]을 탭하면 각각 일간, 주간, 월간, 연간 캘린더를
볼 수 있습니다.

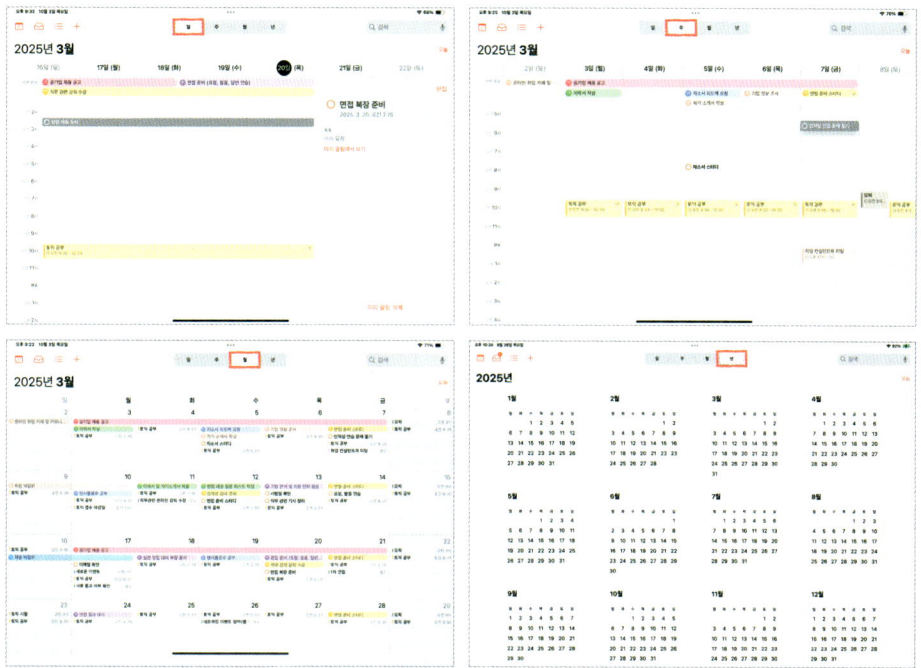

채용 공고 일정이나 지원서 접수 기간, 면접일 등의 굵직한 일정은 월간 캘린더에
서 정리해보세요. 한 주의 할 일이나 챙겨야 할 사항은 주간 캘린더에서, 하루하루
시간 단위의 일정을 관리할 때는 일간 캘린더를 보며 정리해봅니다.

왼쪽 상단의 를 탭하면 캘린더 목록을 볼 수 있어요. 여러 개의 캘린더를 만들 거나 선택할 수 있습니다.

를 탭하면 초대받은 내용을 볼 수 있어요.

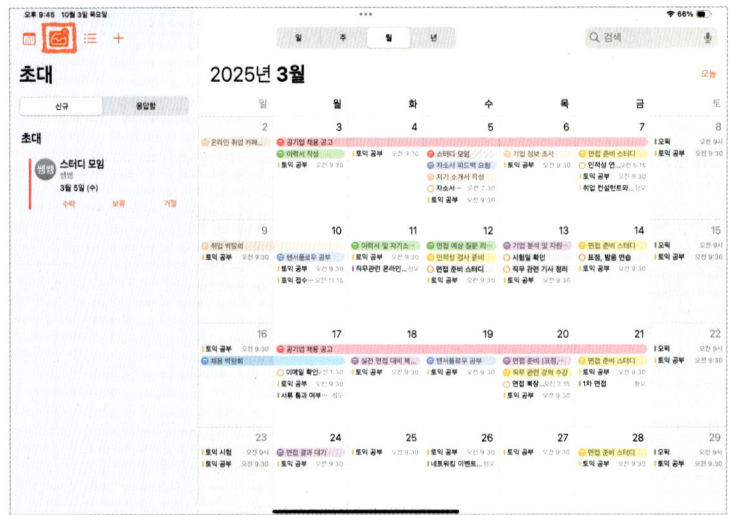

:≡를 탭하면 생성되어 있는 이벤트 목록을 날짜순으로 볼 수 있습니다.

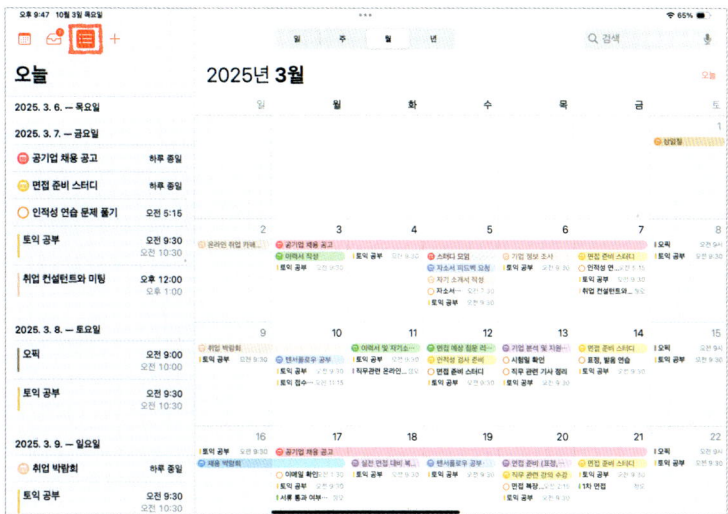

[+]를 탭하면 새로운 이벤트와 미리 알림을 추가할 수 있어요.

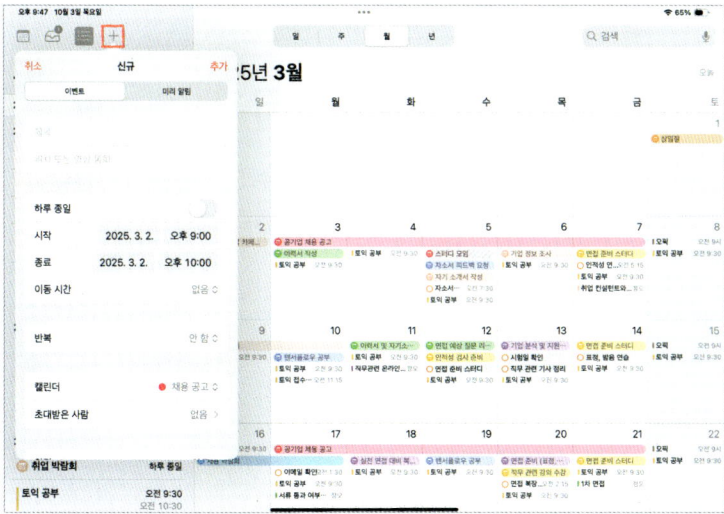

오른쪽 상단의 🔍 를 탭하면 손쉽게 이벤트를 검색할 수 있습니다. 이벤트 제목은 물론, 초대받은 사람이나 위치, 메모로 검색할 수 있어요.

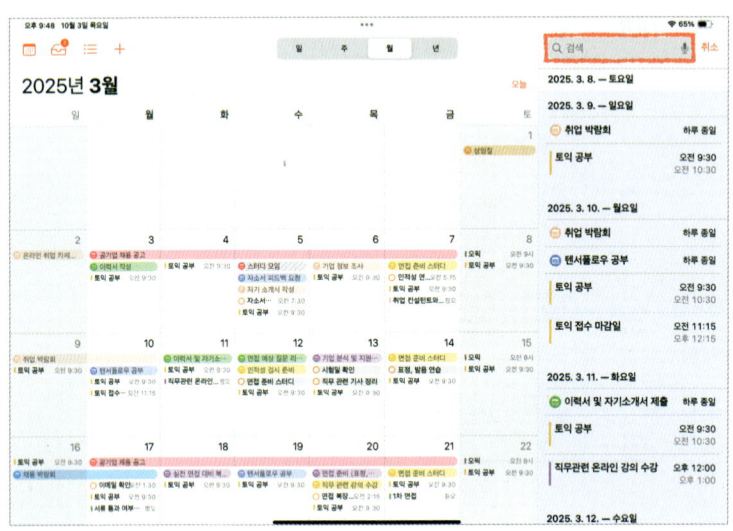

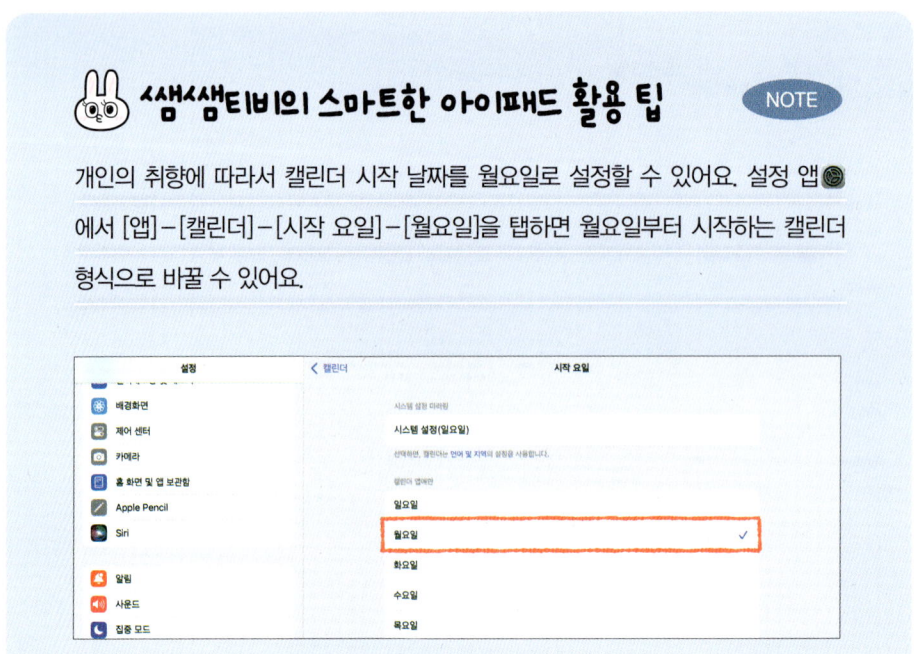

샘샘티비의 스마트한 아이패드 활용 팁   NOTE

개인의 취향에 따라서 캘린더 시작 날짜를 월요일로 설정할 수 있어요. 설정 앱⚙️에서 [앱]–[캘린더]–[시작 요일]–[월요일]을 탭하면 월요일부터 시작하는 캘린더 형식으로 바꿀 수 있어요.

[주 번호] 설정을 켜면 캘린더의 모든 주 옆에 번호가 표시됩니다. [지정 시간대 적용], [기본 알림 시간], [기본 캘린더] 등 나에게 알맞은 설정으로 바꿔보세요.

놓치면 안 되는 이벤트는 미리 알림으로 관리하자

채용 공고 일정이나 취업 박람회 기간은 물론, 기업 입사 지원 마감일이나 면접 스터디 일정 등 중요한 이벤트를 캘린더에 기록해보세요. 이벤트 제목을 설정할 수 있고 장소, 시간, 위치 등을 추가로 메모해둘 수 있으며 알림을 설정해 미리 준비할 수도 있습니다. 반복 설정을 해두면 주기적으로 이벤트를 추가할 수 있어 편리합니다. 화면 상단의 [+]를 탭하면 새로운 이벤트 혹은 미리 알림을 생성할 수 있어요.

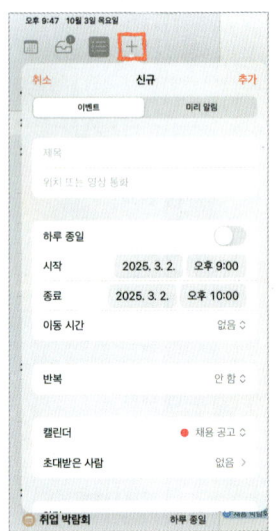

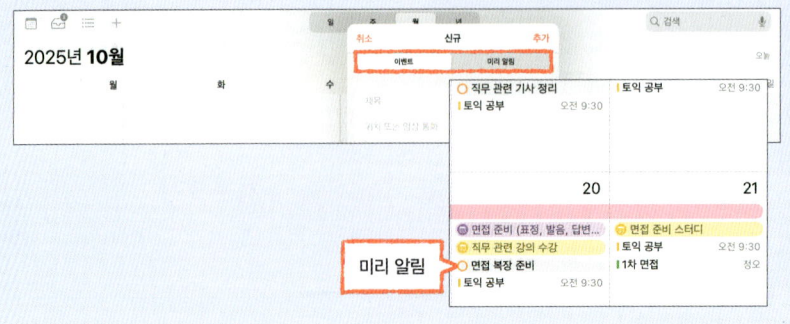

쌤쌤티비의 스마트한 아이패드 활용 팁　NOTE

캘린더 앱 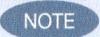에서는 미리 알림도 만들 수 있어요. 캘린더 앱에서 미리 알림을 만들면 캘린더와 미리 알림 앱에 모두 표시됩니다. 또한, 미리 알림 앱에서 생성한 미리 알림도 캘린더에 자동으로 표시됩니다. 미리 알림은 341쪽에서 자세히 다룹니다.

쉽게 이벤트 등록하기

이벤트의 제목을 입력하면 간단하게 이벤트를 추가할 수 있어요. 기업 면접 일정이나 스터디 모임 일정 등을 등록해둘 때는 추가적으로 위치 정보를 입력하고 이동 시간과 알림 설정을 해두면 준비할 시간을 알 수 있어 여유를 가지고 준비할 수 있습니다.

이벤트 적용 시간은 시작 및 종료 날짜와 시간을 지정할 수 있어 채용 시즌 일정이나 자격증 시험 접수 기간, 공모전 기간도 한 번에 기록해둘 수 있습니다. 또한, 매일 반복되는 일과는 반복 설정으로 일정에 추가해두면 편리해요. 매일, 매주 혹은 2주마다, 매월 등 나에게 알맞은 주기를 설정할 수 있습니다. 채용 공고나 경제 뉴스, 취업 관련 뉴스를 확인하며 동향을 파악하는 일처럼 일상적인 활동은 매일 또는 평일 반복으로 설정해보세요.

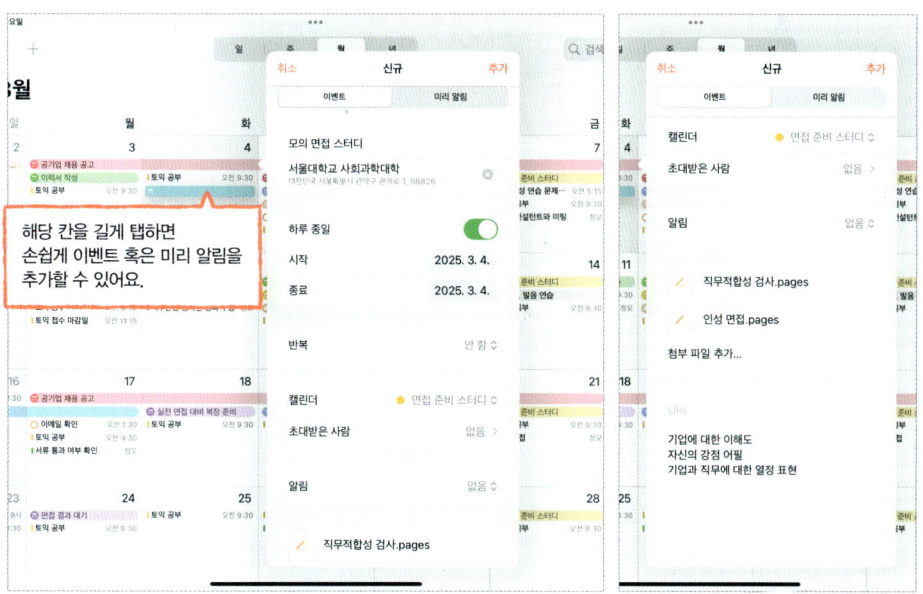

해당 칸을 길게 탭하면 손쉽게 이벤트 혹은 미리 알림을 추가할 수 있어요.

이벤트를 어느 캘린더에 추가할지 [카테고리]를 지정하고 이벤트 링크나 메모 입력을 통해 추가로 정보를 기록할 수 있어요. 파일을 첨부하면 이벤트에 필요한 자료를 한곳에서 쉽게 접근할 수 있어 유용합니다. 채용 일정을 캘린더에 추가할 때 1차 서류 접수 마감일이나 면접일, 면접 장소 등을 메모해두면 체계적으로 관리할 수 있습니다.

이벤트의 세부사항 설정하기

등록한 이벤트를 탭하고 팝업 메뉴 오른쪽 상단의 [편집]을 탭하면 세부사항을 변경할 수 있어요.

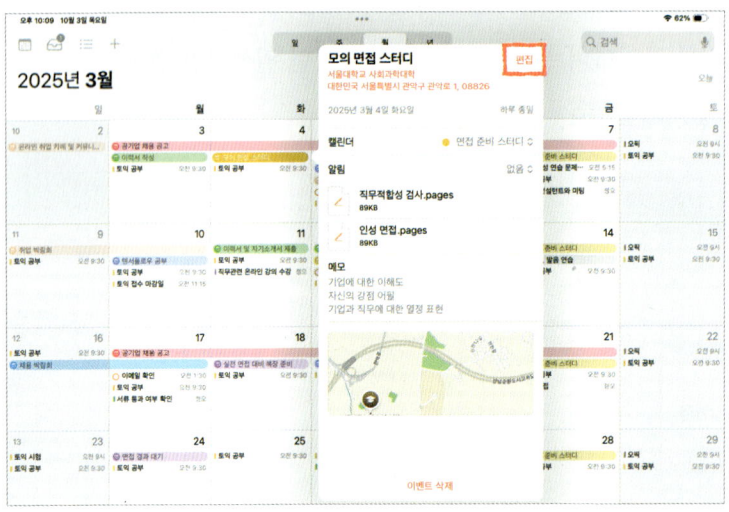

알림 및 리마인더 설정하기

알림을 설정하면 중요한 일정이나 마감일 전에 알림을 받을 수 있어 중요한 기한을 놓치지 않을 수 있어요. 이벤트 시작 전 몇 분, 며칠 전 등으로 여러 번 알림을 설정하면 미리 준비할 시간을 확보할 수 있습니다.

첨부 파일 추가하기

이벤트에 파일을 첨부하면 해당 이벤트와 관련된 사항을 빠르게 파악할 수 있어요.
이벤트에 초대받은 사람과도 손쉽게 자료를 공유할 수 있습니다.

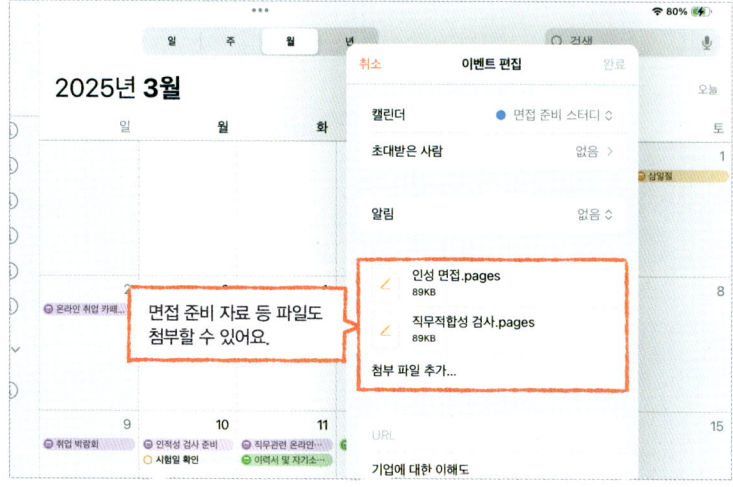

면접 준비 자료 등 파일도 첨부할 수 있어요.

첨부 파일을 삭제하고 싶다면 이벤트 편집 화면에서 첨부 파일을 왼쪽으로 쓸어 넘기고 [제거]를 탭하면 됩니다.

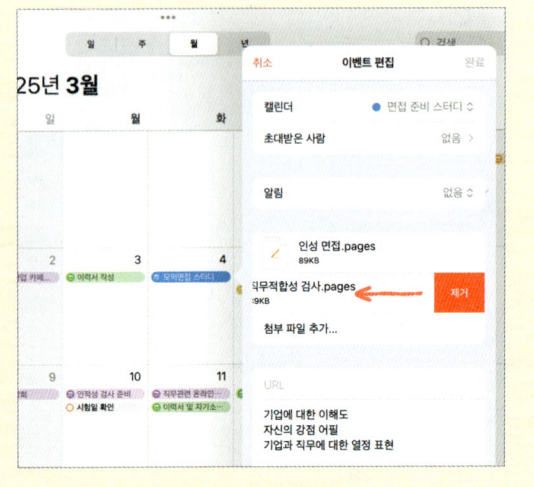

이벤트 복사하기 및 붙여넣기

01 일간, 주간 캘린더에서 이벤트를 길게 탭하고 [복사하기]를 탭합니다.

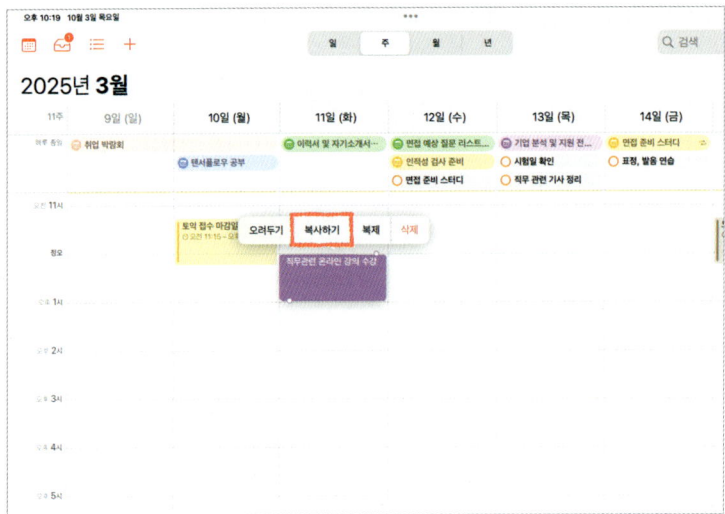

02 ❶붙여 넣으려는 시간을 길게 탭하고 손을 뗍니다. ❷새로운 이벤트 팝업 페이지에서 제목 아래 복사된 이벤트를 탭하고 ❸[추가]를 탭하면 이벤트를 붙여 넣을 수 있습니다.

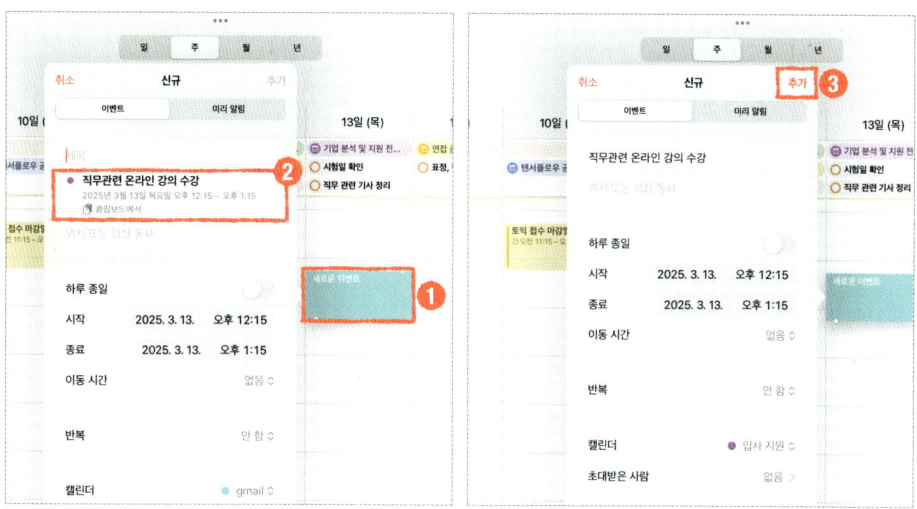

이벤트 삭제하기

❶이벤트를 탭한 다음 ❷[이벤트 삭제]를 탭하면 이벤트가 삭제됩니다.

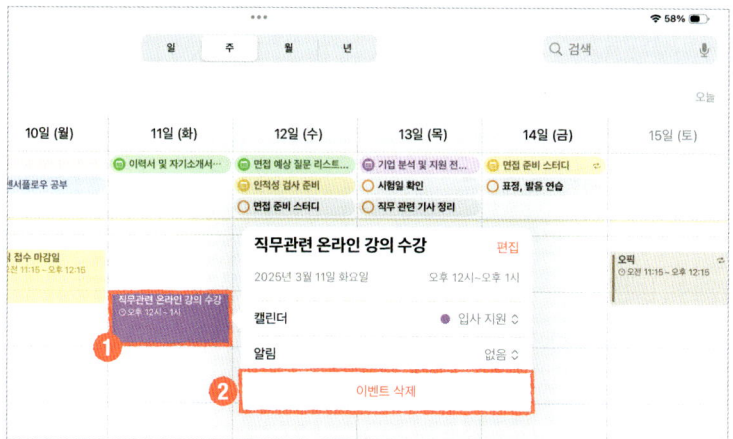

학업, 취준, 개인 일정별로 캘린더 구성해보기

캘린더 앱 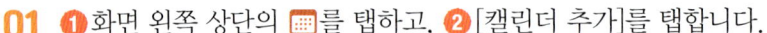 에서는 여러 개의 캘린더를 만들 수 있어요. 모든 이벤트를 하나의 캘린더에 기록할 수도 있지만, 캘린더를 주제별로 나누어 사용하면 훨씬 효율적으로 일정을 관리할 수 있습니다. 학업과 취업 준비 관련 일정, 개인 일정이나 가족 일정을 구분하여 별도의 캘린더를 생성하고 각각의 캘린더에 다른 색상을 적용하면 시각적으로도 구분하기가 쉽습니다. 나만의 캘린더를 다양한 카테고리별로 만들어 사용해보세요.

01 ❶ 화면 왼쪽 상단의 📅 를 탭하고, ❷ [캘린더 추가]를 탭합니다.

02 ❶ 팝업 메뉴에서 [캘린더 추가]를 탭하고 ❷ 캘린더 이름을 입력합니다. ❸ [완료]를 탭하면 새로운 캘린더가 생성됩니다. 원하는 색상도 이곳에서 설정할 수 있습니다.

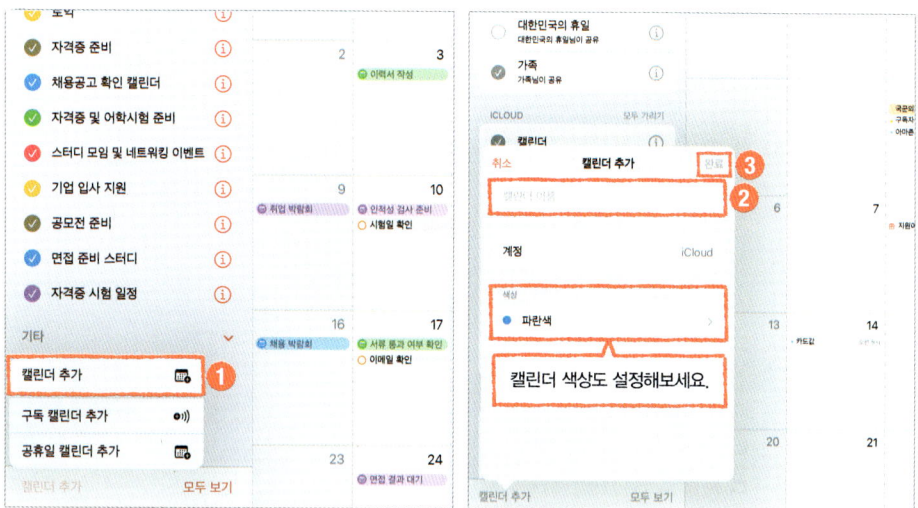

03 학교 학사 일정 캘린더나 토익 시험 일정 등의 캘린더를 추가해봅니다. ❶[구독 캘린더 추가]를 탭하고 ❷[구독 URL]을 입력한 뒤 ❸[추가]를 탭합니다. 외부 캘린더를 추가할 수 있습니다.

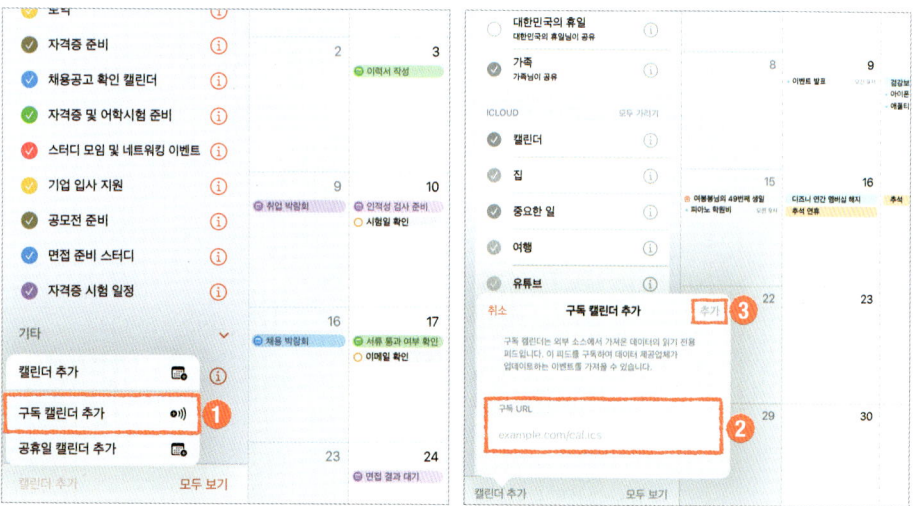

04 나라에서 지정한 공휴일도 적용할 수 있습니다. ❶[공휴일 캘린더 추가]를 탭하고 ❷ 원하는 국가를 선택하고 [추가]를 탭합니다.

캘린더 편집하기

캘린더 목록에서 ⓘ를 탭하면 캘린더의 제목을 수정하거나 공유 설정, 색상 변경, 알림 설정 등을 편집할 수 있어요.

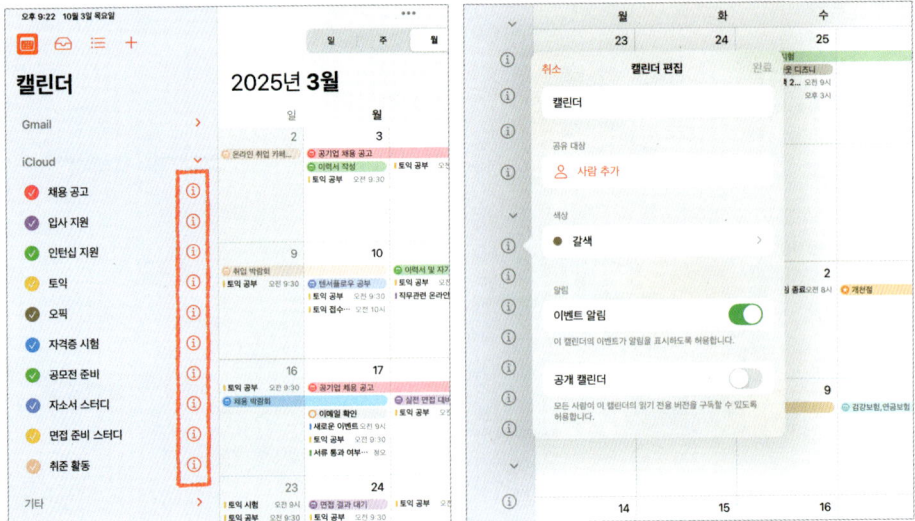

각 캘린더의 색상을 다르게 지정하면 시각적으로 일정을 구분하기가 쉽습니다. 취업 준비 활동별로 다른 색상의 캘린더를 만들어두면 기업 입사 지원, 공모전 준비, 면접 준비 스터디, 관련 자격증 시험 일정 등을 체계적으로 관리할 수 있습니다.

다른 캘린더 계정 추가하기

설정 앱 ⚙에서 [앱]-[캘린더]-[캘린더 계정]-[계정 추가]를 탭하면 다양한 캘린더 계정을 추가하고 동기화할 수 있어요. 아이패드에 구글 캘린더를 추가하면 안드로이드 폰, 윈도우 PC와 공유하여 일정을 쉽게 관리할 수 있어요. 동기화된 캘린더는 자동으로 업데이트되며, 모든 기기에서 동일한 일정을 확인할 수 있습니다.

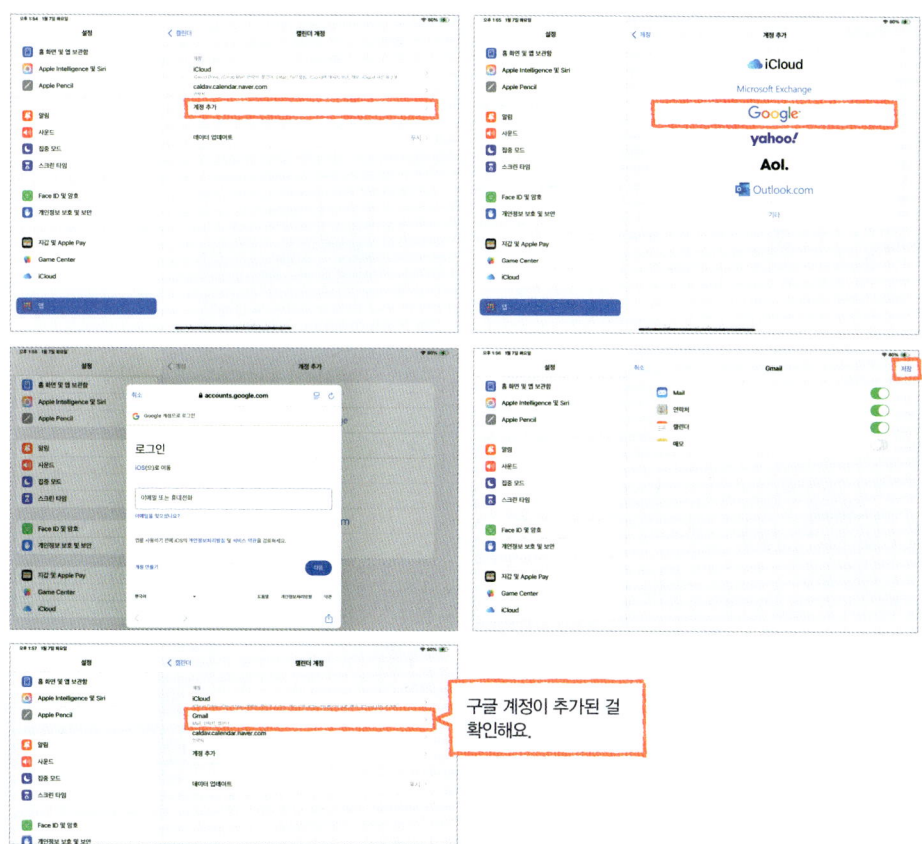

네이버 캘린더 계정 추가하고, 토익 캘린더 구독하기

아이패드에 구글 계정을 추가했다면, 학교 학사 일정 캘린더를 구독해보세요. 또, 네이버 캘린더 계정을 추가하면 토익 일정 관련 캘린더를 구독할 수 있습니다.

아이패드의 설정 앱 에서 [앱]-[캘린더]-[캘린더 계정]-[계정 추가]-[기타]-[CalDAV 계정 추가]를 탭합니다. 서버, 사용자 이름, 암호를 입력하고 [다음]을 탭하여 네이버 캘린더 계정을 추가합니다.

❋ **서버 :** caldav.calendar.naver.com

❋ **사용자 이름 :** 네이버 ID

❋ **암호 :** 네이버 비밀번호

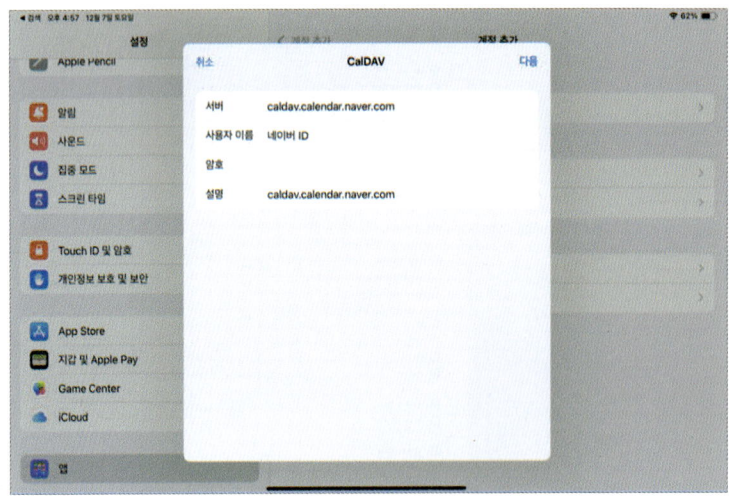

사파리 을 열고 네이버 캘린더에서 왼쪽 하단의 [캘린더 구독]을 탭하고 [교육]을 탭하면 토익, 텝스, 지텔프 관련 캘린더를 구독할 수 있어요. 원하는 캘린더를 선

택한 후 오른쪽 상단의 [내 캘린더]를 탭하면 구독 캘린더가 적용된 네이버 캘린더를 볼 수 있습니다.

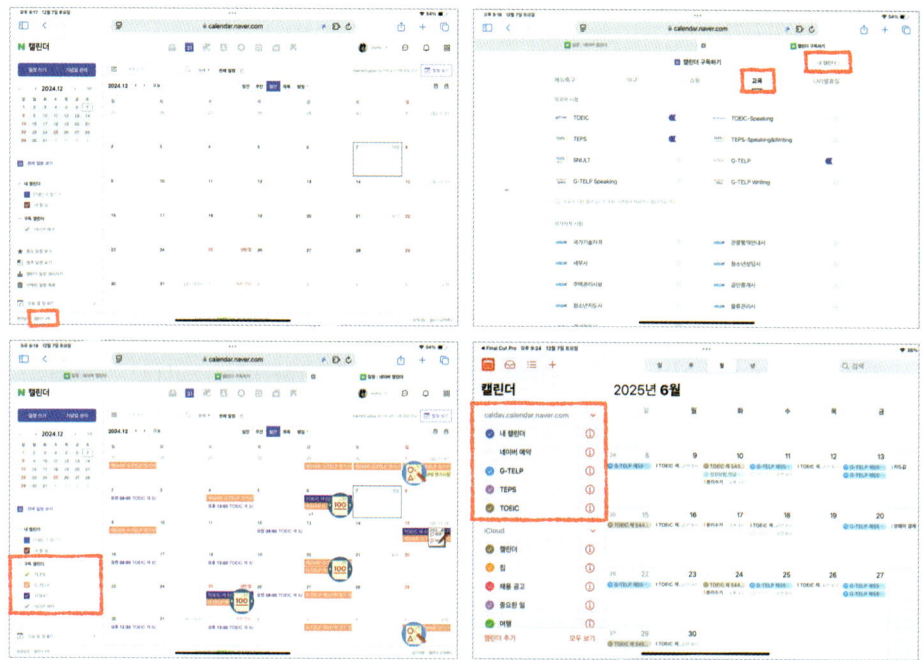

이제, 아이패드 캘린더 목록에서 네이버 캘린더 계정의 구독 캘린더를 확인할 수 있습니다.

캘린더 위젯 만들기

아이패드 홈 화면이나 [오늘 보기]에 캘린더 위젯을 추가하면 빠르게 일정을 확인할 수 있어요.

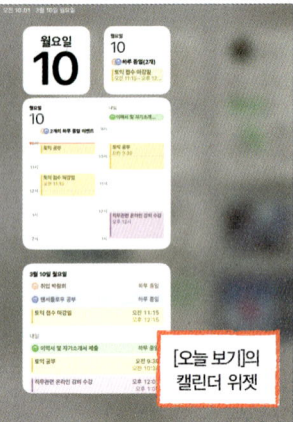

다양한 사이즈의 캘린더 위젯

[오늘 보기]의 캘린더 위젯

캘린더 위젯을 추가하려면 홈 화면의 빈 곳을 길게 탭한 다음 [편집]-[위젯 추가]-[캘린더]를 탭합니다. 화면 중앙에 나타난 위젯을 좌우로 쓸어 넘기면 다양한 디자인의 위젯을 확인할 수 있어요. 원하는 위젯을 선택하고 [위젯 추가]를 탭합니다. 홈 화면의 원하는 위치에 드래그하여 배치합니다.

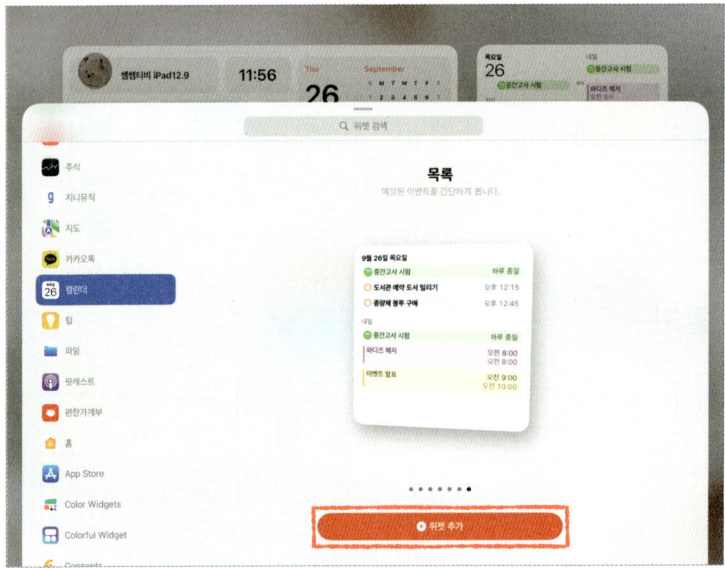

팀플도 캘린더를 이용해서 똑똑하게 하자!

캘린더를 공유하면 여러 사람이 함께 이벤트와 일정을 확인할 수 있어요. 채용 정
보를 공유하거나 스터디 그룹의 일정을 쉽게 조율할 수 있어 편합니다. 스터디 구
성원들은 각자의 일정을 확인하고 입사 지원 마감일이나 공모전 마감일, 발표일,
면접일 등의 계획을 한눈에 파악하여 공동 작업을 효율적으로 진행할 수 있어요.
또한, 가족이나 친구를 캘린더에 초대해 중요한 이벤트나 소중한 시간을 함께 공유
할 수 있습니다.

아이클라우드 캘린더 공유하기

01 ❶공유하고 싶은 아이클라우드 캘린더의 ⓘ를 탭합니다. ❷[사람 추가]를
탭하고 [받는 사람]에 이름 또는 이메일 주소를 입력하고 ❸[추가]를 탭한 후 ❹
[완료]를 탭합니다.

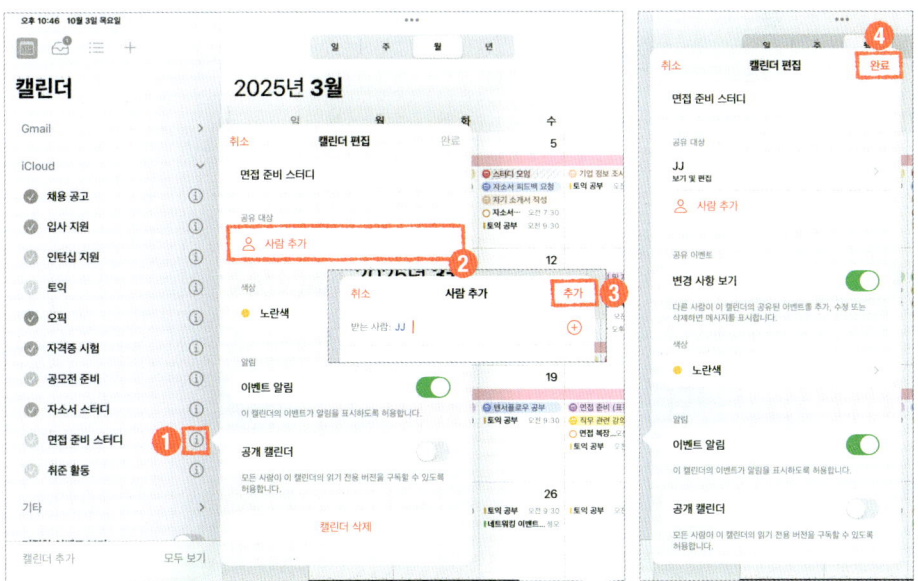

[+]를 탭하면 연락처에 저장된 사람을 초대할 수 있습니다. 연락처에 이메일 주소가 등록
되어 있어야 아이클라우드 캘린더를 공유할 수 있습니다.

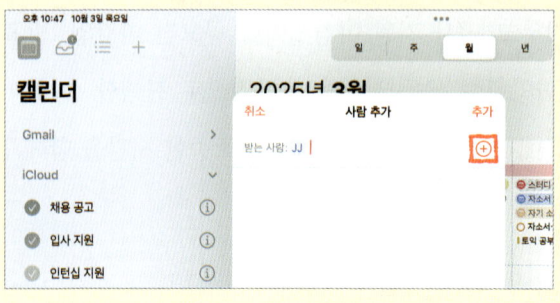

02 ❶초대를 받은 사람은 캘린더 앱에서 ✉를 탭하고 ❷[신규]를 탭합니다. ❸
[캘린더 구독] 또는 [거절]을 탭합니다.

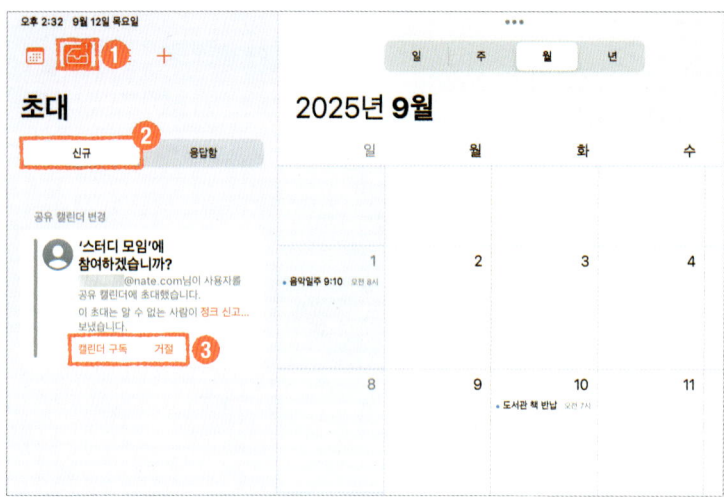

03 캘린더 공유를 중단하려면 ❶ ⓘ를 탭하고 사용자를 선택합니다. ❷[편집 허용] 설정을 끄거나 [공유 중단]을 탭합니다.

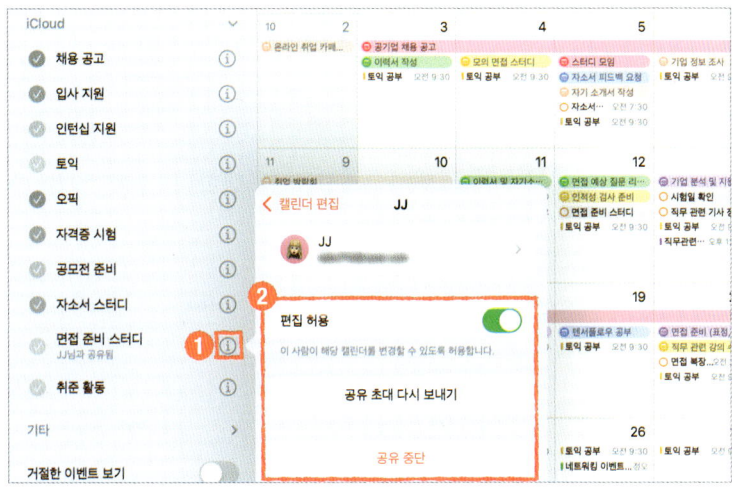

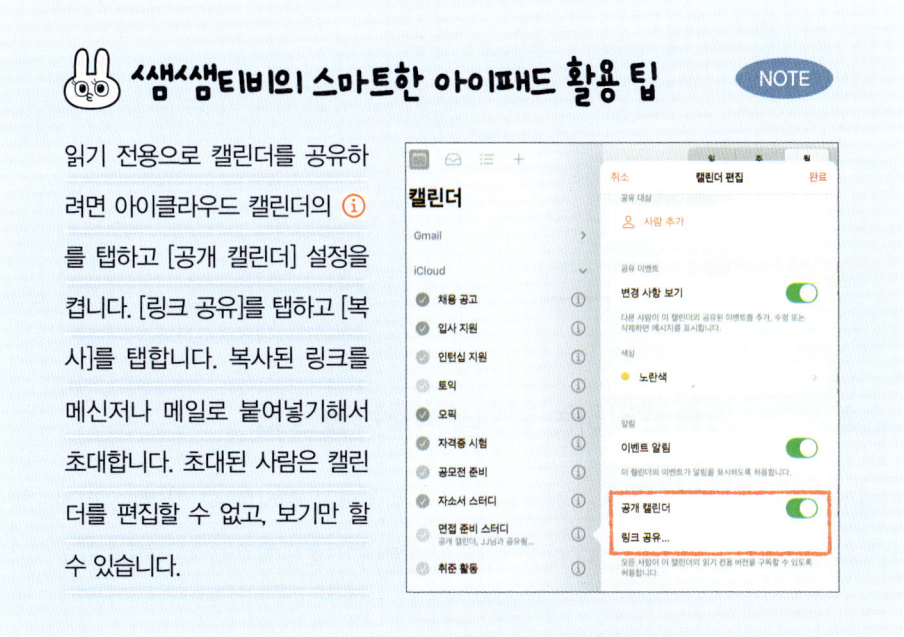

읽기 전용으로 캘린더를 공유하려면 아이클라우드 캘린더의 ⓘ를 탭하고 [공개 캘린더] 설정을 켭니다. [링크 공유]를 탭하고 [복사]를 탭합니다. 복사된 링크를 메신저나 메일로 붙여넣기해서 초대합니다. 초대된 사람은 캘린더를 편집할 수 없고, 보기만 할 수 있습니다.

이벤트 공유하기

공유하고 싶은 이벤트를 탭한 다음 [편집]-[초대받은 사람]을 탭합니다. 전화번호나 이메일 주소를 입력한 뒤 [완료]를 탭합니다. 연락처에 저장된 사람이라면 [+]를 탭하여 초대할 수 있습니다.

초대를 받은 사람은 캘린더 앱에서 ⌂를 탭하고 [신규]를 탭합니다. [수락]이나 [보류], [거절]을 탭하면 됩니다.

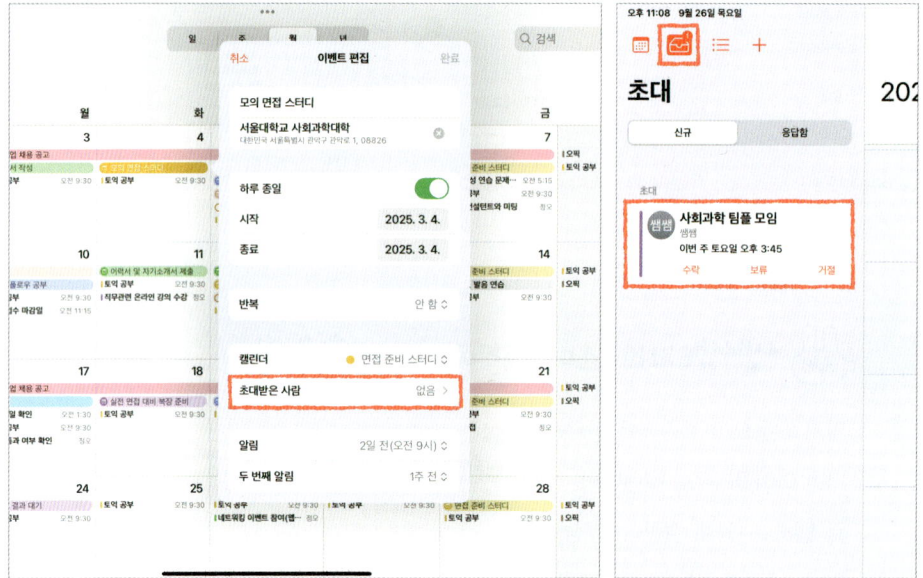

손쉽게 이벤트를 관리하는 캘린더 제스처 활용 팁

아이패드 제스처를 활용하면 이벤트를 손쉽게 생성하고 관리할 수 있어요. 터치 기반 아이패드의 장점을 살려 캘린더 앱을 더욱 직관적이고 효율적으로 사용해보세요.

길게 탭 – 이벤트와 미리 알림 생성

하루의 시간 단위로 나오는 일간, 주간 캘린더 보기에서는 특정 시간을 길게 탭하여 새로운 이벤트나 미리 알림을 빠르게 생성할 수 있어요. 시간을 길게 탭하면 생성되는 시간 블록에서 위 또는 아래 편집점을 드래그하면 이벤트의 시작과 종료 시간을 설정할 수 있습니다. 시간대 범위를 적절하게 설정한 후 세부 정보를 입력합니다.

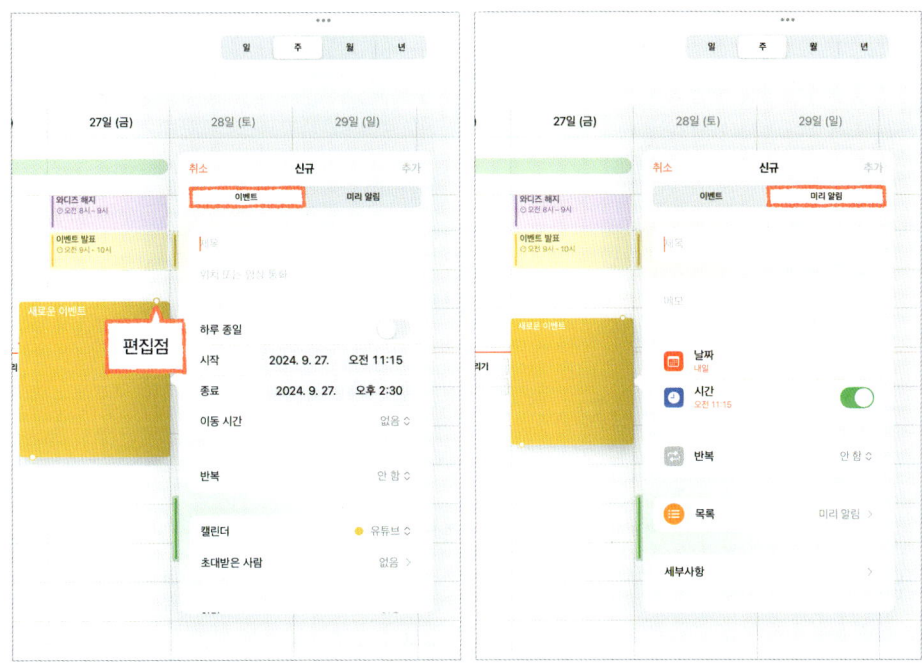

월간 캘린더 보기에서는 해당 날짜를 길게 탭하면 하루 종일이나 특정 시간으로 새로운 이벤트나 미리 알림을 추가할 수 있습니다.

드래그 & 드롭 – 이벤트 이동

이벤트를 길게 탭한 상태에서 다른 시간이나 날짜로 드래그하면 손쉽게 이벤트를 이동할 수 있어요. 간단한 제스처로 일정을 빠르게 변경할 수 있어 시간 관리에 효율적입니다.

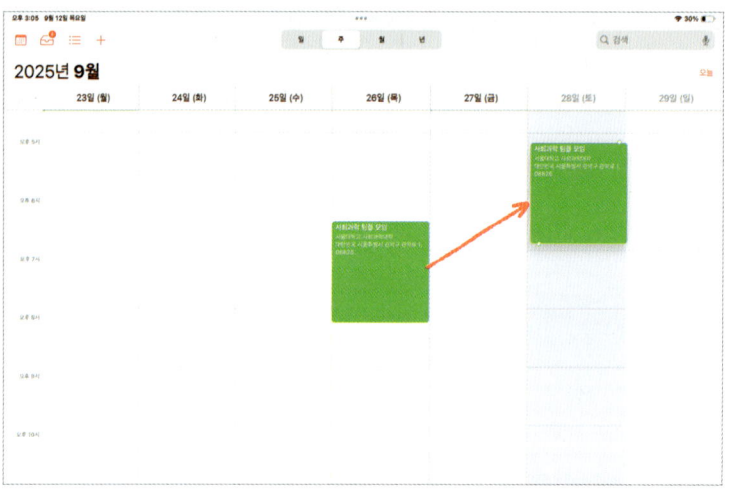

핀치, 줌아웃 – 시간대 간격 조정

일간, 주간 캘린더에서 두 손가락을 위아래로 오므리거나 벌리면(핀치/줌아웃) 시간대의 간격을 조절할 수 있습니다.

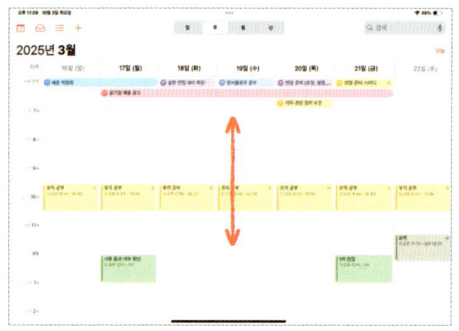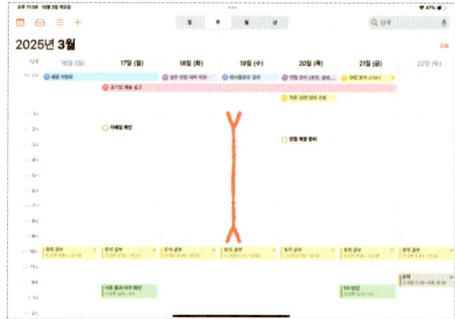

스크롤 및 쓸어 넘기기 - 날짜 이동

일간, 주간 캘린더 보기에서 한 손가락으로 좌우를 쓸어 넘기면 다음 날짜, 이전 날짜로 이동할 수 있어요.

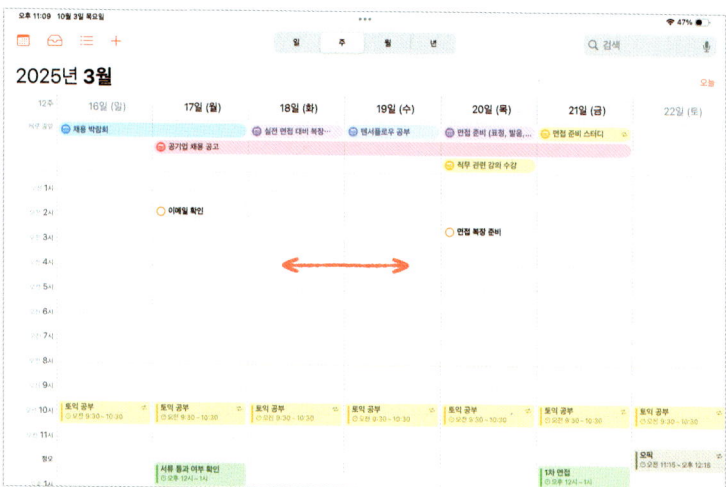

월간, 연간 캘린더 보기에서 한 손가락으로 위아래를 스크롤하면 다가오는 달, 연도와 지나간 달, 연도로 빠르게 이동하여 일정 탐색이 쉬워집니다.

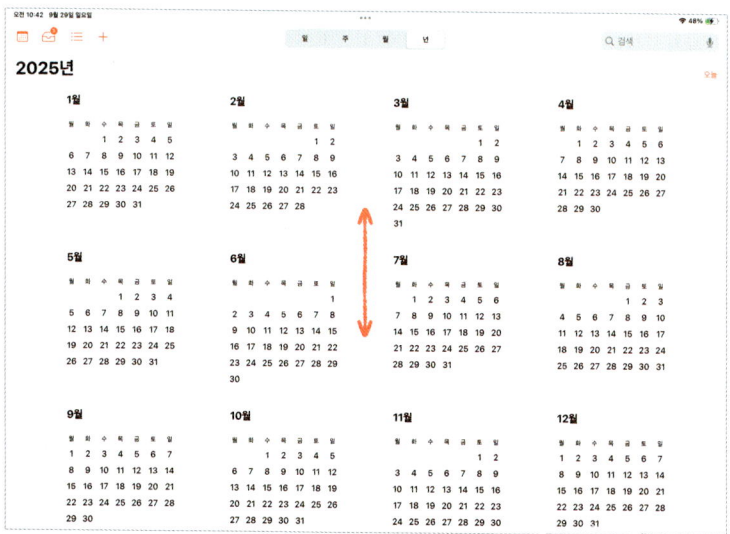

시간을 단축시키는 스마트한 캘린더 사용 팁

시리로 빠른 일정 추가하기

"시리야."라고 말한 후 "오늘 저녁 7시에 UN 인턴십 공고 확인하기 캘린더에 추가해줘."라고 말해보세요. 시리에게 음성으로 요청하면 캘린더에 새로운 일정을 빠르게 추가할 수 있어 시간을 절약할 수 있습니다.

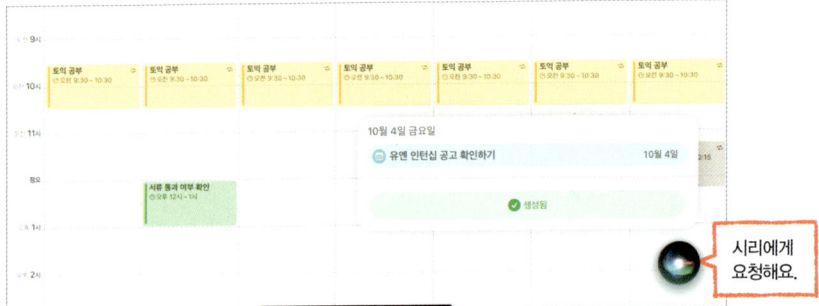

시리에게 요청해요.

메일, 메시지 앱과 연동하기

메일이나 메시지 내용 중에 날짜나 시간 관련 내용이 포함되어 있을 때, ❶ 해당 내용을 탭하면 ❷ 캘린더 앱 📅 에 바로 이벤트로 생성할 수 있어요.

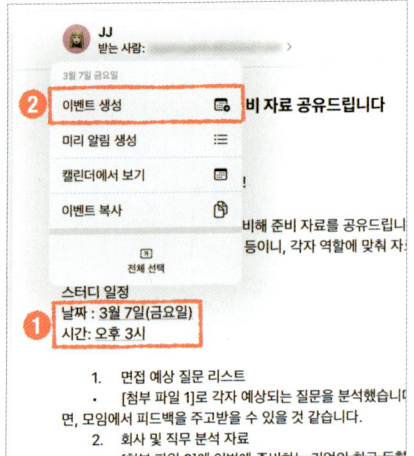

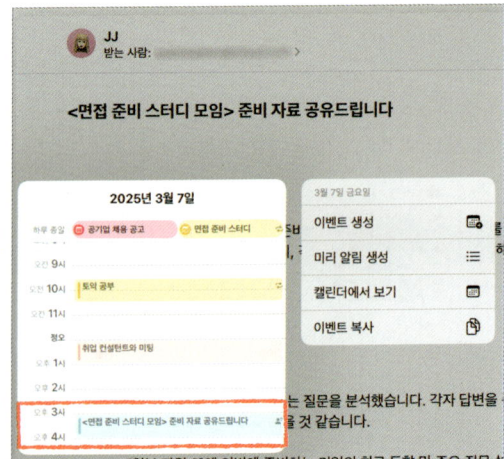

텍스트 드래그로 일정 만들기

사파리 앱 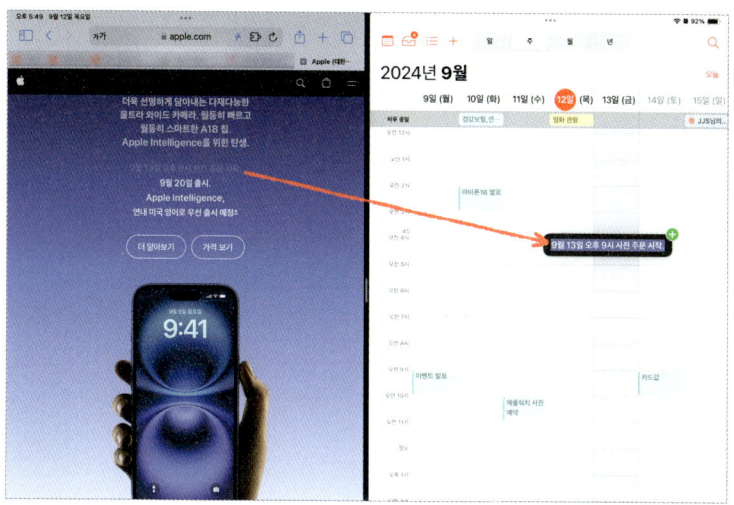이나 사진에서 일정 관련 텍스트를 선택하고 캘린더로 드래그하면 손쉽게 이벤트를 생성할 수 있어요. 스플릿 뷰를 활용해 한쪽에는 사파리에 채용 관련 사이트를 열고, 다른 쪽에는 캘린더 앱을 열어 드래그 & 드롭하면 편리하게 이벤트를 추가할 수 있습니다.

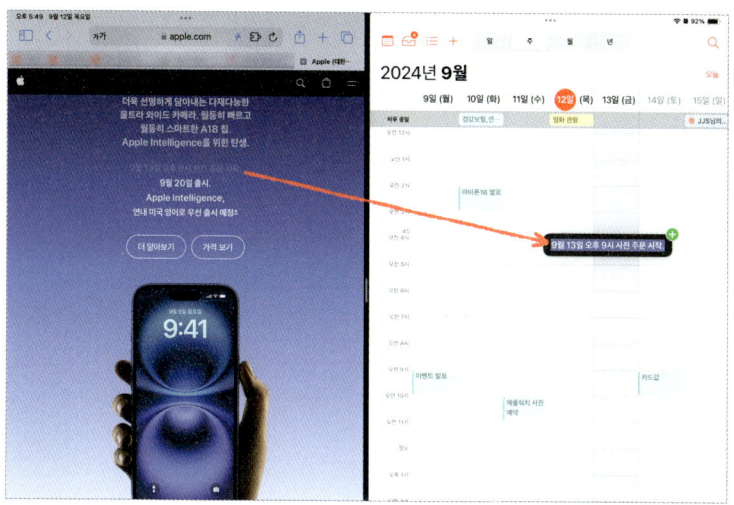

검색 기능

캘린더의 검색 기능을 활용하면 특정 이벤트나 일정을 키워드로 빠르게 찾을 수 있어요. **마감**을 입력한 후 검색하면 모든 마감일 일정을 한눈에 볼 수 있습니다.

다른 시간대 설정하기

해외에 있는 친구들과 정보를 나눌 때나 해외 기업에 지원하는 일정을 짤 때 등 다른 시간대에 있는 사람과 일정을 공유해야 할 때가 있습니다. 이때는 해당 국가의 시간대로 설정하면 혼동 없이 일정을 관리할 수 있어 편리합니다.

❶ 시간을 탭하고 [시간대]를 탭합니다. ❷ 설정하고 싶은 도시 이름을 검색합니다. ❸ 검색한 도시를 선택하면 해당 도시의 시간대로 설정됩니다.

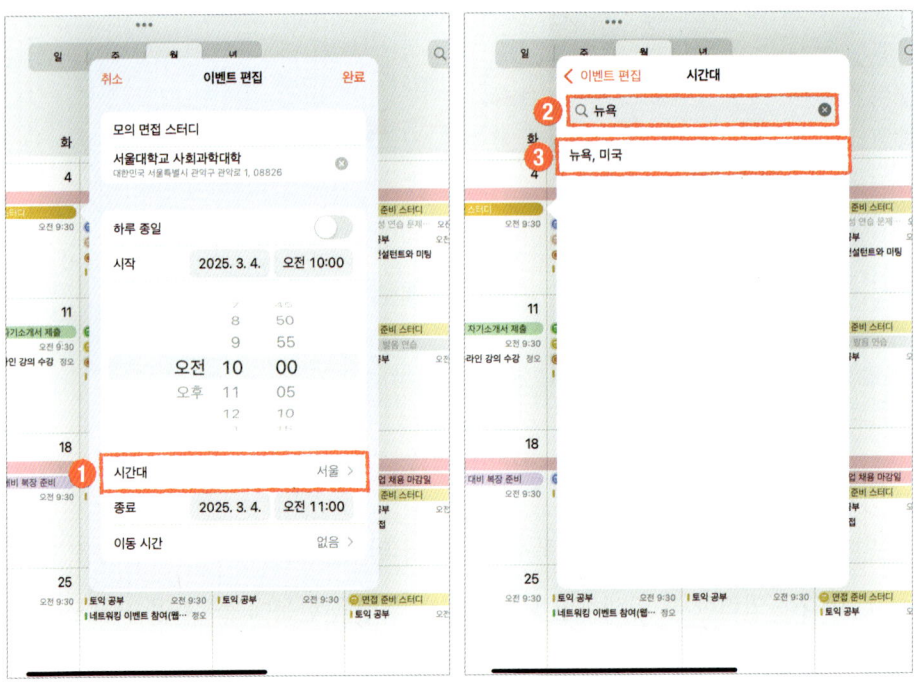

쌤쌤티비의 스마트한 아이패드 활용 팁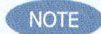

필요에 따라 나만의 캘린더 만들어보기

취업 준비 캘린더

인턴십 지원 마감일, 면접 일정, 채용 박람회 등 취업과 관련된 일정을 캘린더에 기록하여 관리해보세요. 취업 관련 다양한 언어 학습이나 전문 분야 스킬 향상, 자격증 취득 등 개인의 역량 강화를 위한 일정은 물론, 다양한 분야의 스터디 일정도 캘린더를 통해 관리할 수 있습니다.

스터디 캘린더

수업 시간과 과제 제출 기한, 시험 일정과 프로젝트 마감일 등을 캘린더에 추가해 학업 일정을 관리해보세요. 이를 준비하기 위한 매일 또는 주간 학습 시간을 계획하여 캘린더에 기록하고 체계적으로 관리하면 학습한 내용을 복습하고 이해를 심화할 시간도 확보할 수 있습니다. 공부 시간을 캘린더에 설정해 주기적으로 학습할 수 있는 시간을 확보하고 관리해보세요.

가족 공유 캘린더

가족끼리 일정을 공유하는 캘린더를 만들면 온 가족이 같은 캘린더를 볼 수 있어 함께하는 일정을 짤 때 편리해요. 생일 파티, 가족 여행 등 특별한 이벤트를 캘린더에 추가하면 모두가 기억하기 쉽고, 취업 준비 일정이나 자격증 시험 일정 등 모든 활동을 기록하면 서로의 스케줄과 겹치지 않게 가족 모임을 계획할 수 있습니다. 가족 구성원별로 색상을 달리 설정하면 쉽게 구분할 수 있어요.

자기계발 캘린더

매일 아침이나 매일 밤 30분씩, 또는 주말에 두 시간 등으로 독서 시간을 매일 조금씩이라도 정기적으로 확보하여 캘린더에 기록해보세요. 읽고 싶은 책이나 추천 도서를 읽는 시간을 갖고, 글쓰기 시간을 30분씩 따로 확보해서 꾸준하게 실행한다면 더 체계적이고 목적 지향적인 일상을 만들 수 있습니다.

캘린더를 활용하여 온라인 강의나 워크숍, 세미나 참여 일정을 관리하고 새로운 스킬을 배우거나 실행하는 시간을 가져보세요.

마음 챙김 캘린더

매일 아침이나 저녁에 명상 시간을 캘린더에 설정해 마음을 차분하게 유지하고 스트레스를 줄이는 시간을 가져보세요. 감사한 일들을 적는 시간을 캘린더에 추가해 꾸준히 기록하면 긍정적인 마음을 유지할 수 있습니다.

02 효율적인 일정 관리를 위한 미리 알림

미리 알림 앱으로 해야 할 일을 리스트의 형태로 관리하고 알림을 설정하면 필요한 때에 놓치지 않고 챙길 수 있어 편리해요. 체크리스트, 할 일 목록 등을 만들면 완료한 항목을 체크하며 관리할 수 있습니다. 모닝 루틴이나 입사 지원 마감일, 포트폴리오 작업 일정, 어학 시험이나 자격증 시험 일정 등을 관리할 때 적극 사용해 보세요.

캘린더 앱과 함께 시너지내기

캘린더가 일정을 관리하는 앱이라면 미리 알림은 할 일을 관리하는 앱이라고 할 수 있어요. 상호 보완적인 역할을 하는 두 앱을 함께 사용하면 일정을 시간 단위로 관리하면서 해야 할 작업을 놓치지 않을 수 있어 유용합니다.

캘린더로 이벤트나 일정 계획을 관리하고, 미리 알림으로 프로젝트의 세부 작업을 관리하면 여유를 가지고 바쁜 채용 시즌을 보낼 수 있어요.

미리 알림 앱 둘러보기

미리 알림 앱 을 실행해요. 왼쪽 사이드바 영역에는 미리 알림 목록, 오른쪽 상단에는 날짜 및 시간, 위치, 깃발, 태그의 버튼이 있어요.

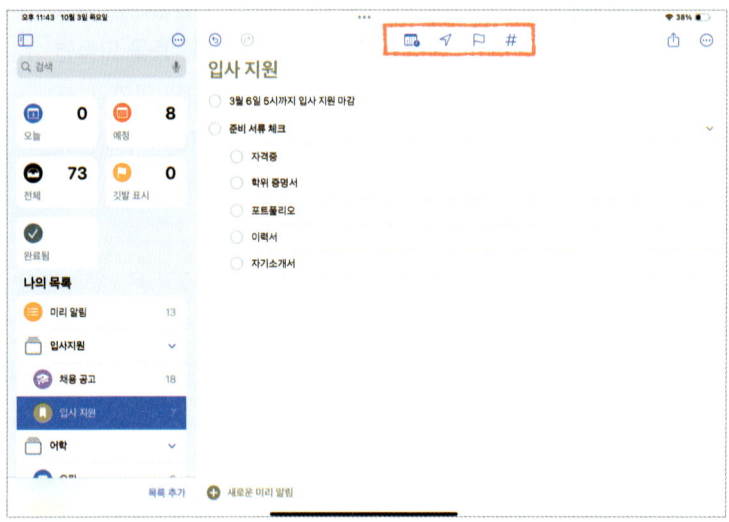

 를 탭하면 제출 기한이 있는 입사 지원이나 자격증 시험 접수 마감일 등에 맞춰 날짜와 시간을 설정할 수 있어요. 오늘, 내일, 이번 주말, 다음 주 중에서 선택하거나 [사용자화]를 탭하여 원하는 날짜 및 시간으로 설정할 수 있습니다.

시간을 따로 지정하지 않은 경우, 알림은 기본적으로 오전 9시에 표시돼요.

미리 알림에서 날짜를 지정하면 캘린더에 자동으로 등록됩니다. 시간을 함께 설정해두면 해당 날짜의 시간으로 캘린더 앱에 이벤트가 생성됩니다.

⌁를 탭하면 위치에 따라 알림을 설정할 수 있어요. [차에 탈 때], [차에서 내릴 때]를 탭하거나 [사용자화]를 탭하여 현재 위치로 알림을 설정할 수 있습니다. 또, 다른 장소를 검색하여 설정할 수도 있습니다.

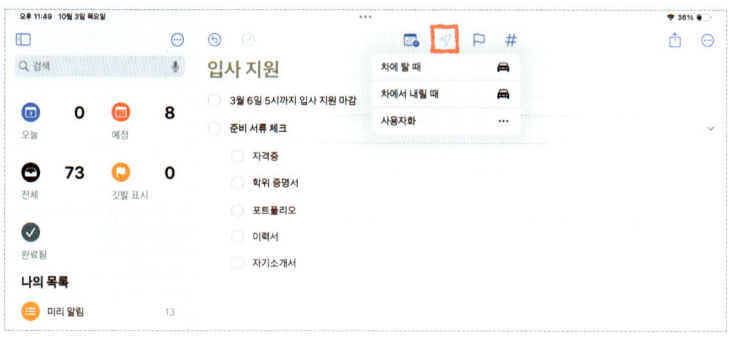

🏳를 탭하여 깃발 표시를 설정하면 미리 알림을 매우 중요한 항목으로 표시할 수 있어요. 깃발 표시된 미리 알림은 따로 목록에 표시됩니다.

\#를 탭하여 태그를 추가하면 키워드를 기반으로 미리 알림을 자동으로 빠르게 정리할 수 있어요. [사용자화]를 탭한 후 새로운 태그를 추가하면 검색으로 미리 알림을 찾을 수 있어 편리합니다.

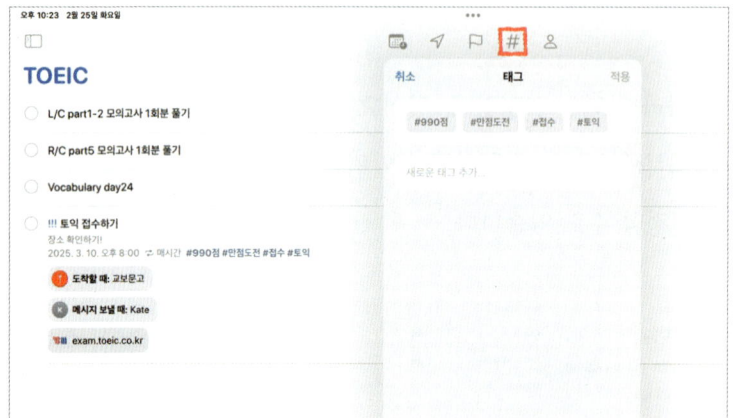

↥를 탭하면 나의 미리 알림에 다른 사람을 초대하여 함께 공동 작업을 할 수 있어요. 미리 알림 내용을 굿노트에서 열거나 PDF로 만들 수도 있습니다.

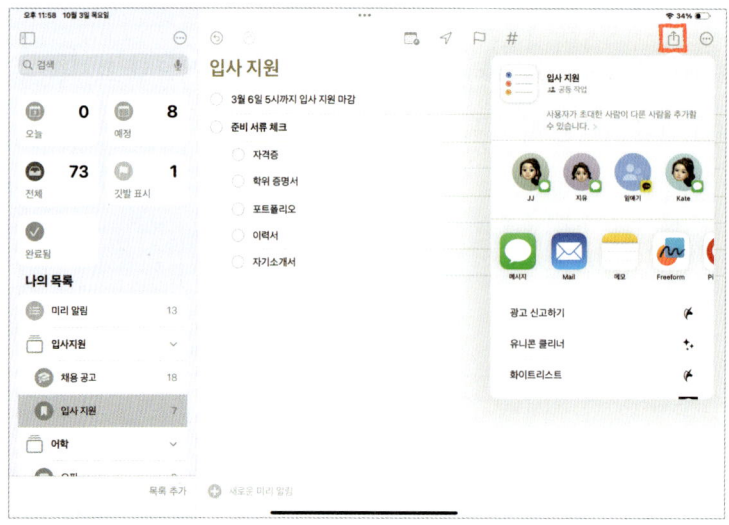

⋯를 탭하면 미리 알림을 [세로열로 보기], 정렬 방식 바꾸기([다음으로 정렬]), [템플릿으로 저장], [프린트] 등의 추가 작업을 할 수 있어요.

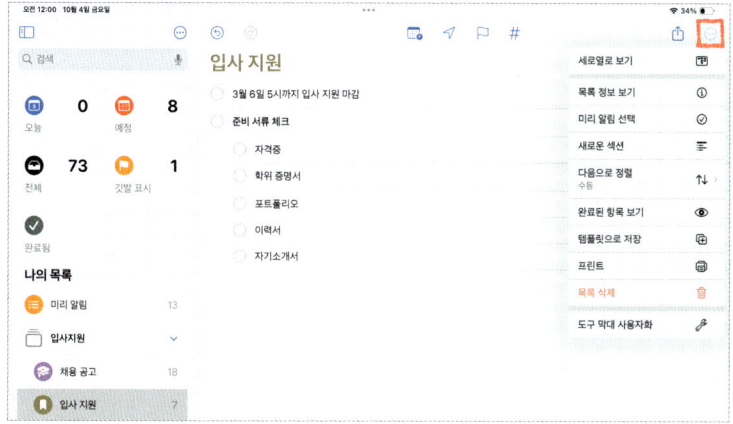

새로운 미리 알림 만들기

화면 하단의 [새로운 미리 알림]을 탭하면 새로운 미리 알림을 생성할 수 있어요. 내용을 입력하고 필요에 따라 메모를 추가하여 미리 알림을 만들 수 있습니다.

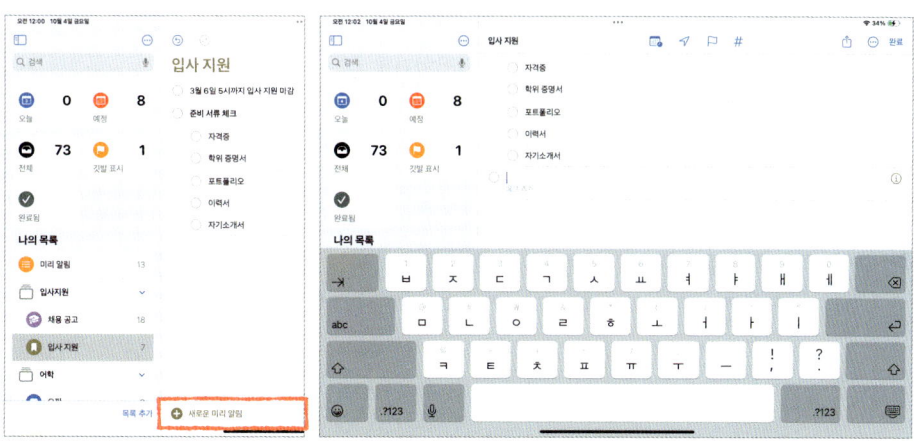

생성된 미리 알림을 탭하면 나타나는 ⓘ를 탭하면 세부사항을 설정할 수 있어요. URL은 물론 메모도 추가할 수 있고, 날짜와 시간을 지정할 수 있습니다. 반복적으로 알림을 받고 싶다면 매일, 매주, 매월 등 필요에 따라 설정하면 됩니다.

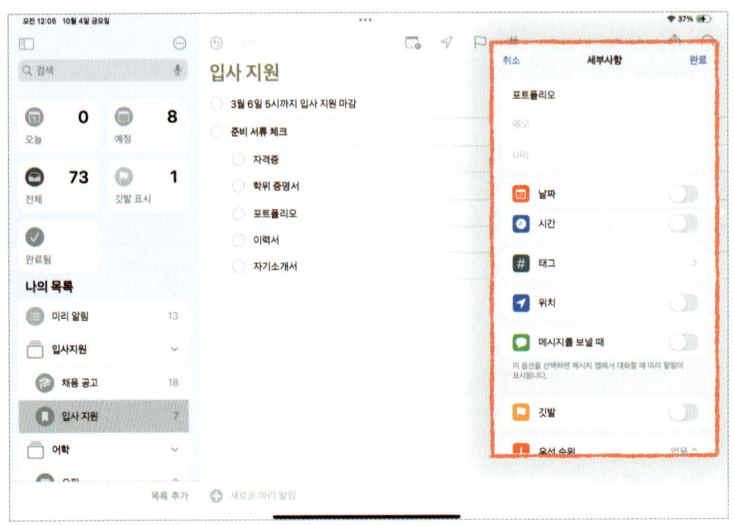

취업 준비 과정에서 꼭 기억해야 하는 미리 알림이나 이벤트 등은 마감 예정 미리 알림, 우선 순위 기능을 이용해 보다 효과적으로 관리하기를 추천합니다.

[이미지 추가]를 탭하면 아이패드 카메라로 바로 사진을 찍거나 문서 스캔을 하여 이미지를 첨부할 수 있어요. 또, 사진 보관함에서 이미지를 불러와 추가할 수도 있습니다.

참고해야 할 문서가 있다면
스캔해서 추가해보세요.

유형에 따라 목록 생성하고 관리하기

왼쪽 사이드바 하단에 [목록 추가]를 탭하면 새로운 목록을 만들 수 있어요. 목록
이름을 입력하고 목록 유형, 컬러, 이모티콘을 선택하고 [완료]를 탭하면 새로운
목록이 생성됩니다.

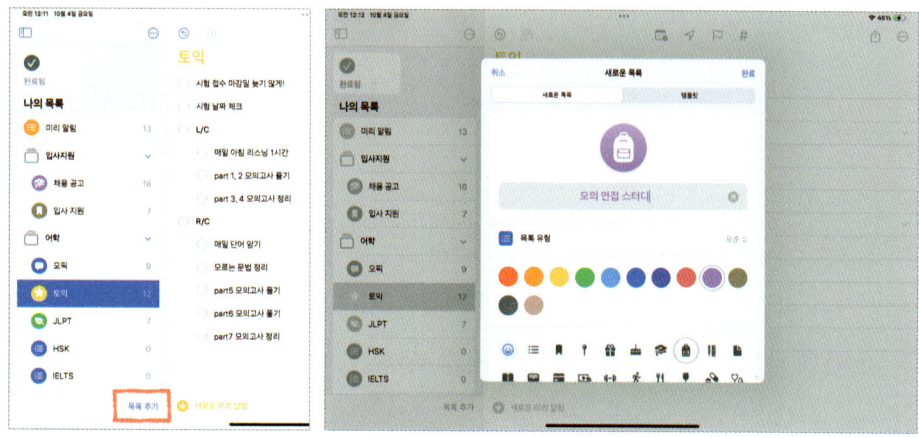

목록별로 작업을 정리하면 보다 쉽게 할 일을 관리할 수 있어요. 취업 준비와 관련하여 지원하는 기업별 목록을 만들거나 입사지원서 제출, 스터디 모임별 등의 목록을 만들 수 있습니다.

목록을 왼쪽으로 쓸어 넘기면 설정을 편집하거나 삭제할 수 있어요. 오른쪽으로 쓸어 넘기면 해당 목록을 고정해둘 수 있습니다.

목록 그룹 만들기

여러 가지 비슷한 주제의 목록을 하나의 그룹으로 묶어 관리하면 깔끔하게 정리할 수 있어요. 사이드바 목록에서 목록을 길게 탭하고, 합치고자 하는 목록으로 드래그하면 새로운 그룹을 생성할 수 있어요. 그룹의 제목을 입력하고 [생성]을 탭하면 됩니다. 더 많은 목록을 합치고 싶다면 [포함]을 탭합니다.

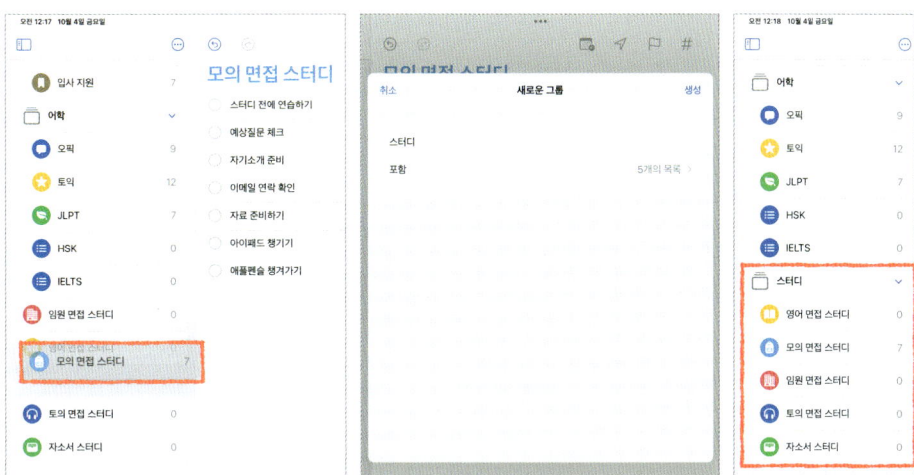

스마트 목록

스마트 목록은 필터를 기반으로 미리 알림을 자동으로 필터링할 수 있어요. [목록 추가]-[목록 유형]-[스마트 목록]을 탭합니다. 태그 및 기타 필터를 사용하여 정리할 수 있습니다. [필터 편집]을 탭하면 원하는 필터를 탭하여 설정할 수 있어요. 태그, 마감일 등을 기준으로 미리 알림을 자동으로 정리할 수 있습니다.

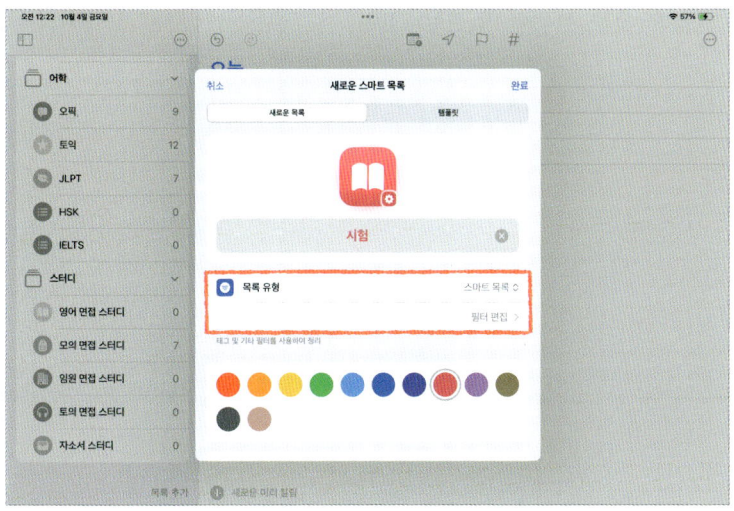

목록 템플릿 만들기

01 ❶템플릿으로 사용할 목록을 열고 ❷⋯를 탭한 후 ❸[템플릿으로 저장]을 탭합니다. 그런 다음 [저장]을 탭하면 화면 오른쪽 상단에 ⬒가 표시됩니다.

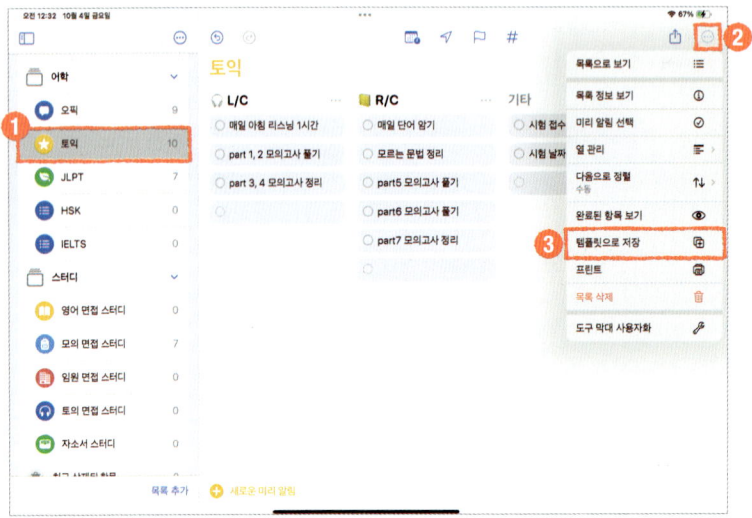

02 ❶화면 오른쪽 상단의 ⬒를 탭하고, ❷복제할 템플릿을 선택합니다. 템플릿이 그대로 복사된 새로운 목록을 만들 수 있습니다.

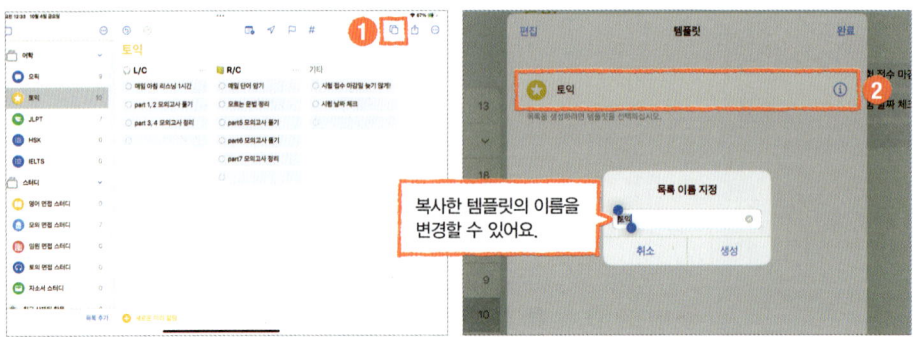

복사한 템플릿의 이름을 변경할 수 있어요.

03 또는, 왼쪽 사이드바 하단의 [목록 추가]를 탭하고 [템플릿]을 선택해도 저장된 템플릿으로 새로운 목록을 만들 수 있습니다. 템플릿으로 저장된 목록을 탭하여 열고 목록 이름을 변경해도 템플릿은 유지됩니다.

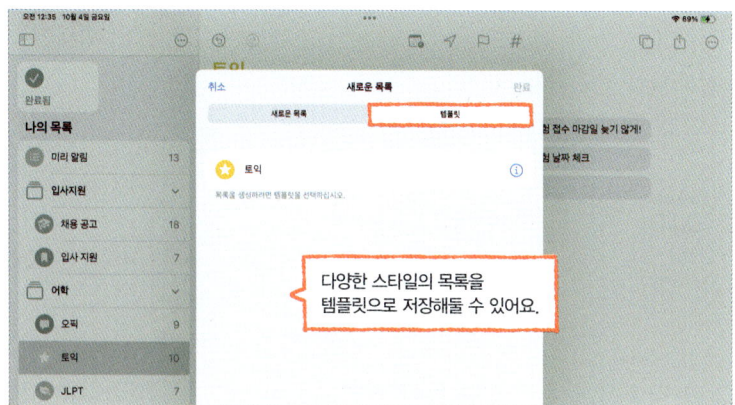

미리 알림 나누어 관리하기

항목 정렬하기

❶ ⋯를 탭한 후 ❷ [다음으로 정렬]을 탭합니다. 마감일, 생성일, 우선 순위, 제목으로 항목을 정렬할 수 있습니다. 수동으로 항목의 순서를 바꾸고 싶다면, 이동할 항목을 길게 탭하고 드래그하면 됩니다.

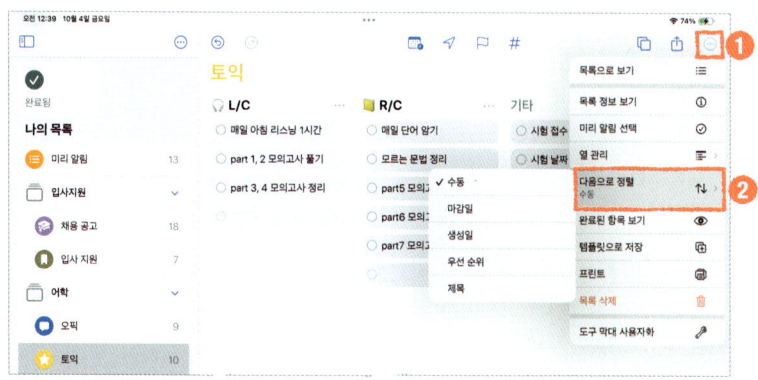

하위 항목 만들기

01 미리 알림 항목을 길게 탭한 후 다른 항목으로 드래그합니다. 해당 항목이 하위 항목으로 이동합니다.

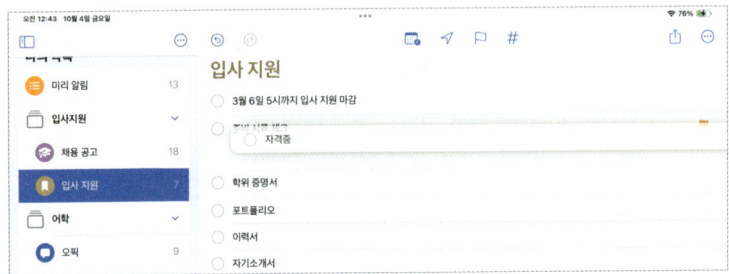

02 또는, 미리 알림 항목을 오른쪽으로 쓸어 넘기고 [들여쓰기]를 탭합니다. 해당 미리 알림은 위에 있는 미리 알림의 하위 항목으로 이동합니다.

취소하고 싶으면 다시 오른쪽으로 쓸어 넘기고 [내어쓰기]를 탭하면 됩니다.

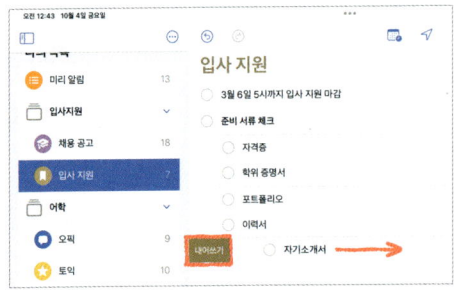

03 하위 항목으로 넣을 미리 알림을 추가하고 싶다면, ❶미리 알림 항목을 탭하고 ⓘ를 탭합니다. ❷❸[하위 항목]-[미리 알림 추가]를 탭하면 하위 항목으로 넣을 미리 알림을 추가할 수 있습니다.

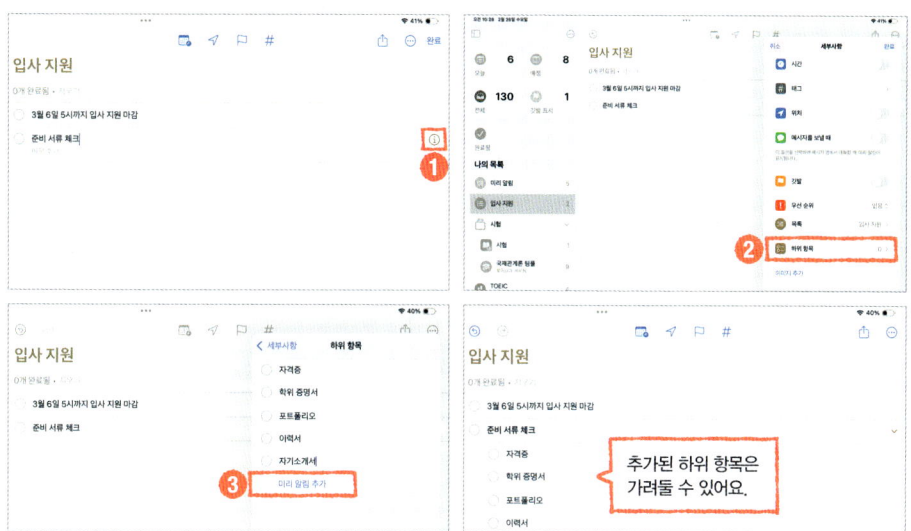

언제, 어디서든 미리 알림 활용하기

메시지를 보낼 때 미리 알림

미리 알림의 ⓘ를 탭하고 [메시지를 보낼 때] 설정을 켭니다. 연락처에 저장된 번호를 선택하여 탭하면 상대방과 메시지 앱에서 대화할 때 미리 알림이 표시됩니다.

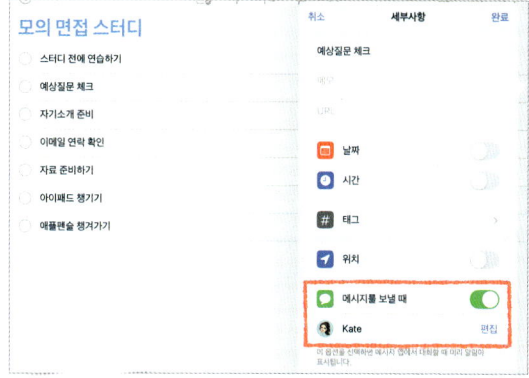

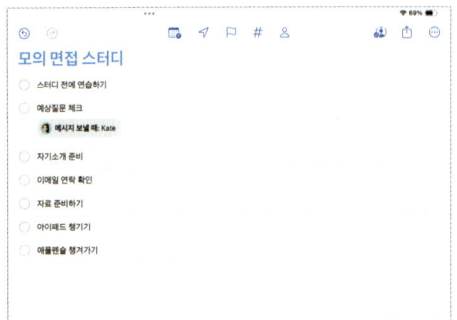

시리로 미리 알림 추가하기

시리에게 미리 알림을 예약해달라고 요청할 수 있어요. "시리야, 자소서 스터디 끝나고 떠날 때 도서관에 들르라고 미리 알려줘.", "시리야, 금요일 오후 한 시에 회사 면접 리마인드해줘.", "시리야, 내일 오후 두 시에 오늘 공사 지원 마감이라고 미리 알려줘." 등을 요청해보세요.

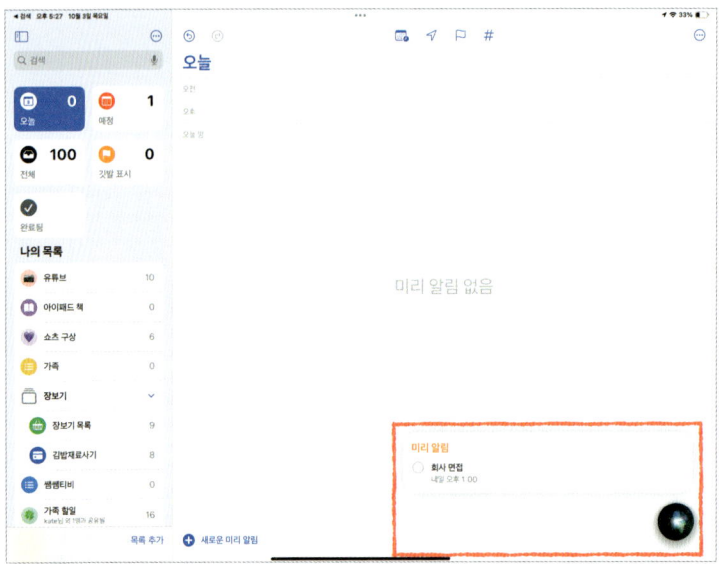

 쌤쌤티비의 스마트한 아이패드 활용 팁 NOTE

시리가 위치 기반 미리 알림을 설정할 수 있도록 집과 학교 주소 등을 연락처 카드
에 추가해놓으면 편리합니다. 연락처 앱을 실행하고 [내 카드]를 탭하고 [편집]을
탭합니다. 주소를 추가하고 [완료]를 탭합니다.

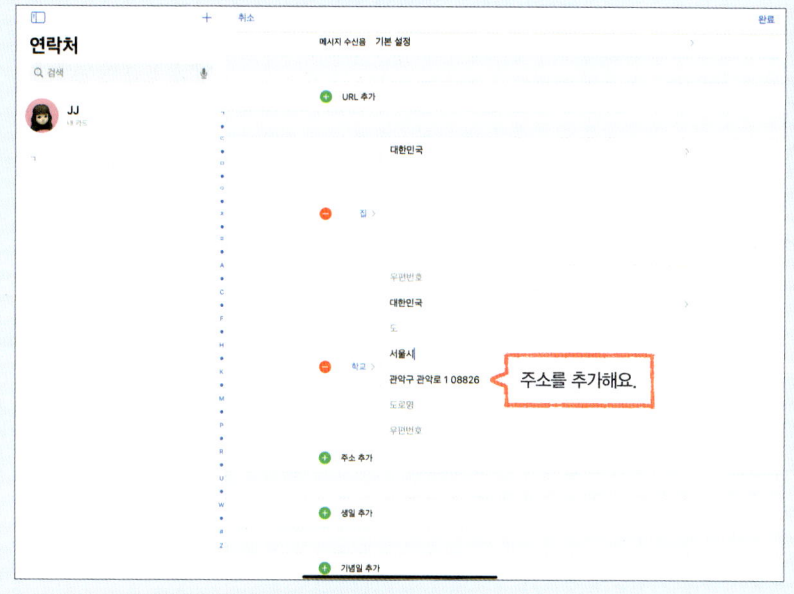

위치 기반 미리 알림 받기

특정 장소에서 알림을 받고 싶다면 위치 기반 알림을 설정하면 됩니다. ◁를 탭하
고 [사용자화]를 탭한 다음 위치 정보를 입력합니다. 또는 미리 알림 항목을 탭하고
ⓘ를 탭한 후 [위치]를 켭니다. 해당 장소에 도착할 때나 떠날 때 알림을 받을 수
있습니다.

집에 도착했을 때 '국제기구 스터디 Zoom 미팅', 도서관에 도착했을 때 '오픽 시험 준비' 등의 미리 알림을 설정하여 활용해보세요.

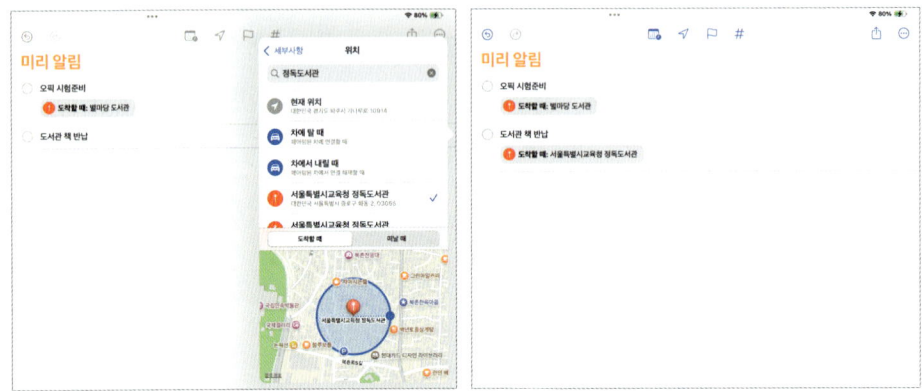

아이패드와 아이폰, 맥북 등 모든 애플 기기에 같은 애플 아이디로 로그인하면 언제 어디서든 동일한 캘린더, 미리 알림을 볼 수 있어요. 매일 아침이나 밤에 잠들기 전에 캘린더와 미리 알림 목록을 확인하는 습관을 가지면 무엇을 해야 하는지 빠르게 파악할 수 있습니다.

알림 공유하고 완료하기

미리 알림 완료하기

미리 알림 항목에서 왼쪽의 동그라미를 탭하면 미리 알림을 완료할 수 있어요. 완료된 미리 알림은 목록에서 사라집니다. 완료된 미리 알림을 보이게 하고 싶다면 ⊙를 탭하고 [완료된 항목 보기]를 탭합니다.

미리 알림 공유하기

미리 알림 목록을 탭하고 ⬆️를 탭하면 미리 알림을 다른 사람과 공유할 수 있어요. 스터디원들과 미리 알림을 할당하여 함께 나누고 마감일이나 활동에 대한 알림을 공유할 수 있습니다. 공유를 하면 나타나는 👥를 탭하고 [공유 목록 관리]를 탭하면 알림 관련 설정을 변경할 수 있습니다.

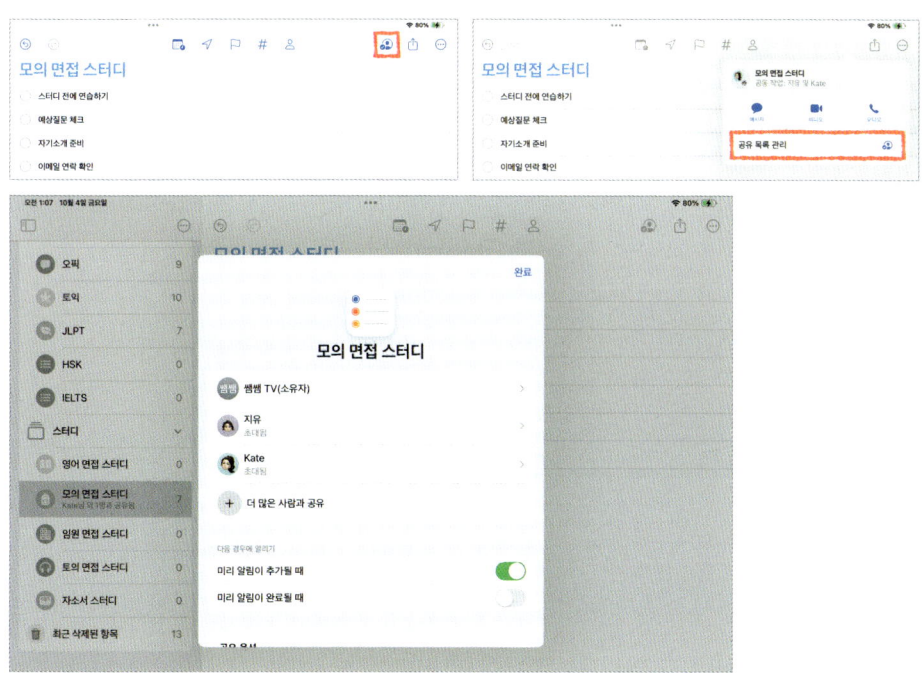

쌤쌤티비의 추천 일정 관리 앱 세 가지!

애플이 제공하는 기본 앱인 캘린더와 미리 알림, 메모 앱을 사용해도 좋지만, 좀 더 귀여운 디자인의 다른 앱들도 함께 사용해보세요.

두잉두잉(Doing Doing)

두잉두잉은 체크리스트 형식으로 할 일을 적고 완료한 항목은 체크해 체계적으로 할 일을 관리하는 앱이에요. 완료, 진행 중, 연기, 취소 등 체크 박스에 다르게 표시할 수 있어 작업의 진행 상황을 한눈에 파악할 수 있어요. 진행 중이거나 연기한 작업은 다음날 할 일 목록에 자동으로 추가됩니다.

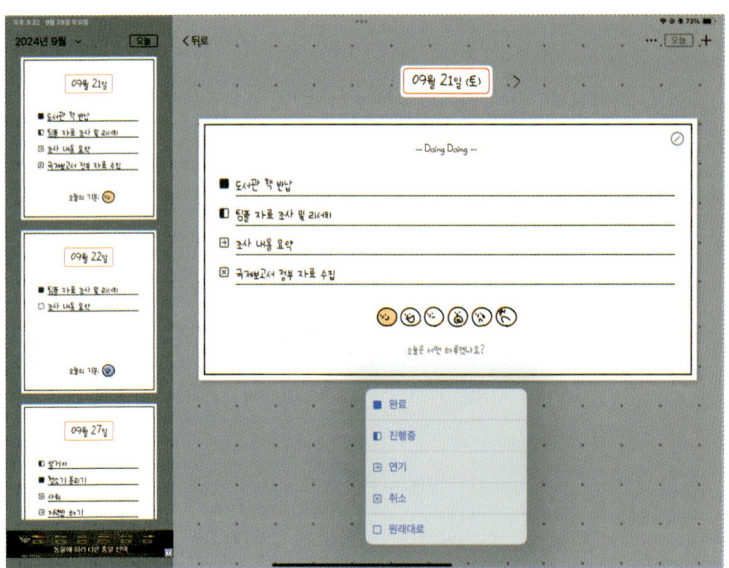

언어는 한국어와 영어 두 가지로 설정할 수 있어요. 여러 가지 손글씨체를 적용할 수 있어 귀엽고 개성 있는 디자인으로 활용할 수 있습니다. 알림을 설정하면 매일 정해진 시간에 리마인드 알림을 받을 수 있습니다.

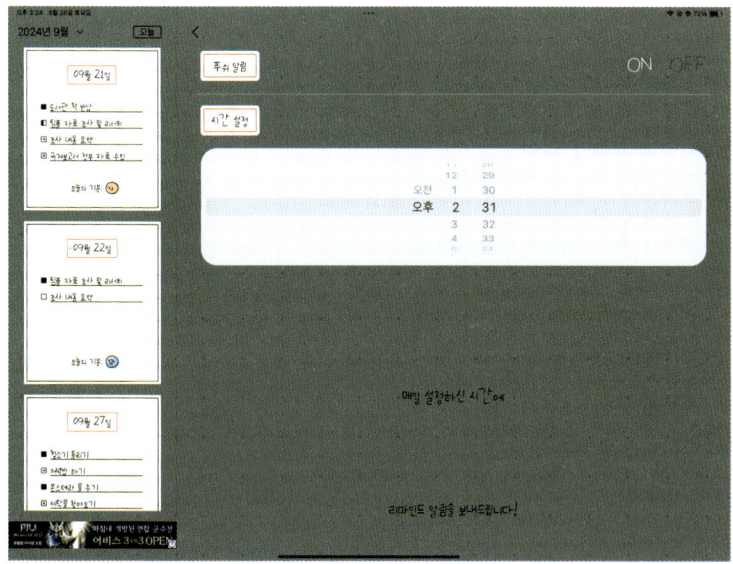

왼쪽 하단에 크게 거슬리지 않는 작은 사이즈의 배너 광고가 떠 있는 무료 앱이에요. 투두리스트 형식의 디자인이 깔끔하고 귀여운 것이 특징입니다. 미리 알림 앱 대신에 가볍게 사용하면 좋습니다. 위젯으로 만들어 아이패드 홈 화면에 띄워두면 나의 아이패드에 귀여움을 더할 수 있어요.

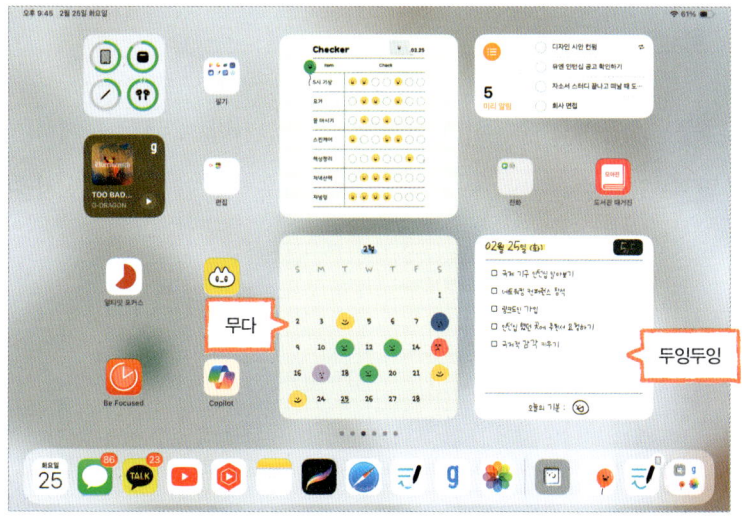

무다(Mooda)

무다는 그날의 기분을 아이콘으로 기록하고 간단한 일기를 메모 형식으로 남길 수 있는 앱이에요. 깔끔하고 귀여운 디자인에 단순한 인터페이스로 매우 편리합니다. 떠오르는 생각을 메모하거나 짧은 에세이를 적어보는 등 기록용으로 활용하기에 좋아요.

일기 형식으로 한 날짜에는 한 개의 일기만 적을 수 있어요. 폴라로이드 카메라 사진 형식으로 이미지를 첨부하거나 기본으로 제공되는 스티커팩을 활용하여 귀엽고 아기자기하게 일기를 작성할 수 있습니다. 평소에 다이어리 꾸미기가 취미라면 딱 좋아할 앱이에요.

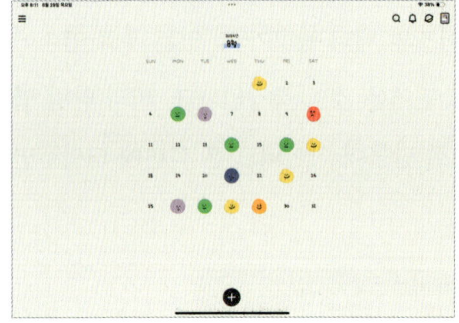 

무료로 제공되는 기능만 사용해도 충분히 예쁘게 꾸밀 수 있지만, 유료로 결제하면 사진을 여러 장 올릴 수 있고 손글씨로 꾸밀 수 있어요. 더욱 다양한 스티커를 사용할 수 있습니다.

메몽(Memong)

메몽은 아기자기한 디자인이 매력적인 메모 앱이에요. 데일리, 위클리는 물론 위시리스트, 투두리스트, 독서 메모, 요리 레시피, 용돈 기입장, 식사 일기 등 다양한 메모장을 마음대로 골라 사용할 수 있습니다. 여러 가지 주제의 떡메모지를 한 장씩 뜯어서 사용하는 느낌으로 메모를 남겨놓기에 좋아요.

메모지의 배경색을 마음대로 바꿀 수 있으며 사진 첨부는 물론, 스티커로 메모를 예쁘게 꾸밀 수 있어요. 다만 유료 앱이라 다운로드할 때 이용료를 결제해야 합니다.

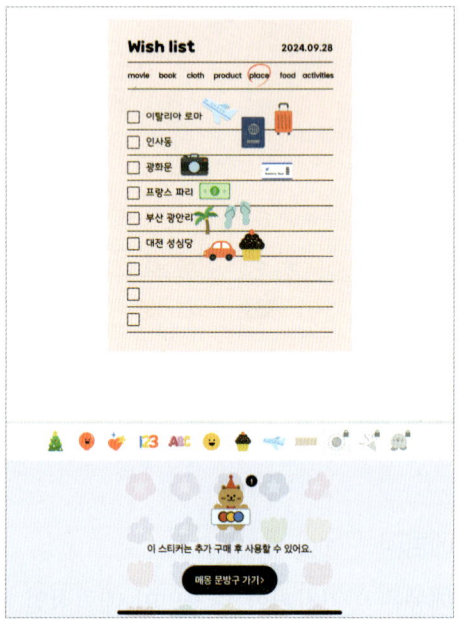

03 자동화로 일상을 편리하게 하는 단축어

단축어 앱을 사용하면 자주 사용하는 여러 앱과 기능을 결합하여 한 번의 명령으로 실행할 수 있어요. 다양한 작업을 자동화하고 효율적으로 수행하여 일상생활을 편리하게 만들 수 있습니다. 시리 음성 명령으로도 단축어를 실행할 수 있어, 여러 단계를 거쳐야 하는 작업을 한 번의 명령으로 처리함으로써 시간을 절약할 수 있어요.

단축어 앱은 절차가 단축되는 실용적인 앱이에요. 먼저 단축어 앱의 구성을 살펴보고, 단축어 아이콘을 탭하면 유튜브가 실행되도록 설정해보겠습니다.

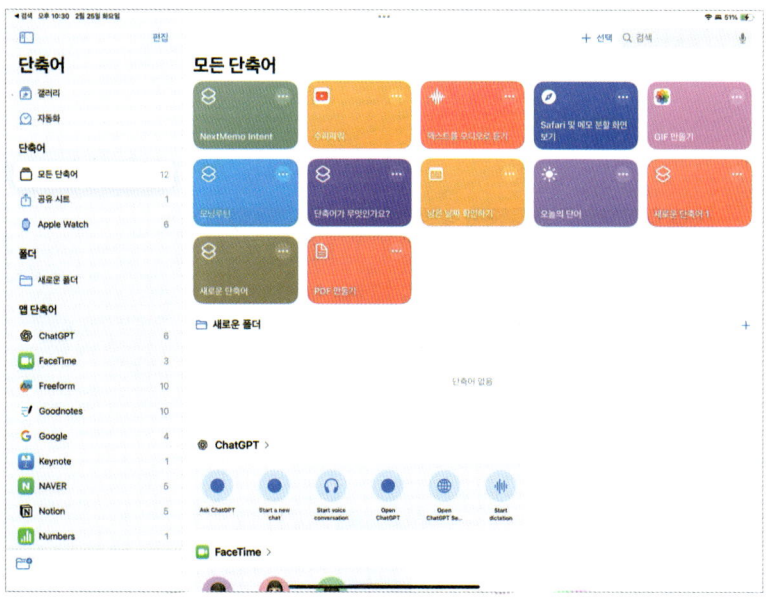

단축어 앱 구성 살펴보기

단축어 앱 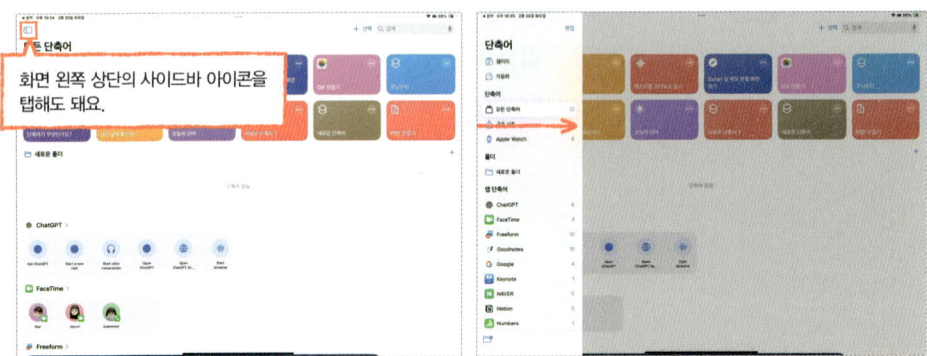을 열고 화면 왼쪽 가장자리를 오른쪽으로 쓸어 넘기면 사이드바가 열리고 단축어 목록을 볼 수 있어요.

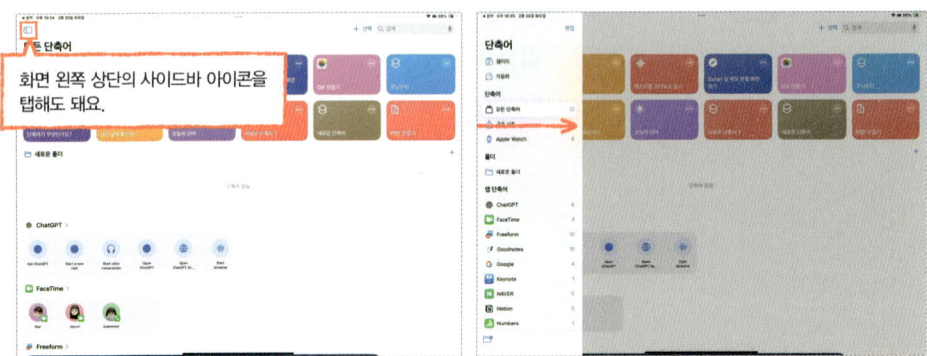

[갤러리]를 탭하면 카테고리별로 정렬된 단축어를 볼 수 있어요. 애플이 제공하는 다양한 단축어 템플릿이 모여 있는 곳으로, 미리 설정되어 있는 단축어 중에서 사용하고 싶은 것이 있다면 간편하게 추가하고 나에게 맞게 수정하여 사용할 수 있습니다.

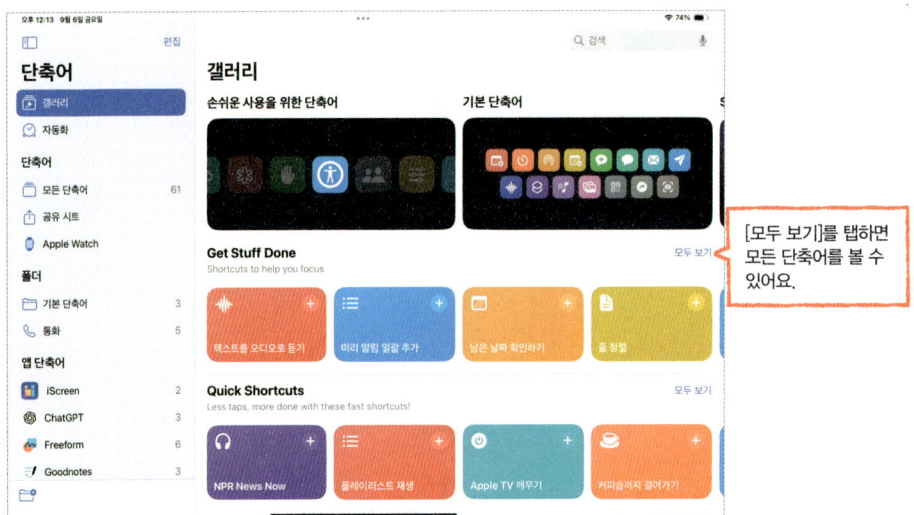

단축어 항목을 위아래로 스크롤하면 더 많은 카테고리를 볼 수 있고, 좌우로 쓸어 넘기면 해당 카테고리에 있는 모든 단축어를 탐색할 수 있습니다.

[자동화]를 탭하면 특정 조건에 따라 자동으로 실행되는 단축어를 설정할 수 있어요. 특정 시간에 알림을 보내거나 특정 장소에 도착했을 때 동작을 실행하는 등의 자동화를 설정할 수 있습니다.

내가 원하는 대로 단축어 만드는 방법

갤러리 단축어 사용하기

갤러리에서 사용하고 싶은 단축어를 탭한 후 [단축어 추가]를 탭합니다. 단축어를 추가하면 모든 단축어 목록에 추가됩니다.

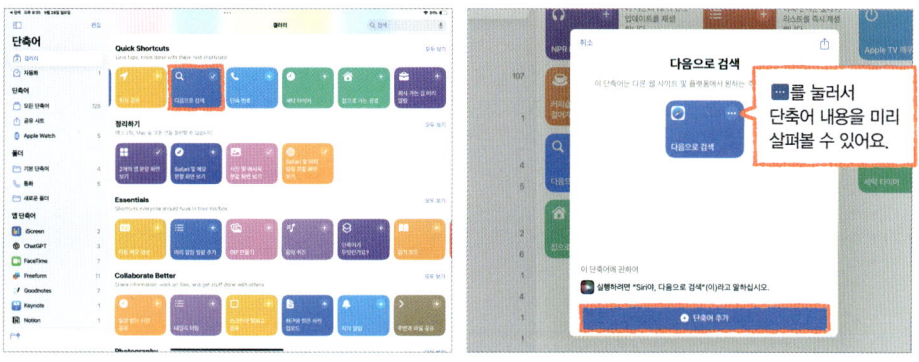

사이드바 목록에서 [모든 단축어]를 탭하면 추가한 단축어를 볼 수 있어요. 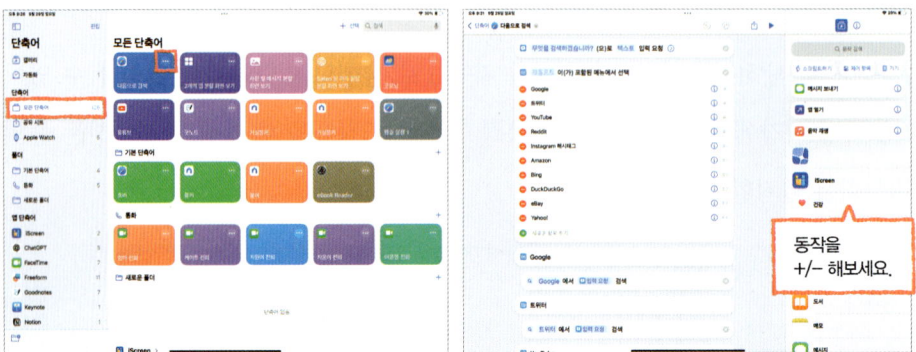를 탭하면 단축어 동작 내용을 편집할 수 있습니다.

동작을
+/- 해보세요.

생성된 단축어를 탭하면 단축어 내용이 실행됩니다.

새로운 단축어 만들기

나만의 새로운 단축어를 만들고 싶다면 화면 오른쪽 상단의 [+]를 탭합니다.

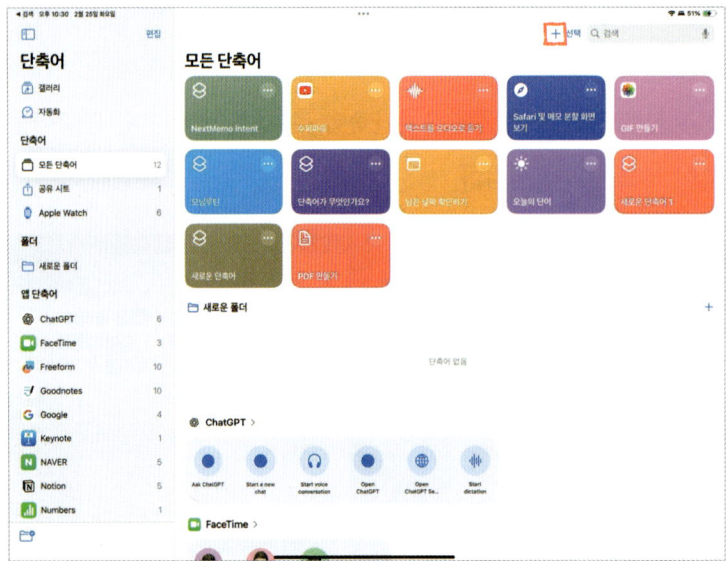

01 제목이 없는 빈 단축어 편집기가 나타나면 ❶❷[새로운 단축어]–[이름 변경]을 탭합니다. 이름을 입력합니다.

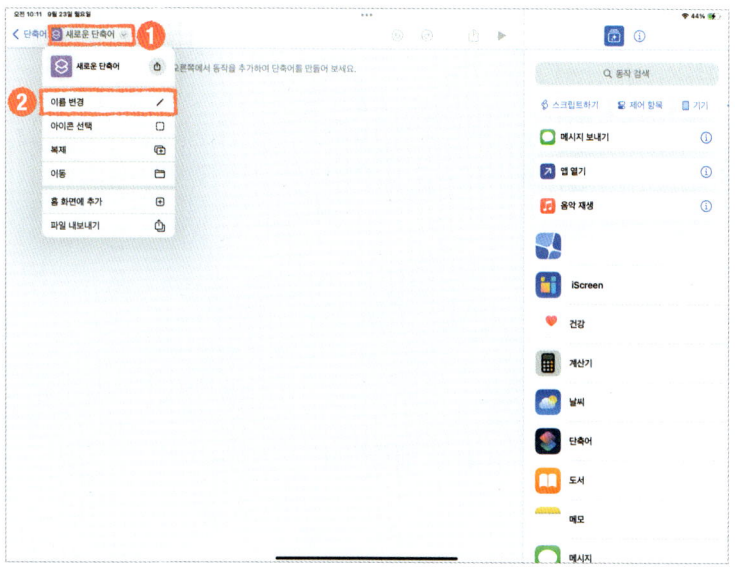

02 오른쪽에서 동작을 추가합니다. ❶목록에서 동작을 길게 탭한 다음 ❷원하는 위치로 드래그합니다. 여기서는 [앱 열기] 동작을 추가합니다.

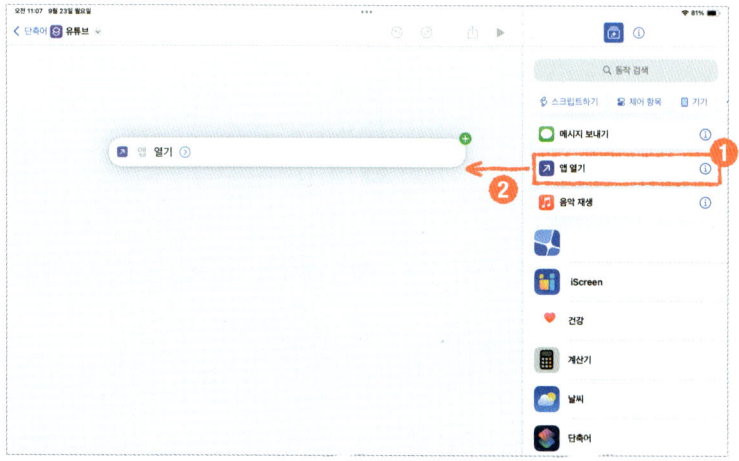

03 ❶ 앱 아이콘을 탭하고 ❷ 단축어 실행 시 열고자 하는 앱을 탭합니다. 여기서는 유튜브 앱이 열리도록 설정해보겠습니다.

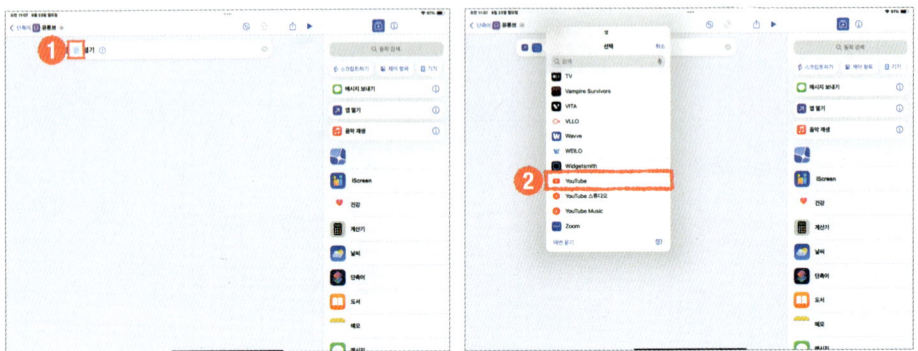

04 새로 만든 단축어를 테스트하려면 ▶를 탭합니다.

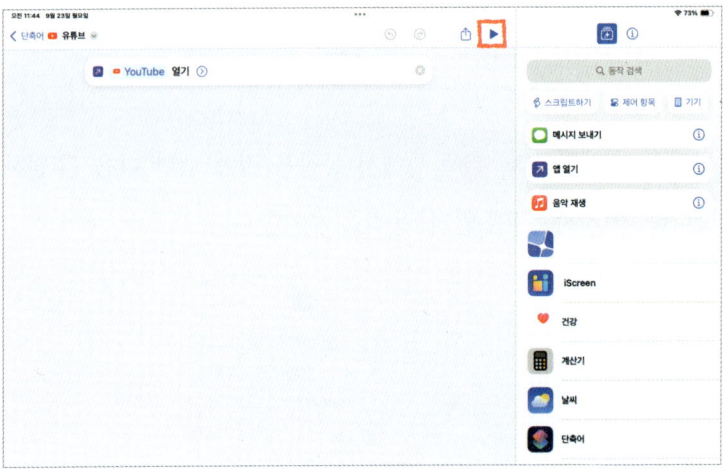

새로 만든 단축어는 모든 단축어에 추가됩니다. 모든 단축어 목록을 확인해보세요.

홈 화면에 추가

자주 사용하는 단축어는 홈 화면에 추가하면 빠르게 사용할 수 있어요. ❶ ⬆️를 탭하고 ❷ [홈 화면에 추가]를 탭합니다. ❸ 단축어 아이콘의 색상을 고르거나 ❹❺ 원하는 사진을 선택하고 ❻ [추가]를 탭합니다. 홈 화면에 단축어 아이콘이 추가됩니다.

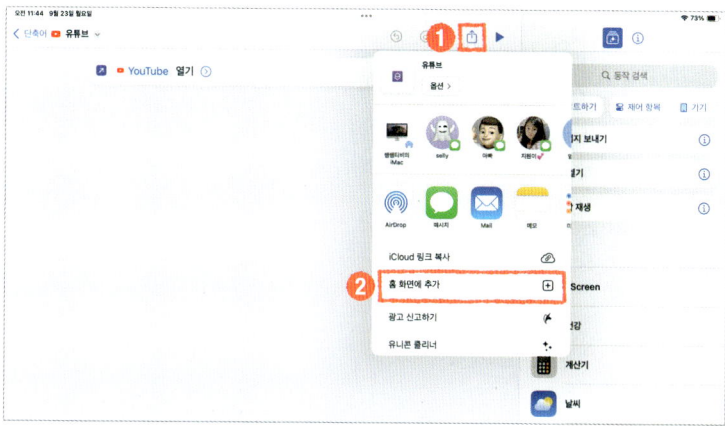

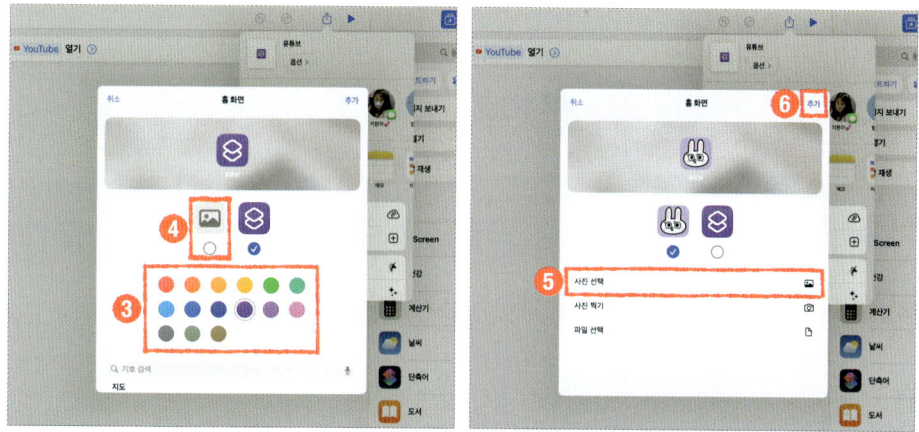

처음에는 간단한 단축어부터 시작해서 점점 더 복잡한 단축어를 만들어보세요. 아이패드를 단축어와 함께 사용하면 다양한 작업을 자동화하고 효율적으로 수행하여 대학 생활이나 취준 일상에서 생산성을 높일 수 있습니다.

04 방해는 NO! 몰입을 도와주는 집중 모드

집중 모드를 설정하면 특정 시간 동안 방해받지 않도록 앱 알림이나 전화 알림을 차단할 수 있어요. 업무에 집중할 때, 공부할 때, 잠잘 때 등 그 외 방해받지 않고 싶은 시간대에 효율적으로 활용할 수 있습니다. 집중 모드로 알림을 모두 일시적으로 무음으로 설정하거나 특정 알림만 수신할 수 있어요.

쉽고 간편하게 집중 모드 설정하기

설정 앱에서 [집중 모드]를 탭하면 기본으로 제공되는 방해금지 모드, 개인 시간, 수면, 업무 등을 사용할 수 있어요. 또는, 오른쪽 상단의 [+]를 탭하여 게임, 마음 챙기기, 피트니스 등의 새로운 집중 모드를 만들 수 있습니다.

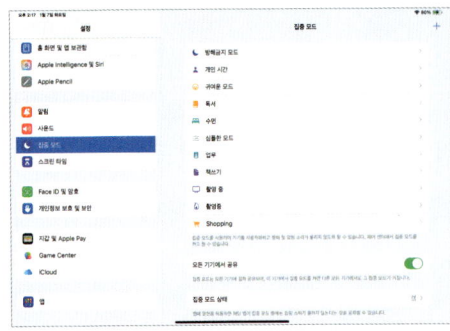

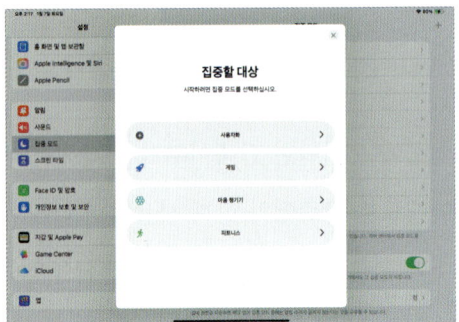

[사용자화]를 탭하여 집중 모드의 이름과 색상, 아이콘을 설정해 나만의 집중 모드를 만듭니다.

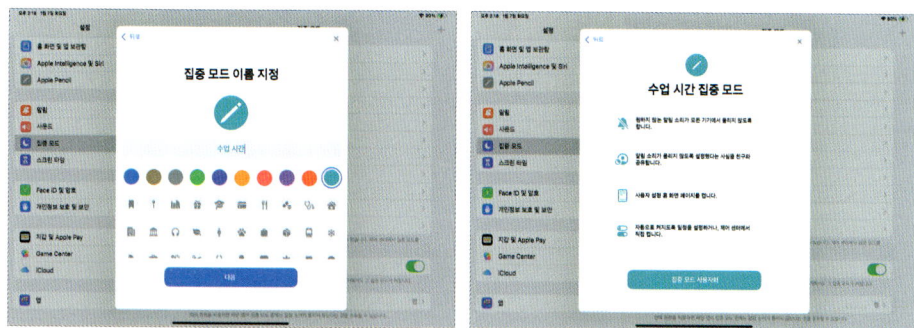

[집중 모드 사용자화]를 탭하면 이 모드에서 어떤 알림을 허용할지 설정할 수 있습니다. [사람]과 [앱] 항목에서 무음으로 설정하거나 알림을 허용할 연락처와 앱을 설정할 수 있어요. 중요한 연락은 [허용]으로 설정하면 집중 모드에서도 알림을 받을 수 있습니다.

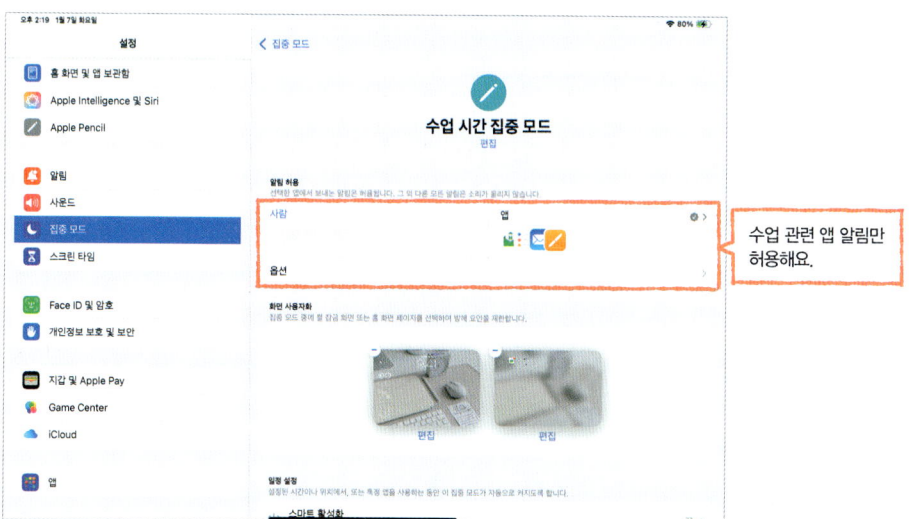

화면 사용자화

화면 사용자화를 설정하면 집중 모드가 활성화되었을 때 표시될 잠금 화면과 홈 화면 페이지를 설정할 수 있어요. 꼭 필요한 위젯과 앱만 보이게 설정할 수 있어요. 학교에서는 다른 사람이 나의 아이패드 화면을 볼 수 있으므로, 수업 관련 위젯, 앱만 보이도록 설정해두면 좋습니다.

스터디 모드일 때는 동기 부여가 되는 다니고 싶은 회사나 롤모델 사진을, 휴식 모드일 때는 좋아하는 여행지나 반려동물의 사진을 잠금 화면으로 설정해보세요.

스마트 활성화 자동 설정하기

특정 시간이나 위치에 있을 때 또는 특정 앱을 사용하는 동안에 집중 모드가 자동으로 켜지도록 설정할 수 있어요.

설정 앱⚙️에서 [집중 모드]를 탭하고 설정하고 싶은 집중 모드를 선택합니다. [스마트 활성화] 설정을 켜면 사용자의 위치, 앱 사용 내용 등의 신호를 기반으로 해당 집중 모드가 자동으로 활성화됩니다. [일정 추가]를 탭하여 시간과 위치, 허용할 앱을 설정하면 됩니다.

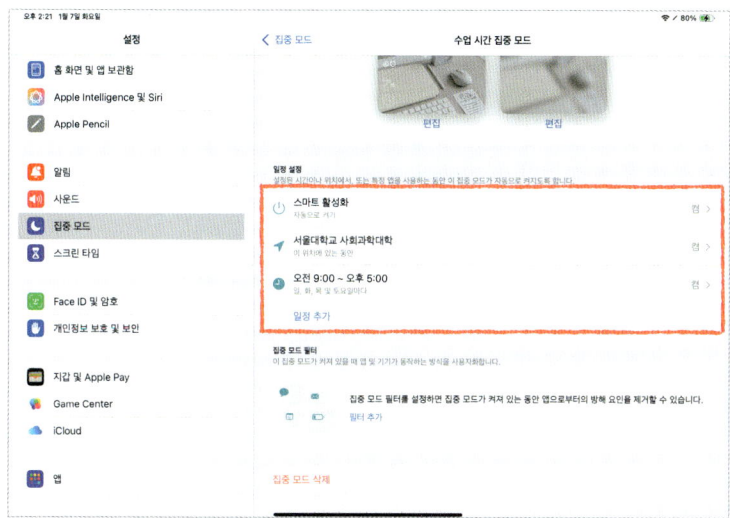

집중 모드 설정하고 해제하는 방법

집중 모드를 설정하면 제어 센터를 통해 쉽게 켜고 끌 수 있어요. 아이패드 화면 오른쪽 상단을 쓸어 내려 제어 센터를 엽니다. [집중 모드]를 탭하고 원하는 집중 모드를 탭하면 설정해둔 집중 모드가 바로 실행됩니다.

집중 모드를 끝낼 시점을 설정하려면 집중 모드 이름 옆에 있는 ●●●를 탭하고 [1시간 동안], [오늘 저녁까지], [이 위치를 떠날 때까지] 중에서 선택합니다.

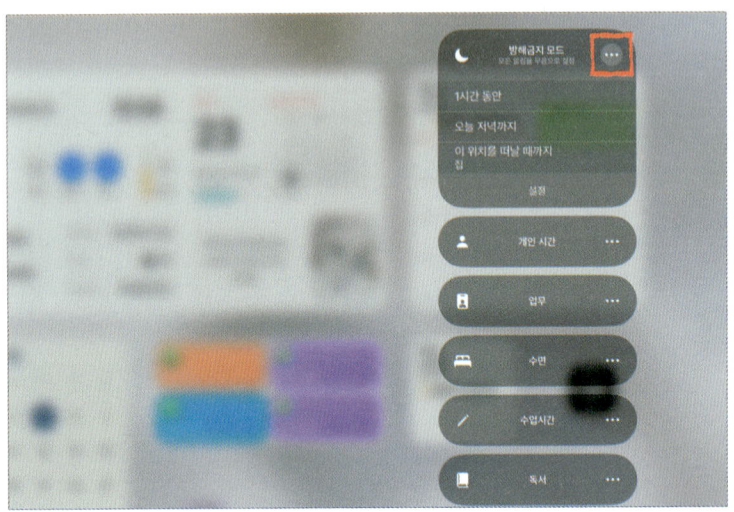

집중 모드가 활성화되어 있으면 해당 집중 모드🌙 아이콘이 아이패드 상태 막대에 나타나고, 메시지 앱에 사용자의 상태가 자동으로 표시됩니다. 친구들은 사용자가 알림을 껐음을 알 수 있어요.

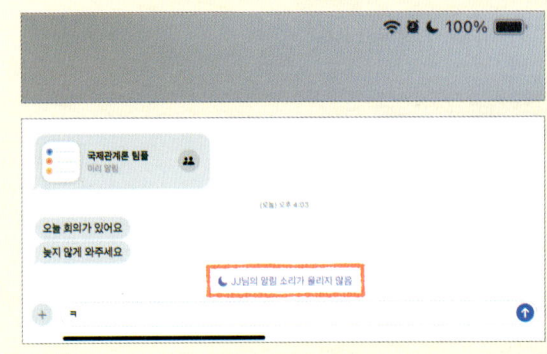

시리에게 요청하기

시리를 사용하여 집중 모드를 켜거나 끌 수 있어요. "방해금지 모드 켜줘.", "수업 모드 꺼줘." 등 시리에게 요청해보세요.

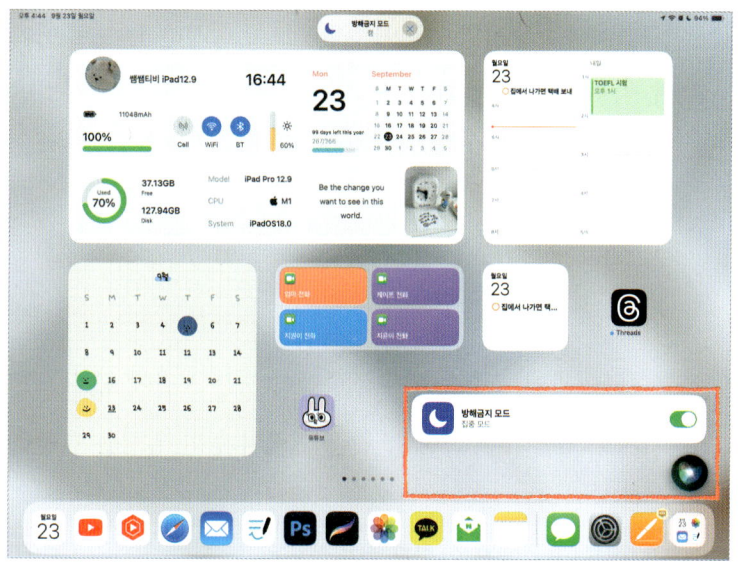

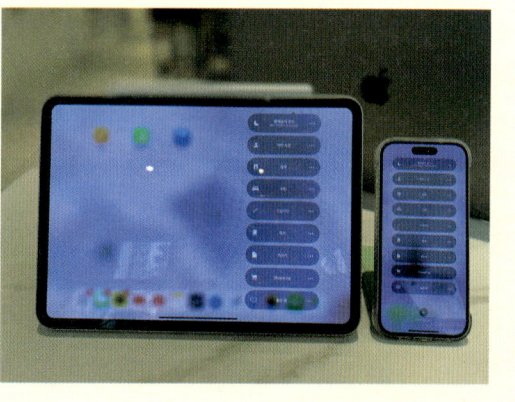

놓치면 손해! 아이패드 꿀팁

아이패드와 아이폰, 맥북, 애플 워치가 동일한 애플 아이디로 로그인되어 있다면 동일한 집중 모드를 사용할 수 있어요. 다른 애플 기기와 집중 모드 설정이 자동으로 동기화됩니다.

집중 모드, 이럴 때 사용해보세요!

수업 모드

강의 수강 중에는 알림을 최소화한 수업 모드를 적용하면 수업에 집중할 수 있어요. 팀플을 함께하는 친구들이나 교수님만 알림이 허용되도록 설정하고, 노트 앱이나 굿노트, 수업 자료 앱, 사파리 등 수업 관련 앱들만 알림을 허용합니다. 홈 화면에는 학습 관련 앱과 위젯만 보이게 하고, 시간표 시간에 맞춰 자동으로 켜지도록 설정해봅니다.

공부 모드

도서관에서 공부를 하는 시간, 과제 제출을 위해 집중해야 하는 시간에 공부 모드를 설정해보세요. 마찬가지로 가족이나 교수님, 긴급 연락처 등만 알림을 허용하고, 굿노트나 노트 앱 등 학습 관련된 앱만 알림을 허용합니다. 불필요한 SNS나 메신저, 게임 등 집중력을 떨어뜨리는 앱은 알림을 차단합니다.

홈 화면에는 공부에 필요한 앱만 모아 공부 모드 홈 화면을 만들어 사용하고, 특정 시간이나 장소에 따라 공부 모드가 자동으로 켜지도록 설정하면 편리하게 모드를 전환할 수 있어요. 특히 수업 시간이나 강의실, 도서관에 들어갔을 때 자동으로 공부 모드로 전환되도록 설정하면 유용합니다.

수면 모드

밤에는 숙면을 취할 수 있도록 방해 요소를 차단하는 수면 모드를 만들 수 있어요. 가족이나 긴급 연락처 등 중요한 연락처만 알림을 허용하고 다른 알림은 차단합니다. 밤 10시부터 새벽 6시까지 자동으로 켜지도록 설정하고, 홈 화면에는 알람이나 시계, 날씨 등 수면에 관련된 앱만 표시되도록 설정해보세요.

독서 모드

불필요한 알림은 모두 끄고, 홈 화면에는 e-book을 볼 수 있는 관련 앱과 필기를 할 수 있는 앱만 보이도록 설정하여 독서 모드를 만들어보세요. 집중력을 빼앗기지 않으며 독서 시간을 가질 수 있어요. 눈의 피로도를 낮춰줄 다크 모드로의 전환을 단축어로 만들어놓고 활용하면 좋습니다.

CHAPTER 02

취업 전 알아두면 좋을
아이패드 활용법

이번 챕터에서는 취업을 준비하며 아이패드를 효율적으로 활용하는 방법을 알아볼 게요. 메일과 메시지 앱으로 입사 지원은 물론, 취업을 함께 준비하는 스터디원과 빠르게 소통할 수 있습니다. 페이지스로는 이력서나 자기소개서를 작성할 수 있어 요. 넘버스는 지원한 기업 목록이나 채용 일정 관리에, 키노트는 면접 준비 시 프레 젠테이션 자료 제작에 활용할 수 있어 취업 준비를 체계적이고 효율적으로 관리할 수 있습니다.

01 이메일 관리가 편해지는 메일 앱

아이패드의 메일 앱에서는 다양한 이메일 계정을 추가하고 관리할 수 있어요.
네이버 메일, 지메일과 같은 개인용 이메일은 물론 마이크로소프트 익스체인지와
같은 회사 이메일 계정도 추가할 수 있습니다. 여러 이메일 계정을 사용할 때, 모든
계정의 메일을 하나의 통합된 [받은 편지함]에서 볼 수 있고, 계정별로 메일을 분리
해서 볼 수도 있어요.

대학생들은 취업 준비용 이메일과 학교 이메일을 각각 별도의 계정으로 추가하면
개인적인 메시지와 학업 관련 메시지를 쉽게 구분할 수 있어, 각각의 일정을 효율
적으로 관리할 수 있어요. 메일 체크하는 시간을 효율적으로 관리하고 중요한 과제
나 일들을 놓치지 않을 수 있습니다.

간단하게 이메일 계정 추가하기

설정 앱 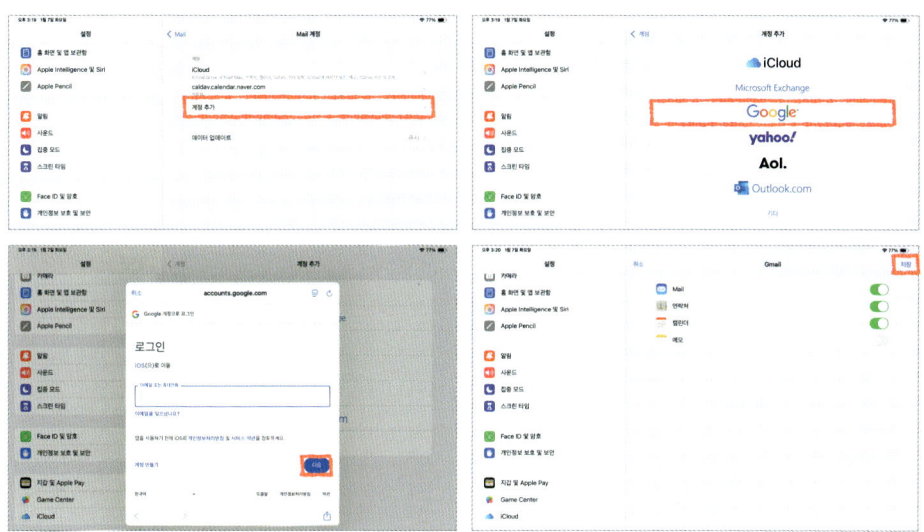에서 [앱]-[Mail]-[Mail 계정]-[계정 추가]를 탭합니다. 사용하려는 이메일 서비스를 탭하고 이메일 계정 정보를 입력합니다.

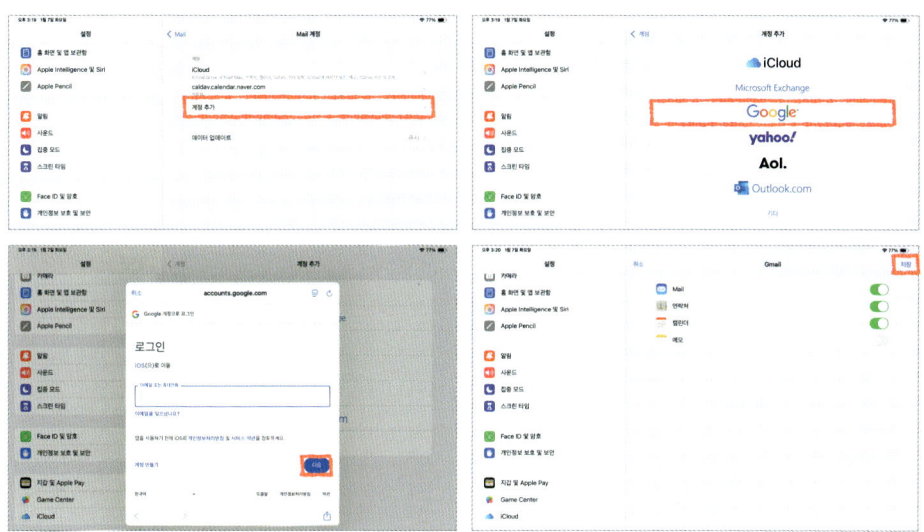

등록한 이메일 계정을 삭제하고 싶을 때는 계정 화면에서 제거하려는 이메일 계정을 탭한 후 [계정 삭제]를 탭합니다.

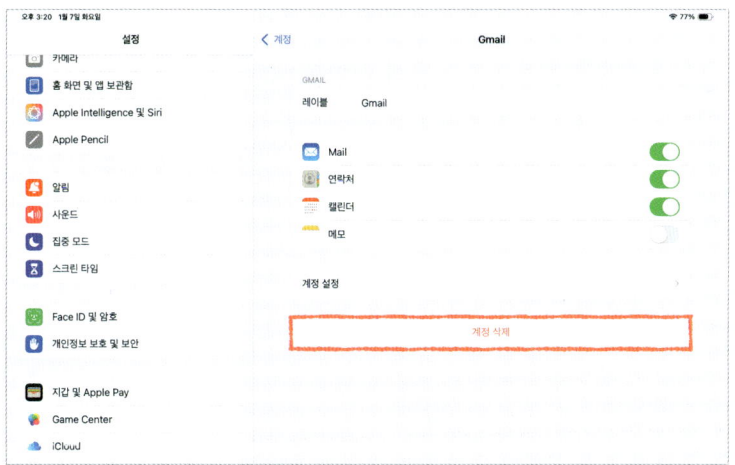

메일 앱 화면 둘러보기

메일상자

화면 왼쪽 상단의 ▯를 탭하면 왼쪽에 메일상자 메뉴가 나타납니다. 이곳에서 메일상자나 이메일 계정을 변경할 수 있어요.

[편집]을 탭하면 메일상자를 추가하거나 이동하는 등 편집할 수 있습니다.

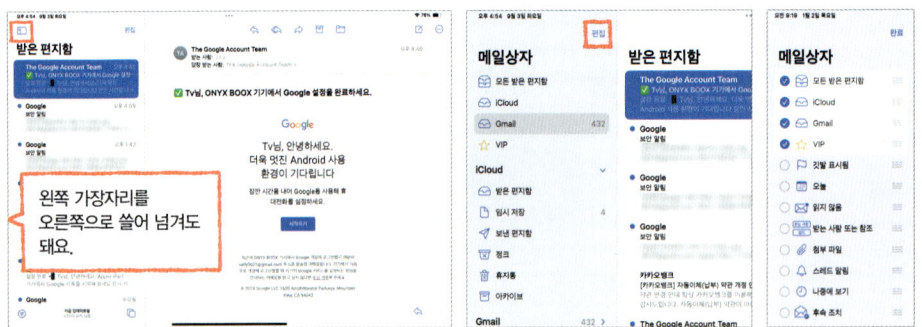

받은 편지함

[받은 편지함]의 메일 리스트에서 이메일을 탭하여 선택하고 왼쪽으로 쓸어 넘기면 깃발 표시, 아카이브/휴지통, 기타 메뉴가 나타납니다. [기타]를 탭하면 답장, 전달, 메시지 이동, 정크로 이동, 발신자 차단 등의 설정을 변경할 수 있습니다.

오른쪽으로 쓸어 넘기면 읽음, 읽지 않음으로 설정하거나 나중에 보기로 설정할 수 있습니다.

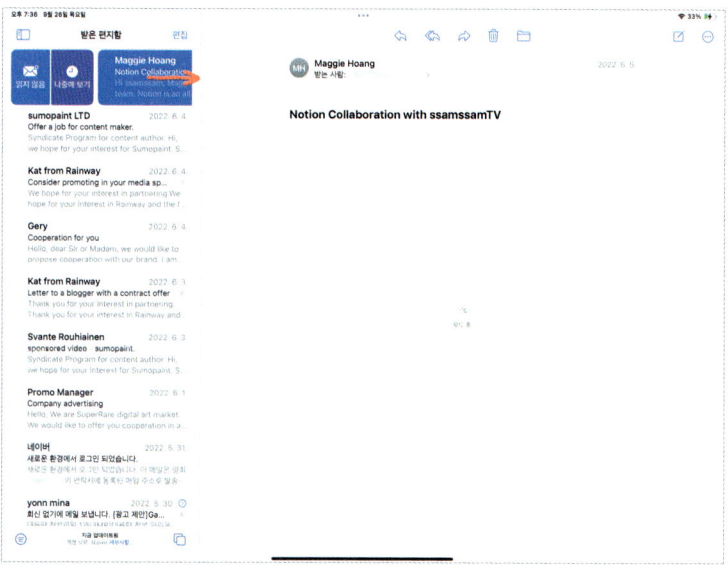

이메일을 확인하고 이메일 화면에서 왼쪽 또는 오른쪽으로 쓸어 넘겨도 빠르게 처리할 수 있습니다.

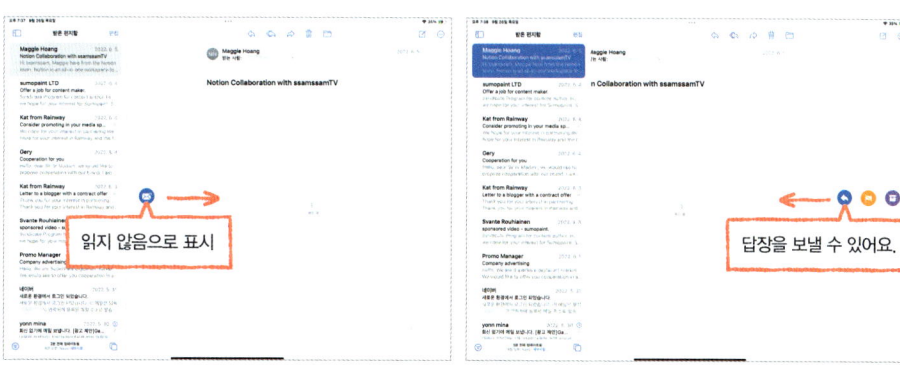

[받은 편지함]에서 상단의 [편집]을 탭한 후 메일을 선택합니다. 하단의 [표시]를 탭하면 선택한 이메일을 정크로 이동하거나 깃발 표시, 읽음으로 표시 등으로 설정할 수 있습니다. 하단의 [이동]을 탭하면 선택한 이메일을 다른 장소로 옮길 수 있습니다.

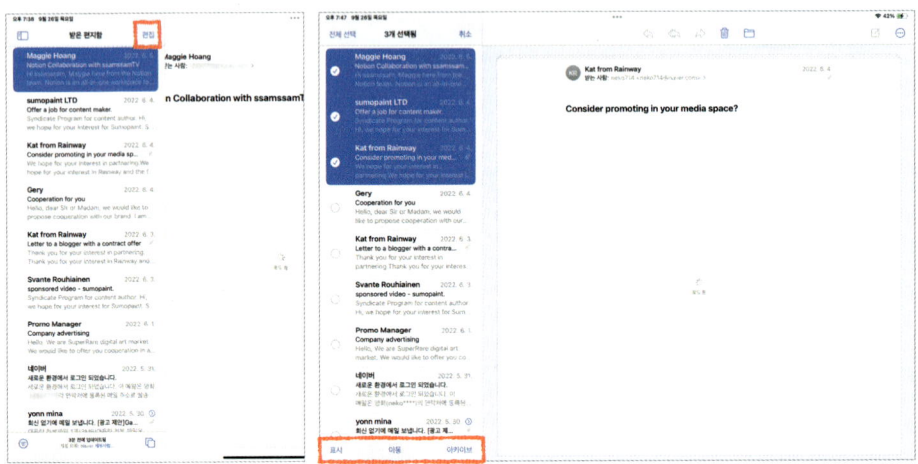

축소판을 탭하면 현재 열려 있는 메일 관련 윈도우를 볼 수 있고 [+]를 탭하면 새로운 윈도우를 만들 수 있습니다.

[받은 편지함] 상단의 검색 기능을 활용하면 찾고자 하는 이메일을 쉽게 찾을 수 있어요. 검색 필드 오른쪽의 마이크를 탭하면 음성으로 검색할 수 있습니다.

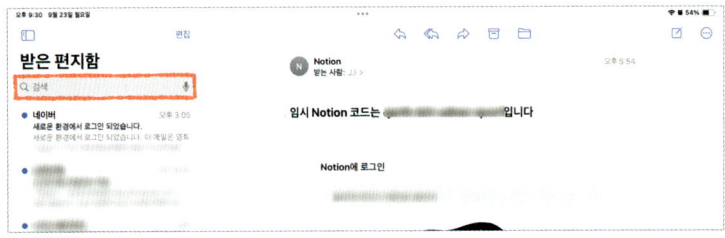

[받은 편지함]에서 이메일을 길게 탭하면 이메일 내용을 미리 볼 수 있어요. 바로 답장을 하거나 이동하기 등의 작업을 할 수 있습니다.

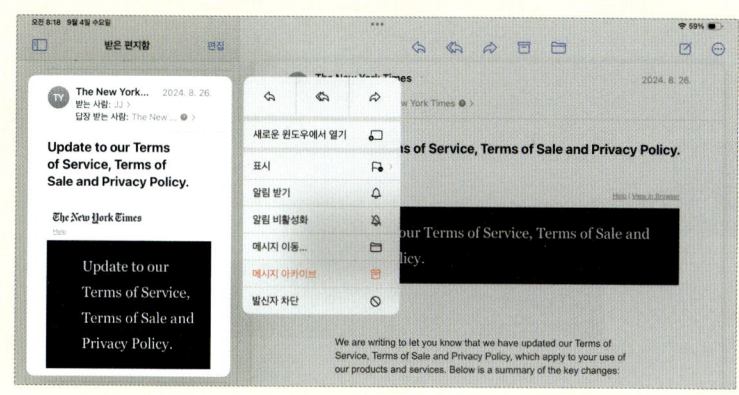

쌤쌤티비의 스마트한 아이패드 활용 팁 NOTE

[받은 편지함]에서 이메일을 열지 않고도 최대 다섯 줄까지 보이도록 설정할 수 있어요. 설정 앱에서 [앱]—[Mail]을 탭하고 메시지 목록에서 [미리보기]를 탭합니다. [5줄]을 선택합니다.

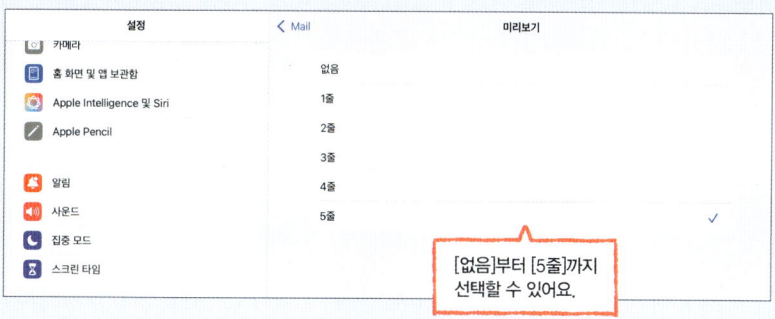

[없음]부터 [5줄]까지 선택할 수 있어요.

이메일 화면

이메일 상단에는 [답장], [모두 답장], [전달], [아카이브/휴지통], [다른 메일 상자로 메시지 이동] 메뉴가 있어요. 오른쪽 끝에는 [새로운 메시지 작성], [도구막대 사용자화] 메뉴가 있습니다.

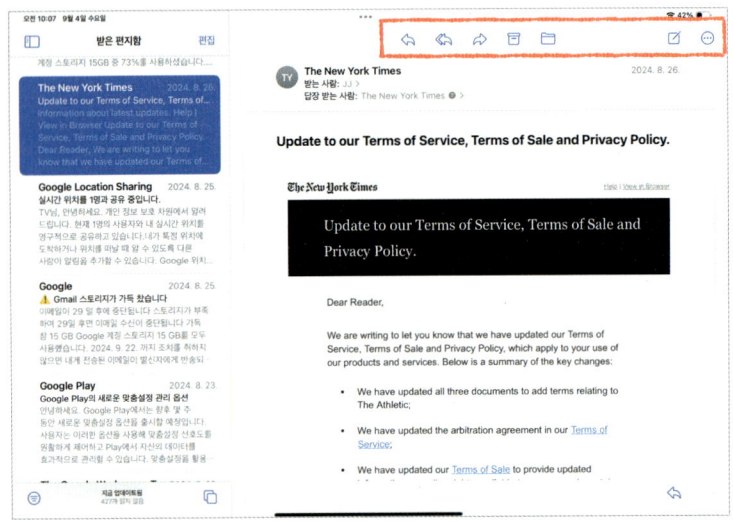

통합된 받은 편지함을 활용하면 여러 계정의 메일을 한 번에 확인하고 관리할 수 있어요. 중요한 모든 이메일을 한눈에 확인하고 관리할 수 있습니다. [받은 편지함]에서 이메일을 탭하여 열고, 내용을 확인한 후 상단의 ↩를 탭하면 바로 답장을 작성하여 보낼 수 있습니다.

오른쪽 하단의 ↩를 탭하면 나중에 보기, 깃발 표시, 읽지 않음으로 표시, 정크로 이동 등을 설정할 수 있어요. 곧바로 이메일을 처리할 수 없어 다음에 다시 보고자 한다면 [나중에 보기]를 탭한 후 시간과 날짜를 설정하면 미리 알림을 받을 수 있습니다.

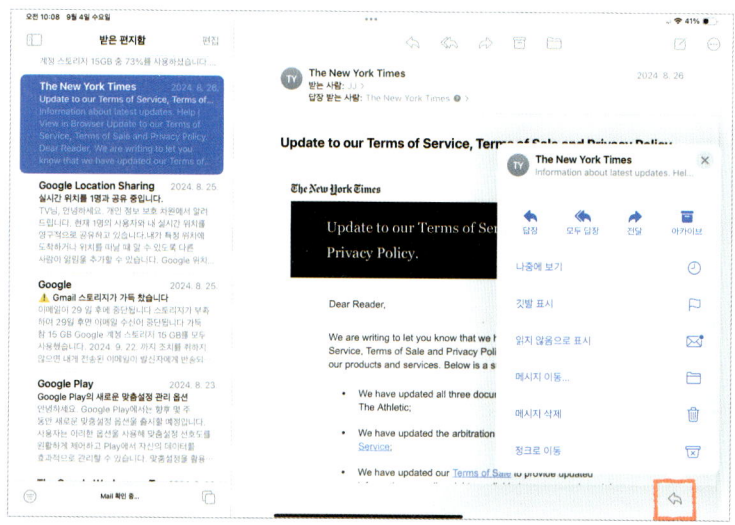

빠르고 편리하게 이메일 보내기

메일 앱 📧에서는 등록한 모든 이메일 계정으로 이메일을 작성할 수 있어요. 메일 앱을 열고 오른쪽 상단의 📝를 탭하면 새로운 메시지를 작성할 수 있어요. 받는 사람, 제목을 입력하고 내용을 입력한 다음, 필요에 따라 파일을 첨부하고 ⬆️를 탭하면 전송됩니다. ⬆️를 길게 탭하고 [나중에 보내기]를 탭한 후 날짜와 시간을 지정하면 이메일을 예약 발송할 수 있어요.

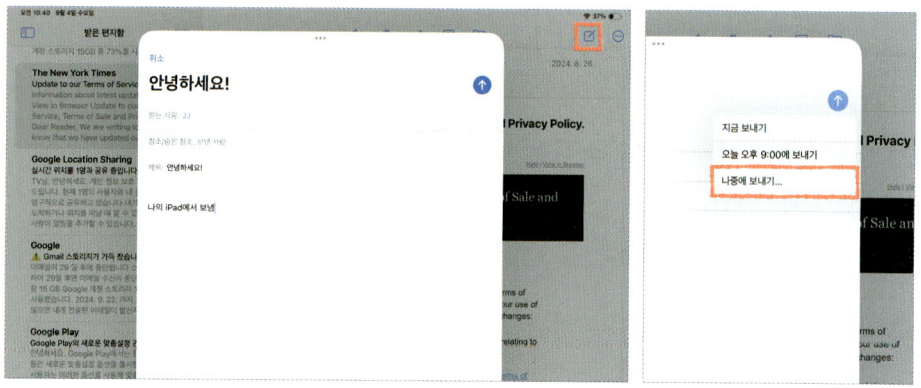

이메일 내용을 입력하는 곳을 탭하면 키보드 왼쪽 상단에 여러 가지 메뉴 아이콘이 나타납니다.

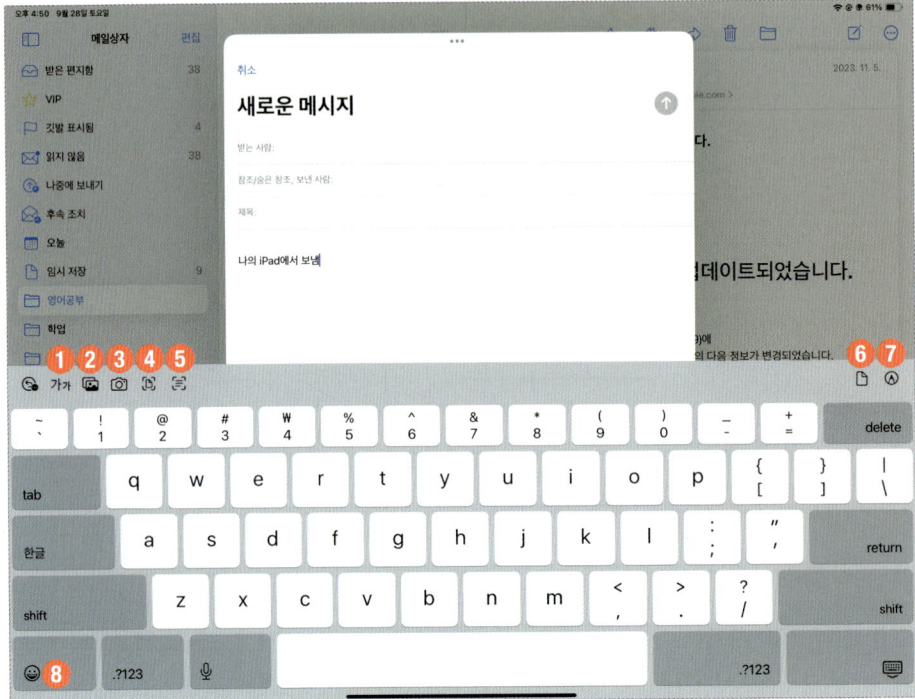

① **[Aa] 또는 [가가]** : 텍스트의 여러 가지 포맷을 변경할 수 있습니다. 볼드체 또는 이탤릭체 스타일, 서체 스타일 및 색상 변경, 구분점 목록이나 번호 목록, 글의 정렬 방식도 변경할 수 있습니다.

② **사진 보관함** : 아이패드에 저장되어 있는 사진을 첨부할 수 있습니다.

③ **카메라** : 사진이나 비디오를 직접 촬영해 바로 이메일에 추가할 수 있습니다.

④ **문서 스캔** : 문서를 카메라로 스캔하여 첨부할 수 있습니다.

⑤ **텍스트 스캔** : 카메라로 텍스트를 스캔하여 바로 이메일에 첨부할 수 있습니다.

⑥ **파일 첨부** : 문서, PDF 등 다양한 형식의 파일을 이메일에 첨부할 수 있습니다.

❼ 마크업 : 손글씨 메모나 그림을 첨부할 수 있습니다.

❽ 이모티콘 : 원하는 이모티콘을 넣을 수 있고, 이모티콘 메뉴에서 를 탭하면 스티커를 넣을 수 있습니다.

🐰 **쌤쌤티비의 스마트한 아이패드 활용 팁**   NOTE

이메일을 보낸 뒤 전송을 취소하고 싶을 때는 10초 안에 취소할 수 있어요. 이메일 목록 하단의 [전송 취소]를 탭하면 됩니다. 지연 시간을 30초까지 길게 설정하려면 설정 앱 🔘에서 [앱] – [Mail] – [전송 취소 지연 시간]을 탭하고 [30초]로 설정하면 됩니다.

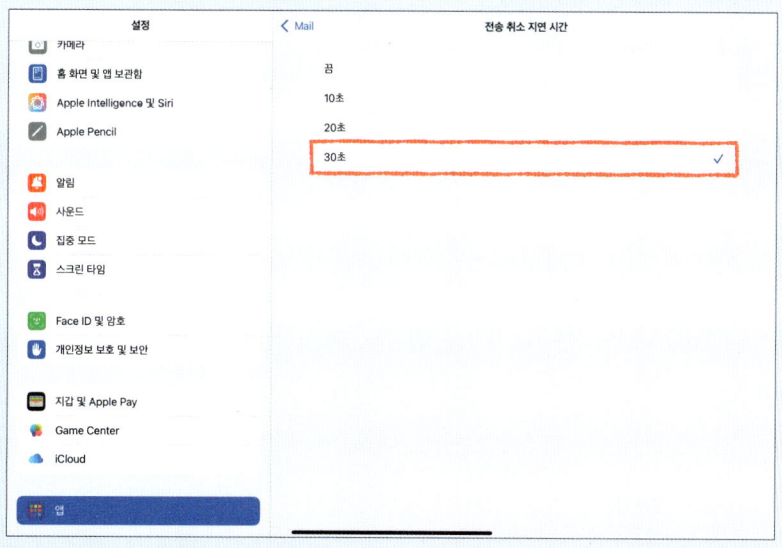

메일 발송할 때 알아두면 좋은 꿀팁

이메일 임시 저장하기

작성하던 이메일을 임시 저장하고 싶다면 [취소]를 탭하고 [임시 저장]을 탭합니다.

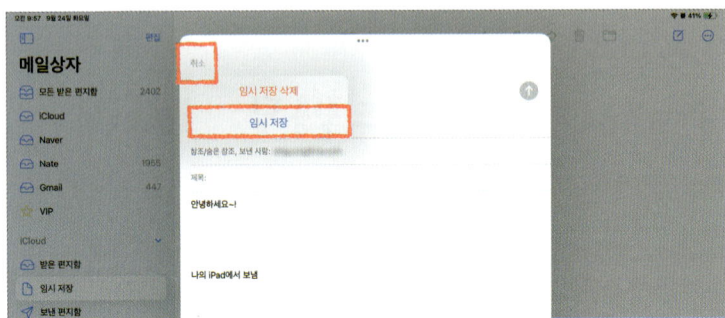

임시 저장된 이메일을 불러오고 싶다면 ☑를 길게 탭한 다음, 임시 저장된 이메일을 선택해서 다시 작성합니다.

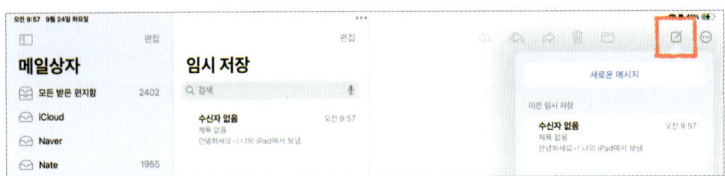

또한, 메일 앱📧 왼쪽 상단의 ⬛를 탭하면 아이클라우드 [임시 저장] 폴더를 볼 수 있습니다.

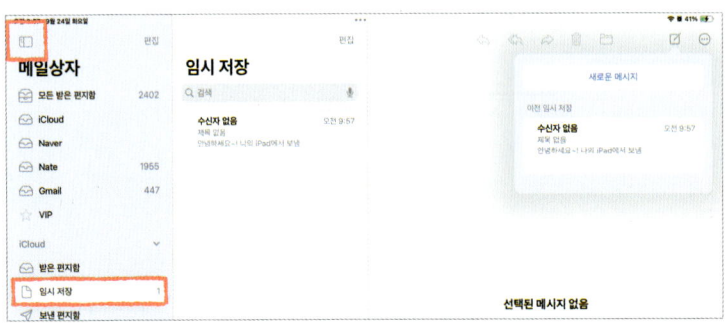

메일상자에 [임시 저장] 폴더가 보이지 않는다면 메일상자에서 [편집]–[메일상자 추가]–[임시 저장]–[완료]를 탭합니다. 메일상자에 [임시 저장] 폴더가 표시됩니다.

서명 설정하기

이메일을 보낼 때 하단에 자동으로 표시되는 서명은 내가 원하는 문구로 바꿀 수 있어요. 이메일 계정을 여러 개 사용 중이라면, 계정마다 서명을 다르게 설정할 수 있습니다.

설정 앱◉에서 [앱]–[Mail]–[서명]–[나의 iPad에서 보냄]을 탭하여 편집할 수 있어요.

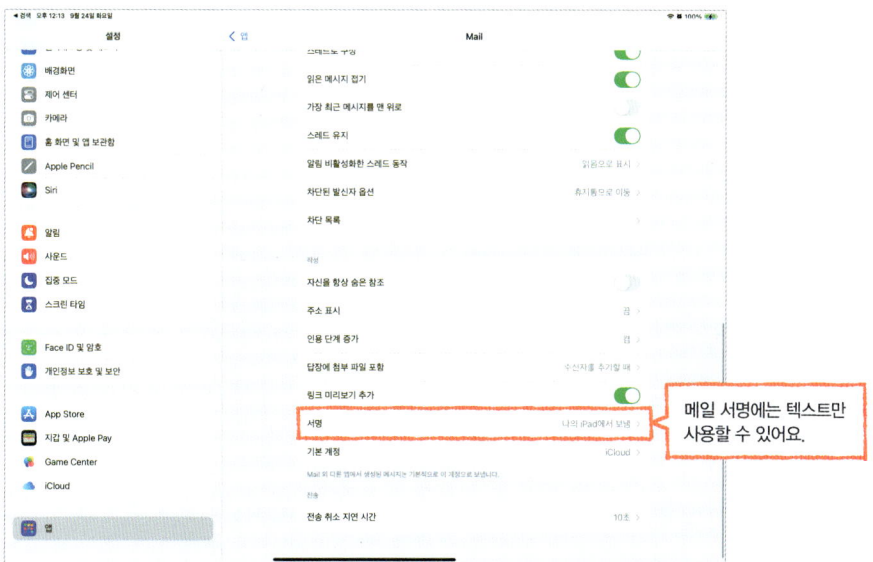

메일 서명에는 텍스트만 사용할 수 있어요.

메일 관리가 편리해지는 알림 꿀팁

알림 설정하기

학업이나 취업 관련 중요한 이메일은 놓치지 않도록 메일 앱의 알림을 설정할 수 있어요. 학과 공지, 중요한 채용 공고, 교수님이나 스터디원의 메일 알림을 설정해 놓으면 즉시 확인할 수 있어 유용합니다.

이메일을 열고 ❶오른쪽 하단의 ⤺를 탭한 뒤 ❷[알림 받기]를 탭하면 간단하게 알림을 설정할 수 있습니다.

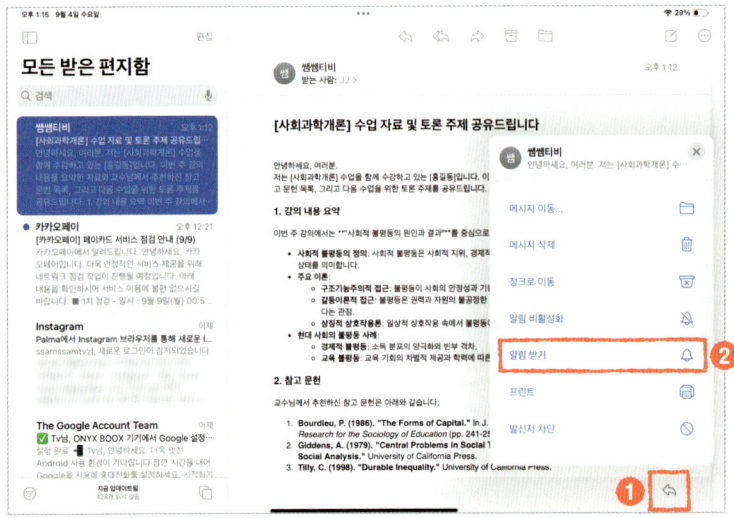

이메일 작성 중에는 제목 입력 필드의 🔔를 탭한 후 [알림 받기]를 탭하면 이 이메일에 답장하는 사람이 있을 때 알림을 받을 수 있습니다.

설정 앱⚙️에서 [앱]-[Mail]-[알림]에서도 메일 알림에 관한 설정을 변경할 수 있습니다.

미리 알림 앱과 연동하기

중요한 작업이 필요한 이메일이라면 미리 알림 앱에 추가하여 할 일 목록으로 만들어둘 수 있어요. 이메일에 시간 약속 관련 내용이 있으면 자동으로 밑줄이 표시됩니다.

❶ 밑줄이 표시된 내용을 탭한 후 ❷[미리 알림에 추가]를 탭합니다. ❸ 제목을 입력하고 날짜와 시간을 확인합니다. 메모를 적어두거나 알림 반복 설정 등을 선택하고 [추가]를 탭하면 손쉽게 미리 알림으로 등록할 수 있습니다.

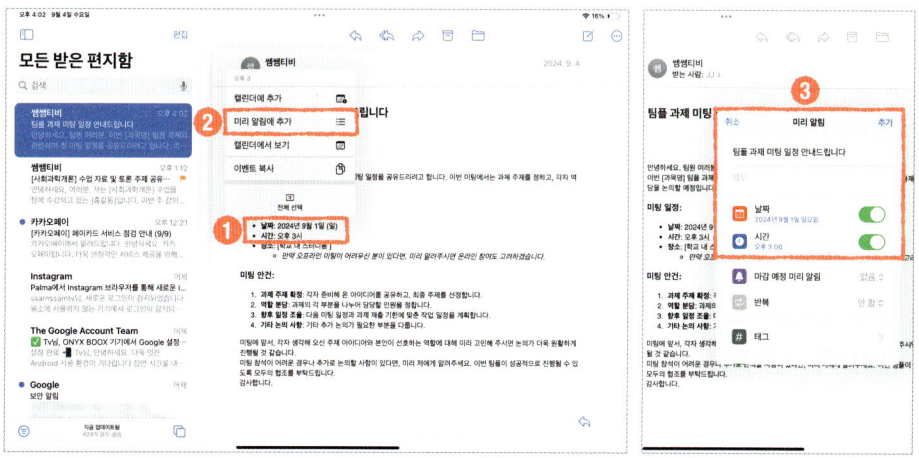

캘린더 앱과 연동하기

시험 일정이나 과제 제출일, 초대장이나 프로젝트 일정 등 메일에 중요한 일정이
포함되어 있다면 해당 일정을 캘린더에 바로 이벤트로 생성할 수 있어요. 메일에
시간 약속 관련 내용이 있으면 자동으로 밑줄이 표시됩니다.

밑줄이 표시된 내용을 탭한 후 [캘린더에 추가]를 탭합니다. 제목을 입력하고 시작
날짜와 종료 날짜, 시간을 설정합니다. 위치나 이동 시간, 반복 등을 설정하고 [추
가]를 탭하면 캘린더에 이벤트로 등록할 수 있어요.

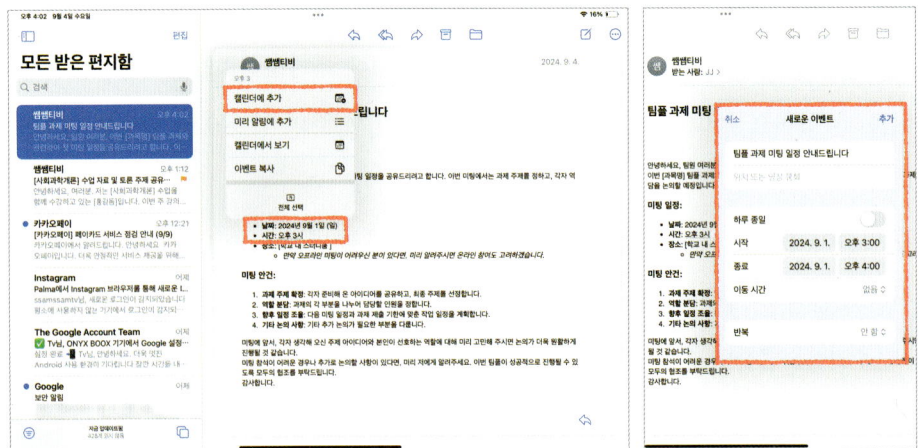

메일을 깔끔하게 분류하는 꿀팁

메일상자로 이메일 정리하기

취업과 관련된 메일을 정리하기 위해 지원하는 기업별, 참여하고 있는 스터디별로
메일상자를 만들어 사용해보세요. 메일을 체계적으로 분류할 수 있어 나중에 필요
한 정보를 쉽게 찾을 수 있어요. 메일을 읽은 후에 바로 해당 폴더로 옮기면 나중에
쉽게 찾을 수 있습니다.

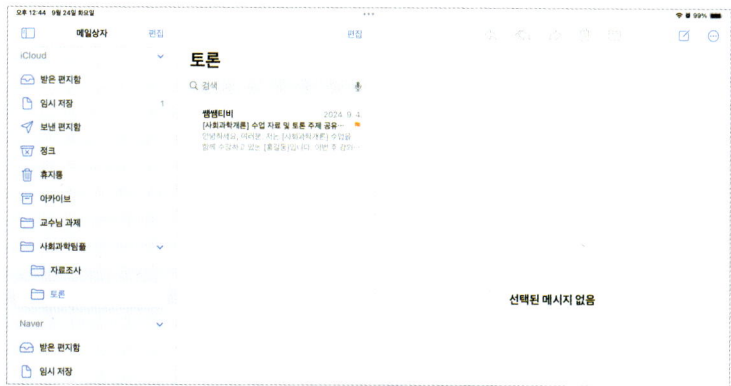

01 ❶[메일상자]-[편집]-[새로운 메일상자]를 탭합니다. ❷이름을 입력하고 ❸메일상자 위치는 [iCloud]로 선택한 후 저장하면 새로운 메일상자가 만들어집니다.

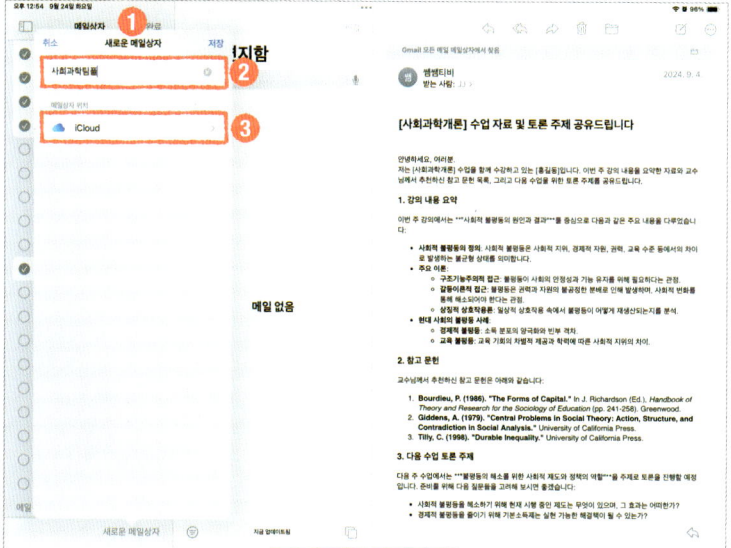

02 메일상자 하위에 새로운 메일상자를 생성할 수도 있습니다. ❶[메일상자]−[편집]−[새로운 메일상자]를 탭하고 이름을 입력합니다. ❷메일상자 위치를 앞서 생성한 메일상자로 하면 ❸해당 메일상자의 하위 메일상자로 만들어집니다.

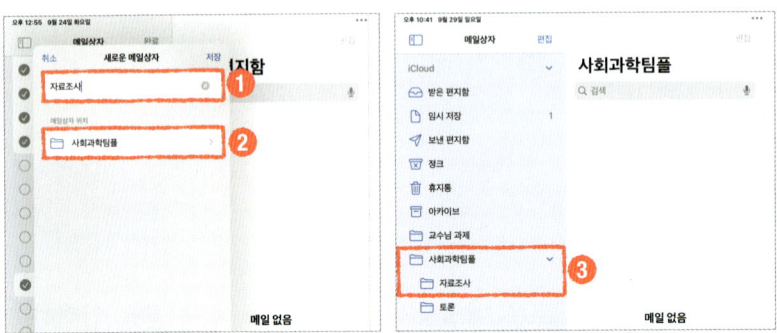

03 아이클라우드에 새로 만든 메일상자가 표시되게 하려면 ❶[메일상자]−[편집]−[메일상자 추가]를 탭하고 ❷표시하고 싶은 메일상자를 선택합니다. ❸[완료]를 탭합니다.

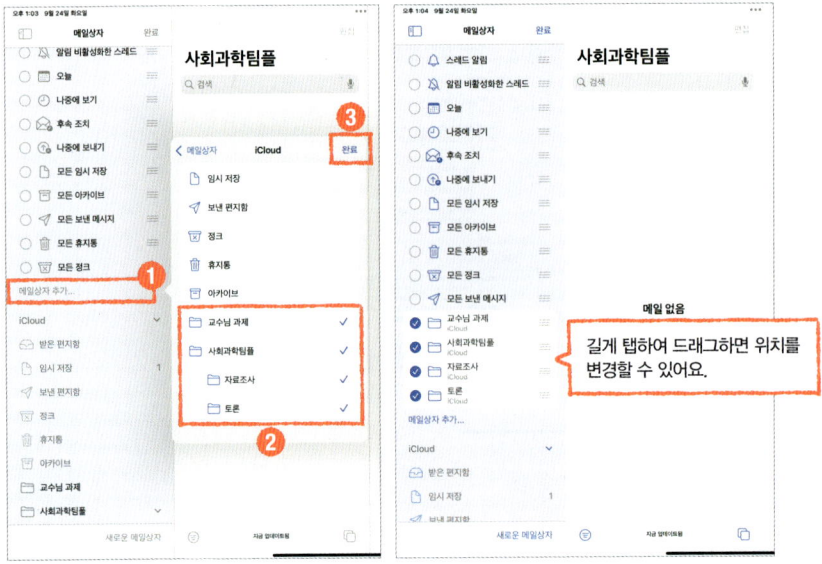

스마트 필터

[받은 편지함]의 이메일은 다양한 기준으로 필터링하여 분류할 수 있어요. 깃발 표시된 메일, 읽지 않음으로 표시된 메일, 첨부 파일이 있는 메일, VIP가 보낸 메일 등의 필터를 설정하면 메일이 자동으로 정리되어 찾고자 하는 메일이 있을 때 시간을 절약할 수 있습니다. [받은 편지함]의 하단에 있는 ⊜를 탭합니다. [필터 기준]을 탭하고 사용하려는 필터를 선택한 후 [완료]를 탭합니다.

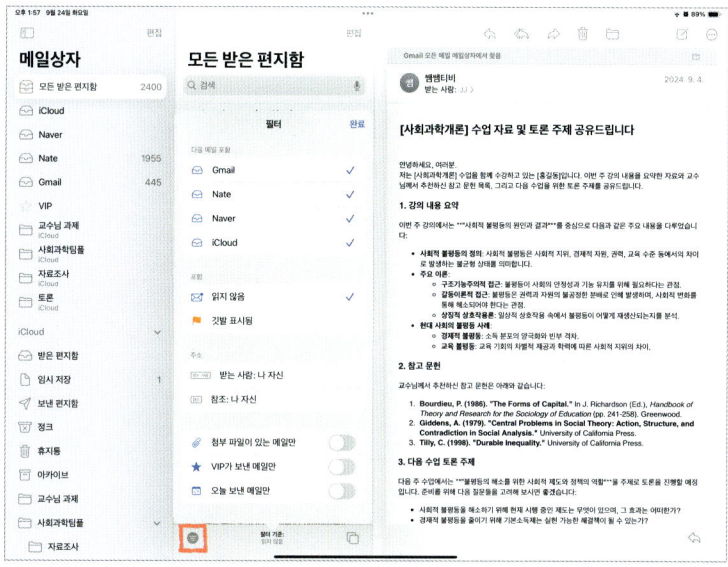

정크 메일 관리하기

스팸 메일은 정크 메일 관리로 손쉽게 차단할 수 있어요. ❶이메일에서 ↩를 탭한 후 ❷[정크로 이동]을 탭하면 해당 이메일이 정크 메일상자로 이동합니다. 이후에 같은 사람이 보낸 이메일은 자동으로 [정크 메일상자]로 이동합니다. 정크 메일상자에 있는 이메일은 30일이 지나면 자동으로 삭제되니, 잘못 표시된 이메일이 없는지 주기적으로 정크 메일상자를 확인합니다.

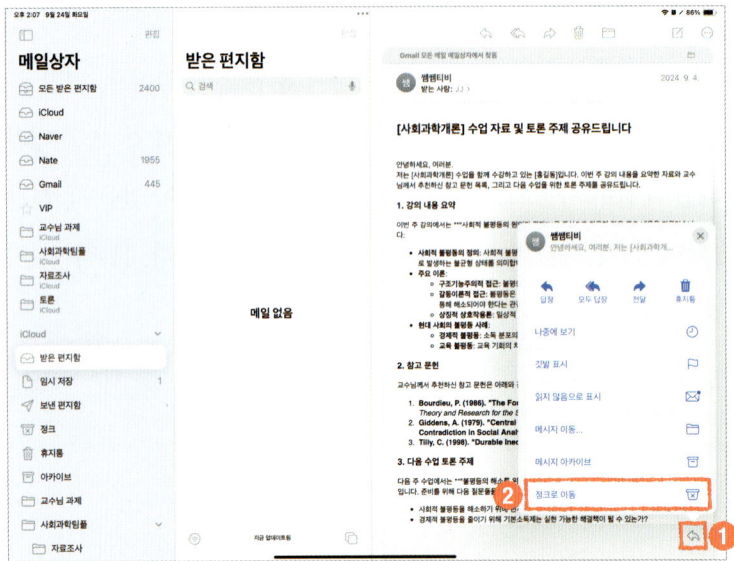

메일 앱 활용도가 높아지는 꿀팁

메일 검색하기

메일 앱📧의 검색 기능을 사용하면 특정 키워드나 날짜, 발신자 등을 기준으로 필요한 메일을 빠르게 찾을 수 있어요. 학업이나 취업과 관련된 학과 공지 사항이나 각종 시험 관련 이메일을 찾고자 할 때 검색 기능을 활용해 빠르게 찾을 수 있습니다.

[받은 편지함]의 상단 검색 필드에 찾고자 하는 텍스트를 입력하면 가장 연관성이 높은 메일과 다양한 제안이 표시됩니다. 찾고자 하는 메일을 탭하면 바로 열어볼 수 있습니다.

깃발 표시하기

중요한 정보를 포함하는 메일이나 처리해야 할 중요한 이메일에는 깃발을 지정하면 보다 빠르게 확인하고 처리할 수 있어요. 깃발이 표시된 이메일에는 🚩이 표시됩니다. 스마트 필터링 기능을 활용하면 깃발이 표시된 이메일만 필터링하여 볼 수 있어요.

❶ 이메일 오른쪽 하단의 ↩를 탭하고 ❷ [깃발 표시]를 댑합니다. ❸ 원하는 색상을 선택합니다. 이메일마다 다른 색상의 깃발을 지정할 수 있습니다.

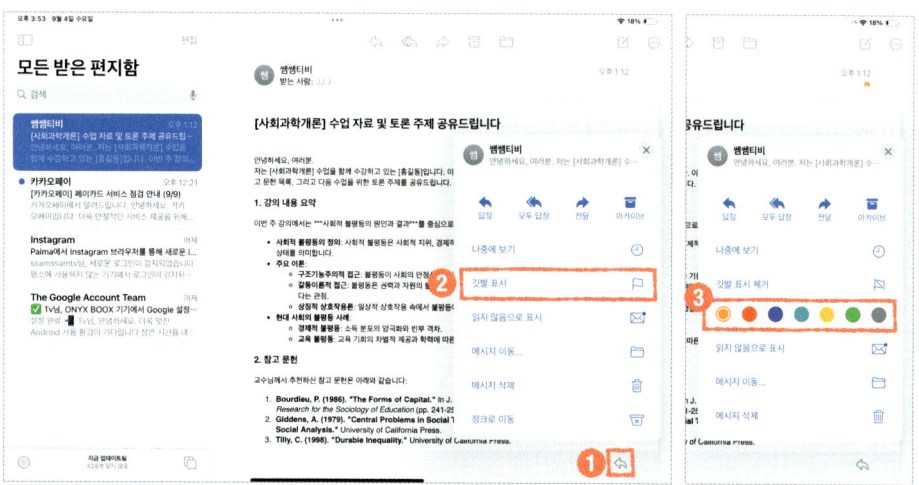

이메일 화면을 왼쪽으로 쓸어 넘기면 빠르게 깃발 표시를 할 수 있어요. 또한, [받은 편지함]에서도 이메일을 열지 않고 특정 이메일을 왼쪽으로 쓸어 넘기면 바로 깃발 표시를 할 수 있습니다.

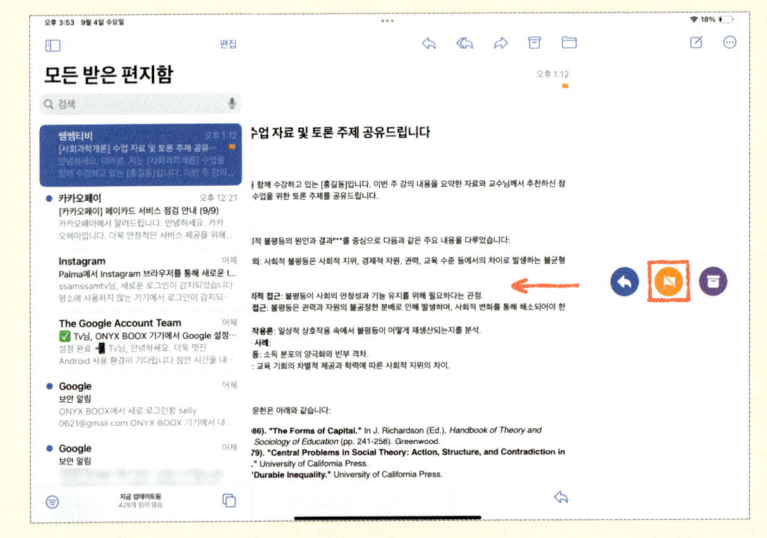

이메일 프린트하기

이메일 전체 내용을 프린트하려면 이메일 오른쪽 하단의 ↰를 탭한 다음, [프린트]-[옵션]을 확인한 뒤 프린트하면 됩니다. 이메일에 첨부된 파일이나 사진을 탭하여 확인하고 ⬆️를 탭한 후 프린트하면 첨부된 파일이나 사진을 프린트할 수 있어요.

리마인더 설정하기

중요한 마감일이나 회신을 놓치지 않고 싶을 때는 리마인더 기능을 사용해 특정 시간에 알림을 받도록 설정할 수 있어요.

이메일 오른쪽 하단 ↰를 탭하고 [나중에 보기]−[나중에 보기]를 탭합니다. 날짜와 시간을 지정한 후 [완료]를 탭하면 설정한 때에 알림을 받을 수 있습니다.

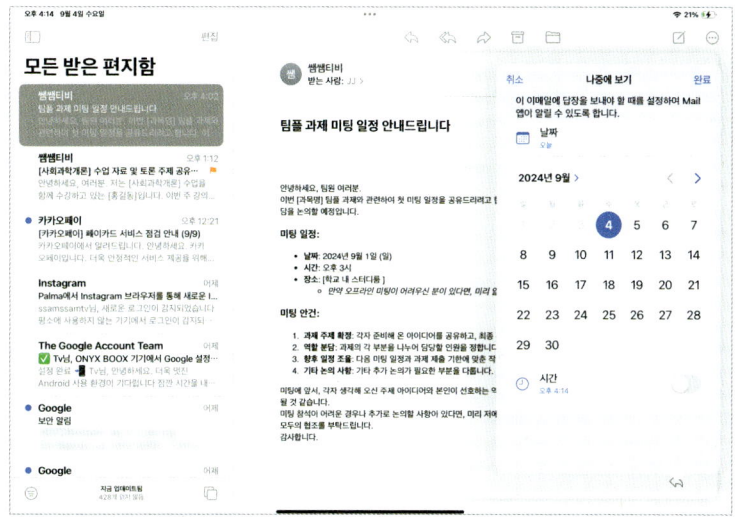

소통이 편리해지는 메시지

메시지 앱에서는 일반 문자 메시지(SMS), 멀티미디어 메시지(MMS)는 물론, 애플의 아이메시지(iMessage)를 주고받을 수 있어요. 언제든 즉각적으로 대화할 수 있어서 빠른 응답이 필요할 때는 이메일보다 사용하기가 좋고 블루투스 키보드를 연결하여 사용하면 더욱 편리합니다.

아이메시지는 애플 사용자들 간에 메시지를 주고받는 서비스로, 와이파이나 셀룰러 데이터를 통해 전송됩니다. 보내기 버튼↑이 파란색으로 표시되며, 메시지도 파란색 풍선으로 표시됩니다. 애플 기기가 아닌 다른 기기(안드로이드)를 사용하는 상대방에게 메시지를 보낼 때는 핸드폰 번호를 통해 SMS와 MMS로 전송되며, 초록색 보내기 버튼과 초록색 풍선으로 표시됩니다.

메시지 보내기

메시지 앱을 열면 왼쪽에는 최근 메시지 목록이 있어요.

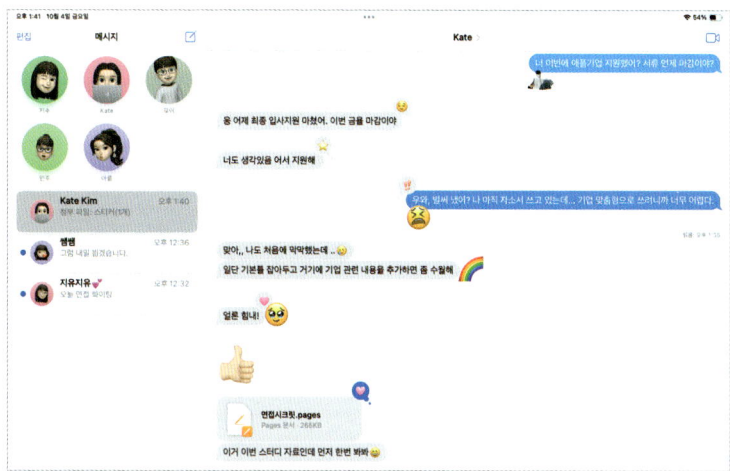

읽지 않은 메시지는 파란색 점으로 표시됩니다.

❶ **쓰기** : 새로운 메시지를 작성할 수 있습니다.

❷ **받는 사람** : 이름, 전화번호 또는 이메일 주소나 애플 아이디를 입력하면 메시지를 보낼 수 있습니다.

❸ 연락처에 저장된 사람이라면 이름을 입력하거나 ⊕를 탭한 다음 목록에서 선택해도 됩니다.

1 **텍스트 필드** : 메시지를 입력할 수 있습니다.

2 **마이크** : 음성으로 텍스트를 입력할 수 있습니다.

3 **이모티콘** : 이모티콘을 추가할 수 있습니다.

4 ⊕ : 카메라, 사진, 스티커, 오디오, 위치, 음악 등을 메시지에 첨부할 수 있습니다. [Google 지도]를 탭하면 [내 현재 위치 보내기]와 [1시간 동안 실시간 위치 공유]를 할 수 있습니다.

[Digital Touch]를 탭하면 움직이는 스케치를 첨부할 수 있고, [나중에 보내기]를 탭하면 메시지 발송 시간을 선택할 수 있습니다.

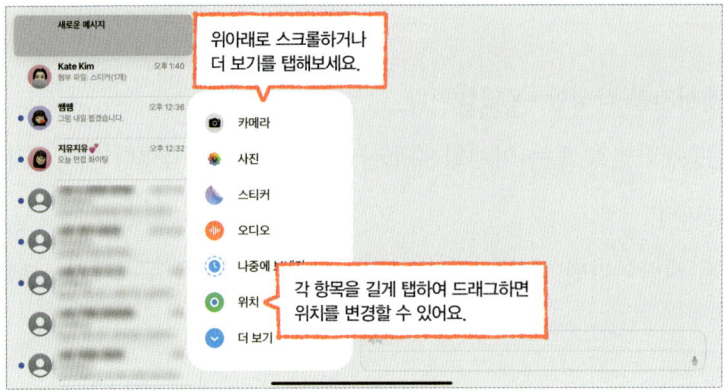

메시지를 입력한 후 를 탭하면 메시지가 전송됩니다.

애플 제품이 아니 다른 기기를 사용하는 사람에게 메시지를 보낼 경우, 이모티콘이나 사용자의 이름, 사진이 그대로 전달되지 않을 수 있어요. 따라서 중요한 정보나 일정, 사진 등은 꼭 메시지가 아닌 메일 앱을 사용하는 것이 좋습니다.

메시지 확인하고 답장하기

메시지 앱을 열면 왼쪽에 받은 메시지 목록이 표시됩니다. 메시지 목록에서 특정 대화를 왼쪽으로 쓸어 넘기면 해당 대화를 삭제하거나 알림을 끌 수 있고, 오른쪽으로 쓸어 넘기면 대화를 읽지 않음으로 표시할 수 있습니다.

메시지 목록에서 메시지를 탭하면 해당 내용을 볼 수 있고, 대화창에서 상단의 상
대방 이름을 탭하면 그동안 주고받은 사진, 링크, 첨부 파일, 공동 작업 등을 빠르
게 확인할 수 있습니다.

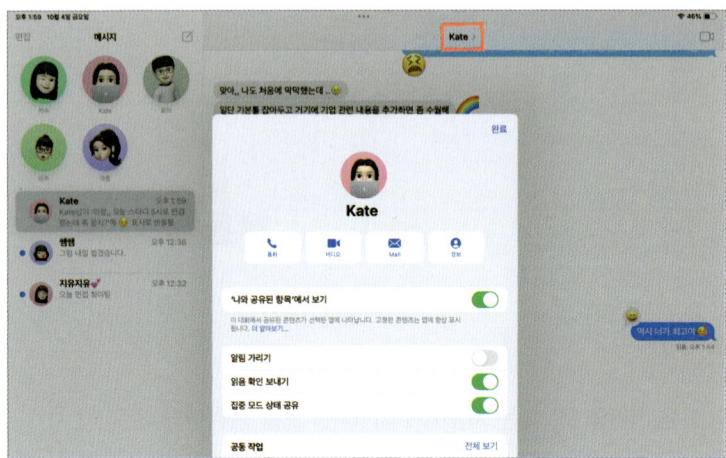

대화창 오른쪽 가장자리를 왼쪽으로 가볍게 쓸어 넘기면 각각의 메시지마다 타임
스탬프 표시를 볼 수 있어요. 메시지가 언제 상대방에게 전송되었고 나에게 수신되
었는지 확인할 수 있습니다.

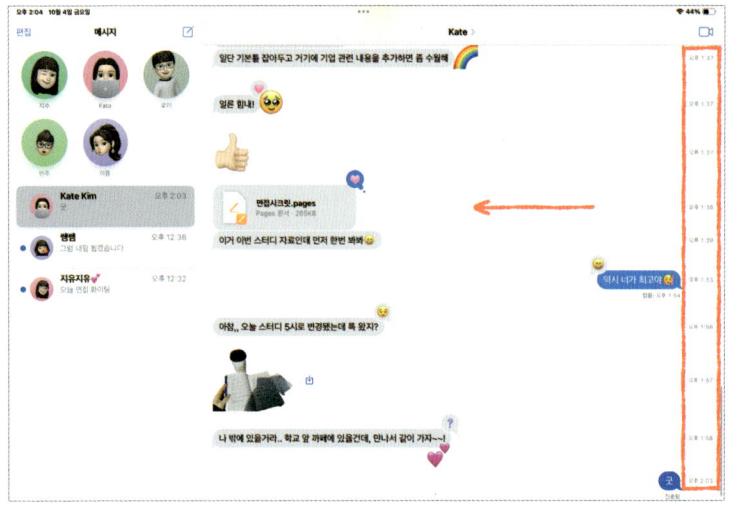

메시지 전송을 취소하고 싶다면?

메시지를 잘못 보냈다면 메시지 풍선을 길게 탭한 후 [전송 취소]를 탭하면 메시지 전송을 취소할 수 있어요. 단, 메시지를 보낸 후 2분 이내에만 가능합니다. 받는 사람의 기기에서 메시지는 삭제되지만 '사용자가 메시지 전송을 취소했습니다'라는 메시지는 받는 사람에게도 나타납니다.

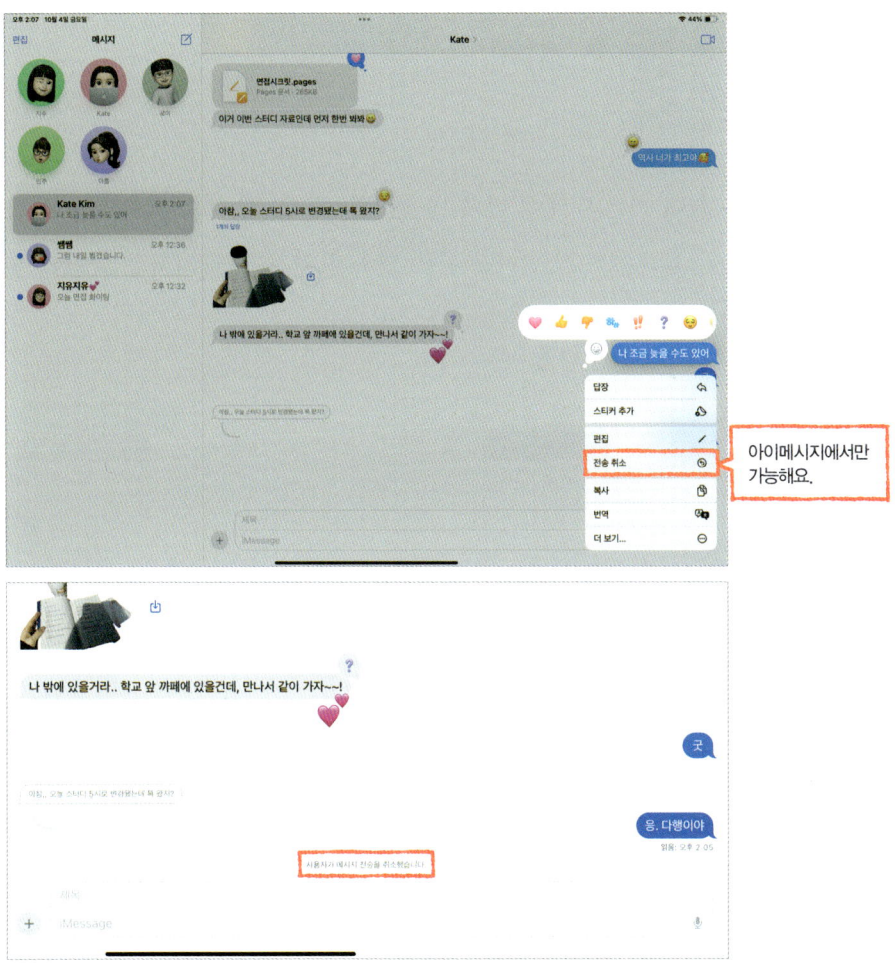

전송한 메시지를 수정하고 싶을 때는 메시지 풍선을 길게 탭한 후 [편집]을 탭합니다. 메시지를 수정한 다음 ⬆️를 탭하면 편집된 내용으로 다시 전송할 수 있어요.

메시지를 보낸 후 최대 15분 이내에 다섯 번 편집할 수 있고, 대화 기록에는 '편집됨'으로 표시됩니다. 두 사람 모두 [편집됨]을 탭하여 편집 전 메시지를 확인할 수 있습니다.

똑똑하게 메시지 앱 활용하기

내 이름과 사진 설정하기

나의 사진은 취업이나 그룹 활동, 대외 활동에 사용할 수 있는 이미지로 설정하는 것을 추천해요. 나의 장점이나 특징을 잘 살릴 수 있는 사진이나 이모티콘, 내가 지향하는 가치를 잘 나타내는 사진, 나만의 퍼스널브랜딩 가치를 담은 사진으로 꾸며보세요. 나의 사진과 이름 정보는 공개 여부를 설정할 수 있어요.

메시지 앱 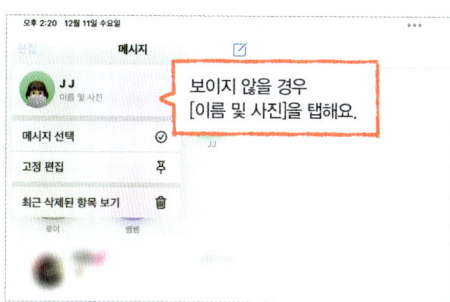을 열고 왼쪽 상단의 [편집]−[이름 및 사진]을 탭합니다. [이름 및 사진 공유] 설정을 켜고 [이름]을 탭하여 변경합니다. 사진 하단의 [편집]을 탭하여 사진을 변경합니다.

메시지 동기화하기

아이클라우드에서 메시지 앱을 켜면 동일한 애플 아이디로 로그인한 모든 애플 기기에서 메시지 내용을 최신으로 유지할 수 있어요. 아이패드에서 주고받은 모든 메시지는 아이클라우드에 저장되고, 언제 어디서든지 대화를 이어갈 수 있습니다.

설정 앱 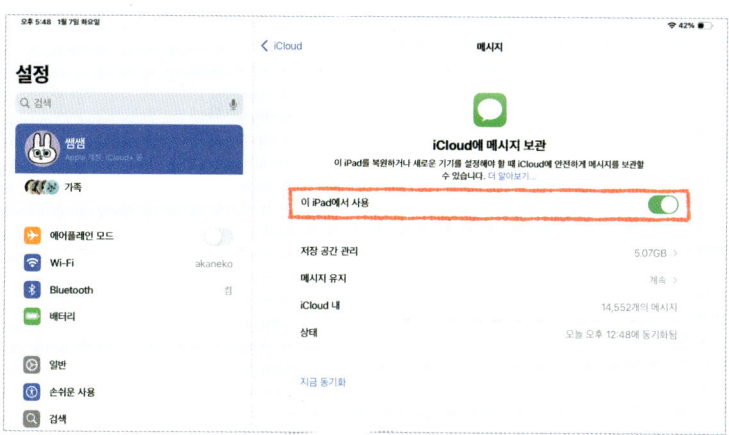에서 [사용자 이름]을 탭하고 [iCloud]를 탭합니다. [iCloud에 저장됨]에서 [모두 보기]−[iCloud에 메시지 보관]을 탭하고 [이 iPad에서 사용] 설정을 켭니다.

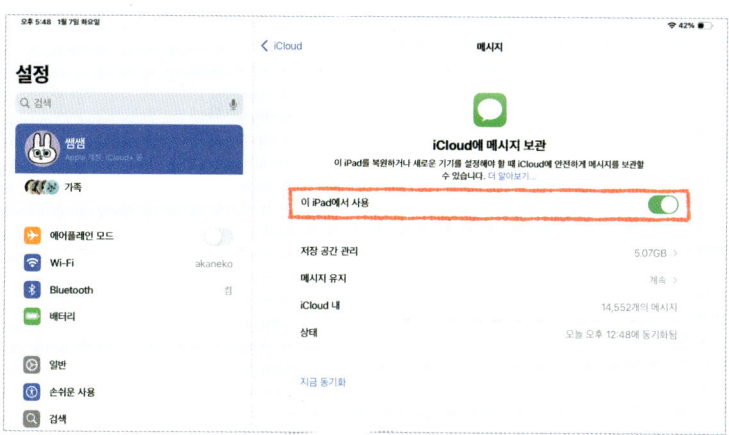

특정 메시지에 답장하기

아이메시지 대화에서 답장하려는 메시지의 말풍선을 오른쪽으로 쓸어 넘기면 바로 인라인 답장을 보낼 수 있어요.

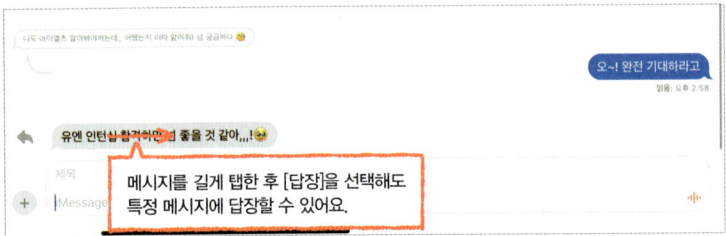

답장 메시지를 입력한 다음 ⬆를 탭하면 전송되고, 흐린 배경을 탭하면 원래 대화로 돌아갑니다. 어떤 응답이 어떤 메시지와 관련 있는지 한눈에 파악할 수 있어 대화가 더욱 편리해져요.

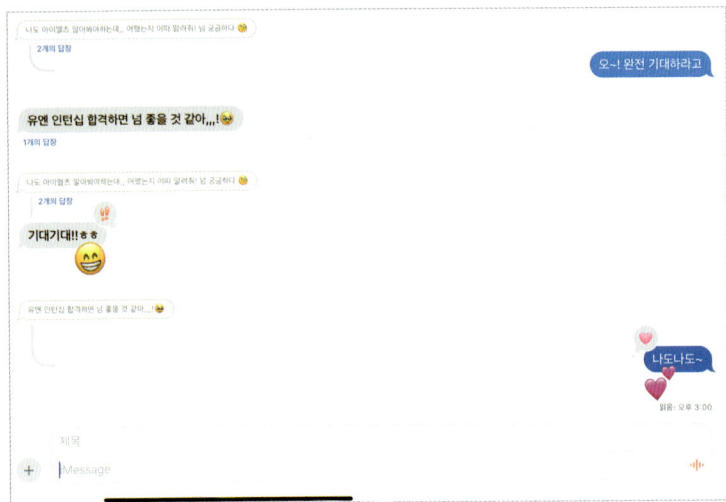

시리로 메시지 보내고 답장하기

시리는 음성만으로 메시지를 보낼 수 있는 것은 물론이고 수신 메시지를 읽어준 후 곧바로 답장을 보낼 수도 있어요. 시리에게 "지수에게 오늘 토플 접수 마감이라고 메시지 보내.", "확인 안 한 메시지 읽어줘.", "'좋아'라고 답장해." 등과 같이 말해 보세요.

설정 앱 에서 [Apple Intelligence 및 Siri]-[Siri로 메시지 주고받기]를 탭하고 [자동으로 메시지 전송] 설정을 켭니다.

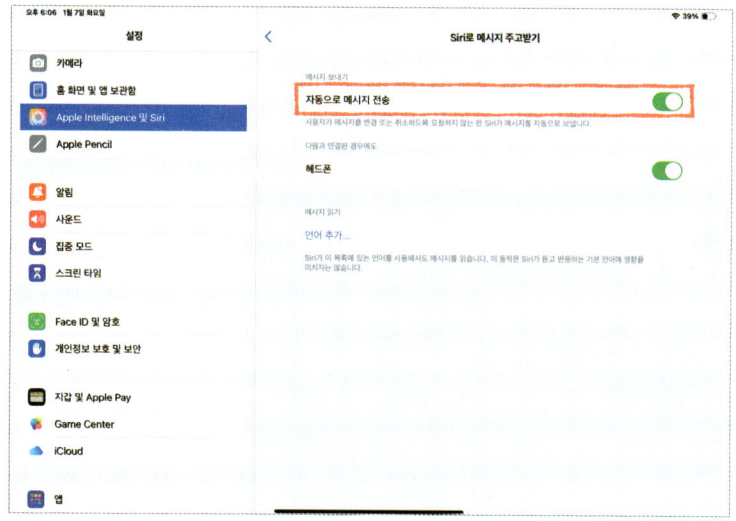

그룹으로 메시지 활용하기 꿀팁

그룹 메시지 주고받기

취업 준비를 함께하는 스터디 그룹 멤버들과 중요한 정보를 공유하거나 스터디 일정을 짤 때 그룹 메시지를 활용하면 의견을 신속하게 나눌 수 있어요. 메시지 앱의 [받는 사람] 입력란에 여러 명의 연락처를 추가하면 여러 사람과 함께 그룹 대화를 할 수 있습니다. 받는 사람 중에 아이메시지를 사용하지 않는 사용자가 있을 경우에는 메시지가 초록색 풍선으로 표시됩니다.

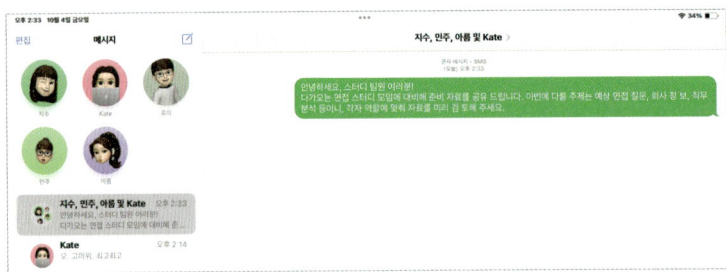

메시지 반응하기

대화창에서 메시지를 길게 탭하면 하트, 엄지손가락, 웃음, 물음표 등의 이모티콘이 나타납니다. 원하는 반응을 선택하면 말풍선과 함께 표시됩니다.

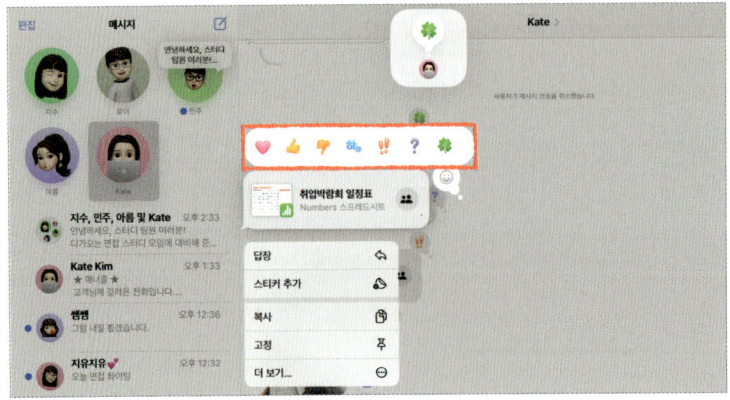

다양한 미디어 전송하기

메시지 앱◉은 사진, 동영상은 물론 음성 메모, 파일 등을 쉽게 전송할 수 있어요. 채용 공고나 이력서, 자소서 작성, 모의면접 준비 등의 스터디 자료를 다양한 형식으로 공유할 수 있습니다. 아이클라우드 링크를 사용하면 큰 파일도 손쉽게 주고받을 수 있고, 링크를 복사해서 넣거나 파일을 드래그 & 드롭해서 간편하게 전송할 수도 있습니다.

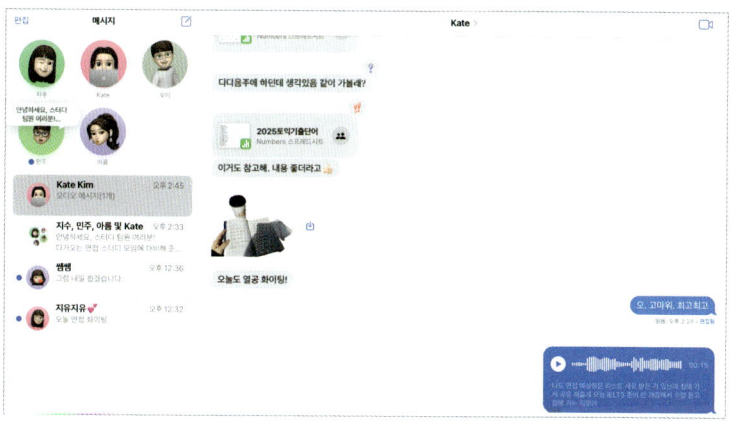

대화 기록 관리하기

중요한 정보가 담긴 대화는 나중에 쉽게 찾을 수 있도록 메시지 목록 상단에 고정할 수 있어요. 메시지 목록에서 해당 대화를 길게 탭한 후 [고정]을 탭하면 됩니다.

알림 끄기 및 대화 나가기

대화창 상단의 상대방 이름을 탭한 후 [알림 가리기] 설정을 켭니다. 그룹 대화에서 나가고 싶다면 대화창 상단의 그룹 이름을 탭하고 [이 대화 삭제 및 차단]을 탭하거나 [대화 나가기]를 탭합니다.

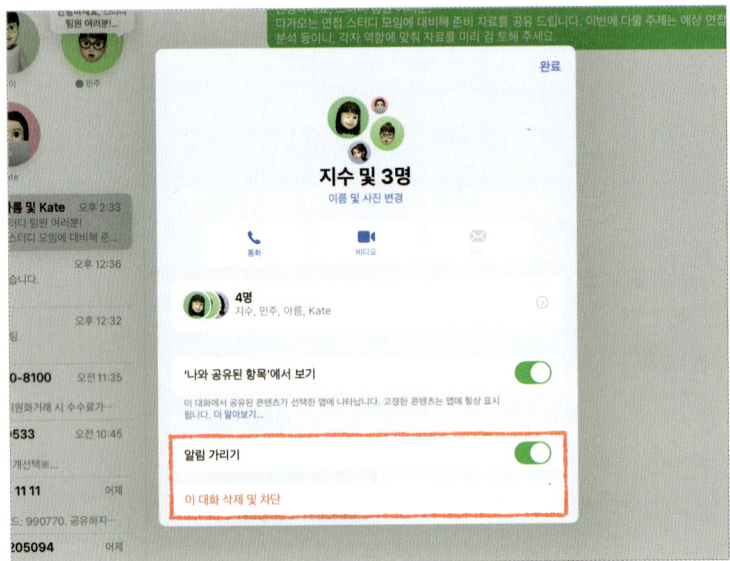

03 생산성이 200% 높아지는 아이워크

아이워크(iWork)는 애플이 만든 오피스 프로그램 모음이에요. 마이크로소프트의 오피스 프로그램은 유료이지만, 애플의 아이워크 프로그램은 모두 무료로 기본 설치되어요. 문서 작성, 데이터 관리, 프레젠테이션 제작 등 다양한 작업을 효율적으로 수행할 수 있고 실시간 공동 작업을 할 수 있어 스터디 멤버들과 함께 작업하기에 편리합니다.

똑똑하고 간편하게 문서 작성하는, 페이지스

페이지스(Pages)는 문서 작성과 편집을 위한 워드프로세서예요. 마이크로소프트의 워드 프로그램과 비슷합니다. 문서에 이미지를 삽입하고 다양한 서식 도구를 사용해 내용을 구조화할 수 있어서 이력서나 자소서를 작성하거나 스터디 자료, 면접 족보 등을 정리하는 데 유용합니다.

텍스트 문서는 물론 리포트와 이력서, 초대장, 명함 등의 다양한 템플릿과 서식 도구를 제공하고 있어 원하는 문서를 손쉽게 작성할 수 있어요. 동아리나 학교 행사 홍보를 위한 전단지나 포스터를 제작할 때도 간편하게 사용할 수 있습니다.

문서 만들기

페이지스 앱 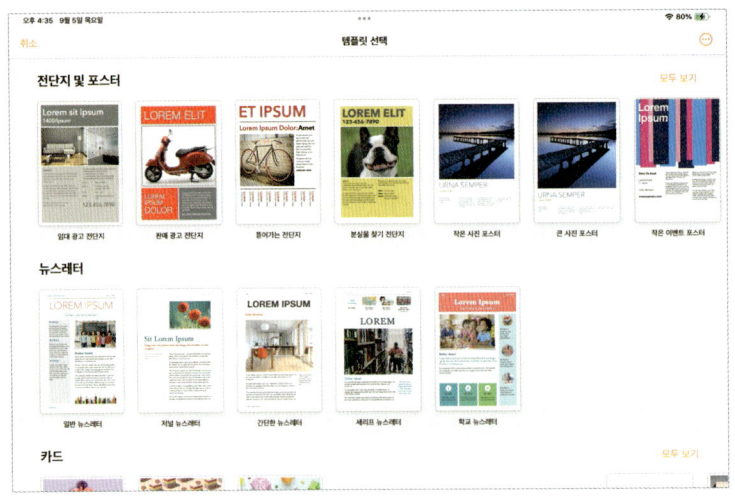을 열고 [쓰기 시작]을 탭하면 빈 페이지가 열립니다. 이곳에서 문서

를 작성할 수 있어요. 또는, [템플릿 선택]을 탭하면 카테고리별로 정리되어 있는 템플릿을 볼 수 있어요. 아래로 스크롤하면 리포트, 책, 이력서, 전단지 및 포스터, 뉴스레터, 명함, 인증서 등 다양한 템플릿을 볼 수 있습니다.

작성하고자 하는 문서의 특성에 맞는 템플릿을 탭하면 간단한 작성 팁을 볼 수 있어요. 서식에 맞게 작성되어 있는 템플릿 문서에서 텍스트를 탭하고 원하는 내용을 입력하면 간편하게 문서를 작성하고 편집할 수 있습니다.

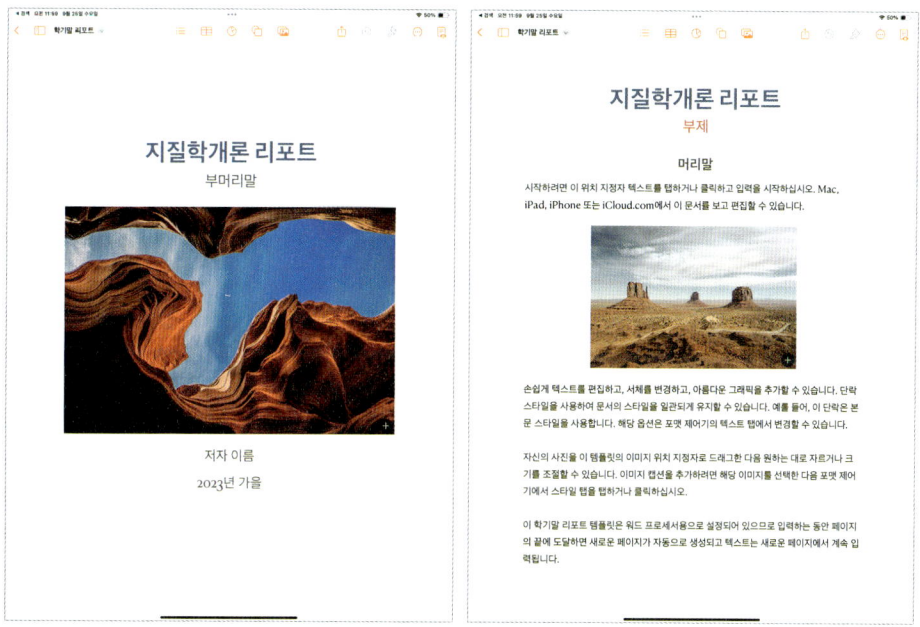

이름 변경 및 내보내기

아이워크 프로그램은 자동으로 실시간 저장되어 따로 저장할 필요는 없지만, 나중에 파일을 찾을 때 기억할 수 있도록 이름을 변경해두는 것이 좋아요. 왼쪽 상단의 도구 막대에서 문서 이름 옆의 ⌄를 탭한 후 [이름 변경]을 탭하면 문서의 이름을 변경할 수 있어요. [내보내기]를 탭하면 PDF, Word, 일반 텍스트, 이미지 등 원하는 포맷으로 문서를 내보내기할 수 있습니다.

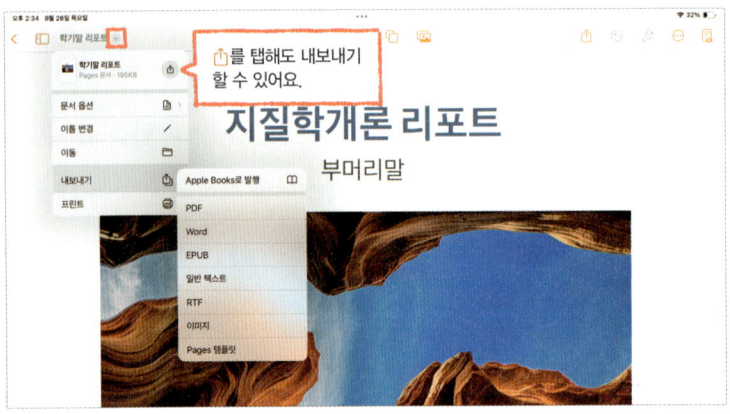

팀 프로젝트에서 파일 공유하기

도구 막대에서 ⬆를 탭했을 때 문서 이름 아래 [복사본 보내기]로 되어 있다면 탭하여 [공동 작업]으로 변경합니다. 초대할 사람을 탭하면 상대방에게 메시지로 링크가 전송됩니다. 상대방이 초대에 응하면 해당 문서를 함께 실시간으로 편집할 수 있습니다.

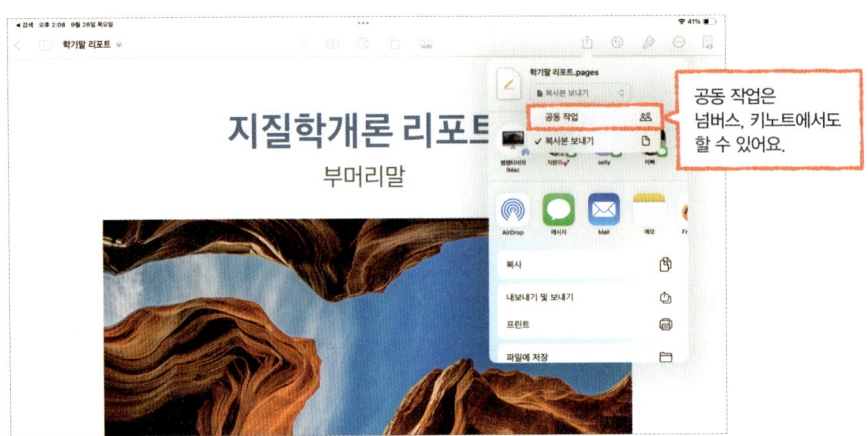

데이터 관리가 편해지는 스프레드시트, 넘버스

넘버스는 애플이 만든 스프레드시트 프로그램으로, 마이크로소프트의 엑셀과 비슷해요. 표와 그래프를 사용해 데이터를 관리하고 분석할 수 있고, 다양한 목적에 맞는 스프레드시트를 만들 수 있습니다.

뛰어난 공동 작업 기능, 직관적이고 효율적인 메뉴 구성이 특징이에요. 취업 준비를 위한 토익 단어 정리 노트로 활용하면 좋고, 자격증 취득 공부나 면접 준비를 위한 시간표를 만들어 관리할 수 있습니다. 간트 차트를 만들어 사용하면 프로젝트의 진행 상황을 시각화할 수 있어요. 페이지스와 마찬가지로 넘버스도 시각적으로 매력적인 스프레드시트를 생성할 수 있는 다양한 템플릿을 사용할 수 있습니다.

스프레드시트 만들기

넘버스 앱 📊을 열고 [새로운 스프레드시트]를 탭합니다. 빈 페이지의 기본 스프레드시트가 생성됩니다. 또는 [템플릿 선택]을 탭하면 카테고리별 스프레드시트 템플릿을 볼 수 있습니다.

화면을 아래로 스크롤하거나 상단의 카테고리를 탭하면 다양한 카테고리의 템플릿을 볼 수 있어요. [모두 보기]를 탭하면 카테고리에 속한 모든 템플릿을 볼 수 있습니다.

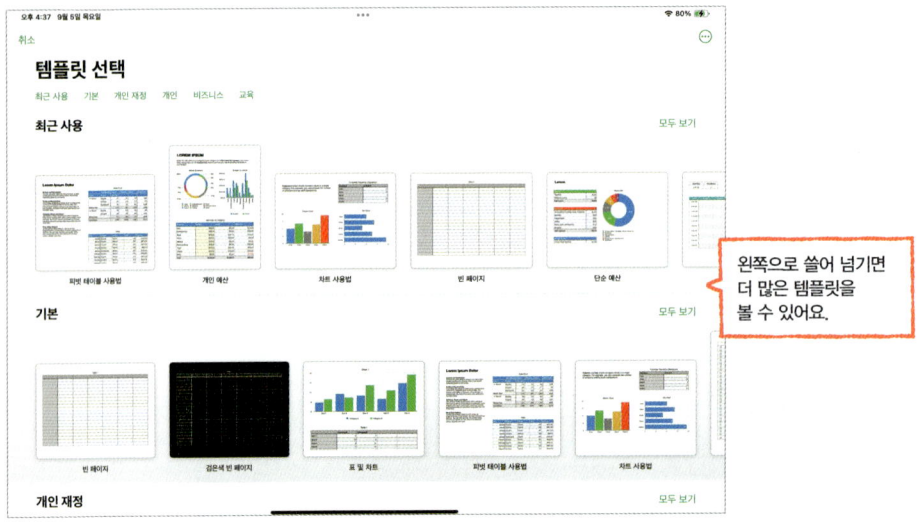

[기본] 카테고리에서 [차트 사용법] 템플릿을 탭합니다. 세로형 및 가로형 막대 차트, 원형 및 도넛 차트, 데이터 비교 등 넘버스로 만들 수 있는 다양한 차트를 설명글과 함께 볼 수 있어요.

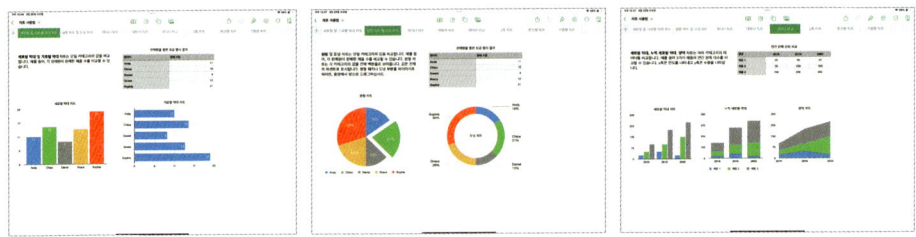

[개인 재정] 카테고리에서 [단순 예산] 템플릿을 탭합니다. 간단한 수입과 지출을 기록하고 관리할 수 있어요. 도넛 차트가 함께 표시되어 해당 항목이 차지하는 비율을 한눈에 파악할 수 있습니다.

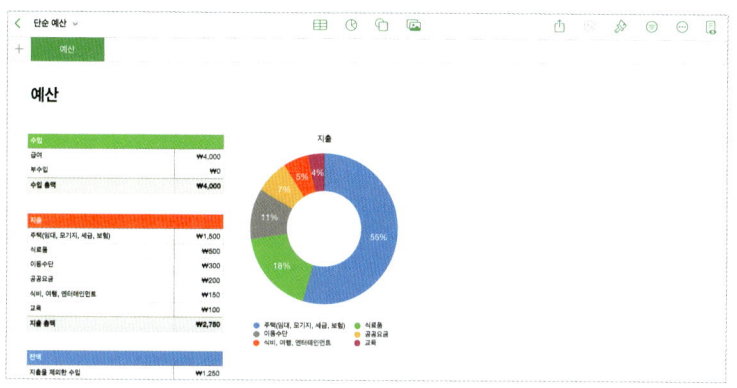

만들고자 하는 스프레드시트에 맞는 템플릿을 선택하고, 셀을 탭하여 내용을 편집하면 손쉽게 체계적인 스프레드시트를 만들 수 있습니다.

이름 변경 및 내보내기

왼쪽 상단의 스프레드시트 이름 옆의 ˅ 를 탭합니다. [이름 변경]을 탭하면 문서의 이름을 변경할 수 있어요. [내보내기]를 탭하면 PDF, 엑셀 등 다양한 포맷으로 문서를 내보내기할 수 있습니다.

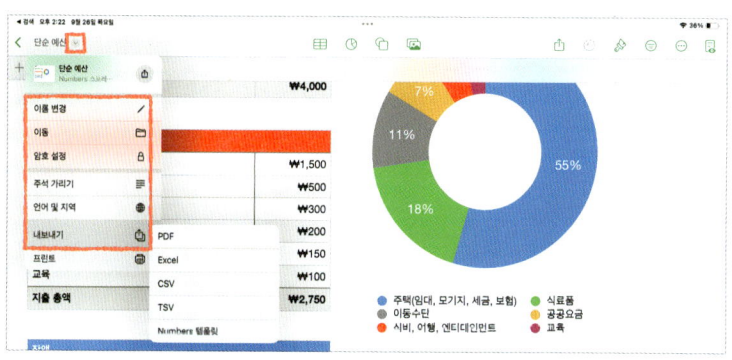

넘버스 기본 기능

[새로운 스프레드시트]를 탭하여 빈 페이지를 생성해보세요. 넘버스의 표는 셀 테두리가 기본으로 설정되어 있고, 표를 자유롭게 이동할 수 있는 것이 특징이에요.

01 ❶도구 막대에서 ⊞를 탭하고 ❷마음에 드는 스타일의 표를 선택합니다. 시트에는 여러 개의 표를 추가할 수 있습니다.

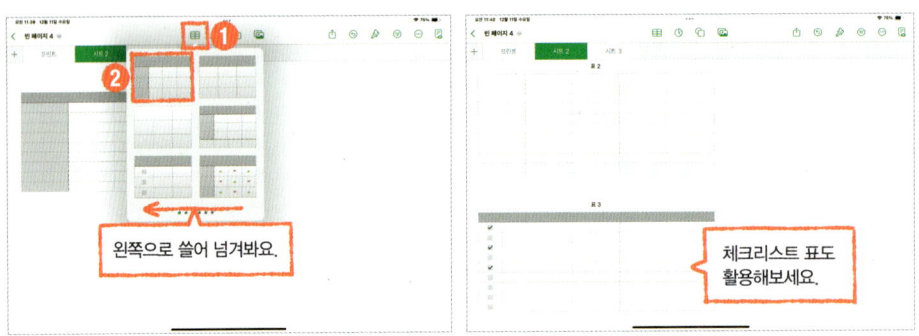

02 ❶✎를 탭하면 표와 셀의 포맷을 변경할 수 있습니다. ❷행과 열 끝의 ⊜를 탭하면 행, 열을 한 줄씩 추가할 수 있고 ⊜를 길게 탭하고 드래그하면 원하는 만큼 한 번에 행과 열을 추가 및 삭제할 수 있습니다.

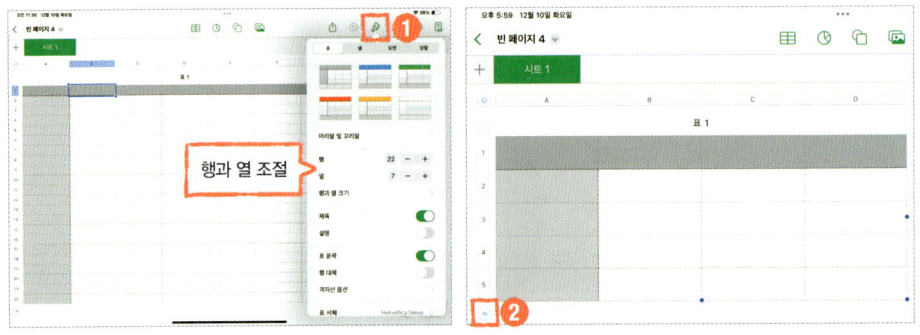

03 ❶ 표 왼쪽 상단의 ◎를 길게 탭하고 드래그하면 표의 위치를 옮길 수 있습니다. ❷ ◎를 탭한 후 표 테두리의 파란색 점을 드래그하면 표의 크기를 변경할 수 있습니다.

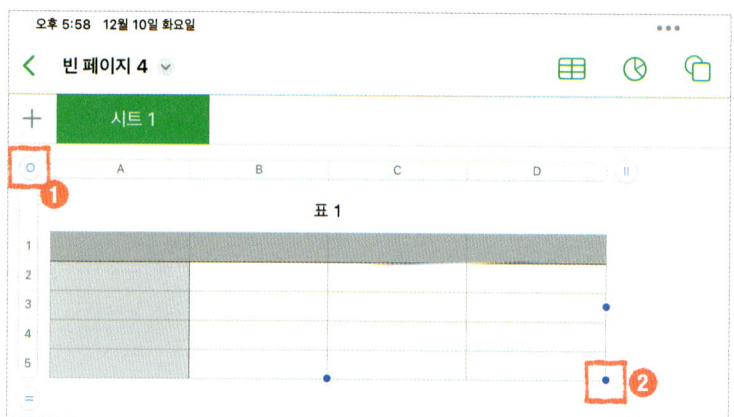

04 1, 2, 3이나 A, B, C를 탭하고 ❶ ▮▮를 길게 탭하여 드래그하면 행과 열의 크기를 조절할 수 있습니다. ❷ 하단의 ⚡행이나 ⚡열을 탭하면 다양한 작업을 할 수 있으니 탭하여 확인합니다.

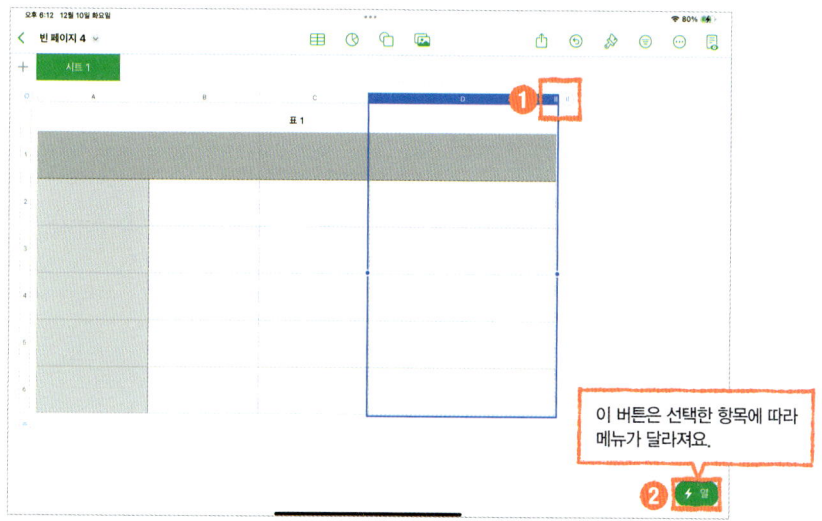

이 버튼은 선택한 항목에 따라 메뉴가 달라져요.

05 넘버스의 표는 머리말 행, 머리말 열이 고정되어 있습니다. ❶셀을 탭하고 ❷🖌를 탭합니다. ❸[표]−[머리말 및 꼬리말]을 탭하고 [행 고정], [열 고정]의 설정을 끄면 머리말을 해제할 수 있습니다.

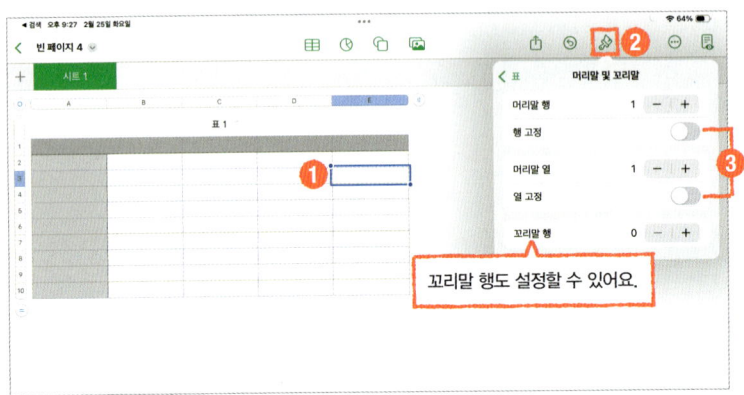

06 ❶셀을 탭하고 파란색 점을 조절하여 영역을 지정합니다. ❷⚡셀을 탭하고 ❸[셀 병합]을 탭하면 셀을 병합합니다. 다시 병합된 셀을 탭하고 ⚡셀을 탭한 후 [셀 병합 해제]를 탭하면 병합이 해제됩니다.

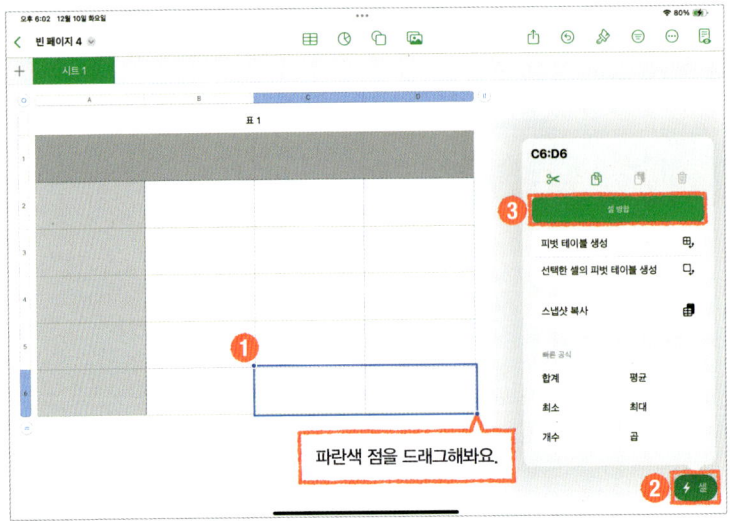

07 ❶ 왼쪽 상단의 [+]를 탭하면 새로운 시트를 추가할 수 있습니다. ❷ 시트 이름을 두 번 탭하면 이름을 변경할 수 있고 ❸ 한 번 탭하면 삭제할 수 있습니다.

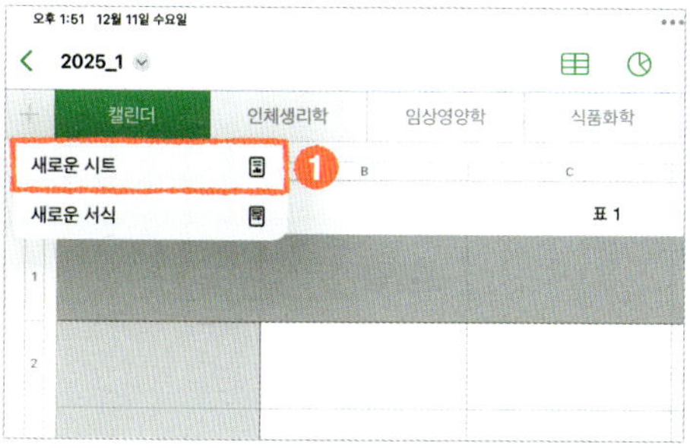

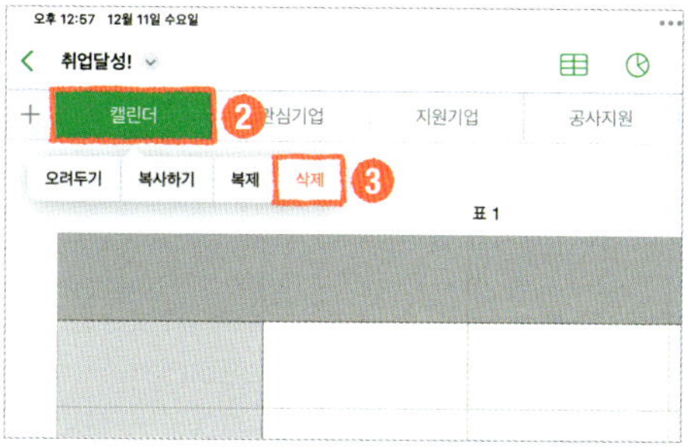

표 만들기

새로 만든 스프레드시트에 간트 차트를 만들어보겠습니다.

01 ❶ 기본 표에서 를 탭합니다. [표]를 탭하고 행과 열의 숫자를 입력하거나 행과 열의 끝에 있는 ⊜를 드래그해 표를 만듭니다. ❷ 셀을 두 번 탭하고 텍스트를 입력합니다.

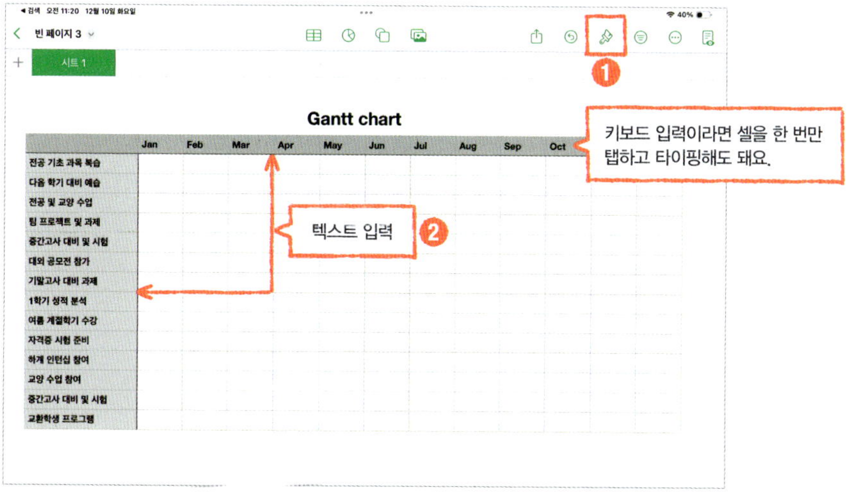

02 ❶셀을 탭하고 파란색 조절점을 드래그하여 영역을 지정합니다. ❷◇를 탭하고 ❸[셀]을 탭하여 서체와 텍스트 포맷을 변경합니다.

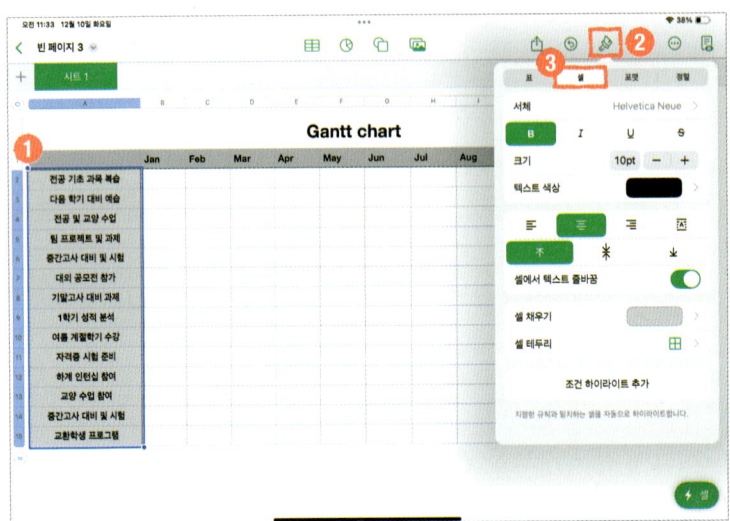

03 [셀 채우기]-[색상]을 탭하면 셀을 원하는 색상으로 채울 수 있습니다. 프로젝트별 일정을 색상을 달리하여 표시해봅니다.

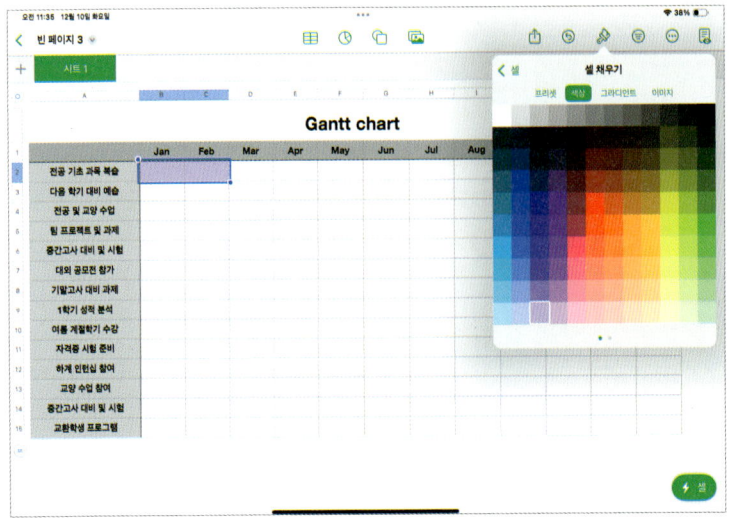

04 ❶ 작업을 마쳤으면 왼쪽 상단의 [빈 페이지]를 탭하고 ❷ [이름 변경]을 탭한 후 새로운 이름을 입력합니다. ❸ [내보내기]를 탭한 다음 원하는 파일 형식으로 내보내기합니다.

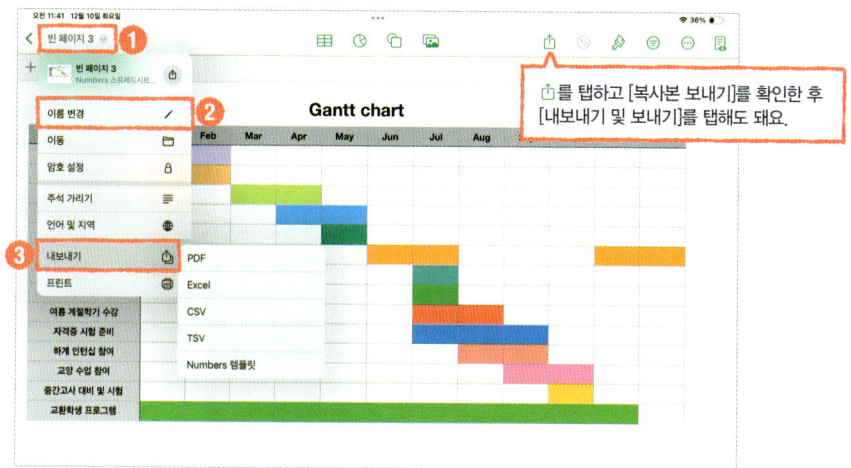

학기 중 시간표나 단어 정리 노트, 해야 할 일 목록 등 표로 정리가 가능하다면 넘버스에서 정리해보세요. 일정을 한눈에 보이게 정리하고 싶을 때, 성과를 계속 기록하여 누적되는 것을 보고 싶을 때는 간트 차트를 만들면 프로젝트별 진행 상황을 한눈에 파악할 수 있습니다. 여기에 아이패드의 터치 기반 기능과 애플 펜슬 기능을 함께 사용할 수 있어 작업을 더욱 빠르게 할 수 있습니다. 넘버스를 활용해 다양한 시트로 학교생활을 꼼꼼히 정리해보세요.

생동감 있는 프레젠테이션을 제작하는, 키노트

키노트는 애플이 만든 프레젠테이션 프로그램이에요. 마이크로소프트의 파워포인트와 비슷합니다. 다양한 디자인의 테마와 애니메이션 효과를 넣어 슬라이드를 제작할 수 있어 발표를 위한 프레젠테이션을 생동감 있게 만들 수 있어요. 그룹 프로젝트에서 키노트의 공유 기능을 사용하면 팀원들과 공동 작업을 하고 실시간으로 내용을 수정하며 효율적으로 프레젠테이션을 준비할 수 있습니다.

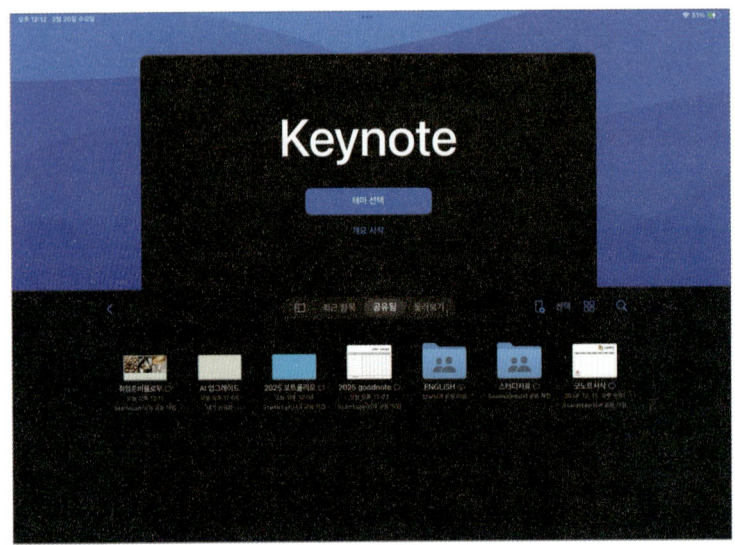

프레젠테이션 만들기

키노트 앱🖥을 열고 [테마 선택]을 탭합니다. 다이내믹, 미니멀, 포트폴리오, 공예

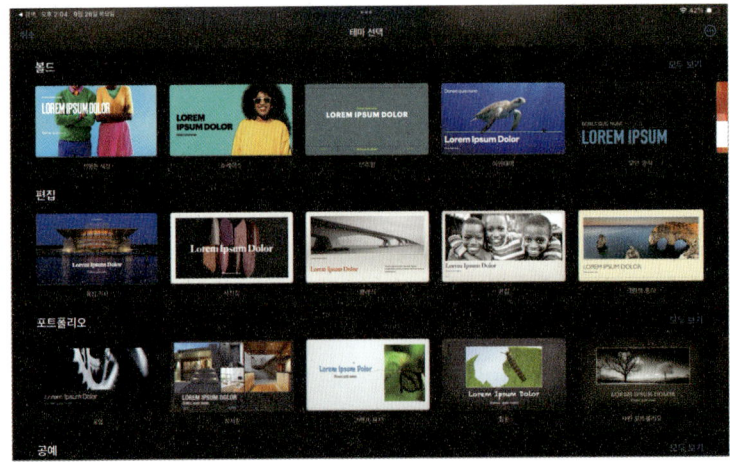

등 다양한 카테고리의 프레젠테이션 테마를 볼 수 있어요. 아래로 스크롤하면 더 많은 테마를 볼 수 있고, [모두 보기]를 탭하면 카테고리의 모든 테마를 볼 수 있습니다.

빈 화면의 프레젠테이션을 생성하고 싶다면 기본 카테고리의 테마를 선택하면 됩니다. 원하는 디자인의 테마를 선택하면 프레젠테이션이 생성됩니다. 왼쪽 하단의 ⊞를 탭하면 다양한 형식의 슬라이드를 추가할 수 있습니다.

화면 상단 도구 막대의 표, 차트, 도형, 사진, 비디오 등을 탭하면 슬라이드에 추가할 수 있어요. 오른쪽 상단의 메뉴를 활용하면 애니메이션 추가, 슬라이드쇼 리허설, 키노트 리모컨 등의 기능을 사용할 수 있습니다. ⋯를 탭하고 [도구 막대 사용자화]를 탭하면 도구 막대를 편집할 수 있습니다.

아이폰을 리모컨으로 쓸 수 있어요.

이름 변경 및 내보내기

왼쪽 상단 프레젠테이션 이름 옆에 있는 ⊙를 탭하고 [이름 변경]을 탭하면 프레젠테이션의 이름을 변경할 수 있습니다. [내보내기]를 탭하면 PDF, PowerPoint 등 다양한 포맷으로 문서를 내보내기할 수 있습니다.

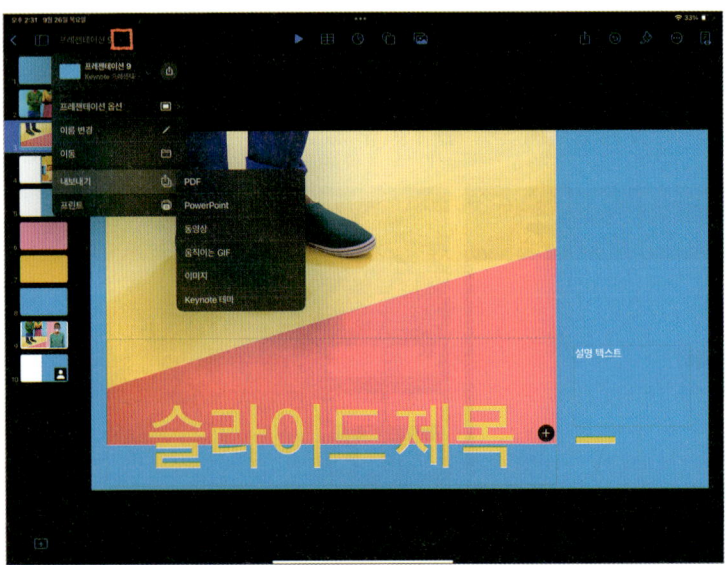

마이크로소프트 오피스와 호환성

아이패드에서는 마이크로소프트 워드, 엑셀, 파워포인트 파일을 편집하거나 아이워크(iWork) 파일을 마이크로소프트 형식으로 내보낼 수 있어요. 예를 들어, 넘버스 스프레드시트를 엑셀 파일로 저장할 수 있고, 엑셀 파일을 넘버스로 가져와 편집할 수도 있습니다. 단, 호환성이 완벽하지는 않아 일부 서식이나 설정이 다르게 보일 수 있어요. 특히 페이지스에서 작성한 문서를 워드 형식으로 변환했을 때 서식 에러로 인해 텍스트 크기나 표 형식이 달라지는 문제가 발생합니다. 이런 점을 감안할 때, 팀 프로젝트나 공동 작업 시에는 주의가 필요해요.

애플 사용자 간의 공동 작업 시에는 아이워크 프로그램이 편리하지만, 윈도우 PC 사용자와 협업 시에는 웹 버전으로 공유가 가능한 MS 오피스나 구글 문서를 사용하는 것을 추천합니다.

🔍 찾아보기

🔍 찾아보기

🔍 찾아보기